DATENMODELLIERUNG
C A S E
DATENMANAGEMENT

Werner Wiborny

DATENMODELLIERUNG
C A S E
DATENMANAGEMENT

ADDISON-WESLEY PUBLISHING COMPANY

Bonn · München · Reading, Massachusetts · Menlo Park, California · New York
Don Mills, Ontario · Wokingham, England · Amsterdam · Sydney · Singapore
Tokyo · Madrid · San Juan

CIP-Titelaufnahme der Deutschen Bibliothek

Wiborny, Werner:
Datenmodellierung, Case-Management / Werner Wiborny. - Bonn ; München ; Reading, Mass. (u.a.)
: Addison-Wesley, 1991
ISBN: 3-89319-278-6

Satz: Valentin, München
Belichtung: CD Computer- u. Dokumentations GmbH, Aalen
Druck und Bindearbeiten: Bercker Graph. Betrieb, Kevelaer
Umschlaggestaltung: Consign, Troisdorf

ISBN 3-89319-278-6

für meine Eltern

und

G a b y

Vorwort

Es gibt bereits Bücher über Datenmodellierung, einige davon sogar in deutscher Sprache. Wozu also ein weiteres Buch? Was sind seine Besonderheiten?

- Es wird eine Datenmodell-Notation vorgeschlagen, die auch ohne Graphik-Bildschirm praktikabel ist. Diese Notation bietet die Chance, in einer bestehenden Großrechner-Umgebung Datenmodellierung betreiben zu können, ohne den Hardware- und Vernetzungsaufwand von CASE-PC-Lösungen treiben zu müssen. Für das Erreichen strategischer Datenmodellierungsziele ist die unternehmensweite Online-Verfügbarkeit des ständig wachsenden unternehmensweiten Datenmodells (in einem zentralen Data-Dictionary-System) weit wichtiger als die Ausstattung einiger PC's mit CASE-Software.

- Ein Weg von Projekt-Datenmodellen zum unternehmensweiten Datenmodell wird empfohlen und detailliert beschrieben. Unternehmensweite Datenmodell-Integration ist schwieriger als die Datenmodellierung abgegrenzter Sachgebiete. Bei der Integration prallen nicht nur individuelle Modellierungs-Varianten, sondern auch fachliche Widersprüche und verschieden grobe Sichten gleicher Sachverhalte aufeinander.

- Unternehmensdatenmodell und unternehmensweites Datenmodell werden unterschieden. Das Unternehmensdatenmodell wird durch eine beschriebene Methode der Datenmodell-Verdichtung aus dem unternehmensweiten Datenmodell gewonnen.

- Das Zusammenwirken von Daten- und Funktionsmodellierung wird diskutiert. Dabei werden Software-Engineering-Methoden bewertet. Der Leser erhält Hinweise, um selbst CASE-Tools beurteilen zu können.
- Relationale Datenbanken werden so weit beschrieben, wie der Datenmodellierer sie kennen sollte. Daten- und Datenbank-Administration sollen jeweils ihren im Buch organisatorisch abgegrenzten Beitrag zum »Datenmanagement« eines Unternehmens leisten.
- Es liegt das Buch eines Praktikers vor, der jedoch präzise Begriffe und Notationen im Unternehmen für unerläßlich hält, wenn die Wirtschaftlichkeitsbetrachtungen zutreffen sollen, die an den Anfang und das Ende des Buches gestellt sind.

Ich danke

- dem Verlag, speziell Herrn Tokar, für die Unterstützung meines Buch-Vorhabens.
- Herrn Gastl für das Anfertigen der Graphiken.
- Frau Dipl.-Inf. Muhr, der Lektorin, für ihre Korrekturen und Verbesserungsvorschläge.
- den ehemaligen BMW-Kollegen, aber auch Herrn Dipl.-Inf. J.Reischmann und Herrn Dr. B.Halassy für deren vielfältige Anregungen zu Theorie und Praxis der Datenmodellierung.
- den Mitgliedern des G.U.I.D.E., Arbeitskreis Application Management, Arbeitsgruppe Data Management (insbesondere der Unterarbeitsgruppe München) für deren Diksussion insbesondere des Themas Unternehmens(weites) Datenmodell.
- Herrn Dipl.-Phys. H.Mistelbauer für seine Vorschläge zur Datenmodellverdichtung.
- Frau Dipl.-Inf. F.Ringel für ihre Beiträge zu Kapitel 7.
- Herrn Bauer, Herrn Baldauf und Herrn Nawrath für Denkanstöße während meiner bisherigen Audi- und Lufthansa-Beratung, die oft gegenseitig ist.
- Herrn PD Dr. M.Vetter und Herrn Prof.Dr. G.Vossen für ihre Kritik der Erstversion des Manuskriptes, das daraufhin gründlich überarbeitet wurde.

München, im November 1990
W.Wiborny

Inhaltsverzeichnis

1 Einführung 1

2 Management-Relevanz von Datenmodellen 13

2.1 Beschreibung einer fachlichen Aufgabenstellung 15
2.1.1 Gemeinsame Ausgangssituation zweier Unternehmen 15
2.1.2 Gemeinsame Zielvorstellung der beiden Unternehmen 17
2.2 Zwei unterschiedliche Problemlösungen 19
2.2.1 Werker-Informationssystem (WERKIS) der CHAOS AG 19
2.2.2 Montage-Informationssystem (MONTIS) der MODERN AG 21
2.3 Wirtschaftlichkeits-Vergleich 26
2.4 Zusammenfassung 30

3 Datenmodellierungs-Varianten 33

3.1 Modelle 36
3.2 Relationen-Modell (RM) 39
3.2.1 Relationen in der Mathematik 39
3.2.2 Normalformen von Relationen 42
3.2.3 Referentielle Integrität von Relationen 48
3.2.4 Stärken und Schwächen des Relationen-Modells 54
3.3 Entity-Relationship-Modell (ERM) 56
3.3.1 Begriffswelt des ERM 57
3.3.2 Entity-Relationship-Diagramm (ERD) 66
3.3.3 ERM-Gestaltungsfreiräume 71
3.3.4 Stärken und Schwächen des Entity-Relationship-Modells 81

3.4 Relationen-Relationship-Modell (RRM) 82
3.4.1 Grundidee 82
3.4.2 Grob-Datenmodell (Relationen-Relationship-Diagramm, RRD) 85
3.4.3 Fein-Datenmodell (Relationen-Relationship-Notation, RRN) 90
3.4.4 Feinst-Datenmodell (Relationen-Relationship-Fremdschlüssel-Auflösung, RRF) 97
3.4.5 Normalformen im Relationen-Relationship-Modell 102
3.4.6 Stärken und Schwächen des Relationen-Relationship-Modells 106
3.5 Zusammenfassung, Standortbestimmung und Ausblick 110

4 Datenmodellierungs-Beispiele 117

4.1 Fallstudie »Fahrversuch« 119
4.1.1 Vom Fachproblem zum Grob-Datenmodell 119
4.1.2 Vom Grob-Datenmodell zum Fein-Datenmodell 127
4.1.3 Vom Fein-Datenmodell zum Feinst-Datenmodell 139
4.1.4 Vom Feinst-Datenmodell zu relationalen Tabellen 143
4.1.5 Datenmodell-Integrationsprobleme 145
4.2 Beispiel »Händler-Schulung« 149
4.2.1 Fachproblem und Grob-Datenmodell 149
4.2.2 Fein-Datenmodell 153
4.2.3 XOR-Relationships und dritte Normalform 156
4.2.4 Behandlung derivater Daten 158
4.2.5 Datenmodell-Integrationsprobleme 160
4.3 Beispiel »Konzern-Info-System« 162
4.3.1 Fachproblem 162
4.3.2 Erstes Grob-Datenmodell 164
4.3.3 Erarbeiten des Fein-Datenmodells 165
4.3.4 Endgültiges Grob-Datenmodell 170
4.3.5 Starre und flexible Datenmodelle 171
4.4 Meta-Datenmodell zum Relationen-Relationship-Modell 174
4.4.1 Was ist ein Meta-Datenmodell? 174
4.4.2 Grob-Meta-Datenmodelle 174
4.4.3 Fein-Meta-Datenmodelle 178
4.4.4 Erläuterung und Vergleich der beiden Meta-Datenmodelle 186
4.4.5 Feinst-Meta-Datenmodell 194
4.5 Zusammenfassung, Standortbestimmung und Ausblick 198

5 Datenmodellierung und CASE 201

5.1 SE-Begriffe 204

5.2 Phasen-Modelle 208
5.2.1 Phasen-Modelle des Software-Engineering (SE) 208
5.2.2 Phasen-Modell des Information-Engineering (IE) 212
5.2.3 Empfohlenes Phasen-Modell 214

5.3 SE-Techniken und -Methoden 216
5.3.1 Kurzbeschreibung von SE-Techniken 216
5.3.2 Kurzbeschreibung von SE-Methoden 237
5.3.3 SE-Empfehlungen 243

5.4 Abhängigkeiten zwischen Daten- und Funktionsmodellierung 249
5.4.1 These, Antithese 249
5.4.2 Stellungnahme aus Unternehmenssicht 251
5.4.3 Stellungnahme aus Projektsicht 251
5.4.4 Funktionsmodellierung eines RRM-CASE-Tools 254

5.5 CASE-Tools 270
5.5.1 CASE-Tool-Anforderungen 271
5.5.2 CASE-Tools als SPU-Bestandteile 272
5.5.3 CASE-Tool-Beispiele 275
5.5.4 Beurteilung der Daten(modellierungs)komponente von CASE-Tools 281

5.6 Zusammenfassung, Standortbestimmung und Ausblick 286

6 Unternehmensweite Datenmodelle 289

6.1 Ziele unternehmensweiter Datenmodellierung 291
6.1.1 Unternehmens-Datenmodell (UDM) 291
6.1.2 Unternehmensweites Datenmodell (UwDM) 295

6.2 Voraussetzungen unternehmensweiter Datenmodellierung 298
6.2.1 Organisatorische Voraussetzungen 298
6.2.2 SPU-Voraussetzungen 299

6.3 Wege zum unternehmensweiten Datenmodell 300
6.3.1 Bottom Up zum UwDM 300
6.3.2 Top Down zum UwDM 302
6.3.3 Vorgehensempfehlung: Bottom Up Plus 304

6.4 Nähere Beschreibung der »Bottom-Up-Plus-Methode« 308
6.4.1 Datenmodell-Verdichtung 308
6.4.2 Datenmodell-Integration 320
6.4.3 Häufige Integrations-Probleme 331

6.5 Zusammenfassung, Standortbestimmung und Ausblick 344

7 Datenmodellierung und Datenbanken 347

7.1 Vom konzeptionellen zum physischen DB-Design 350
7.1.1 Datenbank-Entwurfs-Prozeß 350
7.1.2 Physisches DB-Design 353
7.1.3 Distributives DB-Design 360
7.2 Grenzprobleme des konzeptionellen und physischen DB-Designs 360
7.2.1 Künstliche Primärschlüssel 361
7.2.2 Domänen 362
7.2.3 Strukturierte Datentypen 370
7.2.4 Jahr und Tag 376
7.2.5 1:1-Beziehungstypen 377
7.3 Probleme des distributiven DB-Designs 379
7.3.1 Chancen und Risiken gemeinsam genutzter Datenbanken 379
7.3.2 Zugriffsschutz-, Status- und History-Probleme 382
7.3.3 Chancen und Risiken verteilter Datenbanken 391
7.3.4 Chancen und Risiken einer Repository-Nutzung 394
7.3.5 Repository-Dokumentation von (verteilten) Datenbanken 398
7.4 Zusammenfassung, Standortbestimmung und Ausblick 405

8 Datenmanagement 407

8.1 Datenmanagement als Teil der IV-Infrastruktur 409
8.1.1 Vergleich zweier IV-Infrastrukturen 409
8.1.2 Infrastruktur und Normung 414
8.1.3 Anzustrebende IV-Infrastruktur 419
8.2 Datenmanagement-Organisation 424
8.2.1 Zu organisierende Personengruppen 424
8.2.2 Für und Wider zweier Gruppierungen 425
8.2.3 Organisations-Vorschlag 428
8.3 Schlußbetrachtung 430

Abkürzungsverzeichnis 433
Quellenverzeichnis 435
Index 451

1

Einführung

- Positionierung der Datenmodellierung
- Zielgruppe des Buches
- Inhalt des Buches
- Aufbau des Buches

Positionierung der Datenmodellierung

Nutzen der Datenmodellierung

Der Haupt-Effekt der Datenmodellierung besteht darin, daß Fachgebietskenner einen Teil ihres Wissens in einer genormten Form offenlegen. Durch das Erarbeiten eines Datenmodells verschaffen die Ersteller zunächst einmal sich selbst mehr Klarheit über komplexe Systeme. Oft erkennen sie während der Datenmodellierung Lücken oder Inkonsistenzen von Konzepten, die sie schon für vollständig und ausgereift hielten. Umgekehrt zeigen sich beim Spezifizieren einzelner Funktionen oft noch Lücken im Datenmodell.

Datenmodelle sind vergleichbar mit Konstruktionszeichnungen und Stücklisten der Ingenieure. Datenmodelle haben sich als Kommunikations-Hilfe zwischen Fachbereich und Programmierern bewährt, darüber hinaus als Kommunikations-Hilfe für Fachbereiche untereinander.

Datenmodellierung und Datenbanken

Datenmodelle können (teilweise automatisiert) in Datenbanken umgesetzt werden. Datenbanken sind ihrem Wesen nach gedacht als Datenbestände, auf die viele verschiedene Funktionen (ruhig auch verschiedener Informationsssysteme) zugreifen können. Zu jedem kommerziell angebotenen Datenbank-Management-System (DBMS) gehören Schutz-Mechanismen, die gleichsam »Fenster« öffnen, durch die einzelne Programme nur auf genau spezifizierbare Teile des Gesamt-Datenbestandes zugreifen können.

Sollen Datenmodelle in Datenbanken umgesetzt werden und sollen Datenbanken von mehreren Informationssystemen genutzt werden, dann reicht der »Projekt-Horizont« der Datenmodellierung nicht aus. Vielmehr muß ein Unternehmen technische und organisatorische Voraussetzungen schaffen, um Projekt-Datenmodelle zu umfassenderen Datenmodellen (bis hin zu einem Unternehmens-Datenmodell) zusammenfassen zu können. Prinzipiell sollten die Datenbanken des Unternehmens den zusammengefaßten Datenmodellen des Unternehmens entsprechen und die Projekt-Datenmodelle sollten der Ausgangsprunkt für das Definieren der »Fenster« sein, durch die ein Projekt auf die Gesamt-Daten des Unternehmens Zugriff hat.

Datenmodellierungs-Ansätze

Man kann Datenmodellierung betreiben

- mit und ohne Rücksicht auf sonstige Datenmodelle oder Datenbanken des Unternehmens,
- mit und ohne Absicht, Datenbank-Felder durch Datenmodelle aktuell zu dokumentieren,
- mit und ohne (formalen) Abgleich zu Funktionsmodellen.

Funktions-
modell

Dabei wird unter Funktionsmodell die detaillierte Beschreibung einzelner Funktionen eines Informationssystems verstanden. Das Zusammenwirken der Funktionen untereinander und der Datenzugriff von Funktionen auf (zuvor spezifizierte) Daten sind dabei zu spezifizieren. Funktions-Beispiel: »Anlegen Kunden-Auftrag«.

Aufwand für ein Projekt

Bild 1–1 stellt Projekt-Aufwände für Daten- und Funktionsmodellierung dar. Die jeweiligen »Aufwands-Quader« sind unterschiedlich groß. Für jedes Projekt können je nach Zielsetzung und Arbeitsstil mehr oder weniger Quader kennzeichnend sein.

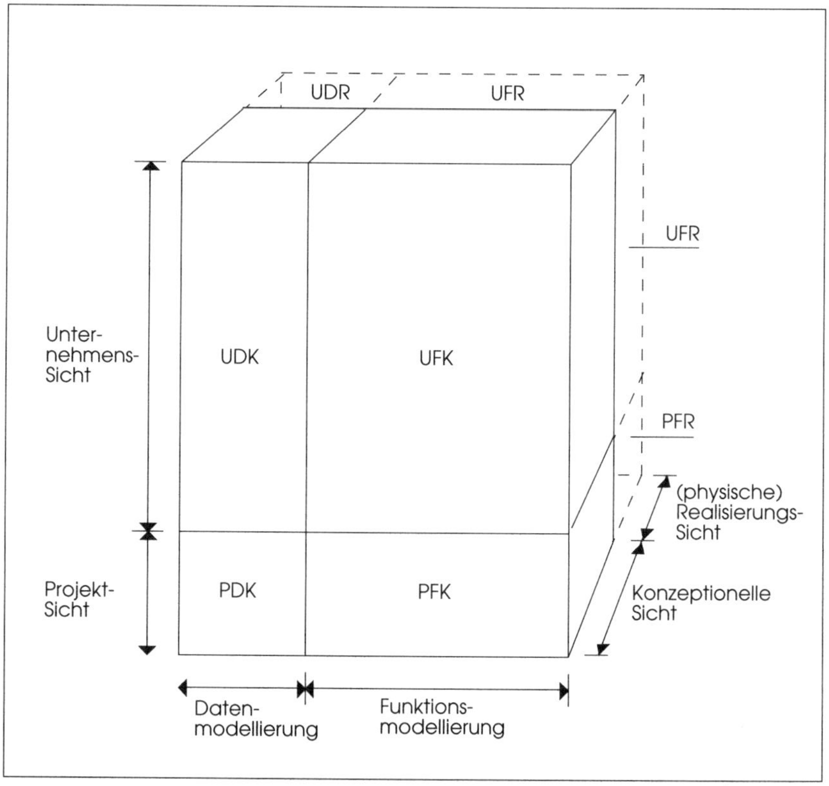

Bild 1–1 Projekt-Aufwände für Daten- und Funktionsmodellierung

Die Quader, deren Bezeichnung ein »**K**« (Konzept) enthält, symbolisieren Aufwände für die Konzept-Erstellung und deren stets aktuell zu haltende Dokumentation.

Die mit »**R**« (Realisierung) bezeichneten Teil-Quader zeigen zusätzlich anfallende Aufwände, wenn auch die Realisierungs-Komponenten eines Informationssystems (also Datenbanken, Masken und Programme) aktuell dokumentiert werden sollen. Die Anbieter von CASE-Tools behaupten, daß der Realisierungs-Aufwand (zumindest in einigen Jahren) gegen Null gehen wird, weil aus der mit dem CASE-Tool erstellten fachlichen Spezifikation Programme, Bildschirmmasken und Datenbanken automatisch generiert werden können.

Mit »**D**« (Daten) bezeichnete Quader umfassen Aufwand für Datenmodellierung bzw. aktuelle Datenbank-Dokumentation.

Mit »**F**« (Funktionen) bezeichnete Quader stellen Aufwand für das Spezifizieren von Funktionen bzw. Codieren und aktuelle Dokumentieren von Programmen dar.

Die mit »**P**« (Projekt) bezeichneten Quader symbolisieren den Aufwand pro Projekt, wenn jedes Projekt primär an sich selbst denkt, also der formalen sowie inhaltlichen Abstimmung seines Daten- oder Funktionsmodells mit Schnittstellen-Projekten weitgehend ausweicht.

Die mit »**U**« (Unternehmen) bezeichneten Quader verdeutlichen den Aufwand für Daten- oder Funktions-Modellierung pro Projekt, wenn das Projekt sich Regelungen unterwirft, die eine unternehmensweite Integration aller Daten- bzw. Funktionsmodelle zum Ziel haben.

Es folgt eine nähere Betrachtung einzelner Quader.

Aufwand PDK

Die zunehmende Akzeptanz der Datenmodellierung beruht wohl vor allem darauf, daß Projekt-Teams ihr Projekt mit einem Datenmodell schneller und fehlersicherer spezifizieren und realisieren können als ohne Datenmodell. Es gibt in modernen Unternehmen immer weniger Projekte, die ohne Projekt-Datenmodell arbeiten.

Aufwand PFK

Funktionsmodelle waren der traditionelle Schwerpunkt des Software-Engineering (SE). Erst in neuerer Zeit entdeckt das Software-Engineering Datenmodelle als unentbehrlichen Spezifikations-Bestandteil.

Das klassische Software-Engineering hat sich nicht so explosionsartig durchgesetzt wie es sich bei der Datenmodellierung abzeichnet. Vermutlicher Haupt-Grund: Das Aufwand-Nutzen-Verhältnis der SE-Spezifikations-Techniken erschien den Projekt-Teams ungünstiger als bei Verwendung von freiem Text zur Beschreibung der Funktionalität eines Systems.

CASE-Tools haben das Potential, die SE-Akzeptanz im Projekt zu vergrößern. Mehr als ein per CASE-Tool (graphisch) strukturierter freier

Spezifikations-Text dürfte allerdings nur von solchen Projekten erstellt werden, die hinterher Programme aus ihrer Funktions-Spezifikation generieren lassen.

Aufwand UDK

Bild 1–1 zeigt, daß ein Projekt-Team mit erheblichem Mehraufwand rechnen muß, wenn es versucht, sein Datenmodell formal und inhaltlich auf alle sonstigen Datenmodelle des Unternehmens abzustimmen. Es muß Stellen, Meta-Informationssysteme und organisatorische Regelungen im Unternehmen geben, die eine solche Datenmodell-Integrationsarbeit überhaupt erst ermöglichen. Gerade in der Aufbau-Phase sogenannter Unternehmens-Datenmodelle ist die Integrationsarbeit für die Projekt-Teams mehr ein Geben als ein Nehmen.

Aufwand UFK

Hier prüft das Projekt-Team (im Verbund mit anderen organisatorischen Einheiten des Unternehmens) nicht nur die Kompatibilität seines Datenmodells, sondern auch seines Funktionsmodells. Speziell Organisations-Abteilungen müßten darüber wachen, daß nicht Funktionen an mehreren Stellen wiederholt ausgeführt werden.

Abhängigkeiten zwischen den Aufwandsblöcken

Funktionsmodellierung verwendet Elemente der Datenmodelle, kann also ohne Datenmodellierung gar nicht (detailliert) betrieben werden.

Datenmodellierung ist formal ohne Funktionsmodellierung möglich. Es wird sogar in der Literatur zunehmend die Auffassung vertreten, Daten sollten unabhängig von den Funktionen strukturiert und gespeichert werden. Dagegen spricht allerdings die Ansicht, daß ein Projekt-Team erst wissen kann, ob sein Datenmodell »funktioniert«, wenn zumindest alle datenändernden Funktionen gedanklich »durchgespielt« sind.

Aufwand für die Informationsverarbeitung eines Unternehmens

Projekt-Teams streben (wie in Kapitel 2 begründet) häufig danach, ihren Aufwand für die Erst-Konzeption und -Realisierung zu minimieren. Pflege-Aufwand wird selten dem (ursprünglichen) Projekt-Team angelastet, sondern scheint primär durch andere Projekte oder betriebliche Veränderungen bedingt. Als Pflege-Aufwand gilt auch meist nur der Aufwand für Programm-Änderungen, nicht der (viel größere) Aufwand für die Pflege von Daten durch System-Anwender.

Wenn sich die Mehrheit der Projekte die mit »U« gekennzeichneten Integrations-Aufwand-Quader erspart – vielleicht, weil das Unternehmen keine adäquate Integrations-Umgebung anbietet – dann hat dies die in Bild 1–2 (Kosten-Kurve 1) dargestellten Auswirkungen.

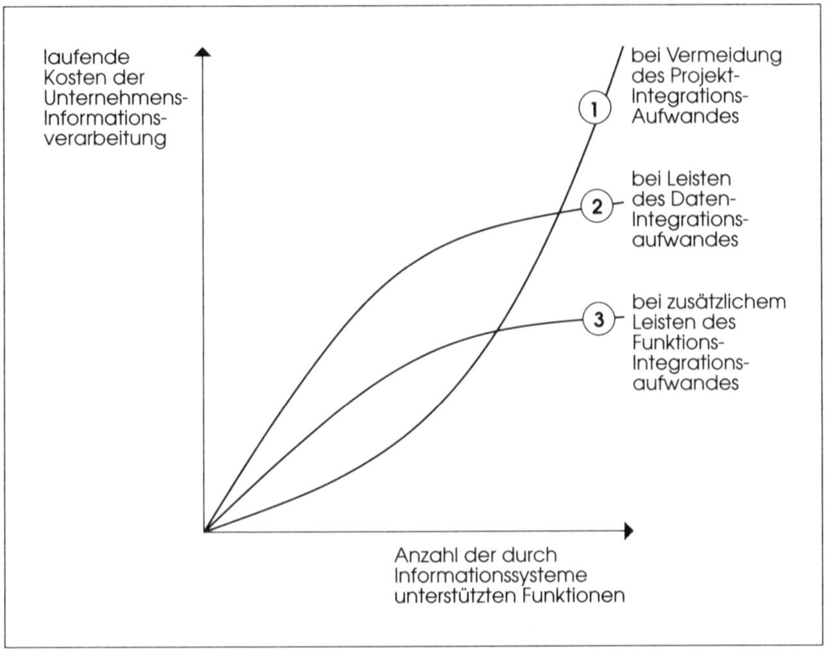

Bild 1–2 Laufende Kosten der Unternehmens-Informationsverarbeitung in Abhängigkeit vom Projekt-Integrations-Aufwand

Kosten-Kurve 1

Die laufenden Kosten der Unternehmens-Informationsverarbeitung steigen überproportional zur Anzahl der durch Informationssysteme unterstützten betrieblichen Funktionen, weil immer mehr Funktionen doppelt und dreifach von immer mehr Stellen mit den unterschiedlichsten Informationssystemen (und deren unkoordinierter Datenhaltung) ausgeführt werden.

Kosten-Kurve 2

Da die Unternehmens-Datenwelt nicht »unendlich« vielfältig ist (oder zumindest sein sollte), können immer mehr Funktionen durch Zugriff auf bereits vorhandene und dokumentierte Daten erfolgen. Dies führt zu Einsparungen durch Vermeiden von Doppelt- und Dreifach-Eingaben bei Daten-Änderungen, sowie zur Ersparnis von Abgleich-Aufwand für unterschiedliche Daten zum gleichen Sachverhalt.

Kosten-Kurve 3

Da hier nicht nur Daten projektübergreifend zueinander passen, sondern auch Funktionen (also organisatorische Abläufe und deren Unterstützung durch kompatible Programme), ist der Kostenverlauf noch günstiger.

Strebt ein Unternehmen die Kostenkurven 2 oder gar 3 an, dann führt nur ein Verbund von Methodenwissen, CASE-Komponenten und organisatorischen Regelungen zum Ziel. Datenmodellierung, die Integration von Datenmodellen und deren Umsetzung in Datenbanken sind ein strategisch bedeutsamer Teil dieses zu planenden und zu praktizierenden Verbundes, der häufig auch Software-Produktions-Umgebung (SPU) genannt wird.

Software-Produktions-Umgebung (SPU)

Jedes Unternehmen hat eine SPU. Sie kann im Primitiv-Fall aus Papier und Bleistift für die Spezifikation, einem Text-Editor, dem Verbot von GOTO-Anweisungen, einem Compiler und einem Rechner bestehen. In fortschrittlicheren SPU'n sind unter anderem »Datenadministratoren« und »Daten*bank*-Administratoren« tätig. Datenadministratoren nennt man Spezialisten für die Erstellung, Integration und Verdichtung von Datenmodellen.

Zielgruppe des Buches

Dieses Buch ist primär ein Buch für

- Datenadministratoren (Datenmodellierer) mit einiger Berufspraxis, wendet sich aber auch an
- SPU-Planer,
- CASE-Tool-Anbieter,
- Fachbereichs-Mitarbeiter, die IV-Systeme fachlich spezifizieren,
- Programmierer, die mit Datenadministratoren zusammenarbeiten,
- Programmierer, die (noch) selbst Datenbanken entwerfen (dürfen),
- Datenbank-Administratoren, die mehr Datenmodellierungswissen anstreben,
- Fachbereichs-Chefs und Organisatoren, die Datenadministratoren fordern und fördern sollten,
- IV-Chefs, die noch keine oder nur wenige Datenadministratoren haben.

Es ist Münzenberger zuzustimmen, wenn er feststellt: »Die Thematik 'Datenmodellierung und ihre Anwendungsmöglichkeiten' hat, obwohl die ersten Grundlagen hierzu bereits Anfang der siebziger Jahre gelegt wurden, erst Anfang bis Mitte der achtziger Jahre eine breite Akzeptanz in den ORG/DV-Abteilungen der Unternehmen gefunden. Mittlerweile setzt sich diese Akzeptanz auch in den Fachabteilungen durch. Dies ist nicht zuletzt auf die vielen positiven Erfahrungen bei der Anwendung von geeigneten Methoden für die Erstellung projektspezifischer oder projektübergreifender (bereichsweiter, unternehmensweiter) Datenmodelle sowie auf das ständig wachsende Bewußtsein einer datenorientierten Informationsverarbeitung zurückzuführen.« ([Münzenberger 1], S.32).

Allerdings sei ergänzt, daß den Versuch, Datenmodellierung unternehmensweit zu betreiben, nicht nur positive Erfahrungen, sondern auch eine Menge von Problemen begleiten.

Ein einzelnes Datenmodell repräsentiert Fachwissen. Wenn mehrere Datenmodelle aufeinanderprallen, kann man Wissen nicht addieren wie Zahlen, sondern man entdeckt verschiedene Genauigkeitsgrade, unterschiedliche Repräsentationen des gleichen Sachverhaltes und fachliche Widersprüche.

Wie ist dann zu verfahren? Was geschieht mit Datenbanken, die auf der Grundlage »falscher« Datenmodelle bereits realisiert und im Einsatz sind. Soll man wirklich »Top Down« vorgehen und so lange modellieren, bis keine Widersprüche oder genaueren Darstellungen von Sachverhalten mehr zu erwarten sind? Soll bis dahin die Implementierung neuer IV-Systeme auf Eis gelegt werden?

Angesichts der Probleme unternehmensweiter Datenmodellierung ist ein erheblicher Personal- und (Meta-)System-Aufwand erforderlich, wenn ein Unternehmen die Kostenkurve 2 des Bildes 1–2 anstrebt. Wenn es einfach wäre, IV-Systeme kompatibel zu gestalten, dann hätten die Unternehmen dieses Problem längst im Griff und würden nicht hilflos (oder vielleicht sogar stolz ...) auf die von Monat zu Monat steigende Datenbank-Anzahl blicken.

Inhalt des Buches

Das vorliegende Buch behandelt

- Methodik,
- Probleme,
- Wirtschaftlichkeit,
- Organisation und
- Umfeld

der Datenmodellierung.

Aufbau des Buches

Kapitel 2 vergleicht ein Teilgebiet der IV-Welt der CHAOS AG, die noch weitgehend ohne Datenmodelle arbeitet, mit dem entsprechenden IV-Ausschnitt aus der MODERN AG, bei der die Verwendung genormter Datenmodelle Pflicht ist. Dadurch sollen die in Bild 1–2 behaupteten ökonomische Effekte der Daten-Integration greifbarer gemacht werden als durch das Wiederholen oder Abwandeln abstrakter Formulierungen, die in kaum noch verbesserungsfähiger Form schon an anderer Stelle zu finden sind (vgl. z.B. Vorwort von [Vetter 1] oder [Mistelbauer], S.109 ff.).

Kapitel 3 faßt kurz methodische Grundlagen der Datenmodellierung zusammen. Als Kritik und Ergänzung bisheriger Datenmodellierungs-Varianten folgt die Vorstellung des »Relationen Relationship Modells« (RRM). Dieses Modell empfiehlt bisher unübliche Datenmodell-Notationen, die im vorliegenden Buch durchgängig verwendet sind.

Kapitel 4 enthält Datenmodellierungs-Beispiele.

- Die Fallstudie »Fahrversuch« soll Anfängern eine Vorstellung von der Praxis der Datenmodellierung vermitteln. »Profis« sollen den in Kapitel 3 vorgeschlagenen RRM-Weg vom Grob-Datenmodell zu relationalen Tabellen verfolgen können.
- Die Beispiele »Händler-Schulung« und »Konzern-Info-System« vertiefen das Wissen über die vorgeschlagene Datenmodellierungs-Technik und machen auf Integrationsprobleme aufmerksam.
- Die abschließende Beschreibung des Meta-Datenmodells zum RRM verfolgt mehrere Ziele:
  - Sie erklärt, was ein Meta-Datenmodell ist.
  - Sie zeigt die Anwendbarkeit der vorgeschlagenen RRM-Notationen auf komplexe Modellierungs-Probleme.
  - Sie ist Teil der Muster-Spezifikation eines CASE-Tools, die in Kapitel 5 um Teile eines Funktionsmodells ergänzt wird.

Kapitel 5 beschreibt Zusammenhänge zwischen Datenmodellierung und CASE. Verschiedene Phasen-Modelle werden vorgestellt und diskutiert. Im Anschluß an eine Kurzbeschreibung von SE-Techniken und -Methoden wird die Frage diskutiert, ob Datenmodellierung nur im Verbund mit Funktionsmodellierung sinnvoll oder möglich ist.

Es folgt die knappe Beschreibung einiger marktgängiger CASE-Tools, die als SPU-Komponenten eingordnet werden. Abschließend werden dem Leser Kriterien an die Hand gegeben, mit deren Hilfe er eigenständig die Daten(modellierungs)komponente von CASE-Tools beurteilen kann.

Kapitel 6 behandelt Ziele, Verfahren und Probleme der Datenmodell-Integration und -Verdichtung. Dabei werden die Begriffe »Unternehmens-Datenmodell« und »Unternehmensweites Datenmodell« differenziert und Wege dorthin vorgeschlagen.

Kapitel 7 schlägt die Brücke von den Datenmodellen zu Datenbanken. Einige Grenzprobleme des konzeptionellen und physischen Datenbank-Designs werden behandelt. Im Kapitel 7.3 (distributives Datenbank-Design) wird vorgeschlagen, wie die Verknüpfung von Datenmodellen mit (verteilten) Datenbanken in einem Data Dictionary System erfolgen soll.

Kapitel 8 definiert »Service und Qualitätssicherung rund um die Daten« als Aufgabenstellung eines unternehmensweiten Datenmanagements. Organisationsvarianten des Datenmanagements werden diskutiert. Der Datenmanagement-Beitrag zur Qualität der IV-Infrastruktur eines Unternehmens wird betont.

2

Management-Relevanz von Datenmodellen

- Beschreibung einer fachlichen Aufgabenstellung
- Zwei unterschiedliche Problemlösungen
- Wirtschaftlichkeits-Vergleich
- Zusammenfassung

In diesem Kapitel wird ein Informationssystem der »CHAOS AG« einem Informationssystem der »MODERN AG« gegenübergestellt. Übereinstimmungen mit der Wirklichkeit sind zu vermuten. Der Autor versichert jedoch, kein real existierendes Unternehmen oder Informationssystem beschreiben zu wollen, insbesondere kein IV-System der BMW AG, bei der er 10 Jahre angestellt war.

Ziele der Gegenüberstellung

Der Leser soll an einem Beispiel nachvollziehen können,

- wieviel Rationalisierungs-Potential ungenutzt bleibt, wenn Informationssysteme isoliert statt integriert geplant und verwirklicht werden.
- daß die Unwirtschaftlichkeit von Informationssystemen nicht immer leicht zu entdecken ist, sondern sich sogar hinter einer fast identischen Oberfläche vergleichbarer Systeme verbergen kann.
- daß aus der Qualität der Dokumentation von Informationssystemen auf die Wirtschaftlichkeit eines System-Verbundes geschlossen werden kann.
- daß Datenmodelle ein unerläßlicher Bestandteil von System-Dokumentationen sind.

Neben-Aspekt

- Der Leser soll prüfen, ob er die in diesem Buch empfohlene Datenmodell-Variante versteht, ohne deren detaillierte Erläuterung (in Kapitel 3) bereits gelesen zu haben.

2.1 Beschreibung einer fachlichen Aufgabenstellung

2.1.1 Gemeinsame Ausgangssituation zweier Unternehmen

Sowohl in der (fiktiven) CHAOS AG, als auch in der (fiktiven) MODERN AG werden Fahrzeuge hergestellt.

Fahrzeug-Typen (TYP)

Beide Unternehmen bieten eine Fülle von Fahrzeug-TYPen an. TYP-Beispiele aus der realen (BMW-)Welt: 320i/2 Türen, 320i/4 Türen, 525i, 525i/Rechtslenker, 525i/USA. Solche Fahrzeug-Typen werden unternehmensintern durch vierstellige Typ-Schlüssel bezeichnet.

Sonderausstattungen (SA)

Zu jedem Fahrzeug-TYP werden von beiden Unternehmen Sonderausstattungen angeboten. Beispiele: Autoradio, Klimaanlage, Lederpolsterung, Wärmeschutzglas grün, Wärmeschutzglas mit Grünstreifen oben.

Bei höherwertigen Fahrzeug-Typen können Umfänge im Preis enthalten sein, die bei preiswerteren Typen als Sonderausstattungen geordert und bezahlt werden müssen. Beispiele: Wärmeschutzglas ist bei vielen Fahrzeug-Typen Sonderausstattung, bei teureren Typen (und allen USA-Typen) jedoch als Serien-Umfang im Preis enthalten. Wenn jemand die Sonderausstattung Autoradio ordert, dann bedeutet dies bei einigen Typen eine Frontscheibe mit eingegossener Antenne, während bei anderen Typen eine (manuell oder automatisch) versenkbare Antenne, also eine Frontscheibe ohne integrierte Antenne montiert werden soll. Bei allen USA-Typen sollen (um Zollgebühren zu sparen) Scheiben montiert werden, die aus USA bezogen wurden.

Es treffe z.B. zu, daß die Sonderausstattung »Klimaanlage« Wärmeschutzglas beinhaltet. Auch schließe die Sonderausstattung »Lederpolsterung« preislich Wärmeschutzglas ein.

Ausgangs-Situation am Montage-Band

Man stelle sich einen Arbeitsplatz am Montageband vor, an dem ein Werker die Front- und Heckscheiben einsetzt. Dieser Werker muß nicht nur dafür sorgen, daß die Scheiben technisch einwandfrei montiert werden. Er muß zuerst einmal entscheiden, aus welchem von z.B. folgenden Frontscheiben-Behältern er die Frontscheibe entnehmen soll:

Behälter mit Frontscheiben

- weiß,
- grün,
- Grünstreifen,
- weiß mit Antenne
- grün mit Antenne
- grün mit Antenne, USA
- Grünstreifen mit Antenne
- Grünstreifen mit Antenne, USA

Vor Einführung unterstützender Informationssysteme bestand in beiden Unternehmen die mit Hilfe von Bild 2–1 beschriebene Situation.

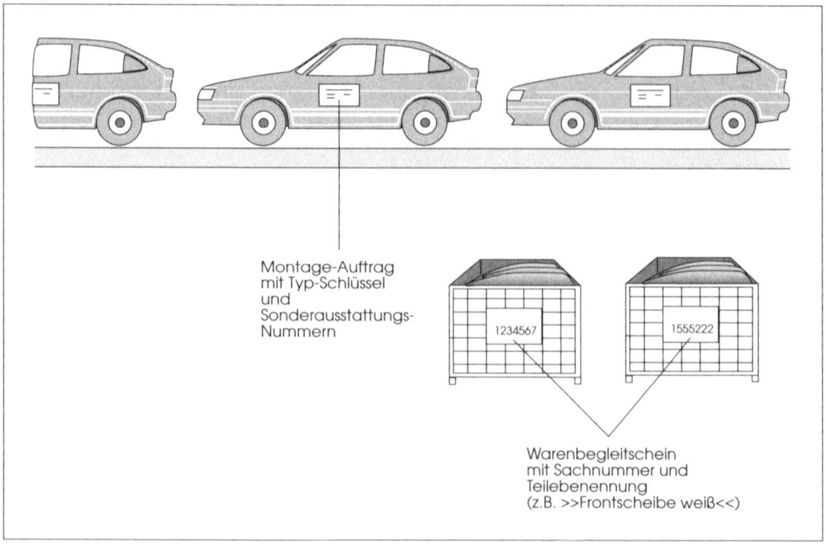

Bild 2–1 Ausgangssituation in beiden Unternehmen

Werker muß selbst überlegen, aus welchem Behälter er entnehmen soll

An jedem Fahrzeug war ein Montage-Auftrag angebracht, der (unter anderem) in großen Buchstaben und Ziffern den TYP-Schlüssel und die vom Kunden gewünschten Sonderausstattungs-Nummern enthielt.

An den bereitgestellten Behältern waren sogenannte Warenbegleitscheine angebracht. Sie waren in großen Ziffern mit der Sachnummer der Teile bedruckt und vermerkten (nur aus unmittelbarer Nähe lesbar) die Benennung des Teils, also z.B. »Frontscheibe weiß« oder »Antennen-Frontscheibe grün, USA«.

Um in dieser Ausgangssituation die richtige Frontscheiben-Auswahl zu treffen, mußte der Werker Typschlüssel und Sonderausstattungs-Nummern jedes Montage-Auftrags lesen und dann gedanklich eine nicht triviale Entscheidungstabelle durchlaufen. Da am Band alles fehlerfrei und möglichst schnell ablaufen soll, wurden in beiden Unternehmen Werker-Informationssysteme entwickelt.

2.1.2 Gemeinsame Zielvorstellung der beiden Unternehmen

Beide zur Verbesserung der Montage-Situation entwickelten Informationssysteme arbeiten mit Mikrowellen-Sendern, von denen jeweils einer am zu montierenden Fahrzeug angebracht ist. Diese Sender werden bei Montagestart vom jeweiligen Montagesteuerungs-Rechner (über den beide Unternehmen verfügen) mit Informationen geladen, die sie dann (bis zur Löschung am Bandende) aussenden. Entlang des Bandes sind z.B. an den hier interessierenden Montageplätzen Lesestationen montiert, die die Mikrowellen-Informationen empfangen und weitergeben können.

Elektronische Anzeigetafeln

Beide Systeme verwenden an Montageplätzen mit vielen Montagevarianten elektronische Anzeigetafeln. Auf diesen wird pro Fahrzeug angezeigt, welche Variante (A, B, C usw.) der zu montierenden Teile vom Werker auszuwählen ist.

Großbuchstaben an den Behältern

An den bereitgestellten Behältern sind Zettel mit den Großbuchstaben A, B, C usw. angebracht. Das Lesen der Montage-Aufträge und die anschließende Behälter-Auswahl-Entscheidung wird den Werkern dadurch erspart.

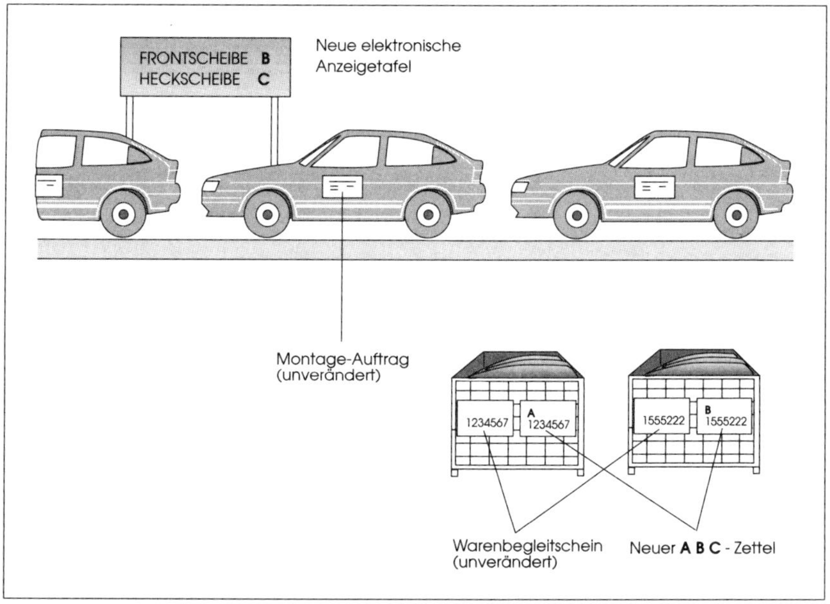

Bild 2–2 Ziel-Vorstellung beider Unternehmen

Werker ist besser informiert

Bild 2–2 zeigt die von beiden Unternehmen durch Einführung von Informationssystemen angestrebte Montage-Situation. Der Werker sieht auf einer elektronischen Anzeigetafel, aus welchem Behälter er ein zu montierendes Teil entnehmen soll.

2.2 Zwei unterschiedliche Problemlösungen

2.2.1 Werker-Informationssystem (WERKIS) der CHAOS AG

Montagebereich erstellt ABC-Vorgabeliste

Bei der CHAOS AG senden die Mikrowellen-Sender nicht nur die Order-Nummer (für Zwecke der Auftrags-Verfolgung), sondern auch Typ-Schlüssel und Sonderausstattungsnummern des zu montierenden Fahrzeugs.

Jeder Montagebereich erstellt für jeden Montageplatz, der mit einer Mikrowellen-Lesestation ausgestattet war, eine sogenannte ABC-Vorgabeliste, deren Aufbau Bild 2–3 zeigt.

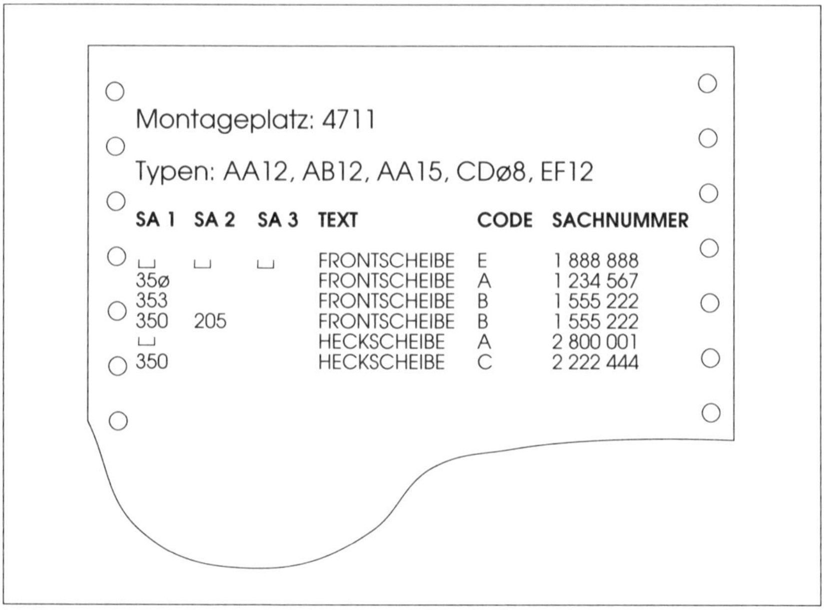

Montageplatz: 4711

Typen: AA12, AB12, AA15, CDø8, EF12

SA 1	SA 2	SA 3	TEXT	CODE	SACHNUMMER
␣	␣	␣	FRONTSCHEIBE	E	1 888 888
35ø			FRONTSCHEIBE	A	1 234 567
353			FRONTSCHEIBE	B	1 555 222
350	205		FRONTSCHEIBE	B	1 555 222
␣			HECKSCHEIBE	A	2 800 001
350			HECKSCHEIBE	C	2 222 444

Bild 2–3 ABC-Vorgabeliste für einen Montageplatz

Die Beispiel-Liste gilt für den Montageplatz 4711 und für die in der TYPEN-Zeile genannten Typ-Schlüssel.

Die ersten drei Spalten sind für Sonderausstattungs-Nummern (SA 1, SA 2, SA 3) vorgesehen.

Hier bedeute z.B.:

SA 350 = Klimaanlage
SA 353 = Lederpolsterung
SA 205 = Radio.

TEXT- und CODE-Spalte einer Listen-Zeile sollen von der elektronischen Anzeigetafel angezeigt werden, wenn die links stehende Kombination von Sonderausstattungsnummern in den Sonderausstattungsnummern enthalten ist, die der passierende Mikrowellensender sendet.

Wenn also ein Fahrzeug Klimaanlage und Radio hat, dann soll angezeigt werden

FRONTSCHEIBE B,
HECKSCHEIBE C.

Eigener WERKIS-Rechner

Alle Anzeigetafeln werden von einem Rechner gesteuert, dem sogenannten WERKIS-Rechner. Der WERKIS-Rechner arbeitet mit einer ABC-Vorgabetabelle, die analog zu den ABC-Vorgabelisten strukturiert ist und (manuell) mit Hilfe der ABC-Vorgabelisten gefüllt und aktualisiert wird. Er verfügt über ein Programm, das in Abhängigkeit von der Mikrowellen-Lesestation-Nummer die ABC-Vorgabetabelle durchsucht und Spalten der zutreffenden Tabellenzeilen an die Anzeigetafel sendet, die der Lesestation zugeordnet ist.

Haus-Druckerei druckt ABC-Zettel

Die Haus-Druckerei druckt auf Antrag pro angekreuztem Zeilentyp einer ABC-Vorgabeliste ABC-Zettel mit TEXT, CODE und SACHNUMMER. Die ABC-Zettel werden von Montage-Personal bei Neu-Einführung des Anzeigesystems an einem Montageplatz an den dort bereitgestellten Behältern befestigt. Bereitsteller der Logistik entfernen die ABC-Zettel von leeren Behältern und befestigen sie an den nachfolgend bereitgestellten vollen Behältern. Die Sachnummer ist auf die ABC-Zettel gedruckt, um sie (im Zweifels- oder Vertauschungsfall) mit den Sachnummern der Warenbegleitscheine an den Behältern vergleichen zu können.

Erfahrungen mit dem System WERKIS

Das System hat gerade angesichts steigender Varianten-Vielfalt die Arbeit der Werker erleichtert. An manchen Montageplätzen konnten zusätzliche Arbeitsgänge eingeführt werden, weil die Überlegungszeit der Werker entfiel. Dies und die gesunkene Zahl von Falsch-Montagen führten zu einer Kosteneinsparung der Montage.

Personal-Aufstockung

Den Einsparungen steht gegenüber der Aufwand für das WERKIS-DV-Personal, die WERKIS-Hardware, vor allem aber für das Erstellen und Pflegen der ABC-Vorgabelisten. Unter anderem deshalb mußte das dispositive Montage-Personal aufgestockt werden. Die genaue Anzahl von Zusatzpersonal ist schwierig anzugeben, da auch andere Gründe die Aufstockung bewirkten und die Pflege der ABC-Vorgabelisten nicht kontinuierlich betrieben wird.

Viel ABC-Vorgabe-arbeit

Die ABC-Vorgabe-Arbeit ist erstens von der Sonderausstattungs-Vertriebspolitik abhängig. Immer, wenn Sonderausstattungen neu hinzukommen oder zum Serien-Umfang für bestimmte Typen deklariert werden, fällt ABC-Vorgabe-Arbeit an. Zweitens ist auch bei Teile-Änderungen ABC-Vorgabe-Arbeit erforderlich, denn zumindest aufmerksame Bereitsteller erkennen, daß man nicht bei Ablösen eines Teils mit Sachnummer 1234567 durch ein Teil mit der Sachnummmer 2223334 einfach den alten ABC-Zettel an den Behälter mit den neuartigen Teilen hängen darf.

Die ABC-Vorgabe-Arbeit (ABC-Vorgabelisten aktualisieren, ABC-Zettel drucken, Bereitsteller informieren, neue ABC-Zettel zum richtigen Zeitpunkt erstmals an Behältern anbringen) nimmt fast linear mit der Anzahl der Anzeigetafeln zu. Dennoch werden immer mehr Anzeigetafeln installiert, weil die Varianten-Vielfalt des Fahrzeug-Angebotes der CHAOS AG ständig steigt.

Detaillierte WERKIS-Wirtschaftlichkeits-Betrachtungen erfolgen nicht, weil es eine zunehmende Anzahl von Montageplätzen gibt, die ohne die WERKIS-Anzeigetafeln kaum noch arbeitsfähig wären.

2.2.2 Montage-Informationssystem (MONTIS) der MODERN AG

Bei der MODERN AG wurde die in Kapitel 2.1 beschriebene fachliche Problematik in einen größeren Zusammenhang gestellt. Es geht doch darum, Werkern am Montageband mitzuteilen, welches Teil sie in welches Fahrzeug einbauen sollen. Diese Frage ist im Prinzip durch Stücklisten schon beantwortet. Nur, daß die Stücklisten eben nicht für ein *einzelnes* Fahrzeug und dessen vom Kunden georderte Sonderausstattungen angelegt werden, sondern generell für Fahrzeug-*Typen* und deren mögliche Sonderausstattungen gelten.

Datenmodell unterstützt die Planung

Folgende Ausführungen beziehen sich auf das in Bild 2–4 dargestellte Datenmodell. Mehrere aufeinanderfolgende Großbuchstaben referenzieren eines der im Datenmodell abgebildeten Rechtecke, die im Text meistens »Tabelle« genannt werden.

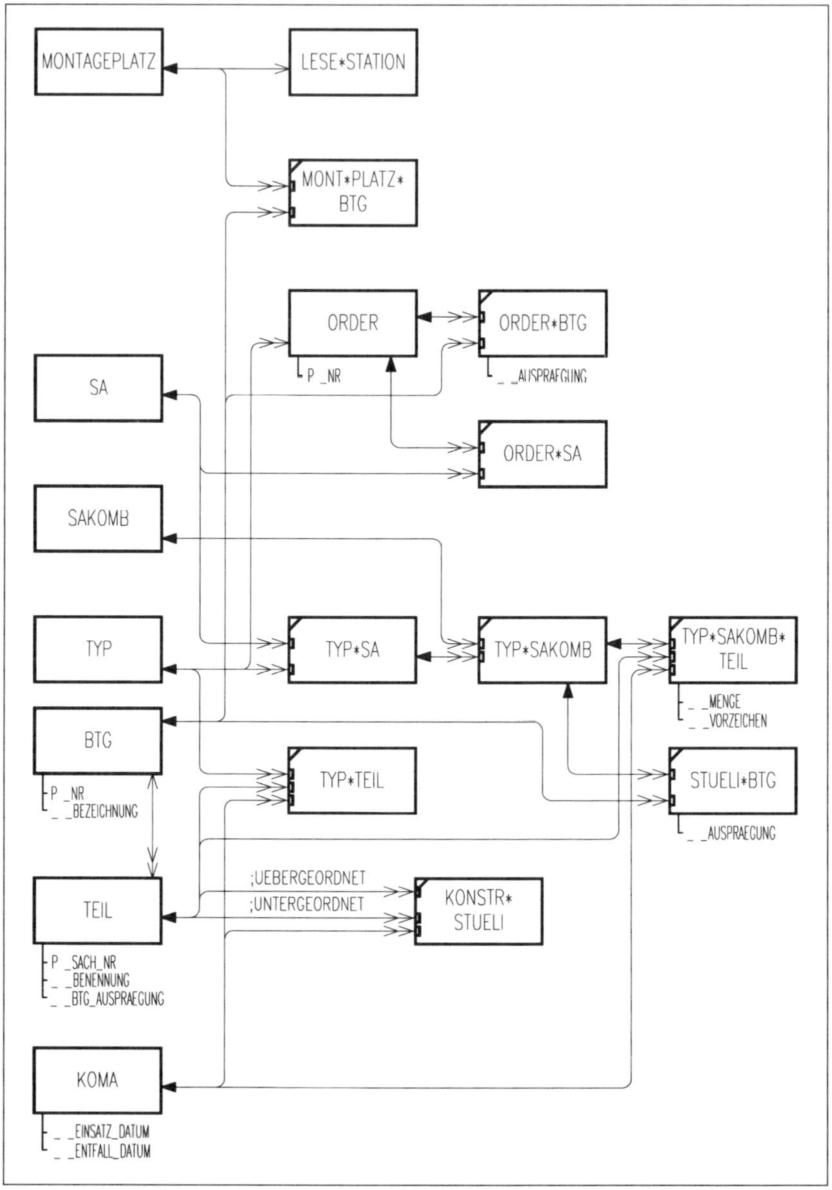

Bild 2–4 MONTIS-Datenmodell der MODERN AG

TYP*TEIL

(Die Begriffe Relation, Tabelle und Entität werden in Kapitel 3 eingeführt und in Zusammenhang gebracht.)

Jeder Fahrzeug-TYP, dem überhaupt schon Teile zugeordnet sind (was bei neu projektierten Typen noch nicht der Fall sein muß), besteht aus vielen TEILen. Ein TEIL kann in vielen TYPen vorkommen. Die m:n-Zuordnung zwischen TYP und TEIL kann in einer Tabelle TYP*TEIL vorgenommen werden. In dieser Tabelle ist auch die TYP*TEIL>KOMA von besonderer Wichtigkeit.

KOMA

KOMA ist eine Abkürzung für Konstruktions-Maßnahme. Eine Konstruktions-Maßnahme wird durch KOMA_EINSATZ_DATUM und KOMA_ENTFALL_DATUM terminiert. Die Tabelle TYP*TEIL hält also durch ihre Muß-Beziehung zu KOMA nicht nur fest, welche Teile aktuell zu einem TYP gehören, sondern erlaubt auch Aussagen über Vergangenheit und Zukunft der Teileverwendung. KOMA_EINSATZ_DATUM und KOMA_ENTFALL_DATUM sind wichtig für Bestellung bzw. Fertigung von Teilen. Es sollen ja nicht Teile Monate zu früh eingelagert werden. Auch sollen Teile nicht mehr produziert werden, wenn sie in keinem TYP mehr verwendet werden (es sei denn für das Ersatzteilwesen).

KONSTR*STUELI

Ein TEIL kann selbst wieder aus anderen TEILen bestehen. Diese (ebenfalls KOMA-abhängigen) Zusammenhänge repräsentiert die Konstruktions-Stückliste (KONSTR*STUELI), die in der realen Automobilwelt wesentlich komplexer ist, als hier dargestellt. Eine Ursache der real größeren Komplexität sind z.B. Farb-Abhängigkeiten von Teileverwendungen.

SA

Wenn ein Fahrzeug-TYP mit Sonderausstattungen (SA) ausgestattet werden soll, so kommen TEILe hinzu (z.B. das Schiebedach, das Dachblech mit Schiebdedach-Öffnung), andere fallen eventuell weg (z.B. das Dachblech ohne Schiebedach-Öffnung). Treten bestimmte SA-Kombinationen auf, so können die Teile-Mengen andere sein, als bei Einzelauftreten einer SA. Beispiel: Wenn Auto-Telefon und Autoradio kombiniert bestellt werden, dann braucht das Fahrzeug nicht unbedingt zwei Antennen, sondern eine könnte reichen.

Diese Zusammenhänge sind aus dem Datenmodell folgendermaßen herauszulesen:

TYP*SA

Es gibt bestimmte (früher, heute oder demnächst) angebotene TYP*SA's für einen TYP. Zu einer SAKOMBination sei in der Tabelle TYP*SAKOMB angegeben, welche TYP*SA's zu dieser Kombination gehören. Die Tabelle TYP*SAKOMB*TEIL gibt an, in welcher TYP*SAKOMB*TEIL_MENGE ein TEIL in der TYP*SAKOMB vorkommt. Das TYP*SAKOMB*TEIL_VORZEICHEN sagt aus, ob das Teil hinzukommt oder wegfällt. Durch die Beziehung TYP*SAKOMB*TEIL>KOMA ist (wie auch bei KONSTR*STUELI und TYP*TEIL) eine Terminierung der Teileverwendung in Sonderausstattungen von Fahrzeug-TYPen gewährleistet.

In der MODERN AG wurde folgendes überlegt und vereinbart:

Stücklisten-abteilung wird einbezogen

Die Stücklisten-Abteilung achtet in Zukunft darauf, ob ein Teil zu einer Bauteilgruppe (BTG) gehört, für die in der Montage elektronische Anzeigetafeln installiert sind. Eine BTG wäre z.B. die Bauteilgruppe mit der BTG_BEZEICHNUNG »FRONTSCHEIBE« und der BTG_NR »00 002«. Diese BTG_NR wird in den Teilestammsatz eines TEILs als TEIL>BTG eingetragen, wenn dieses TEIL z.B. eine Frontscheibe ist. Außerdem vermerken die Stücklisten-Pfleger im BTG-Fall die TEIL_-BTG_AUSPRAEGUNG. Dies sind genau die Buchstaben, die später auf die ABC-Zettel gedruckt und auf den elektronischen Tafeln angezeigt werden.

ORDER

Aber bis dahin fehlt noch einiges zum Verständnis. Es muß ja noch die Brücke vom Fahrzeug-Auftrag (ORDER) zur Stücklisten-Welt geschlagen werden.

BTG

Es wurde ein Programm spezifiziert und realisiert, das die Tabellen TYP*TEIL, TYP*SAKOMB*TEIL und KONSTR*STUELI nachts liest und dabei auf Einsatz-und Entfall-Datum solcher TEILe achtet, die zu einer Bauteilgruppe (BTG) gehören. Als Ergebnis wird die Tabelle STUELI*BTG aktualisiert. Diese Tabelle sagt aus, bei welcher TYP*SAKOMB von welcher Bauteilgruppe (BTG) welche STUELI*BTG_AUSPRAEGUNG (also, A,B oder C) anzuzeigen ist.

STUELI*BTG

Die Tabelle STUELI*BTG hat einen tausendfach geringeren Umfang als die Tabellen, aus denen sie per Programm erzeugt wird. Es sind ja z.B. nicht alle Teile enthalten, sondern nur Bauteilgruppen, für die am Montageband Anzeigen erfolgen. Auch sind nur aktuell gültige TYPen enthalten. Im BTG-Umfeld besteht ein TEIL nicht mehr aus TEILen, sondern das wegen seiner BTG interessierende TEIL wird in Abhängigkeit von TYP*SAKOMB entweder montiert oder nicht. Wird es montiert, dann ist die STUELI*BTG_AUSPRAEGUNG gleich der TEIL_BTG_-AUSPRAEGUNG.

Am Band muß bei einer Mikrowellen-Lesung der Montagesteuerungs-Rechner sehr schnell sein. Es gibt außerdem eine ständig zunehmende Anzahl von LESE*STATIONen, weil immer mehr elektronische Anzeigetafeln installiert werden.

Deshalb wurde ein Programmm geschrieben, das am Ende der täglichen ORDER-Feinterminierung und bei ORDER-Änderungen läuft. Dieses Programm liest pro ORDER (in Abhängigkeit von ORDER>TYP und ORDER*SA) die Tabelle STUELI*BTG und trägt die gefundenen STUELI*BTG_AUSPRAEGUNGen als ORDER*BTG_AUSPRAEGUNG in die separate Tabelle ORDER*BTG ein. Dabei sind in ORDER*SA die Sonderausstattungen gespeichert, die vom Kunden für sein Fahrzeug geordert wurden.

Passiert ein Fahrzeug einen MONTAGEPLATZ mit elektronischer Anzeigetafel, dann geschieht in wenigen Millisekunden folgendes:

Existierender Rechner wird mitbenutzt

Der Mikrowellensender sendet die ORDER_NR an den Montagesteuerungs-Rechner. Dieser selektiert aus der Tabelle MONT*PLATZ*BTG die BTG's, die am MONTAGEPLATZ elektronisch angezeigt werden sollen. (Es ist nämlich oft mehr als eine BTG anzuzeigen, z.B. FRONTSCHEIBE und HECKSCHEIBE.)

Mit den gefundenen BTG's selektiert der Rechner aus der Tabelle ORDER*BTG die ORDER*BTG_AUSPRAEGUNGen, die am Montageplatz anzuzeigen sind. Aus der Tabelle BTG ergänzt der Rechner noch die BTG_BEZEICHNUNG und sendet diese selektierten Informationen an die betreffende Anzeigetafel.

Beispiel einer solchen Informationsübertragung an die Anzeigetafel:

FRONTSCHEIBE: B, HECKSCHEIBE: C.

Damit ist erläutert, wie es zur ABC-Anzeige kommt. Es fehlt noch die Information, wie bei der MODERN AG die ABC-Zettel entstehen und an die Behälter gelangen.

Lager-Rechner druckt ABC-Zettel

Bei der MODERN AG werden die Montagebänder ausschließlich über Lager bedient. Beim Auslagern wird für jeden Behälter ein ABC-Zettel gedruckt. Dabei greift der Lager-Rechner auf die Tabelle TEIL zu und kennt somit (falls das TEIL zu einer BTG gehört) die TEIL_BTG_-AUSPRAEGUNG. Diese wird dann (neben anderen Informationen) als »Riesen-Buchstabe« auf den ABC-Zettel gedruckt.

Das Lagerpersonal befestigt den ABC-Zettel bei Auslagerung am Behälter. Auf dem ABC-Zettel ist auch der Bereitstell-Ort am Montageband sowie der Zielort des (später) leeren Behälters vermerkt. Beide Informationen benötigen die Stapler-Fahrer.

(Der Warenbegleitschein verbleibe aus hier nicht interessierenden Gründen am Behälter. Es erfolgt keine Einlagerung ohne Warenbegleitschein.)

Erfahrungen mit MONTIS

Längere Planungszeit

Die Planungszeit war lang. Die Zusammenarbeit zwischen Stücklisten-Kennern, Lager-Spezialisten und dem Bereich Endmontage (der Scheiben-Montageplatz gehört dazu) war schwierig. Ohne das schon existierende Stücklisten-Datenmodell wäre die Zusammenarbeit noch wesentlich problematischer gewesen.

Günstig für den Druck der ABC-Zettel war, daß das Lagerwesen ohnehin einen Auslagerungs-Beleg zur Steuerung der Stapler-Fahrer (Bereitsteller) projektierte. Dies war dem Datenmanagement der MODERN AG bekannt. Diese Abteilung half bei der Datenmodellierung und prüfte projektbegleitend die Kompatibilität des MONTIS-Datenmodells mit schon bestehenden Datenmodellen.

Keine Personalaufstockung

Die Funktions-Erweiterung »Anzeigetafeln in der Endmontage« verursacht (außer den Abschreibungen für die zunehmende Tafel-Anzahl) keine laufenden Kosten. Die Stücklisten-Abteilung mußte immer schon erarbeiten und dokumentieren, welche Teile unter welchen Bedingungen (TYP*SAKOMB) ab wann (KOMA) gültig sind oder sein sollen. Die Konstrukteure legen bei Neu-Teilen in Zukunft neben hundert anderen Stammdaten auch die TEIL>BTG an, falls das TEIL zu einer Bauteilgruppe gehört. Da ein Konstrukteur immer nur mit wenigen Bauteilgruppen befaßt ist (oft sogar nur mit einer), ist diese Zuordnung für ihn kein Problem.

2.3 Wirtschaftlichkeits-Vergleich

Hardware-Unterschiede

Bei einer vergleichenden Besichtigung der beiden Unternehmen würde schnell auffallen, daß die CHAOS AG mehr Rechner hat, als die MODERN AG.

Beide Unternehmen haben

- einen Zentralrechner (Stücklisten, Teile-Stammdaten),

- Lager-Rechner
- Montagesteuerungs-Rechner, die dafür sorgen, daß Fahrzeug-Komponenten gemäß Kunden-Order montiert werden und in optimierter Reihenfolge über die Bänder laufen.

CHAOS AG hat mehr Rechner

Die CHAOS AG betreibt darüberhinaus pro Werk einen WERKIS-Rechner (Anzeigetafel-Steuerung). Der Anzeigetafel-Funktions-Umfang läuft bei der MODERN AG auf dem Montagesteuerungs-Rechner. Kann dieser Hardware-Unterschied ohne Zusatz-Informationen bewertet werden?

Vermutlich sind die Hardware-Kosten der CHAOS AG höher als die der MODERN AG. Dies wird man aber rechtfertigen mit dem Hinweis auf die größere Unabhängigkeit der Systeme. Dadurch hat die Montage eine Chance, auch bei Ausfall des Montagesteuerungs-Rechners weiterzuarbeiten.

Wir wollen diesem Sicherheits-Aspekt hier nicht weiter nachgehen. Wir können aber festhalten, daß Hardware-Unterschiede allein noch keine Beurteilung der Qualität oder Wirtschaftlichkeit einer Unternehmens-Informationsverarbeitung zulassen.

Funktionale Unterschiede

Auch, wenn die MODERN AG Roboter- und Anzeigetafel-Steuerung auf eigene Rechner auslagern würde, bestünde ein entscheidender Unterschied zwischen den IV-Systemen beider Unternehmen:

In der CHAOS AG werden Funktionen mehrfach erfüllt

Bei der MODERN AG wird die Funktion »Stücklisten-Aktualisierung« nur an *einer* Stelle wahrgenommen. Bei der CHAOS AG wird unter dem Stichwort Werker-Informationssystem eine Teilmenge der Stücklisten-Funktionalität von *mehreren* Montagestellen *neu* erfüllt. Genau dies verursacht großen Aufwand und führt zu kaum vermeidbaren Fehlern, die diesmal keine Werker-Fehler mehr sind, sondern Anzeige-Fehler als Folge fehlerhafter ABC-Vorgabe-Arbeit.

Man könnte einwenden, dies sei nur im vorliegenden Buch so. In der Realität werde ein solcher Fall aber »mit Sicherheit« von einem (deshalb hochbezahlten) Manager oder Systemanalytiker bemerkt.

Vermutlich käme in der Realität tatsächlich jemand auf die Idee, das Stücklisten-System »anzuzapfen«, um daraus Informationen für die Anzeigetafeln zu gewinnen. Aber diese Idee muß in ein funktionierendes IV-System umgesetzt werden. Dieses System muß auch (und gerade) in Sonderfällen funktionieren. Es ist meistens unter Zeitdruck und ohne genaue Kenntnis der potentiellen Schnittstellen-Systeme zu realisieren. Hier liegt das eigentliche Problem.

Es stehe z.B. fest, daß das neue System bis »spätestens Ende des Jahres« »pilotmäßig« laufen muß, damit das immer dringender werdende Montage-Problem zumindest an den fehleranfälligsten Montageplätzen »schon mal provisorisch« behoben ist. (Mit groß angelegten »Jahrhundert-Systemen« hat man schon seine Erfahrungen. Oft sind sie über die Spezifikations-Phase nicht hinausgekommen und oft hat sich während der Projekt-Laufzeit das betriebliche Umfeld so verändert, daß schon der erste realisierte Projekt-Teilumfang nach Inbetriebnahme abgeändert werden mußte, um halbwegs brauchbar zu sein.)

Wenn unter diesen Voraussetzungen ein WERKIS-Team-Mitglied versucht, sich das Stücklisten-System der CHAOS AG einmal genau erklären zu lassen, dann wird er vermutlich sehr schnell verzweifeln. Die Stücklisten-Kenner (meist sind es wenige) können sich nur selten für »Normalmenschen« verständlich ausdrücken. Kaum glaubt man, etwas verstanden zu haben, wird wieder ein Sonderfall vorgeführt, der eine angedachte Lösung scheitern läßt.

Folge: Das Team strebt angesichts der undurchschaubaren System-Umgebung schon bald nach einer möglichst autonomen Lösung und übernimmt allenfalls unproblematische Stammdaten aus Schnittstellen-Systemen.

Aufwands-Unterschiede

Folgekosten der CHAOS AG sind höher

Projekt-Teams werden meist danach beurteilt, ob sie das vorgegebene Problem in der gegebenen Zeit unter Einhaltung des Budgets gelöst haben. Selten danach, ob die Folgekosten hoch sind.

Werden Folgekosten überhaupt zutreffend ausgewiesen? Womit sollten sie verglichen werden? Sollte man etwa jedes System doppelt realisieren lassen, um sich nach einiger Parallel-Betriebszeit für das System mit den niedrigeren Folgekosten entscheiden zu können? Dieses Vorgehen dürfte unrealistisch sein.

Vergleiche mit anderen Unternehmen sind ebenfalls problematisch. Erstens sind dort die Randbedingungen eines betrachteten Informationssystems andere, z.B. kann das andere Unternehmen ein völlig anderes Stücklisten-System verwenden. Zweitens ist nie sicher, ob laufende Kosten eines IV-Systems vollständig bekannt und ausgewiesen sind.

Bisheriger Befund

Weder die eingesetzte Hardware, noch die Anwender-Oberfläche (Anzeigetafel, ABC-Zettel) erlaubt eine zutreffende Beurteilung der Wirtschaftlichkeit eines IV-Systems.

Die laufenden Kosten eines IV-Systems sind selten genau bekannt. Laufende Kosten sind weniger Kosten der Hardware und der Programmierer, sondern überwiegend Kosten der Abteilungen, die mit IV-Systemen arbeiten.

Nicht das einzelne IV-System ist (un)wirtschaflich, sondern der System-Verbund

Nicht das *Einzel*-IV-System ist (un)wirtschaftlich, sondern der System-*Verbund*. Ein System kann z.B. wirtschaftlich erscheinen, weil es Schnittstellen-Aufgaben nicht erfüllt, die deshalb (mit viel größerem Aufwand) von anderen Systemen und Anwendern wahrgenommen werden.

Die Prüfung, ob die Funktionalität mehrerer Systeme nicht durch ein integriertes System kostengünstiger erfüllt werden könnte, ist aufwendig und kaum möglich, wenn die betrachteten Einzel-Systeme nicht einheitlich und aktuell dokumentiert sind.

Empfehlung

Das Zusammenwirken vieler IV-Systeme kann wohl nur dann wirtschaftlich sein (und wirtschaftlicher werden), wenn deren Planer und Betreiber zutreffend, präzise und schnell Auskunft über den Ist-Stand und die derzeitigen Planungen geben können. Nur dann haben Schnittstellen-Projekte die Chance, in einer vertretbaren Zeit integrierte statt isolierte System-Konzeptionen zu erarbeiten. (Integrierte Systeme können auf verschiedene Rechner verteilt sein. Isolierte Systeme können den gleichen Rechner benutzen.)

Systemdokumentationen als Wirtschaftlichkeitslndikator

System-Dokumentationen dürften also als Indikator für die Wirtschaftlichkeit eines Unternehmens-System-Verbundes geeignet sein. Der Dokumentations- und Wissensstand über IV-Systeme läßt sich relativ schnell feststellen. Dies könnte z.B. mit Hilfe folgender (unvollständiger) Check-Liste erfolgen:

- Gibt es für jedes IV-System eine einheitlich aufgebaute Beschreibung?
- Enthalten diese Beschreibungen einheitlich aufgebaute Datenmodelle?
- Ist es Zufall, wenn in verschiedenen Datenmodellen gleiche Begriffe verwendet werden, oder gibt es organisatorische Regelungen, die dies bewirken und kontrollieren?

- Entspricht die aktuelle IV-Realisierung ihrer Dokumentation oder sind z.B. Datenbanken ganz anders aufgebaut, als vor Jahren (auf Papier) dokumentiert?
- Gibt es im Unternehmen Datenbanken, die von mehreren IV-Systemen genutzt werden? Wer dokumentiert Datenbanken, von denen alle damit arbeitenden IV-Systeme jeweils nur Teilmengen benutzen?

Der Befund bei der CHAOS AG könnte so aussehen:

- Es gibt gut und schlecht dokumentierte Systeme. Jede Dokumentation ist anders strukturiert.

Datenmodelle

- sind nur sporadisch anzutreffen,
- sind formal nicht genormt,
- werden nicht projektübergreifend erfaßt und integriert
- strukturieren gleiche Sachverhalte unterschiedlich
- werden nicht zuverlässig aktualisiert.

Niemand im Unternehmen weiß, welche Datenbanken von welchen IV-Systemen gemeinsam genutzt werden. Datenbanken sind nicht einheitlich dokumentiert.

Es ist naheliegend, daß bei einem solchen Befund die Informationsverarbeitung des betreffenden Unternehmens nicht besonders wirtschaftlich sein kann. Wenn die Information über Informationssysteme (die sogenannte Meta-Information) nicht gut und aktuell ist, wird vermutlich ein ineffizienter IV-System-Verbund von Jahr zu Jahr vergrößert und noch unwirtschaftlicher.

2.4 Zusammenfassung

In der (fiktiven) CHAOS AG und in der (fiktiven) MODERN AG wurden zwei vergleichbare (fiktive) Anwendungssysteme entwickelt.

»Eigene« Datenbestände kosten Geld

Bei der CHAOS AG baute sich die Montage einen eigenen Datenbestand auf, der aussagt, bei welchen Fahrzeugtypen an welchem Montageplatz welche Teile-Varianten (in Abhängigkeit von den Fahrzeug-Sonderausstattungen) zu montieren sind. Dieser Bestand muß jetzt permanent vom Montage-Personal aktuell gehalten und ergänzt werden, was sehr aufwendig ist.

Mitbenutzung von Daten ist kostengünstiger

Bei der MODERN AG verwendet das Montage-Informationssystem die schon bestehenden Daten über Teile und vor allem Stücklisten. Der ohnehin erbrachte Stücklisten-Pflege-Aufwand erspart der MODERN-Montage die in der CHAOS AG erforderliche Aktualisierung »*eigener*« Montage-Daten.

Man kann nicht behaupten, daß dieser Aufwands-Vorteil eine direkte Folge der Erstellung von Datenmodellen ist. Auch, wenn das CHAOS-Projekt ein Datenmodell erstellt hätte, hätte es sich damit einen eigenen Datenbestand aufbauen können, in dem z.B. eine TEILe-Tabelle oder die Tabelle TYP*SAKOMB*TEIL nicht erschienen wäre.

Datenmodelle helfen bei Realisierung projektübergreifender Ideen

Die projektübergreifende Idee, für das Montage-Informationssystem Stücklisten-Informationen auszunutzen, muß irgend jemand haben. Diese Idee allein allerdings genügt nicht, um ein Verbund-System aus Stücklisten- und Montage-Information genau genug zu spezifizieren. Wenn es z.B. keine zutreffende Dokumentation der Tabellen des Stücklisten-Systems gibt, wird man sich schwer tun, diese Tabellen dennoch im Schnittstellen-Projekt Montageinformation zu verwenden. Nur unter Verwendung von möglichst schon fertigen (inhaltlich und formal) kompatiblen Datenmodellen ist ein solcher System-Verbund innerhalb der meist knappen verfügbaren Zeit spezifizierbar. Gibt es Abteilungen, die projektübergreifend bei der Datenmodellierung helfen und die Kompatibilität mit anderen Datenmodellen prüfen, dann werden projektübergreifende Ideen wahrscheinlicher. Außerdem wird es ohne solche koordinierende Stellen wohl kaum »automatisch« zu inhaltlich und formal kompatiblen Datenmodellen kommen.

Es wurde gezeigt, daß es schwierig ist, die Wirtschaftlichkeit eines Informationssystems zu beurteilen. Weder die Hardware, noch die Anwender-Oberfläche, noch die (ausgewiesenen) laufenden System-Kosten oder der Vergleich mit einem Konkurrenz-System erlauben ein zuverlässiges Urteil.

Dokumentationen sind ein Wirtschaftlichkeits-Indiaktor

Als Indikator für die vermutliche Wirtschaftlichkeit einer Unternehmens-Informationsverarbeitung wurde der Standard von System-Dokumentationen empfohlen. Eine (unvollständige) Check-Liste zur Bewertung dieses Dokumentations-Standards wurde geliefert. Die Dokumentation von Datenmodellen und Datenbanken nimmt in dieser Check-Liste einen großen Raum ein. Das ist der Fall, weil es ohne kompatible Datenmodelle und Datenbanken wohl keine ökonomisch integrierten IV-Systeme geben wird.

3

Datenmodellierungs-Varianten

- Modelle
- Relationen-Modell (RM)
- Entity-Relationship-Modell (ERM)
- Relationen-Relationship-Modell (RRM)
- Zusammenfassung, Standortbestimmung und Ausblick

Die beiden vorausgegangenen Kapitel positionierten Systemdokumentationen und insbesondere Datenmodelle als wichtiges Hilfsmittel beim Erarbeiten projektübergreifend integrierter Systemkonzepte. Ziel des dritten Kapitels ist es, kurz theoretische Grundlagen der Datenmodellierung zusammenzustellen und die Datenmodellierungs-Variante zu erklären, die in den restlichen Kapiteln des Buches durchgängig verwendet wird.

Datenmodellierungs-Variante

Definition

Unter einer *Datenmodellierungs-Variante* wird im vorliegenden Buch der Gestaltungsrahmen für die Erstellung von Datenmodellen verstanden. Eine Datenmodellierungs-Variante grenzt sich durch ihre graphischen und textuellen Notations-Normen, durch Modellierungs-Regeln, sowie durch ihr Meta-Datenmodell (siehe Kapitel 4.4) von anderen Datenmodellierungs-Varianten ab.

Datenmodell

Definition

Datenmodelle sind graphische und/oder verbale Notationen, welche die Struktur von Daten verdeutlichen und festlegen. Mit Struktur ist die Gruppierung von Daten zu Datengruppen gemeint, die meistens als Entitätstypen, Objekte oder Relationen bezeichnet werden. Zur Datenstruktur gehört außerdem die Beschreibung von Beziehungen zwischen den gebildeten Datengruppen.

RRM

Das in diesem Buch erstmals veröffentlichte »Relationen-Relationship-Modell« (RRM) unterscheidet sich von anderen Datenmodellierungs-Varianten insbesondere durch seine textuellen Notations-Normen (»Fein-Datenmodell« und »Feinst-Datenmodell«).

Diese beiden Notationen sind von jedermann einsetzbar, der einen Editor als »Modellierungs-Werkzeug« besitzt. Er kann mit ihrer Hilfe genauso gute Datenbanken entwerfen, wie jemand, der ein CASE-Tool mit Graphik-Oberfläche und Tabellen-Generierungs-Komponente einsetzt. Speziell das Umsetzen des Fein-Datenmodells in das Feinst-Datenmodell wäre allerdings automatisierbar, so daß die Unterstützung des RRM durch ein CASE-Tool wünschenswert ist.

RRM-Tool

Zur Freude des Autors hat bereits ein Münchener Softwarehaus beschlossen, die RRM-Notationen als Datenmodellierungs-Oberfläche seines DB2-Dictionary-Systems [DAFID] zu implementieren und anzubieten. Ab diesem Zeitpunkt wird ein »RRM-Tool« mit der Datenmodellierungs-Komponente anderer CASE-Tools konkurrieren.

Wer bereits ein CASE-Tool einsetzt, möge das RRM als nur zum Verständnis der Beispiele dieses Buches notwendige Notations-Festlegung einordnen.

3.1 Modelle

Die Konstruktion komplexer technischer Systeme wird zunehmend durch das Erstellen und Erproben von Modellen geprägt. Beispiele für Modelle bei der Automobil-Konstruktion:

- »Kunststoff-Modelle« für die Auswahl des gefälligsten Designs oder auch das Bestimmen des Wind-Widerstandes im Windkanal,
- »Sitzkisten« für die Gestaltung des Innenraumes oder speziell die Verbesserung der Anordnung von Bedienungs-Elementen.

Nicht alle Modelle kann man anfassen. Zunehmend werden Modelle per Computer dargestellt.

Modelle haben gemeinsam, daß man mit möglichst geringem Aufwand Erkenntnisse sammeln will, die ein zu konstruierendes Produkt optimieren und seine Kunden-Akzeptanz wahrscheinlicher machen.

Mit den oben erwähnten Modellen kann man nicht Auto fahren. Es wird vielmehr eine bewußte Beschränkung auf bestimmte Teilgebiete der Automobil-Konstruktion vorgenommen. Dadurch werden die Modelle einfacher und die Teilgebiete überschaubar.

Auch für die Konstruktion von IV-Systemen gibt es inzwischen Modelle. Zwei für die ingenieurmäßige Datenstrukturierung besonders bedeutsame Modelle sind das »Relationen-Modell (RM)« und das »Entity-Relationship-Modell (ERM)«.

Logische Datenmodellierungs-Varianten

Relationen-Modell, Netzwerk-Modell und Hierarchie-Modell sind die bekanntesten *»logischen«* Datenmodellierungs-Varianten. Ihre Datenmodellierungs-Ergebnisse (logische Datenmodelle) können 1:1 in Datenbank-Definitionen von relationalen, Netzwerk- oder hierarchischen Datenbank-Management-Systemen (DBMS) umgesetzt werden. (Eine Übersicht über derzeit angebotene DBMS vermittelt z.B. [Scheer], S. 42).

Semantische Datenmodellierungs-Varianten

Das ERM gehört zu den »*semantischen*« Datenmodellierungs-Varianten und ist von diesen vermutlich die bekannteste. Aus semantischen Datenmodellen können logische Datenmodelle nach festen Regeln (also automatisierbar) hergeleitet werden. Das ERM ist in seinen Grundkonzepten (Entität, Beziehung, Attribut) vergleichsweise arm ausgestattet. Es wird deshalb von fast jedem Anwender oder CASE-Tool-Anbieter um irgendwelche Konstrukte erweitert.

[[Münzenberger 2], S.229] schlägt z.B. vor, zusätzlich Integritätsbedingungen zu erfassen.

[[Finkelstein], Chapter 5] beschreibt verschiedene »Extended Associations«, die alle das Ziel haben, Relationships nicht nur zu erfassen, sondern auch noch etwas über gegenseitige logische Abhängigkeiten zwischen diesen Relationships auszusagen.

[[Vossen], Kapitel 12] beschreibt als semantisches Datenmodell das sogenannte IFO-Modell. Hier werden z.B. »abstrakte«, »darstellbare« und »abgeleitete« (Sub-) Typen von Objekten unterschieden. Konstrukte zur Definition komplexer Objekte (Aggregation und Gruppierung) sind vorhanden.

TAXIS und SAM* (vgl. [Böhnlein u.a.], S.119 ff.) sind weitere Beispiele »reicherer« semantischer Datenmodelle.

TAXIS erweitert in seinem »dataclass«-Konstrukt die Entitäts-Attribut-Namen um eine Auflistung zulässiger Werte oder die explizite Angabe von Domänen. Das »transaction«-Konstrukt definiert elementare Operationen auf die dataclasses. Das »script_class«-Konstrukt definiert alle Zustände, die für eine dataclass zulässig sind. Die Semantik des Datenmodells wird also gegenüber dem ERM durch TAXIS stark in Richtung Funktionsmodell erweitert.

SAM* ist im Hinblick auf Fabrik-Automatisierung mit Konstrukten ausgestattet, die »Konzept« und »Assoziation« genannt werden. Die Konzepte können mit Entitäten oder Attributen des ERM verglichen werden. Die Assoziationen beinhalten die Relationships des ERM, die aber genauer als dort unterschieden werden. In Richtung Funktionsmodell erweitert SAM* das Datenmodell z.B. durch »interaction associations«. »Damit wird eine Menge von Ereignissen oder Tatsachen beschrieben, die das Ergebnis von Interaktionen von Ausprägungen der beteiligten Konzepte sind.« ([Böhnlein u.a.], S.125)

Der Leser merkt schon, daß Konzept-Erweiterungen semantische Datenmodellierungs-Varianten nicht unbedingt leichter verständlich machen. Ohne seine Einfachheit hätte das ERM wohl nicht seine heutige

Verbreitung erreicht. Alle Erweiterungen streben an, mehr Sachverhalt-Wissen in »konzeptionelle« Datenmodelle packen zu können, ohne sich an Software-Produkten (z.B. marktgängigen DBMS) zu orientieren.

Konzeptuelles Schema, logisches Schema

Im vorliegenden Buch ist die Begriffsbildung so, daß ein »konzeptionelles Datenmodell« durch Anwendung einer »semantischen Datenmodellierungs-Variante« auf einen zu modellierenden Sachverhalt entsteht. Diese Begriffsbildung ist unüblich. Häufiger wird der gleiche Sachverhalt in der Literatur wie folgt formuliert: Ein »konzeptuelles Schema« entsteht durch Anwendung eines »sematischen Datenmodells« auf einen zu modellierenden Sachverhalt (vgl. z.B. [Lockemann, Radermacher], S.5). In der betrieblichen Praxis werden jedoch nach Erfahrungen des Autors die Begriffe »Grob-Datenmodell« »Fein-Datenmodell« und »Feinst-Datenmodell« eher angenommen als die (synonymen) Begriffe »graphisches konzeptuelles Schema«, »textuelles konzeptuelles Schema« und »logisches Schema«.

Die folgenden Unterkapitel geben einen Überblick über RM und ERM, der nicht nach Vollständigkeit strebt, sondern nur die Aspekte skizziert, die für die Modellierungs-Variante RRM von Bedeutung sind. Das RM macht z.B. nicht nur Aussagen zur Datenmodellierung (Normalform-Kriterien), sondern auch zur Daten-Manipulation, die aber bei der folgenden RM-Beschreibung nicht behandelt wird.

Literaturhinweise

Wer sich umfassend über das RM oder das ERM informieren will, sei auf folgende Literatur verwiesen:

[Elmasri/Navathe]
beschreiben semantische Datenmodellierungs-Varianten als »Conceptual Data Models« in Part I, Chapter 3. Logische Datenmodellierungs-Varianten, unter anderem das Relationen-Modell, sind als »Database Models« in Part II beschrieben. In Chapter 12 sind die Daten-Repräsentationskonzepte miteinander verglichen.

[Vinek u.a.]
erläutern in deutscher (mit mathematischen Symbolen durchsetzter) Sprache das Relationenmodell, kürzer das hierarchische und das Netzwerk-Modell. Neben dem ERM wird das Datenmodellierungskonzept von Nijssen beschrieben, das auf der genauen Analyse natürlicher Sprachkonstrukte fußt.

[Vossen]
präsentiert nicht nur das RM, sondern auch das ERM in mathematisch exakter Notation. Die Umsetzung des ERM mit seinen m:n-Beziehungstypen in das RM, sowie in das Netzwerk-Modell (Bachmann-Diagramme) wird dargestellt.

[Zehnder]
beschreibt RM und ERM als Ausgangspunkte für ein »erweitertes Relationenmodell«, das er als Erweiterung des relationalen Ansatzes, gleichzeitig jedoch als zur Familie der ER-Modelle gehörend, einordnet. So ist auch das in Kapitel 3.4 vorgestellte RRM einzuordnen. Es gibt weitere Gemeinsamkeiten, jedoch auch Unterschiede zwischen »erweitertem Relationenmodell« und »Relationen-Relationship-Modell«.

3.2 Relationen-Modell (RM)

3.2.1 Relationen in der Mathematik

Einige mathematische Definitionen sollen aufgefrischt werden, ehe in den folgenden Unterkapiteln Relationen aus Sicht der Datenverarbeitung behandelt werden.

Menge

Definition

Eine *Menge* ist eine Ansammlung von Elementen.

$M = \{ e_1, e_2, e_3 \}$ ist z.B. die mathematische Notation für eine Menge M, die aus den Elementen e_1, e_2 und e_3 besteht.

Weitere Mengen-Beispiele:

```
            SEX = {m,w}
    BEURTEILUNG = {1,2,3,4,5,6}
             M1 = {Albert Einstein,1,x,34%,CAESAR}
MITARBEITER_NR = {M1,M2,M3}
        KURS_NR = {K1,K2}
     TRAINER_NR = {T1,T2,T3}
        TRAINER = {TRAINER T1, TRAINER T2, TRAINER T3}
```

Kartesisches Produkt

Das kartesische Produkt von zwei Mengen M und N (notiert M x N) ist die Menge aller möglichen (verschiedenen) Element-Paare <m,n>, für die gilt, daß m ein Element der Menge M und n ein Element der Menge N ist.

Beispiel

```
TRAINER_NR x KURS_NR = {<T1,K1>,
                        <T2,K1>,
                        <T3,K1>,
                        <T1,K2>,
                        <T2,K2>,
                        <T3,K2>}
```

Die Tupel kartesischer Produkte kann man als Tabellenzeilen darstellen:

TRAINER_NR	KURS_NR
T1	K1
T2	K1
T3	K1
T1	K2
T2	K2
T3	K2

Kartesische Produkte lassen sich auch von mehr als zwei Mengen bilden. Das kartesische Produkt M x N x O besteht z.B. aus allen »Tripeln« <m,n,o>, die sich bilden lassen, wobei m aus M, n aus N und o aus O stammt.

Es gibt auch das kartesische Produkt M x M. Dies ist die Menge aller möglichen verschiedenen Paare <m,m>.

Beispiel

```
KURS_NR x KURS_NR = {<K1,K1>,
                     <K1,K2>,
                     <K2,K1>,
                     <K2,K2>}
```

Definition

Das kartesisches Produkt M_1 x M_2 x ... x M_n ist die Menge aller möglichen verschiedenen n-Tupel $<m_1,m_2,...,m_n>$, wobei n>0 und m_i Element von M_i sein muß, nicht aber M_i ungleich M_j verlangt wird. M_i nennt man auch Domäne (Menge erlaubter Werte, Wertevorrat) der Tupel-Komponente m_i.

(Für den Fall n=1 wollen wir vereinbaren: Eine Menge ist das kartesische Produkt von sich selbst mit der »leeren Menge«. Dadurch lösen wir das Problem, daß sonst eine 1-spaltige Tabelle nicht als Relation, sondern als Menge bezeichnet werden müßte.)

Relation

Definition

Eine *Relation* ist eine Teilmenge des kartesischen Produktes.

Beispiel

```
KURSTRAINER = {<T1,K2>,
               <T2,K1>}
```

KURSTRAINER ist eine Teilmenge von TRAINER_NR x KURS_NR.

Beispiel

```
KURSVORAUSSETZUNG = {<K1,K2>,
                     <K2,K3>}
```

ist eine relationale Beschreibung dafür, daß KURS K1 Voraussetzung für KURS K2 ist und KURS K2 für K3.

Wir stellen fest, daß durch eine Auswahl aus dem kartesischen Produkt Fakten festgehalten werden können. Wenn man also Relationen in Rechnern speichert, kann man Fakten speichern.

Relationen-Schema

In der Regel will man nicht (wie in obigen Beispielen KURSTRAINER und KURSVORAUSSETZUNG) sämtliche existierenden Tupel einer Relation auflisten. Statt dessen interessiert nur das Schema, nach dem sämtliche Tupel der Relation aufgebaut sind.

Beispiele für Relationen-Schemata:

```
KURSTRAINER (TRAINER_NR, KURS_NR)
KURSVORAUSSETZUNG (KURS_NR_ERST, KURS_NR_DANN)
KURSTEILNEHMER (KURS_NR, TEILNEHMER_NR)
```

Definition

Ein *Relationen-Schema* beschreibt den Aufbau der Tupel einer Relation, nicht aber die einzelnen Tupel-Ausprägungen (Werte).

In der Mathematik übliche Notation für Relationen-Schemata: $R\,(A_1,A_2,\ldots,A_n)$, wobei R der Relationsname ist und A_i Attribut der Relation genannt wird.

Relations-Attribut

Definition

Ein *Relations-Attribut* ist eine Bezeichnung für eine Tupel-Komponente einer Relation.

Ordnet man die Tupel einer Relation untereinander an, so entsteht eine Tabelle, deren Zeilen je ein Tupel enthalten und deren Spalten durch die Relations-Attribute bezeichnet werden könnten. Man kann sich also eine Relation als Tabelle vorstellen. Ein Relationen-Schema beschreibt, welche Spalten eine solche Tabelle hat.

Funktionale Abhängigkeit

Definition

Ein Attribut (bzw. eine Attributs-Kombination) B ist *funktional abhängig* von einem Attribut (oder einer Attribut-Kombination) A derselben Relation R, wenn zu einer bestimmten Ausprägung von A höchstens eine Ausprägung von B möglich ist.

Beispiele

In der Relation

```
TRAINER*SEX (TRAINER_NR, SEX)
```

ist SEX von TRAINER_NR funktional abhängig, denn zu jeder TRAINER_NR kann SEX höchstens eine der möglichen Ausprägungen m oder w annehmen.

In der Relation

```
KURSTEILNEHMER (KURS_NR, MITARB_NR, STOFF_BEURTEILUNG)
```

ist STOFF_BEURTEILUNG dann funktional abhängig von der Attribut-Kombination KURS_NR+MITARB_NR, wenn pro KURS jeder teilnehmende MITARBeiter maximal eine STOFF_BEURTEILUNG abgeben darf.

STOFF_BEURTEILUNG ist *nicht* funktional abhängig von KURS_NR, weil es pro KURS_NR mehr als eine STOFF_BEURTEILUNG geben kann (z.B. soviele Beurteilungen wie Kursteilnehmer).

3.2.2 Normalformen von Relationen

Vor allem die von E.F.Codd seit 1970 veröffentlichten Arbeiten (u.a. [Codd 1]) haben die Brücke von der Mathematik zur Datenverarbeitung geschlagen. »Ihm ging es neben der mathematischen Klarheit im Datenbereich um die konsequent redundanzfreie Datenspeicherung (im Gegensatz zu den 1970 üblichen, aus Effizienzgründen immer mitgespeicherten Zugriffshilfen, Zeigerstrukturen usw.), weil Codd schon damals die Bedeutung der steigenden Datenkosten gegenüber den fallenden Prozessor- und Zugriffskosten erkannte.« [[Zehnder], S.60]

Redundanzfreie Datenspeicherung erzielt man durch »*Normalisierung*« von Relationen. Die bei der Normalisierung zu beachtenden Regeln nennt man »*Normalform-Kriterien*«. Sie lassen sich erst erklären, wenn zuvor die Begriffe »Schlüsselkandidat« und »Primärschlüssel« eingeführt sind.

Schlüsselkandidat

Definition

Ein *Schlüsselkandidat* (candidate key, Identifikationsschlüssel) ist ein Attribut oder eine minimale Attribut-Kombination mit der Eigenschaft, jedes Tupel der Relation zu identifizieren und während der Tupel-Existenz wertkonstant zu sein. Dabei sei unter »minimal« verstanden, daß die Identifikationseigenschaft verloren geht, sobald ein beliebiges Attribut der Kombination weggelassen wird.

Beispiel

In der Relation

ANMELDUNG (KURS_NR, LFD_NR, MITARB_NR, ANMELDE_DAT)

KURS_NR	LFD_NR	MITARB_NR	ANMELDE_DAT
K1	01	11111	5.5.90
K1	02	12222	7.5.90
K1	03	33333	7.5.90
K2	01	11111	5.5.90
K2	02	77777	15.5.90
K2	03	88888	15.5.90
K2	04	12345	16.5.90

könnte jedes Anmeldungs-Tupel durch KURS_NR+LFD_NR oder aber durch KURS_NR+MITARB_NR identifiziert werden. Es gibt also zwei (sich im Beispiel überlappende) Schlüsselkandidaten.

Die Schlüsselkandidaten sind allerdings nur dann zutreffend bestimmt,

- wenn es für eine KURS_NR mehr als eine Anmeldung geben darf,
- wenn sich kein Mitarbeiter für einen Kurs mehrfach anmelden darf,
- wenn pro Kursanmeldung jeweils eine andere LFD_NR vergeben wird (vielleicht, um später Bestätigungen und Absagen in Abhängigkeit von der Anmelde-Reihenfolge auszusprechen),
- wenn an einem Tag mehr als eine Anmeldung akzeptiert wird. (Anderenfalls hätte es den weiteren Schlüsselkandidaten KURS_NR+ANMELDE_DAT gegeben.)

Primärschlüssel

Definition

Ein *Primärschlüssel* (primary key) ist ein aus der Relation ausgewählter Schlüsselkandidat, dessen Wert im Moment des Tupel-Einfügens in die Relation anzugeben ist. Der Primärschlüssel wird im Relationen-Schema besonders gekennzeichnet (z.B. durch Unterstreichung).

Beispiel

In der Relation

ANMELDUNG (<u>KURS_NR, LFD_NR</u>, MITARB_NR, ANMELDE_DAT)

wurde die Attribut-Kombination KURS_NR+LFD_NR als Primärschlüssel gewählt und gekennzeichnet.

Dadurch wird jeder nicht als Primärschlüssel gewählte Schlüsselkandidat (im Beispiel die Attributkombination KURS_NR+MITARB_NR) zum »*Alternativschlüssel*«.

Alternativ-Schlüssel sind von Sekundärschlüsseln zu unterscheiden. »*Sekundärschlüssel*« sind Schlüssel, die *nicht* (wie Schlüsselkandidaten) Tupel-identifizierend sein müssen. Über Sekundärschlüssel soll das Suchen nach Tupeln schneller gemacht werden, deren Primärschlüsselwerte man nicht kennt. Denkbar wäre z.B. ein Sekundärschlüssel MITARB_NAME, der auf die zugehörigen Primärschlüsselwerte von MITARB_NR verweist, wodurch die MITARB-Tabelle nicht seriell durchsucht werden muß, wenn jemand z.B. nach einem Mitarbeiter KAISER sucht.

Beispiel einer Relation (mit dem Primärschlüssel MITARB_NR), für die ein Sekundärschlüssel (bzgl. des Attributes MITARB_NAME) angelegt wurde:

MITARBEITER (MITARB_NR, MITARB_NAME, MITARB_GEHALTSGRUPPE)

MITARB_NR	MITARB_NAME	MITARB_GEHALTSGRUPPE
11111	WIBORNY	09
11112	MAIER	10
11113	ABRAHAMSEN	05
11114	BERTELE	09
11115	KAISER	04
11116	MAIER	10
11117	VOGEL	10

Zugehöriger Sekundärschlüssel MITARBNAM, der pro MITARB _NAME zugehörige MITARB_NR(n) liefert:

ABRAHAMSEN	11113
BERTELE	11114
KAISER	11115
MAIER	11112
MAIER	11116
VOGEL	11117
WIBORNY	11111

1NF

Definition

Eine Relation ist in erster Normalform (*1NF*), wenn keines ihrer Attribute Werte aufweist, die sich aus mehreren Werten zusammensetzen.

Erläuterung

Die Relation

`MITARB (MITARB_NR, MITARB_NAME, KINDER_NAMEN)`

wäre nicht in 1NF, weil das Attribut KINDER_NAMEN bei allen Mitarbeitern, die mehr als ein Kind haben, aus mehreren Elementen (Vornamen) zusammengesetzt werden müßte.

Die Relation ist in zwei Relationen aufzuteilen:

`MITARB1 (MITARB_NR, MITARB_NAME)`

`MITARBKIND (MITARB_NR, KIND_NAME)`

Die Relation

`MITARB (MITARB_NR, ERSTWOHNSITZ (STADT,STRASSE,NR) )`

wäre nicht in 1NF, weil ERSTWOHNSITZ eine innere Struktur aufweist, also ebenfalls aus mehreren Elementen zusammengesetzt ist.

Das Attribut ERSTWOHNSITZ ist zu streichen, so daß z.B. folgende 1NF-Relation entsteht:

`MITARB (MITARB_NR, ERST_STADT, ERST_STRASSE, ERST_NR)`

2NF

Definition

Eine Relation ist in zweiter Normalform (*2NF*), wenn sie in 1NF ist und jedes ihrer Nicht-Primärattribute von jedem ihrer Schlüsselkandidaten *voll* abhängig ist.

Voll abhängig ist das betrachtete Attribut dann, wenn nur vom *gesamten* Schlüsselkandidaten funktionale Abhängigkeit besteht, nicht jedoch von Schlüsselkandidat-*Teilen*. Als Nicht-Primärattribut wird ein Attribut der Relation bezeichnet, das keinem ihrer Schlüsselkandidaten angehört.

Erläuterung

Eine Relation kann nur dann 2NF verletzen, wenn sie mindestens drei Attribute hat, von denen zwei als Kombination einen Schlüsselkandidaten bilden.

Die Relation

`TEILNEHMER1 (MITARB_NR, KURS_NR, STOFF_BEURTEILUNG, MITARB_NAME)`

habe nur den gewählten Primärschlüssel als Schlüsselkandidaten. STOFF_BEURTEILUNG hängt voll vom Schlüsselkandidaten ab, MITARB_NAME ist bereits von MITARB_NR allein funktional abhängig und nicht erst vom kompletten Schlüsselkandidaten.

Die Relation TEILNEHMER1 ist also *nicht* in 2NF. Sie müßte beim Normalisiseren in zwei Relationen aufgeteilt werden:

```
TEILNEHMER2 (MITARB_NR, KURS_NR, STOFF_BEURTEILUNG)
MITARB (MITARB_NR, MITARB_NAME).
```

3NF

Definition

Eine Relation ist in dritter Normalform (*3NF*), wenn sie in 2NF ist

und kein Nicht-Primärattribut *transitiv* von einem ihrer Schlüsselkandidaten abhängig ist.

Transitiv abhängig ist das betrachtete Attribut, wenn es nicht nur von Schlüsselkandidaten funktional abhängig ist, sondern auch von einem anderen Nicht-Primärattribut oder einer Nicht-Primärattribut-Kombination.

Erläuterung

Eine Relation kann 3NF nur verletzen, wenn sie mindestens zwei Attribute außerhalb eines Schlüsselkandidaten aufweist.

Beispiel

In der Relation

```
KURS2 (KURS_NR, TRAINER_NR, TRAINER_NAME)
```

ist TRAINER_NAME zwar funktional abhängig von KURS_NR, weil es zu jeder KURS_NR nur maximal einen TRAINER_NAMEn geben kann. TRAINER_NAME ist jedoch *transitiv* von KURS_NR abhängig, denn von KURS_NR ist TRAINER_NR und von TRAINER_NR (transitiv) TRAINER_NAME funktional abhängig.

KURS2 ist also nicht in 3NF. KURS2 muß bei Normalisierung aufgeteilt werden in die beiden 3NF-Relationen

```
KURS3 (KURS_NR, TRAINER_NR)
TRAINER3 (TRAINER_NR, TRAINER_NAME)
```

Bild 3–1 versucht, die bisher besprochenen drei Normalform-Kriterien optisch zu verdeutlichen.

»Höhere« Normalformen sind in der Praxis weniger bedeutsam als die oben beschriebenen drei Normalformen. Auf Definitionen sei deshalb hier verzichtet. Der Interessent findet Definitionen von 4NF und 5NF z.B. in [Vetter 1].

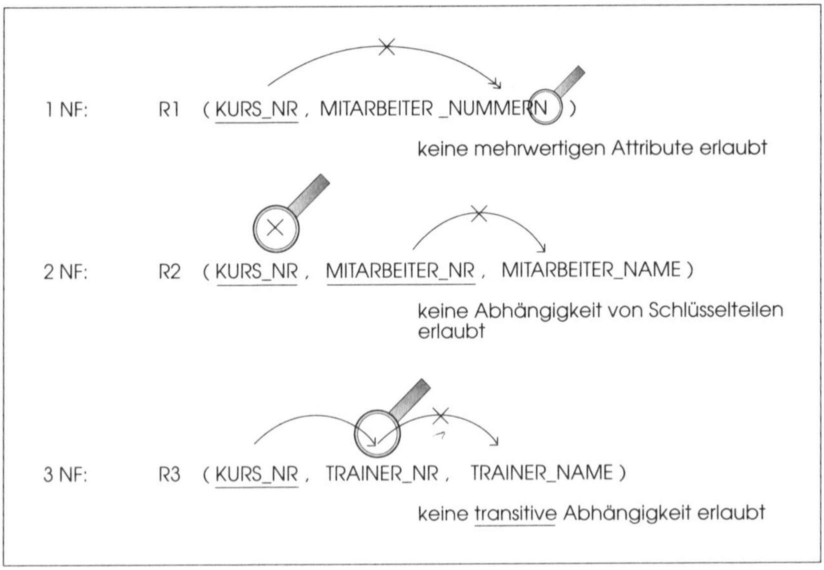

Bild 3–1 1NF, 2NF, 3NF

4NF

Erläuterung

Die vierte Normalform kann verletzt sein, wenn eine Relation ausschließlich aus einer Primärschlüssel-Attribut-Kombination besteht. Es ist dann zu prüfen, ob mehrere Sachverhalte in der Relation modelliert sind und ob *jeder* der zu modellierenden Sachverhalte wirklich *alle* Primärschlüssel-Komponenten erfordert.

Beispiel

Die zu prüfende Relation

```
MITARB (MITARB_NR, SPRACH_CODE, PROJEKT_NR)
```

verletzt 4NF, wenn damit modelliert werden soll, daß

- ein Mitarbeiter mehrere Programmiersprachen beherrscht und
- in mehreren Projekten arbeitet.

Die Relation müßte bei Normalisierung in diesem Fall aufgeteilt werden in

```
MITARB*SPRACHE (MITARB_NR, SPRACH_CODE)
```

und

```
PROJEKT*MITARB (PROJEKT_NR, MITARB_NR).
```

(Die Reihenfolge der Attribut-Notation einer Relation ist übrigens ohne Bedeutung.)

Die Prüf-Relation

```
MITARB (MITARB_NR, SPRACH_CODE, PROJEKT_NR)
```

ist in 4NF, wenn sie festhalten soll, in welcher Sprache ein Mitarbeiter für ein spezielles Projekt programmiert.

4NF wäre allerdings nur dann nicht verletzt, wenn in Projekten mehr als eine Programmiersprache verwendet werden kann. Dies ist durchaus denkbar z.B. bei Projekten, die Anwendungssysteme für einen Rechnerverbund aus Zentralrechner und PC's erstellen. Wäre SPRACH_CODE funktional abhängig von PROJEKT_NR, (weil in allen Projekten jeweils nur eine Sprache verwendet wird) dann wäre obige Relation nicht in 4NF, weil als Primärschlüssel keine »minimale« Attribut-Kombination gewählt wurde (vgl. Schlüsselkandidat-Definition). In letzterem Falle müßte modelliert werden:

```
PROJEKT (PROJ_NR, SPRACH_CODE)
PROJEKT*MITARB (PROJEKT_NR, MITARB_NR).
```

3.2.3 Referentielle Integrität von Relationen

Die Normalform-Kriterien wurden im vorigen Kapitel so ausführlich beschrieben, weil sie beim Umsetzen von realen Sachverhalten in redundanzfrei speicherbare Datenstrukturen helfen. Ganz problemlos sind aber gespeicherte Relationen selbst dann nicht, wenn sie allesamt normalisiert sind.

Jede einzelne normalisierte Relation kann *in sich* widerspruchsfrei sein. Jedoch bei gemeinsamer Betrachtung mehrerer Relationen können Integritätsverluste auftreten, wenn bei Einfüge-, Lösch- oder Änderungs-Operationen nicht »an alles« gedacht wurde.

Relationen-Inkonsistenz

Beispiel

```
TRAINER (TRAINER_NR, TRAINER_NAME)
        { < T1    ,    Maier  > ,
          < T2    ,    Müller > }
```

```
KURS (KURS_NR, KURS_BEGINN_DATUM, TRAINER_NR)
      ‾‾‾‾‾‾‾
    { < K1    ,        15.11.90     ,      T2 > ,
      < K2    ,        20.11.90     ,      T1 > }

KURSTEILNEHMER (KURS_NR, MITARB_NR, BEURTEILUNG)
                ‾‾‾‾‾‾‾‾‾‾‾‾‾‾‾‾‾‾
               { < K1  ,     M7    ,         2 > ,
                 < K1  ,     M9    ,         1 > ,
                 < K4  ,     M7    ,         4 > }
```

Jede der drei Relationen ist in 3NF.

Wollte man jedoch vom Rechner wissen, wann Kurs K4 anfängt, und von welchem Trainer dieser Kurs gehalten wird, dann könnte er nur mit ??? antworten, da er Kurs K4 nicht in der KURS-Tabelle findet.

DDL

Um solche (und andere) Inkonsistenzen zwischen Tabellen zu vermeiden, gehören zum Relationen-Modell »referentielle Integritätsbedingungen« (referential integrity constraints). Diese Bedingungen werden in einer sogenannten »Data Definition Language« (DDL) formuliert. Die DDL normt (neben constraints) vor allem die Befehle zum Anlegen (create), Löschen (drop) oder Verändern (alter) von Tabellen.

SQL

Verbreitetste DDL für relationale Datenbanksysteme ist SQL (»Structured Query Language«). Die SQL-Norm enthält nicht nur DDL-commands, sondern auch DML- und DCL-commands.

DML

DML heißt »Data Manipulation Language« und normt alle Befehle, mit deren Hilfe der Programmierer oder Endbenutzer Daten lesen oder verändern kann. Dazu gehören z.B. die insert-, delete-, update- und select-Befehle.

DCL

DCL heißt »Data Control Language« und normt die Vergabe (grant) und den Widerruf (revoke) von Zugriffsrechten auf Tabellen.

Näheres zu DDL, DML, DCL, ergänzt noch um Storage- und View-Definition Languages (SDL, VDL), kann z.B. in [Elmasri/Navathe] nachgelesen werden. Nach diesem kurzen Exkurs jetzt zurück zur Bekanntgabe von Integritätsbedingungen zwischen Tabellen.

DDL-Beispiel in SQL-Syntax[1]

```
CREATE TABLE TRAINER
       (TRAINER_NR       SMALLINT        NOT NULL,
        TRAINER_NAME     CHAR(20)        NOT NULL,
PRIMARY KEY
       (TRAINER_NR));

CREATE TABLE MITARB
       (MITARB_NR        SMALLINT        NOT NULL,
        MITARB_NAME      CHAR(20)        NOT NULL,
PRIMARY KEY
       (MITARB_NR));

CREATE TABLE KURS
       (KURS_NR          SMALLINT        NOT NULL,
        BEGINN_DATUM     DATE                    ,
        TRAINER_NR       SMALLINT                ,
PRIMARY KEY
       (KURS_NR)
FOREIGN KEY (TRAINER_NR)                <—— referential
        REFERENCES TRAINER              <——   integrity
        ON DELETE SET NULL);            <——     constraint

CREATE TABLE KURSTEILNEHMER
       (KURS_NR          SMALLINT        NOT NULL,
        MITARB_NR        SMALLINT        NOT NULL,
        BEURTEILUNG      SMALLINT                ,
PRIMARY KEY
       (KURS_NR,
        MITARB_NR)
FOREIGN KEY (MITARB_NR)              <—— referential
        REFERENCES MITARB            <——   integrity
        ON DELETE CASCADE            <——     constraint
FOREIGN KEY (KURS_NR)                  <—— referential
        REFERENCES KURS                <——   integrity
        ON DELETE RESTRICT);           <——     constraint
```

[1] CREATE UNIQUE INDEX statements wurden im Beispiel weggelassen, müßten aber zusätzlich zu den PRIMARY KEY statements abgesetzt werden, damit die Tabellen genutzt werden können. (Vgl. dazu z.B. [Vossen, Witt], S.130 f.)

Erläuterung

Es kommen drei Arten von Beziehungs-Integritäts-Bedingungen (referential integrity constraints, ri-constraints) vor:

ON DELETE SET NULL bewirkt, daß bei Löschung einer TRAINER_NR Tx in der Tabelle TRAINER der Fremdschlüssel Tx in der Tabelle KURS überall durch »NULL« ersetzt wird. »NULL« bedeutet nicht 0 oder blank » «, sondern eine Art »?« für »unbekannter Wert«.

ON DELETE CASCADE bewirkt, daß bei Löschung einer MITARB_NR Mx in der MITARB-Tabelle automatisch alle KURSTEILNEHMER-Sätze in der Tabelle KURSTEILNEHMER gelöscht werden, deren Primärschlüssel die MITARB_NR Mx enthält.

ON DELETE RESTRICT bewirkt, daß ein KURS Kx in der Tabelle KURS nicht gelöscht werden darf, solange Kx noch als Fremdschlüssel in der Tabelle KURSTEILNEHMER vorkommt, solange also noch Teilnehmer für den KURS Kx eingetragen sind.

Wichtig

Alle ri-Bedingungen haben nicht nur im DELETE-Fall Auswirkungen, sondern auch im INSERT-Fall der FOREIGN-KEY-Tabelle:

Will man z.B. in der Tabelle KURSTEILNEHMER einen Satz mit einer MITARB_NR eintragen, die es in der MITARB-Tabelle gar nicht gibt, dann lehnt das DBMS den INSERT-Befehl ab. Dies gilt unabhängig davon, ob CASCADE, SET NULL oder RESTRICT vereinbart wurde.

Hoffentlich ist jetzt deutlich geworden, daß DBMS-ri-features einen großen Beitrag zur Erhaltung der Datenbank-Integrität leisten können.

Im SQL-Beispiel kommt mehrfach der Begriff FOREIGN KEY (Fremdschlüssel) vor.

Fremdschlüssel

Definition

Ein *Fremdschlüssel* (foreign key) in einer Relation R2 ist ein Attribut oder eine Attribut-Kombination mit der Eigenschaft, Primärschlüssel einer Relation R1 zu sein. Der zulässige Wertebereich der Fremdschlüssel-Ausprägungen ist auf die Menge genau jener Werte eingeschränkt, die zu jedem betrachteten Zeitpunkt die dann in R1 vorhandenen Tupel identifizieren.

Es wird nicht verlangt, daß R2 ungleich R1 ist. In den Fällen, bei denen R2 gleich R1 ist (rekursive Relationen) liegt der Fremdschlüssel außerhalb des Primärschlüssels.

Wenn R2 ungleich R1 ist, kann ein R2-Fremdschlüssel-Attribut durchaus (Bestandteil des) Primärschlüssel(s) von R2 sein, kann aber auch außerhalb des Primärschlüssels liegen.

Erläuterung

Betrachtet sei ein relationales Datenmodell, das aus folgenden Relationen-Schemata besteht:

```
R1 (MITARB_NR, NAME, VERTRETER_MITARB_NR)
R2 (KURS_NR, TEILNEHMER_MITARB_NR, STOFF_BEURTEILUNG)
R3 (FUEHRUNGS_MITARB_NR, DIENSTWAGEN_NR)
R4 (DIENSTWAGEN_NR, ZULASSUNGS_DATUM)
R5 (KURS_NR, RAUM_NR)
```

In der Relation

```
R1 (MITARB_NR, NAME, VERTRETER_MITARB_NR)
```

gibt es den Fremdschlüssel VERTRETER_MITARB_NR. Dies sei die MITARB_NR des Mitarbeiters, der einen Mitarbeiter bei Urlaub oder Krankheit vertritt. Fremdschlüssel und Primärschlüssel liegen also hier innerhalb der gleichen Relation vor, die deshalb »rekursiv« genannt wird. Einige Autoren (z.B. [Zehnder], Struktur-Regel SR4, S.69) verbieten in ihrer Datenmodellierungs-Variante das Modellieren solcher rekursiver Relationen. Das Relationen-Relationship-Modell erlaubt (hierarchisch) rekursive Relationen. (Vgl. dazu das Vertreter-Beispiel im Kapitel 3.3.3)

In der Relation

```
R2 (KURS_NR, TEILNEHMER_MITARB_NR, STOFF_BEURTEILUNG)
```

gibt es (als Bestandteil des Primärschlüssels) den Fremdschlüssel TEILNEHMER_MITARB_NR. Er darf nur solche Werte annehmen, die als Primärschlüssel-Ausprägungen von R1 existieren. Ein weiterer Fremdschlüssel ist die KURS_NR.

In der Relation

```
R3 (FUEHRUNGS_MITARB_NR, DIENSTWAGEN_NR)
```

gibt es zwei Fremdschlüssel. Die FUEHRUNGS_MITARB_NR ist Primärschlüssel von R3 und gleichzeitig Fremdschlüssel, da sie Primärschlüssel von R1 ist. MITARB_NR in R1 ist kein Fremdschlüssel, weil dieses Attribut auch Werte annehmen darf, die als FUEHRUNGS_MITARB_NR nicht vorkommen.

In R3 ist DIENSTWAGEN_NR ein Fremdschlüssel, dessen Werte nur aus dem Vorrat von R4-Primärschlüssel-Ausprägungen gewählt werden dürfen. R4 mag durchaus weitere DIENSTWAGEN_NRn enthalten, die z.B. Abteilungen zugeordnet sind und nicht Führungskräften.

Die Relation

```
R4 (DIENSTWAGEN_NR, ZULASSUNGS_DATUM)
```

enthält keinen Fremdschlüssel.

Die Relation

```
R5 (KURS_NR, RAUM_NR)
```

enthält keinen Fremdschlüssel, denn im betrachteten relationalen Datenmodell gibt es keine Relation R6, die RAUM_NR als Primärschlüssel aufweist.

Damit dürfte klar sein, daß Aussagen über die Fremdschlüssel-Eigenschaft von Attributen oder Attribut-Kombinationen immer von den Grenzen des betrachteten Datenmodells abhängen. Ein »lokales Attribut« MITARB_TELEFON_NR muß z.B. als »globales Attribut« mit Fremdschlüssel-Eigenschaft eingeordnet werden, sobald eine Relation TELEFON modelliert wird, die TELEFON_NR als Primärschlüssel verwendet und z.B. die Auslands-Berechtigung als beschreibendes Attribut aufweist.

Globales Attribut

Definition

Ein Attribut heißt *global*, wenn es in mindestens einer Relation eines betrachteten Datenmodells als (Bestandteil des) Primärschlüssel(s) vorkommt.

Lokales Attribut

Definition

Ein Attribut heißt *lokal*, wenn es nur in einer Relation eines betrachteten Datenmodells und dort nicht als (Bestandteil des) Primärschlüssel(s) vorkommt.

Abschließende Bemerkung zu Integritätsbedingungen

Trigger

Die ri-constraints sind nur eine Teilmenge aller RM-constraints (siehe z.B. constraint-Übersicht in [Elmasri/Navathe], S.599). Sie gehören zu den dynamischen constraints, den sogenannten Triggern (vgl. [Scheer], S.38). Ein RM-Trigger sagt dem DBMS, was es tun soll, wenn eine bestimmte Bedingung eintritt (z.B. das Löschen eines Primärschlüssels, der in einer anderen Tabelle Fremdschlüssel ist).

Trigger und constraints bürden dem DBMS Arbeit auf und entlasten den Programmierer von genau dieser Arbeit. Vermutlich werden verbreitete DBMS von Release zu Release immer mehr und immer kompliziertere Integritäts- und Plausibilitätsprüfungen anbieten. Dies geschieht weniger, um Programmierer zu entlasten, sondern mehr aus Angst vor Datenbeständen, die von Jahr zu Jahr inkonsistenter werden, ehe es überhaupt jemand bemerkt.

3.2.4 Stärken und Schwächen des Relationen-Modells

Stärken

Das RM hat sich als tragfähige Grundlage erwiesen für die Implementierung von (»relationalen«) DBMS mit klarer Trennung zwischen logischem und phyischem Zugriff auf gespeicherte Daten. Programme müssen nicht mehr auf Zugriffspfaden navigieren, um (der Reihe nach) Einzelwerte zu finden. Statt dessen können (mit Hilfe einer genormten DML) Abfragen formuliert werden, auf die das DBMS mit einer von ihm selbst ermittelten *Menge(!)* zutreffender Daten antwortet. Programme werden also unabhängig(er) von der physischen Datenspeicherung.

Das RM verfügt mit SQL über eine genormte Daten-Definitions- Sprache (DDL), die dem (im folgenden Kapitel beschriebenen) Entity-Relationship-Modell fehlt. Allerdings sind DDL-statements eher das *Ergebnis* der Datenmodellierung als ein geeignetes Hilfsmittel (insbesondere in der Anfangsphase).

Schwäche

Die Notation von Relationen-Schemata läßt nur dann zuverlässig Fremdschlüssel erkennen, wenn entweder referentielle Integritätsbedingungen zusätzlich notiert oder aber Attribut-Notations-Konventionen vereinbart (und eingehalten) werden.

Das Erkennen von Fremdschlüsseln und den zugehörigen Primärschlüsseln, deren Werte den Wertevorrat der Fremdschlüssel darstellen, ist sehr wichtig für das Verständnis eines relationalen Schemas. Durch Normalisierung wird ein Sachverhalt auf viele Relationen verteilt dargestellt. Ohne Erkennen der Beziehungen zwischen den Relationen ist ein durch Relationen repräsentierter Sachverhalt unverständlich.

Beispiel

Welcher Sachverhalt ist durch folgende Relationen dargestellt?

```
KURSTYP (KT_NR,KT_BEZEICHNUNG)

KURS (KT_NR, K_BEGINN_DAT, TR_NR, BEURT_ERRECHNET)

KURSTEILNEHMER (KT_NR, K_BEGINN_DAT, MA_NR, KT_ANMELDE_DAT,
                                            BERUT_TRAINER,
                                            BEURT_STOFF,
                                            PROJ_ZAHLEND)

MITARB (MA_NR, MA_NAME, MA_GEB_DAT, SEX, MA_TRAINER_KENNZ)

TRAINER (TR_NR, BEURT, TR_EXTERN_INTERN_KENNZ)

INTERNER*TRAINER (TR_NR, MA_NR)

EXTERNER*TRAINER (TR_NR, ETR_NAME, SEX, ETR_STUNDENSATZ)

BEURTEILUNG (BEURT_NOTE, BEURT_BEDEUTUNG)

GESCHLECHT (SEX_M_W, SEX_BEDEUTUNG)

PROJEKT (PROJ_NR, PROJ_KURZBEZEICHNUNG)
```

War der (einfache) Sachverhalt einfach zu erkennen?

Waren die Beziehungen nur mit menschlicher Intelligenz erkennbar, oder hätte auch ein Programm sie erkennen können?

Hätte ein Programm erkannt, daß z.B. PROJ_ZAHLEND ein Fremdschlüssel ist, obwohl es in der Relation PROJEKT nur die Attribute PROJ_NR und PROJ_KURZZEICHEN findet?

Sicher, man hätte hier statt PROJ_ZAHLEND auch PROJ_NR in der Relation KURSTEILNEHMER als Fremdschlüssel notieren können. Aber in der Relation KURSTEILNEHMER mußte man z.B. zwischen BEURT_STOFF und BEURT_TRAINER unterscheiden, weil man nicht BEURT_NOTE doppelt (und mit dann völlig unklarer Semantik) hätte aufführen dürfen.

War erkennbar, daß von KURSTEILNEHMER eine direkte Beziehung zu KURS, aber nur eine indirekte (transitive) Beziehung zu KURSTYP besteht? War klar, daß der Primärschlüssel von KURS den Wertevorrat des Fremdschlüssels KT_NR+K_BEGINN_DAT mehr einschränkt als der Primärschlüssel von KURSTYP den Wertevorrat des Fremdschlüssels KT_NR in der Relation KURSTEILNEHMER?

Woran war erkennbar, daß TR_NR in der Relation INTERNER*TRAINER Fremdschlüssel bzgl. des Primärschlüssels von TRAINER, nicht jedoch Fremdschlüssel bzg. des Primärschlüssels von EXTERNER*TRAINER ist? Woran war also (in anderen Worten) erkennbar, daß zwar eine direkte Beziehung von INTERNER*TRAINER zu TRAINER besteht, nicht jedoch von INTERNER*TRAINER zu EXTERNER*TRAINER?

Das im folgenden Kapitel beschriebene Entity-Relationship-Modell versucht, Sachverhalte semantisch klarer zu modellieren als das Relationen-Modell. Dabei geht es dem ERM, wie schon der Name erkennen läßt, vor allem um die deutlich erkennbare Modellierung von *Beziehungen* (relationships) zwischen den betrachteten Entitäten. (Die Begriffe Entität und Beziehung werden bei der folgenden ERM-Beschreibung definiert.)

3.3 Entity-Relationship-Modell (ERM)

Vier Ebenen von Datensichten

Nach Vorarbeiten anderer (z.B. Abrial oder Senko) war es 1976 [Chen], der vier Ebenen von Datensichten unterschied:

1. Entitäten und Beziehungen eines semantischen Konzeptes
2. Informationsstruktur, die Entitäten und Beziehungen durch Daten repräsentiert
3. Zugriffspfad-unabhängige Datenstruktur
4. Zugriffspfad-abhängige Datenstruktur

Sein Entity-Relationship-Modell (ERM) schlug Chen zur Beschreibung der Ebenen 1 und 2 vor. Codd's Relationen-Modell positionierte er auf die Ebenen 2 und 3.

Anekdote

Prof. Chen gab während eines Münchener Seminars eine kleine Einführung in die chinesischen Schriftzeichen (Bild 3–2).

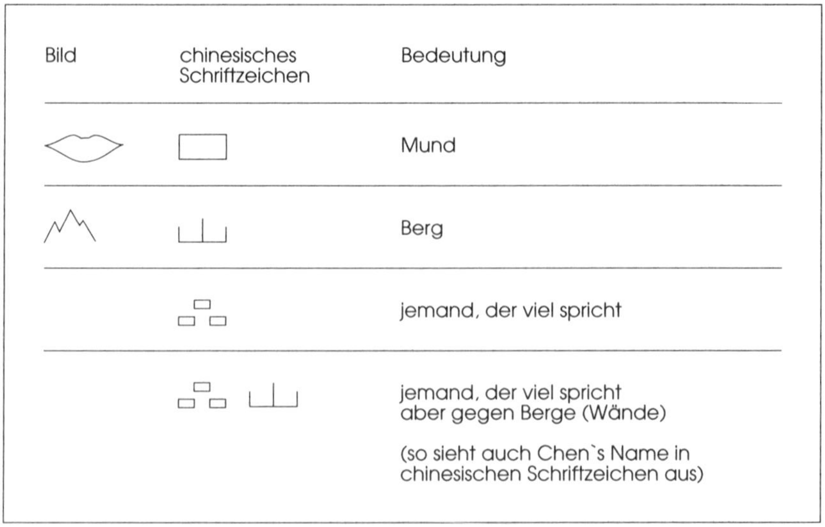

Bild 3–2 Chen's Name in chinesischen Schriftzeichen

Chen's (bescheidene) Interpretation der chinesischen Schreibweise seines Namens könnte inzwischen wohl (ohne Anmaßung) umformuliert werden in: Jemand, der durch seine vielen Reden (Schriften) Berge versetzt hat.

Sein ERM hat die Verlagerung der Datenstrukturierung von Programmierern zu Fachgebietskennern eingeleitet und damit die klare Trennung von konzeptionellem und physischem Datenbank-Design.

3.3.1 Begriffswelt des ERM

Was ist eine Entität (entity)?

Was ist eine Beziehung (relationship)?

Was ist eine Rolle (role)?

Chen selbst definierte
(deutsch zitiert nach [Zehnder], S.61 f.):

Eine Entität (entity) ist ein »Ding«, welches eindeutig identifizierbar ist. (Beispiele: Eine bestimmte Person, ein Unternehmen, ein Ereignis)

Eine Beziehung (relationship) ist eine Zuordnung zwischen Entitäten. (Beispiele:»Vater-Sohn« und »Ehe« sind Beziehungen zwischen »Person«-Entitäten)

Die Rolle (role) einer Entität in einer Beziehung ist die Funktion, die sie in einer Beziehung ausübt. (Beispiele: »Ehemann« und »Ehefrau« sind Rollen von »Personen« in einer »Ehe«)

In groben Zügen ist damit die ERM-Begriffswelt bereits geklärt. Wegen der Wichtigkeit des Entitätsbegriffes für Datenmodellierer und um Zusammenhänge des ERM mit dem RM besser darstellen zu können, folgen präzisere Begriffsdefinitionen.

Entität

Vorläufige Definition

»Eine *Entität* ist ein individuelles und identifizierbares Exemplar von Dingen, Personen oder Begriffen der realen oder der Vorstellungswelt.« [[Vetter 1], S.24]

Beispiele

```
MITARBEITER mit der MITARBEITER_NR M1,
MITARBEITER mit der MITARBEITER_NR M2,
MITARBEITER mit der MITARBEITER_NR M3,

KURS mit der KURS_NR K1,

TRAINER mit der TRAINER_NR T1,
TRAINER mit der TRAINER_NR T2.
```

Im Entity-Relationship-Modell werden nicht die individuellen Exemplare, also z.B. der MITARBEITER mit der MITARBEITER_NR M1 oder der KURS mit der KURS_NR K2 dargestellt, sondern Entitäts*typen* z.B. MITARBEITER, KURS und TRAINER. Das Entity-Relationship-Modell müßte also genauer »Entitytype-Relationshiptype-Modell« heißen.

Entitätsmenge, Entitätstyp

Definition

Eine *Entitätsmenge* (entity set) ist eine durch den Entitäts-Typ (entity type) eindeutig benannte Menge von Entitäten, die aufgrund der gleichen Merkmale (*nicht Merkmals-Ausprägungen!*) charakterisiert werden.

Beispiele für Entitätsmengen, die durch Entitätstypen bezeichnet sind:

```
MITARBEITER = {MITARB M1, MITARB M2, MITARB M3}

       KURS = {KURS K1, KURS K2}
    TRAINER = {TRAINER T1, TRAINER T2}
```

Menge M1 = {Albert Einstein, 34%, Beethovens Sinfonie Nr.5, HUGO} ist also (vermutlich) keine Entitätsmenge, da ihre Elemente (wohl) nicht durch gleiche Merkmale charakterisiert sind.

Beziehung, Beziehungstyp

Definition

Eine *Beziehung* (relationship) ist ein Faktum über die Zusammengehörigkeit von (zwei oder mehr) Entitäten unter einem als *Beziehungstyp* (relationship type) bezeichneten Gesichtspunkt. Die an einer Beziehung beteiligten Entitäten müssen nicht aus verschiedenen Entitätsmengen stammen.

Beispiele für Beziehungen:

KURS K2 wird gehalten von TRAINER T1 (binary relationship).

KURS K1 wird besucht von MITARBEITER M2 auf Kosten von PROJEKT P1 (3-way relationship, n-ary relationship).

KURS K1 ist Voraussetzung für KURS K2 (binäre Beziehung zwischen Entitäten nur **einer** Entitätsmenge).

Beziehungsmenge

Definition

Eine *Beziehungsmenge* ist die Menge aller Beziehungen, die zwischen Entitäten der in Beziehung gesetzten Entitätsmengen unter einem als Beziehungstyp bezeichneten Gesichtspunkt bestehen.

Beispiel für eine durch einen Beziehungstyp bezeichnete Beziehungsmenge:

```
KURS wird besucht von MITARBEITER = {<K1,M2>,
                                     <K2,M2>,
                                     <K2,M3>}
```

Beziehungsmengen sind Teilmengen des kartesischen Produktes der am Beziehungstyp beteiligten Entitätsmengen. Beziehungsmengen sind also Relationen.

Eine Zusammenstellung aller bisherigen Definitionen enthält Bild 3–3.

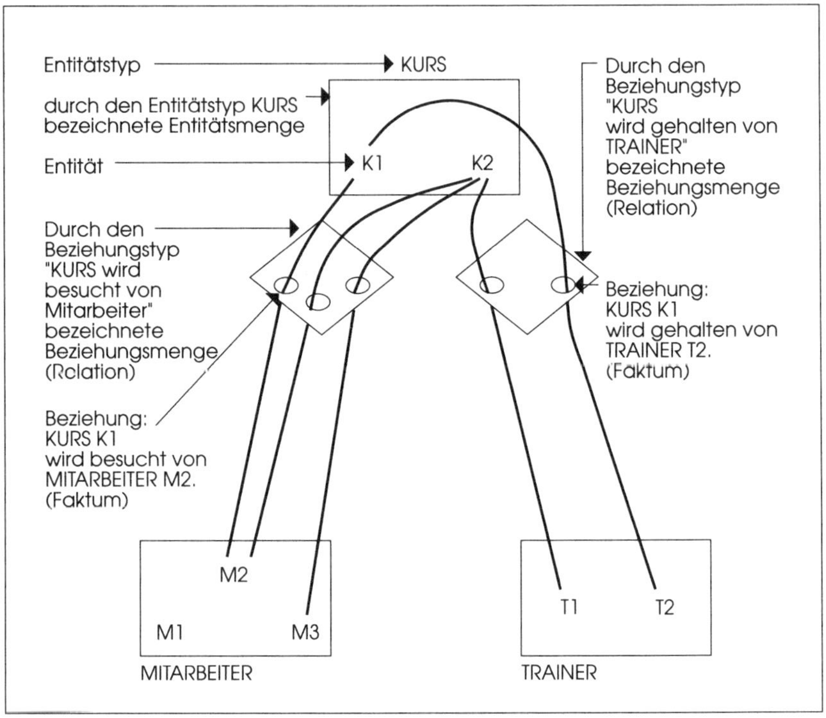

Bild 3–3 Entität, Entitätstyp, Entitätsmenge Beziehung, Beziehungstyp, Beziehungsmenge

Entitäts-Attribut

Definition

Entitäts-Attribut ist die Bezeichnung für jedes interessierende Merkmal der Entitäten einer durch den Entitätstyp bezeichneten Entitätsmenge.

(Durch Entitäts-Attribute werden Mengen von Entitäts-Attributswerten bezeichnet.)

Beispiele

```
TRAINER_NR
TRAINER_STUNDEN_SATZ

MITARBEITER_NR
MITARBEITER_NAME

KURS_NR
KURS_BEGINN_DATUM
```

Entitäts-Attributswert

Definition

Ein *Entitäts-Attributswert* ist die Ausprägung, die ein Entitäts-Attribut für eine bestimmte Entität hat (vgl. Bild 3–4).

Beispiele

```
MITARBEITER_NR          = »12345«
MITARBEITER_GESCHLECHT  = »m«
```

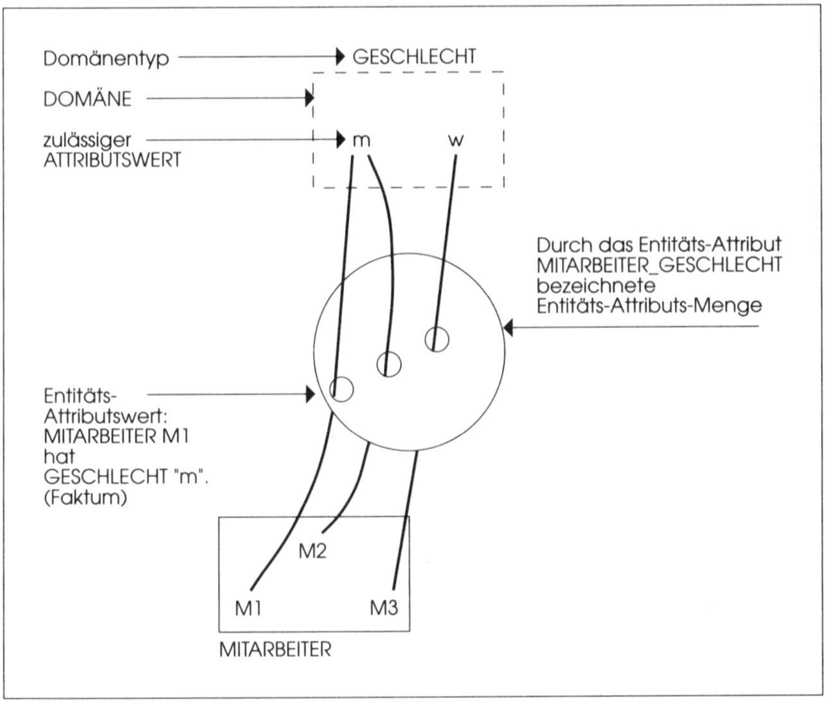

Bild 3–4 Entitäts-Attribut, -Attributswert und Domäne des Entitäts-Attributes

Domäne

Definition

Domäne ist eine durch den Domänentyp bezeichnete Menge von Werten, die als

Entitäts-Attributswerte für die Entitäten einer Entitätsmenge

oder als

Beziehungs-Attributswerte für die Beziehungen einer Beziehungsmenge

zulässig sind.

Domänen-Beispiele:

```
GESCHLECHT  = {m,w}
BEURTEILUNG = {1,2,3,4,5,6}
CHARACTER   = {a,....,z,0,...,9,!,",§,$,%,....,&,,/,(,),=,?}
NUM5        = {0,1, 2, 3,....,99 998, 99 999}
```

Beziehungs-Attribut

Definition

Beziehungs-Attribut ist jedes interessierende Merkmal der Beziehungen einer durch den Beziehungstyp bezeichneten Beziehungsmenge. Durch Beziehungs-Attribute werden Mengen von Beziehungs-Attributswerten bezeichnet.

Beziehungs-Attributswert

Definition

Beziehungs-Attributswert ist die Ausprägung, die ein Beziehungs-Attribut für eine bestimmte Beziehung hat.

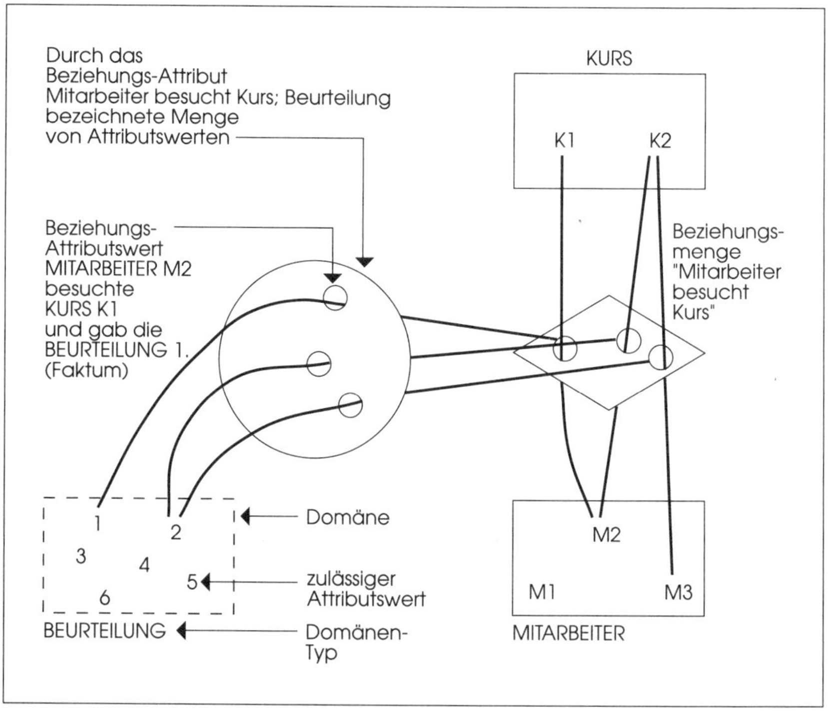

Bild 3–5 Beziehungs-Attribut, -Attributswerte und Domäne des Beziehungs-Attributes

Beziehungs-Beziehung

Beziehungen können nicht nur Attribute haben, sondern auch zu weiteren Entitäten oder Beziehungen in Beziehung stehen.

Bild 3–6 zeigt z.B. die »Beziehungsmengen-Beziehungsmenge« (KURS wird besucht von MITARBEITER auf Kosten von PROJEKT).

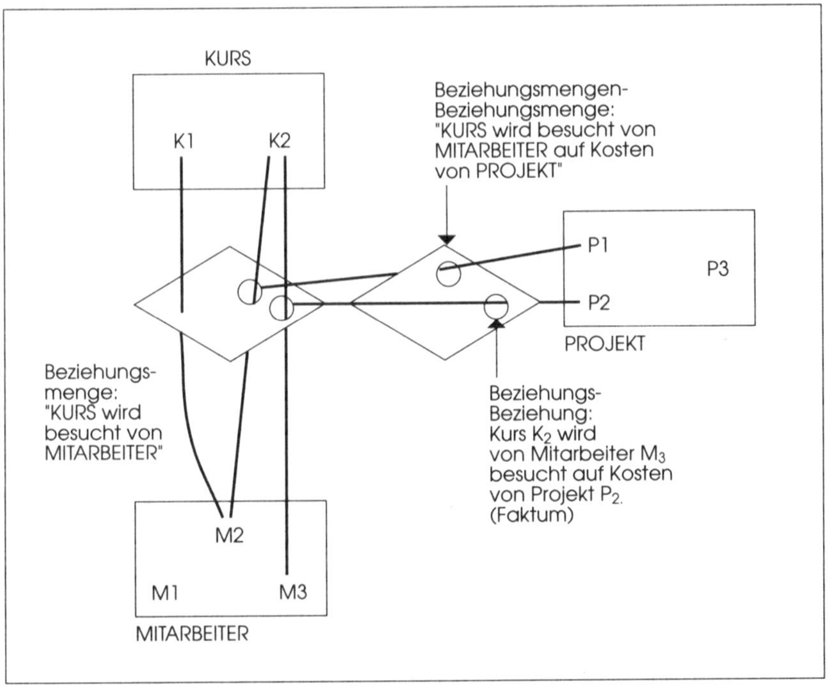

Bild 3–6 »Beziehungs-Beziehung«, »Beziehungsmengen-Beziehungsmenge«

Würde man diese Begriffsbildung wählen, dann käme man mit dieser ersten Schachtelung (Beziehungs-Beziehung) nicht aus, denn auch diese Beziehungs-Beziehung könnte wieder Beziehungen zu anderen Entitäten (oder Beziehungen) haben.

Deshalb ist praktikabler (aber dennoch unbefriedigend) folgende Festlegung:

Wenn von einer Beziehung 1 eine Beziehung 2 ausgeht, dann ist die Beziehung 1 aus der Sicht der Beziehung 2 als Entität zu betrachten. Beziehung 1 ist also sowohl Beziehung als auch Entität.

Entität

Vor diesem Hintergrund wird vermutlich folgende Definition verständlich:

Definition

»Eine *Entität* (entity) ist ein individuelles und identifizierbares Exemplar von Elementen der realen oder der Vorstellungswelt. Sofern eine Beziehung zwischen Entitäten eine Bedeutung in der realen oder der Vorstellungswelt hat, kann auch ein individuelles Exemplar einer solchen Beziehung als Entität aufgefaßt werden.« ([Zehnder], S.42)

Diese Definition ist nicht nur gerechtfertigt durch das Vermeiden von anderenfalls erforderlichen Begriffs-Schachtelungen (wie z.B. »Beziehungs-Beziehung«). Vielmehr ist in der Modellierungspraxis oft durchaus strittig, ob ein betrachtetes Element der realen oder der Vorstellungswelt eine Entität oder eine Beziehung ist.

Abgrenzungsprobleme zwischen Entität und Beziehung

Beispiele

Betrachtet sei der Kurs 104–90–03. Es sei dies der Kurs »Datenmodellierung« (Kurstyp 104), der am 24.4.90 zum dritten Mal im Jahr 1990 gehalten wird.

Ist dieser Kurs eine Entität oder ist er eine Beziehung zwischen dem Kurstyp und dem Tag, an dem der Kurstyp (mal wieder) angeboten wird?

Ist der Tag 24.4.90 eine Entität oder kann dieser Tag nur als beschreibendes Merkmal einer Entität gesehen werden, obwohl er doch selbst beschreibende Merkmale wie Wochentag, Feiertag, Sonnenaufgangs-Uhrzeit, etc. aufweist?

Betrachtet sei die Auftragsposition A1.02, also die zweite Position des Auftrages A1.

Ist diese Auftragsposition eine Entität oder ist sie eine Beziehung zwischen dem Auftrag und dem Produkt, das in der Position 02 des Auftrages A1 in einer bestimmten Menge bestellt wird?

Ändert sich die Klassifizierung der Auftragsposition als Entität oder Beziehung, wenn zulässig ist, daß in einem Auftrag auf verschiedenen Positionen das gleiche Produkt bestellt werden darf?

Umsetzung von Entity Relationship-Modellen in Relationen

Auf der Basis der jetzt näher betrachteten und diskutierten Begriffe des ERM sei ein Blick zurück auf das Relationen-Modell geworfen. Dabei zeigt sich, daß alle in den Bildern 3–3 bis 3–6 festgehaltenen Fakten als Teilmenge der Paare gesehen werden können, die sich aus den Elementen der jeweils beteiligten Mengen bilden lassen.

Diese Paare repräsentieren

in Bild 3–3
Beziehungen von Entitäten zu Entitäten,

in Bild 3–4
Attributswerte eines Entitäts-Attributes aus einer Domäne,

in Bild 3–5
Attributswerte eines Beziehungsattributs aus einer Domäne,

in Bild 3–6
Beziehungen von Beziehungen zu Entitäten.

Teilmengen aller bildbaren Paare sind Teilmengen des kartesischen Produktes, sind also Relationen. Somit kann man durch Relationen alle im ERM interessierenden Fakten festhalten.

Man könnte z.B. alle Fakten der Bilder 3–3 bis 3–6 in einer einzigen Relation ALLFAKT festhalten:

```
ALLFAKT
(KURS_NR, MITARBEITER_NR, SEX, BEURTEILUNG, TRAINER, PROJEKT)

ALLFAKT =
{ < K1,        M2,        m,       1,       T2,       — >
  < K2,        M2,        m,       2,       T1,       P1 >
  < K2,        M3,        w,       2,       T1,       P2 >
  < —,         M1,        m,       –,       —,        — > }
```

Diese Relation wäre nicht normalisiert, sondern müßte in folgende Relationen aufgeteilt werden:

```
MITARBEITER (MITARBEITER_NR, SEX)
KURS (KURS_NR, TRAINER)
KURSTEILNAHME (KURS_NR, MITARBEITER_NR, BEURTEILUNG, PROJEKT)
```

Mengendiagramme lassen nicht zuverlässig darauf schließen, ob z.B. ein KURS immer von *genau* einem TRAINER gehalten wird, oder ob KURSe *ohne* oder mit *mehreren* TRAINERn zulässig wären.

Die obige KURS-Relation geht davon aus, daß maximal ein Trainer einen Kurs halten kann, zeigt aber nicht, ob auch mindestens ein Trainer bestimmt sein muß, wenn ein Kurs erstmals im Rechner gespeichert werden soll. Wenn ein KURS auch von mehreren Trainern gehalten werden kann, dann müßte eine weitere Relation KURS*TRAINER gebildet werden, die z.B. die Attribut-Kombination KURS_NR+ TRAINER_NR als Primärschlüssel aufweisen würde.

Was also den Mengen-Diagrammen der Bilder 3–3 bis 3–6 fehlt, ist eine Angabe über die Kardinalität von Beziehungstypen.

Kardinalität eines Beziehungstyps

Definition

Ein Beziehungstyp muß eine Von- und eine Nach-Entitätsmenge nennen. Die *Kardinalität eines Beziehungstyps* sagt aus, wieviele Elemente der Nach-Entitätsmenge minimal und maximal zu einem beliebigen Element der Von-Entitätsmenge in Beziehung stehen können (und umgekehrt).

3.3.2 Entity-Relationship-Diagramm (ERD)

Neben der Formulierung von verschiedenen Datensicht-Ebenen ist es vor allem Chen's Entity-Relationship-Diagramm, das als Zugewinn gegenüber dem Relationen-Modell eingestuft werden kann.

Ein Entity Relationship-Diagramm zeigt die Beziehungstyp-Kardinalitäten und stellt nicht (wie die Mengen-Diagramme in Bild 3–3 bis 3–6) die Ausprägungs-Ebene der Objekte (Entität, Attributswert, Beziehung) dar, sondern die Typ-Ebene (Entitätstyp, Attribut und Beziehungstyp).

Ungenaue Kardinalitäts-Angaben

In der ursprünglichen Form des ERD's gab es nur drei mögliche Beziehungstyp-Kardinalitäten: 1:n, m:n, 1:1 (vgl. Bild 3–7).

Beziehungstyp-Kardinalität	Beziehungstyp
1 : n	TRAINER 1———< hält >———n KURS Ein TRAINER kann beliebig viele (n) KURSe halten. Ein KURS wird von einem TRAINER gehalten.
m : n	MITARBEITER m———< besucht >———n KURS Ein MITARBEITER kann beliebig viele (n) KURSe besuchen. Ein KURS kann von beliebig vielen (m) MITARBEITERn besucht werden.
1 : 1	MITARBEITER 1———< ist >———1 TRAINER MITARBEITER ist (kann sein?) TRAINER, TRAINER ist (kann sein?) MITARBEITER.

Bild 3–7 Ungenaue ERD-Darstellung von Beziehungstyp-Kardinalitäten

Genaue Kardinalitäts-Angaben

Weil diese Kardinalitätsangaben vielen ERD-Anwendern zu ungenau waren, wird heute in vielen ERD-Varianten noch hinzugefügt, ob auch die Null als Kardinalität erlaubt ist, oder ob 1 als Minimum gilt (vgl. Bild 3–8). An dieser Tatsache erkennt man schon, daß die Kardinalitätsangaben für den Aussagewert von ERD's wichtig sind. Kardinalitätsangaben machen die Analyse von Unternehmensdaten genauer und können Auswirkungen auf die Abspeicherung von Daten in Rechnern (oder auch Karteikästen) haben.

Beziehungstyp-Kardinalität	Beziehungstyp
1,1 : 0,n	TRAINER 1,1 ——< hält >—— 0,n KURS Es gibt Trainer, die (noch) nicht für das Halten von KURSen vorgesehen sind (0,n). Jedem KURS ist genau ein haltender TRAINER zugeordnet (1,1).
0,1 : 0,n	TRAINER 0,1 ——< hält >—— 0,n KURS Es gibt Trainer, die (noch) keinen KURS halten (0,n). Manche KURSe werden (noch) von keinem TRAINER gehalten (0,1).
0,m : 0,n	MITARBEITER 0,m ——< besucht >—— 0,n KURS Es gibt MITARBEITER, die keinen KURS besuchen (0,n). Es gibt KURSE, die (noch) kein MITARBEITER besucht (hat) (0,m).
1,m : 0,n	MITARBEITER 1,m ——< besucht >—— 0,n KURS Es gibt MITARBEITER, die keinen KURS besuchen (0,n). Jeder KURS muß von mindestens einem MITARBEITER besucht werden (1,m).
0,1 : 0,1	MITARBEITER 0,1 ——< ist >—— 0,1 TRAINER Ein MITARBEITER kann TRAINER sein (0,1), Ein TRAINER kann MITARBEITER sein (0,1).
1,1 : 0,1	TRAINER 1,1 ——< ist >—— 0,1 EXTERNER*TRAINER Ein TRAINER kann EXTERNER*TRAINER sein (0,1), Ein EXTERNER*TRAINER ist immer TRAINER (1,1). Man nennt EXTERNER*TRAINER »Subentität« von TRAINER, wenn die eine Entitätsmenge eine Teilmenge der anderen ist.

Bild 3–8 Genaue ERD-Darstellung von Beziehungstyp-Kardinalitäten

Verschiedene Kardinalitäts-Notationen

Oft werden Kardinalitäten in genau entgegengesetzter Richtung notiert. Dies gilt auch für den Fall, daß Kardinalitäts-Angaben graphisch, statt durch Ziffern erfolgen:

0,1	<——	–0————
1,1	◄——	–|————
0,n	<<——	>0————
1,n	◄<——	>|————

Beziehungstypen ohne Rauten-Darstellung

Oft werden die Beziehungstyp-Rauten (zwecks Platzersparnis) weggelassen. Beispiele zeigt Bild 3–9.

Beziehungstyp-Kardinalität	Beziehungstyp
0,1 : 0,n	TRAINER <——hält——>> KURS Es gibt Trainer, die (noch) nicht für das Halten von KURSen vorgesehen sind (—>>). Es gibt KURSE, denen (noch) kein haltender TRAINER zugeordnet ist (<—).
1,1 : 0,n	TRAINER ◄——hält——>> KURS Jedem KURS ist genau ein haltender TRAINER zugeordnet (◄—). Ein TRAINER kann viele KURSe halten (—>>).

Bild 3–9 ERD-Variante ohne Beziehungstyp-Rauten, mit graphischer Darstellung von Beziehungstyp-Kardinalitäten durch Pfeile

ERD

Beispiel

Bild 3–10 zeigt ein ERD, das alle Entitäts- und Beziehungstypen, sowie Entitäts- und Beziehungs-Attribute der Bilder 3–3 bis 3–6 enthält und außerdem (bis auf einige fehlende Attribute) dem relationalen Datenmodell aus Kapitel 3.2.4 entspricht.

Das ERD in Bild 3–10 ist (ausschnittsweise) wie folgt zu lesen:

Ein MITARBEITER <besucht> 0 bis n KURSe. Ein KURS kann von 0 bis m MITARBEITERn besucht werden. Ein KURS kann (oder muß) durch das Attribut KURS_BEURT_ERRECHNET näher beschrieben werden.

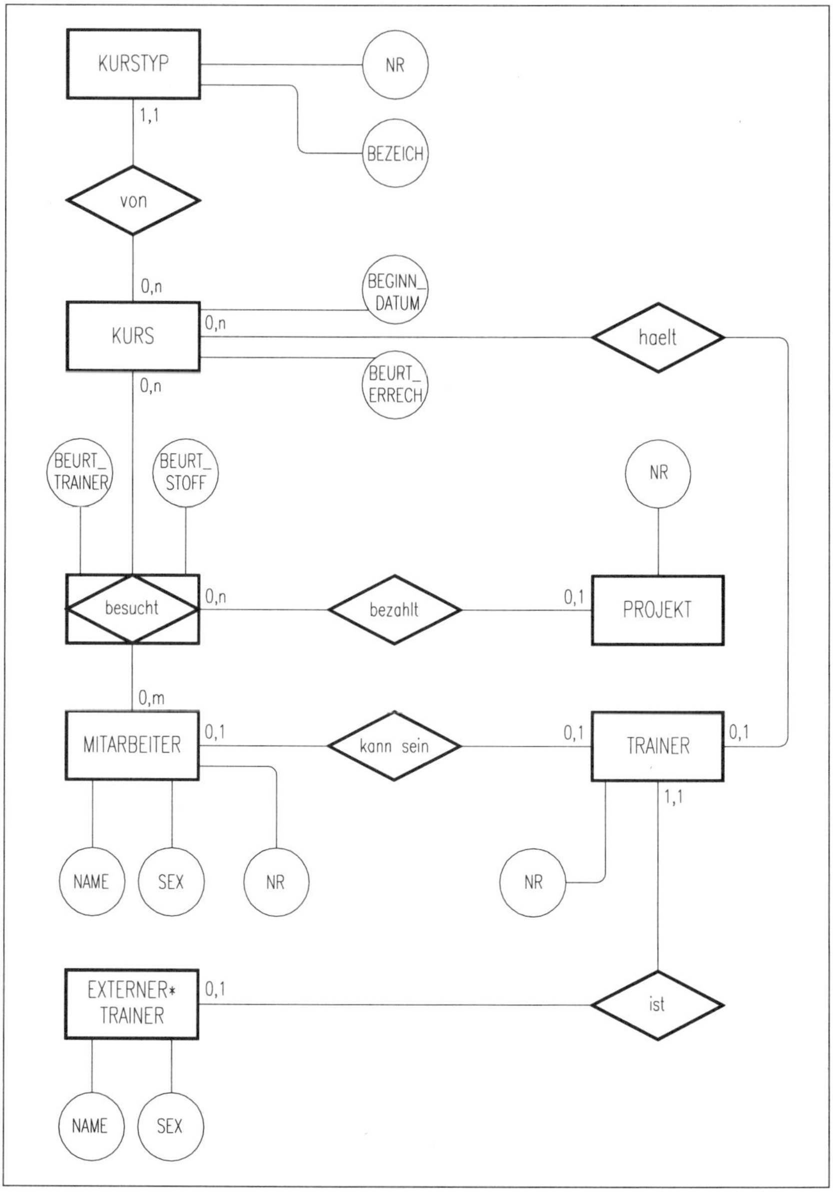

Bild 3–10 Entity Relationship Diagramm (ERD)

Wenn ein MITARBEITER einen KURS <besucht>, kann (0,1) dies von einem PROJEKT <bezahlt> werden. Ein PROJEKT kann den Kursbesuch von 0 bis n MITARBEITERn bezahlen.

Die graphische Überlagerung von Raute und Rechteck verdeutlicht den Doppel-Charakter von <besucht> als Beziehungstyp und gleichzeitig Entitätstyp. Bzgl. der Entitätstypen KURS und MITARBEITER ist <besucht> ein Beziehungstyp. Gleichzeitig ist <besucht> jedoch ein Entitätstyp bzgl. des Beziehungstyps PROJEKT <bezahlt> Kursbesuch.

Ein EXTERNER*TRAINER <ist> immer (1,1) TRAINER.
Ein TRAINER <kann sein> MITARBEITER (0,1) und umgekehrt.

Beziehungstypen zwischen den Entitäten sind im ERD leichter erkennbar als Primär-Fremdschlüssel-Zusammenhänge in relationalen Datenmodellen, wie ein Vergleich des ERD (Bild 3–10) mit dem relationalen Datenmodell in Kapitel 3.2.4 zeigt.

3.3.3 ERM-Gestaltungsfreiräume

Das ERM läßt Gestaltungsfreiräume. Dies sei durch einige Beispiele verdeutlicht.

Ehe-Beispiel

In Chen's ERM-Begriffsdefinitionen wurden PERSON, EHE, EHEMANN und EHEFRAU als Beispiel erwähnt.

Bild 3–11 zeigt ein erstes Ehe-ERD.

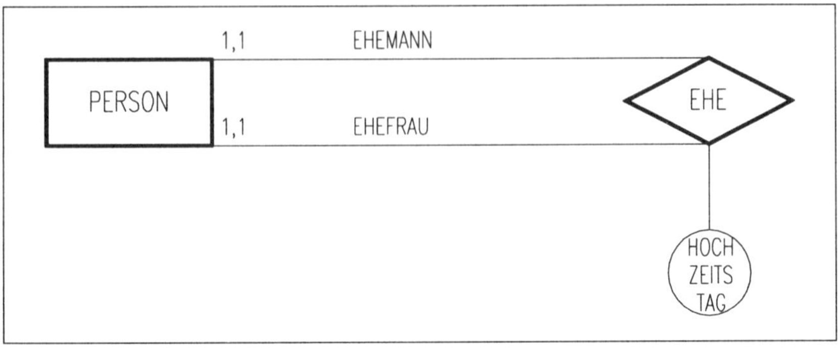

Bild 3–11 Erstes Ehe-ERD

Das ERD in Bild 3–11 scheint leicht verständlich zu sein. Zu dem Beziehungstyp EHE gehört genau ein EHEMANN und genau eine EHEFRAU. Beide sind PERSONen. Es liegt also ein rekursiver Personen-Beziehungstyp vor.

Man sieht allerdings nicht, daß es PERSONen gibt, die nicht verheiratet sind. Dies ist ein Mangel. Darüberhinaus sei im Sachverhalt nicht nur die Menge der aktuell gültigen Ehen von Interesse, sondern auch früher geschlossene Ehen einer Person.

Muß dann anders modelliert werden?

Man muß wohl nicht anders modellieren, denn EHE weist ja das Attribut HOCHZEITSTAG auf, womit auf das Speichern auch früherer Ehen hingewiesen sein könnte. Das Chen-ERD enthält jedoch keine Hinweise darauf, ob ein Attribut identifizierend oder nur beschreibend ist. In den ERM-Begriffsdefinitionen wird nur bei Entitäten die eindeutige Identifizierbarkeit betont. Bei Beziehungen scheint sie nicht so bedeutsam zu sein. Jedoch ist auch die Identifizierbarkeit von *Beziehungen* wichtig für die Datenmodellierung, wie das Ehe-Beispiel zeigt.

Deutlicher würde der Ehe-Sachverhalt, wenn die Ehe-Beziehung (wie in Bild 3–12) als Entität modelliert würde.

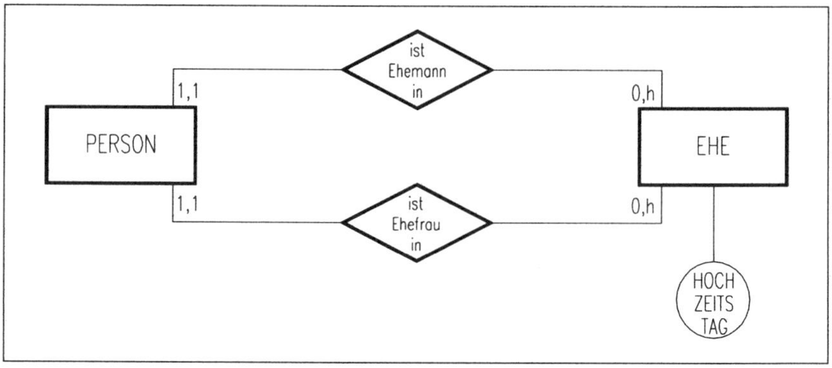

Bild 3–12 Zweites Ehe-ERD

Historien-Modellierung

In Bild 3–12 ist statt 0,n 0,h notiert. Dies ist kein Druckfehler, sondern soll darauf hinweisen, daß (bei Einhalten deutschen Rechts) die n-Kardinalität nur durch Historienbetrachtung (»h«) entsteht, daß aber nicht zu einem betrachteten Zeitpunkt eine Person mehrfach Ehemann sein darf.

Wo solche Sachverhalte besonders wichtig sind, könnte z.B. in Pfeil- oder Krähenfuß-Varianten von ERD's ein »(h)« (history) die Kardinalitäts-Angabe ergänzen. Entsprechende Festlegungen wären ERM-Erweiterungen.

Rekursive Beziehungstypen

Die Ehe-Beziehung war ein Beispiel für eine rekursive Beziehung, also eine Beziehung zwischen Entitäten der gleichen Entitätsmenge. Kann man aus dem Beispiel ableiten, daß eine Datenmodellierungs-Variante rekursive Beziehungstypen generell verbieten sollte?

Bevor diese Frage beantwortet wird, sei ein weiteres Beispiel betrachtet.

Vertreter-Beispiel

Bild 3–13 zeigt ein ERD zu dem »Vertreter-Sachverhalt«, der schon bei der Erläuterung von Fremdschlüsseln (im Kapitel über referentielle Integrität von Relationen) zur Sprache kam.

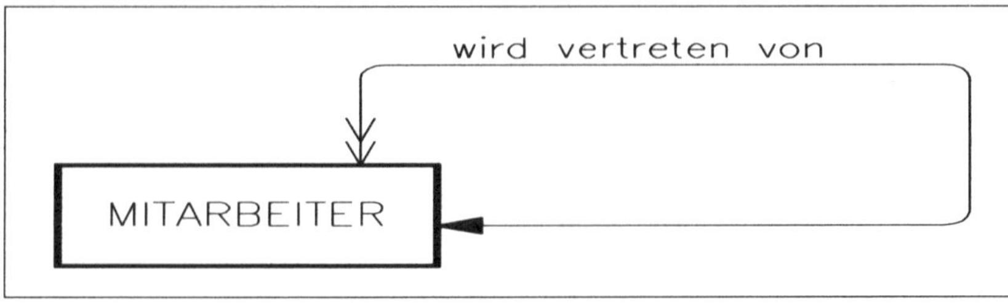

Bild 3–13 Erstes Vertreter-ERD

Aus Bild 3–13 läßt sich ersehen, daß jeder MITARBEITER (z.B. im Krankheits- oder Urlaubsfall) von einem bestimmten anderen MITARBEITER vertreten wird und daß ein MITARBEITER mehrere andere MITARBEITER vertreten kann.

Eine andere Modellierung dieses Sachverhaltes zeigt Bild 3–14.

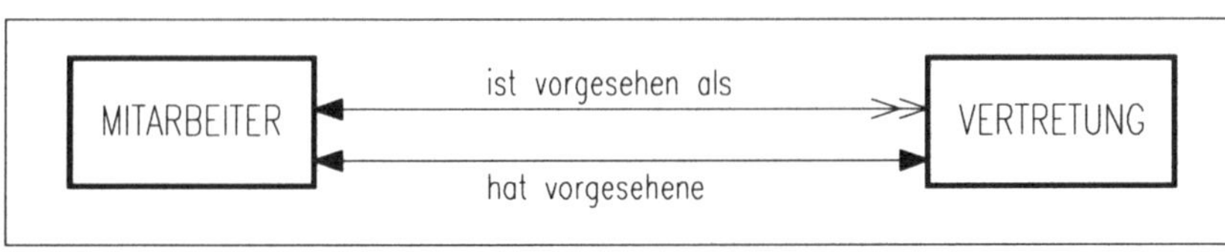

Bild 3–14 Zweites Vertreter-ERD

Stellt Bild 3–14 den Sachverhalt leichter verständlich dar als Bild 3–13 ?

Bild 3–13 könnte z.B. so verstanden werden, daß ein MITARBEITER von mehreren anderen MITARBEITERN vertreten werden kann, aber selbst immer nur einen anderen MITARBEITER vertreten darf. Eine solche Verwechslung schließt Bild 3–14 aus. Andererseits geht in Bild 3–14 die sofort erkennbare optische Information verloren, daß es sich um einen rekursiven Beziehungstyp handelt.

Nach den Erfahrungen des Autors werden durch rekursive Beziehungstyp-Schleifen Hierarchien innerhalb der gleichen Entitätsmenge besser erkannt, als nach Auflösung in zwei Entitätstypen. Da ein ERD die Aufgabe hat, Sachverhalte möglichst deutlich und einprägsam darzustellen, wird im Relationen-Relationship-Diagramm (einer ERD-Variante) der hierarchischen Rekursivschleife der Vorzug gegenüber einer aufgelösten Darstellung gegeben.

Der oben genannte Mangel, daß Bild 3–13 gegenüber Bild 3–14 mißverständlicher ist, beruht nicht auf der Verwendung der Rekursiv-Schleife, sondern auf einem generellen ERD-Problem:

Unklare Beziehungstyp-Richtungen

Gelegentlich ist unklar, in welcher Richtung ein im ERD notierter Beziehungstyp gelten soll. Das gilt auch noch, wenn Beziehungstypen in beiden Beziehungstyp-Richtungen notiert werden. Bild 3–15 zeigt ein (weiteres) Beispiel. Bearbeitet dort ein Werkzeug Arbeitsgänge oder bearbeitet dort ein Arbeitsgang ein Werkzeug? (Letzteres könnte in einer Werkzeug-Fabrik durchaus der Fall sein.)

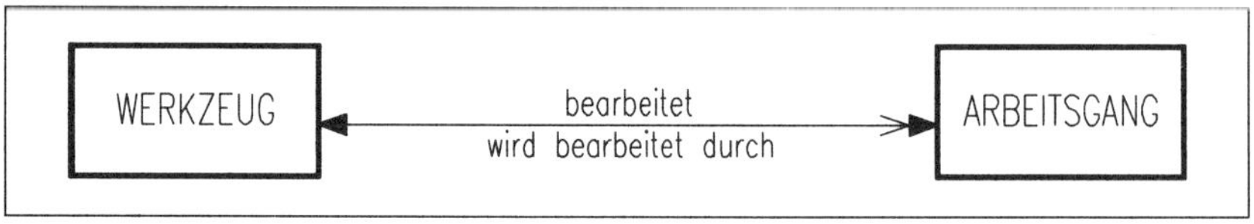

Bild 3–15 Unklare ERD-Beziehungstyp-Richtung

Das Relationen-Relationship-Diagramm löst das Richtungs-Problem durch Verwenden eines Semikolons (vgl. Kapitel 3.4.2).

Kursteilnehmer-Beispiel

Bild 3–16 zeigt als Ausschnitt aus dem Bild 3–10 in anderer Notations-Variante den m:n-Beziehungstyp zwischen KURS und MITARBEITER.

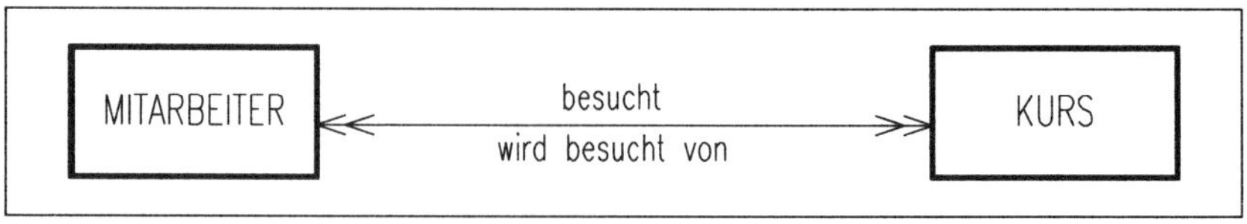

Bild 3–16 Erstes Kursteilnehmer-ERD

Der gleiche Sachverhalt könnte auch gemäß Bild 3–17 modelliert werden.

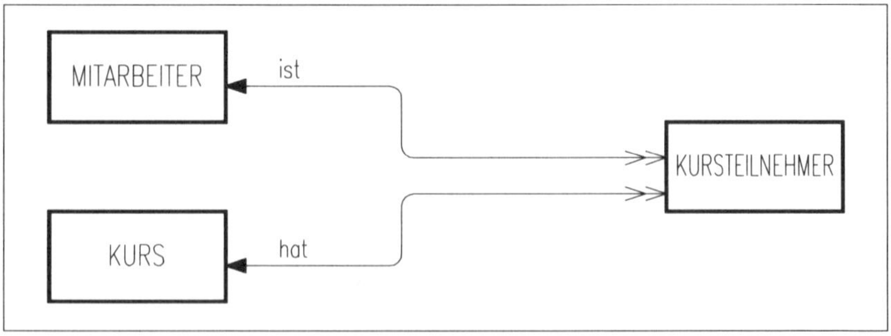

Bild 3–17 Zweites Kursteilnehmer-ERD

Die zweite Version hat Vorteile gegenüber der ersten Version: Wenn z.B. ergänzt werden soll, daß ein PROJEKT die Kursgebühren des KURSTEILNEHMERs bezahlen kann, dann macht sich in Variante 1 das Fehlen der Raute, die man mit einem Rechteck überlagern könnte, schmerzhaft bemerkbar. Man müßte zulassen, daß Relationship-Linien von Relationship-Linien ausgehen dürfen. Nach wie vor hätte man (wie bei Verwendung des Chen-ERD's) bei »Beziehungs-Beziehungstypen« Schwierigkeiten, das ERD textlich zu beschreiben. Bei Verwenden der zweiten Version könnte man einfach (wie in Bild 3–18 geschehen) den neuen Beziehungstypen zum PROJEKT ergänzen.

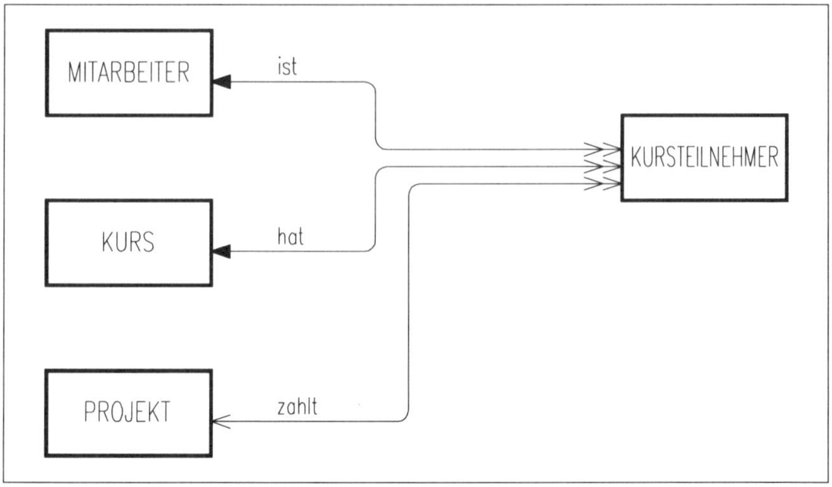

Bild 3–18 Ergänzung von Bild 3–17 um PROJEKT

Auflösen von m:n-Beziehungstypen

Allgemein formuliert geht es im Kursteilnehmer-Beispiel um das Auflösen von m:n-Beziehungstypen in einen »neuen« Entitätstyp, von dem zwei 1:n-Beziehungstypen ausgehen.

Aus Sicht des Autors wird eine solche Auflösung von zunehmend vielen Datenmodellierungs-Varianten empfohlen oder sogar erzwungen. Auch das Relationen-Relationship-Modell (RRM) erzwingt die Auflösung von m:n-Beziehungstypen.

Gründe

1. ERD's müssen nicht (wie es im Beipiel 3–16 erforderlich wäre) umstrukturiert, sondern nur ergänzt werden, wenn ein (neuer, zuvor nicht bedachter) Beziehungstyp von einem m:n-Beziehungstyp ausgeht.
2. Das ERD entspricht dann besser den Relationen-Schemata, die beim Übergang vom konzeptuellen Schema (ERD) zum logischen Schema (zugehöriges relationales Datenmodell) erzeugt werden. Es gilt in erster Näherung: Jedes Entitäts-Rechteck wird zu einem Relationen-Schema. Jeder Beziehungstyp führt zu einem Fremdschlüssel.
3. Es gibt keine Probleme mehr, wenn »Beziehungs-Beziehungstypen« eines ERD textuell beschrieben werden sollen. In den Rechtecken stehen nur noch Substantive. Verben sind unzulässig.

   »PROJEKT <zahlt> KURSTEILNEHMER«,
   »KURSTEILNEHMER <wird gezahlt von> PROJEKT«

   statt

   »Wenn ein MITARBEITER einen KURS <besucht>, kann (0,1) dies von einem PROJEKT <bezahlt> werden.«
   »Ein PROJEKT kann den Kursbesuch (!?!) von 0 bis m MITARBEITERn bezahlen.«

Vorgangsbearbeitung-Beispiel

Bild 3–19 modelliert den Sachverhalt, daß eine Person mehrere Vorgänge bearbeiten kann und daß ein Vorgang von maximal einer Person bearbeitet werden kann, falls er überhaupt schon bearbeitet wird.

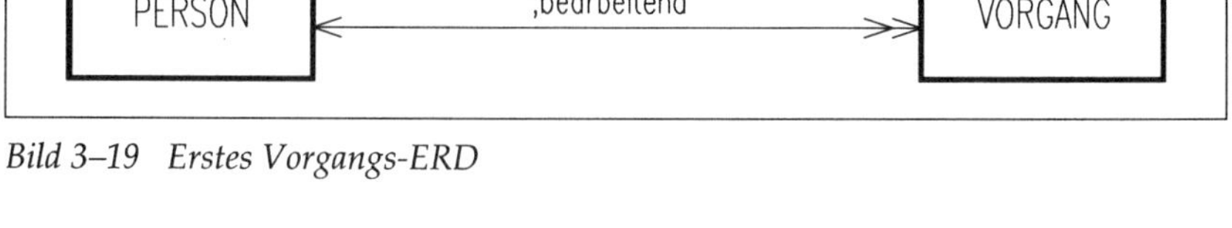

Bild 3–19 Erstes Vorgangs-ERD

Kann-Kann-Beziehungen

Bild 3–20 modelliert den gleichen Sachverhalt anders. Der Kann-Kann-Beziehungstyp wird in zwei Muß-Kann-Beziehungstypen und einen weiteren Entitätstyp »aufgelöst«.

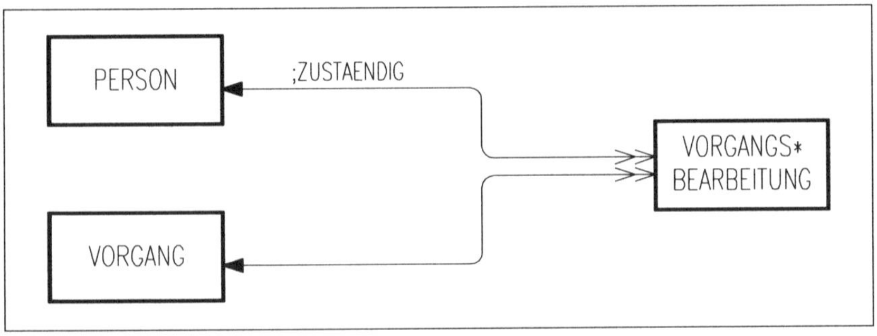

Bild 3–20 Zweites Vorgangs-ERD

SER-Modell

Sowohl Zehnder als auch Sinz empfehlen bzw. verlangen in ihrer Modellierungs-Variante das Auflösen von Kann-Kann-Beziehungstypen (Vgl. dazu [Zehnder], S.75 und [Sinz 1] oder [Sinz 2]). Das »Strukturierte Entity-Relationship-Modell (SER-Modell)« von Sinz sei hier etwas näher betrachtet.

Begriffe des SER-Modells:

- E-Typen
  sind Entity-Typen im Sinne des Chen'schen ER-Modells.
- ER-Typen
  »Aus der Sicht des ER-Modells stellt ein ER-Typ die Vereinigung eines Entity-Typs mit einem oder mehreren Relationship-Typen dar, die mit dem Entity-Typ durch (1,1)-Beziehungen verbunden sind.« ([Sinz 1], S.141).
- R-Typen
  sind Relationship-Typen im Sinne des ER-Modells.

Ein Beispiel eines SER-Diagramms zeigt Bild 3–21.

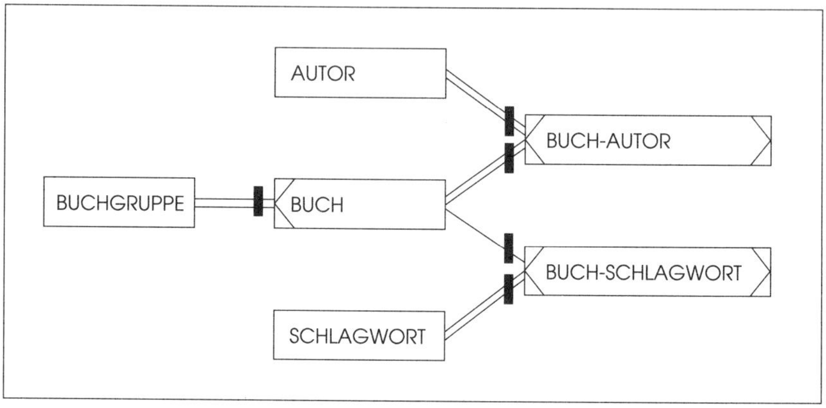

Bild 3–21 SER-Diagramm (vgl.[Sinz 1], S. 173)

AUTOR, BUCHGRUPPE und SCHLAGWORT sind E-Typen. BUCH ist ein ER-Typ, denn es besteht ein (1,1)-, also Muß-Beziehungstyp zur BUCHGRUPPE. BUCH ist ein Start-Knoten für zwei nach rechts wegführende Kanten zu den R-Typen BUCH-AUTOR und BUCH-SCHLAGWORT. BUCH-AUTOR ist ein 1,m:1,n-Beziehungstyp zwischen BUCH und AUTOR. BUCH-SCHLAGWORT ist ein 0,m:1,n-Beziehungstyp zwischen BUCH und SCHLAGWORT.

Im ERD besteht völlige Freiheit bzgl. der Anordnung von Rechtecken. Das SER-Modell bringt (unter anderem) mehr Systematik in die topologische Anordnung von E-Typen, ER-Typen und R-Typen.

BUCH-AUTOR hätte z.B. nicht links von BUCH gezeichnet werden dürfen, denn laut SER-Definition ist jeder linke Knoten (falls überhaupt) mit einem rechten über einen 1,1:x,y-Beziehungstyp verbunden. Wenn x = 1 (statt 0) ist, wird die Verbindungskante als Doppel-Linie gezeichnet. Wenn y größer 1 ist, wird die Kante auf der rechten Seite um ein kleines Rechteck (oder einen Pfeil) ergänzt. Ein linker SER-Knoten ist immer Existenz-Voraussetzung für alle mit ihm verbundenen rechten Knoten.

SER-Grundprinzip

Das SER-Grundprinzip »rechte Knoten sind *immer(!)* existenzabhängig von linken Knoten« wird auch im 0,1:x,n-Fall durch den (deshalb) zusätzlich notierten rechten R-Knoten eingehalten.

Im Relationen-Relationship-Modell (Teil-Umfang: »Relationen Relationship Diagramm (RRD)«) wurde diese Regel des SER-Modells nicht als zwingend übernommen, sondern zu einer Empfehlung abgeschwächt:

Abgeschwächtes RRD-Prinzip

»Plaziere Rechtecke so, daß *bei möglichst vielen* 1:n-Beziehungstypen deren 1-Muß- oder 1-Kann-Pfeil links von deren n-Muß- oder n-Kann-Pfeil angeordnet werden kann! Bei möglichst vielen 1,1:1,0-Beziehungstypen sollte der 1-Muß-Pfeil links vom 1-Kann-Pfeil angeordnet sein!«

Einerseits entsteht so trotz Abschwächung der Forderung auch im RRD mehr Übersichtlichkeit als bei völlig willkürlicher topologischer Anordnung der Rechtecke. Andererseits werden durch die Abschwächung Diagramm-Rechtecke vermieden, wie die Gegenüberstellung der SER-Modell-Symbolik und der RRD-Symbolik (in Bild 3–22) zeigt.

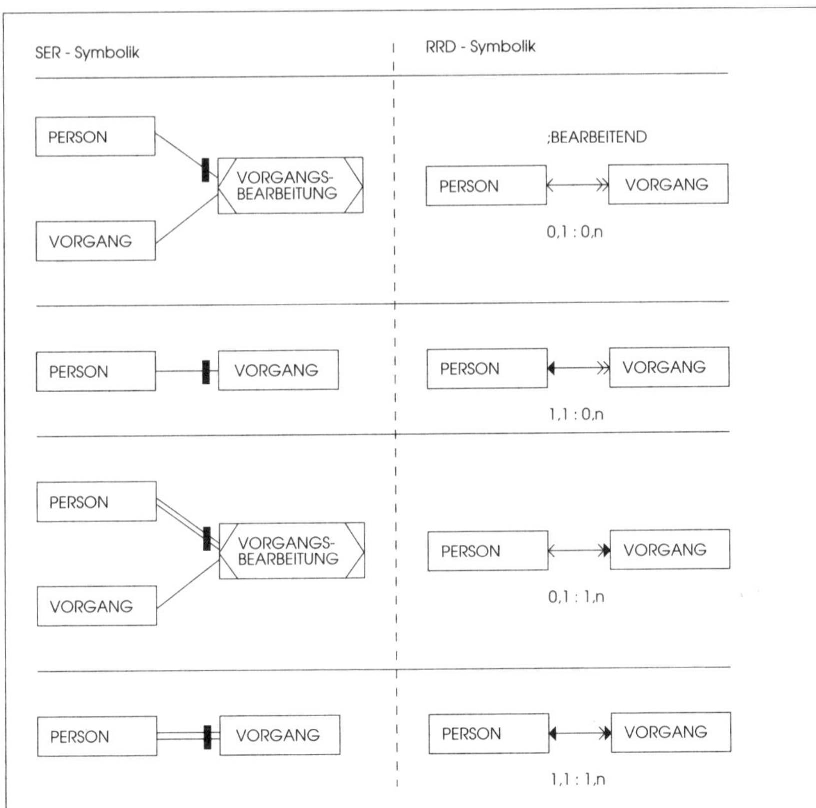

Bild 3–22 Gegenüberstellung der Symbolik des SER-Modells und des Relationen Relationship Modells

SER-Zwang

Bild 3–22 läßt erkennen, daß im SER-Diagramm zwangsweise mehr Rechtecke entstehen als im RRD, weil im SER-Modell links nur 1,1-Kardinalitäten zulässig sind und keine 0,1-Kardinalitäten. Ob dies der sematischen Klarheit einer ERD-Variante dient, möge der Leser selbst beurteilen.

RRM-Empfehlung

Im RRM sind 0,1:x,n-Beziehungstypen nicht generell verboten. Das RRM formuliert statt dessen die Regel:

»Bei 0,1:x,n-Beziehungstypen und 0,1:0,1-Beziehungstypen ist zu prüfen, ob nicht durch weitere (Sub-) Relationen mehr semantische Klarheit geschaffen werden kann.

Indizien, die das Modellieren zusätzlicher Relationen nahelegen:

- Nicht nur *ein* Kann-Beziehungstyp (oder Kann-Attribut), sondern ganze *Gruppen* von Beziehungstypen (und/oder Attributen) werden zu Muß-Beziehungstypen (Muß-Attributen), wenn zusätzliche Relationen gebildet werden.
- Die Kann-Kardinalität ist nicht nur temporärer Natur, sondern es gibt viele Tupel einer Relation, die *dauerhaft* Null-Werte aufweisen werden.«

Begründung obiger, gegenüber Zehnder und Sinz abgeschwächten, Modellierungsregel des RRM:

Null-Werte

Kann-Beziehungstypen führen bei ihrer 1:1-Umsetzung in relationale Tabellen zu Null-Werten. Dies gilt aber auch für Kann-Attribute. Wer (wie [Zehnder], S.67) Null-Werte in einer Datenmodellierungs-Variante für unzulässig hält, müßte nicht nur Null-Werte von Fremdschlüsseln, sondern auch von sonstigen Relations-Attributen verbieten. ([Shlaer, Mellor], S.41, verbieten z.B. »true holes in the table«.)

Eine solch konsequentes Null-Verbot würde zu einer derartigen Fülle von Tabellen (mit erheblicher Primärschlüssel-Redundanz) führen, daß Abfragen und Veränderungen solcher Tabellen erschwert und fehleranfällig würden. Diesen Effekt sollten Datenmodellierungs-Varianten vermeiden, zumal auch Datenmodelle selbst nicht übersichtlicher werden, wenn viele zusätzliche Objekte dargestellt werden.

Beispiel

Der Entitätstyp MITARBEITER weise einen 0,n:0,1-Beziehungstyp zum Entitätstyp TELEFON auf. Soll man dann gezwungen sein, einen R-Typ MITARB*TEL zu bilden, der einen Muß-Beziehungstypen zum TELEFON aufweist?

Wäre ein solcher Zwang sinnvoll, wenn es bei 40 000 Mitarbeitern nur 1 000 ohne Telefon gibt? Warum sollte der Zwang bei obigem Beziehungstyp bestehen, nicht jedoch, wenn TELEFON_NR als Kann-Attribut von MITARBEITER modelliert wird?

Der in [[Mistelbauer], S.133] beschriebene Vorteil der Personenunabhängigkeit bei der ERD-Erstellung sollte nicht dadurch erreicht werden, daß man alle Datenmodellierer zu Maßnahmen zwingt, deren Neben-Effekt in einer Fülle unbedeutender Datenmodell-Objekte (Subentitäten, R-Typen) besteht.

Gestaltungsfreiräume im Relationen-Modell:

Auch das Relationenmodell läßt entsprechende Gestaltungsfreiräume beim Festlegen von Relationen-Schemata. Generell geht es um Varianten der Behandlung unbekannter oder noch nicht festliegender Sachverhalte.

Modellierungs-Varianten:

»Null«-Werte verbieten,
»Null«-Werte durch erkennbare Platzhalter (z.B. »?«) ersetzen, »Null«-Werte zulassen.

(Vgl. dazu z.B. [Codd 2], S.197 ff.)

3.3.4 Stärken und Schwächen des Entity-Relationship-Modells

ERM-Stärken

1. Das Entity-Relationship-Modell hat dazu beigetragen, daß bei der Analyse von Sachverhalten deren Datenaspekte auf rein konzeptioneller Ebene, also unabhängig von DBMS-Eigenschaften modelliert werden.

2. Das Entity-Relationship-Diagramm (ERD) macht Daten-Sachverhalte anschaulich und überschaubar. ERD's haben sich als Brücke von fachlicher Aufgabenstellung zur maschinellen Unterstützung dieser Aufgabenstellung bewährt. Sie sind inzwischen weit (und in vielen Varianten) verbreitet.

ERM-Schwächen

1. Die Grenzen zwischen Entität und Beziehung sind fließend und vom Anwender des ERM abhängig (vgl. dazu auch Codd's vernichtende Kritik am ERM in [Codd 2], S. 477 f.).
2. Chen's ERD-Notation verbraucht viel Platz, weil jeder Beziehungstyp durch eine Raute dargestellt werden muß. Auch die Darstellung von Attributen durch Kreise ist unnötig platzraubend.
3. Die Bezeichnung von Beziehungstypen durch Satz-Bestandteile (überwiegend Verben) ist in der Praxis problematisch:
   - Es ist oft unklar, in welcher Beziehungs-Richtung der Beziehungstyp gelten soll.
   - Es ist schwierig, ein ERD durch einen Text so zu beschreiben, daß genau die Begriffe des ERD verwendet werden. Insbesondere im Zusammenhang mit Beziehungs-Beziehungen ergeben sich Beschreibungsprobleme.
4. Es steht dem ERM-Anwender schon im ERD frei, ob er Beziehungstypen durch Substantive oder Verben bezeichnet. Weitere Notations-Freiräume ergeben sich bei der detaillierteren Modellierung von Entitäts-Attributen.
   - Wie sind identifizierende Attribute einer Entität zu kennzeichnen?
   - Gibt es auch identifizierende *Beziehungstypen* einer Entität, oder müssen solche Beziehungstypen erst in Entitäts-Attribute umgewandelt werden, die dann als identifizierend gekennzeichnet werden können? Gibt es in letzterem Fall eine Unterscheidung zwischen *lokalen* Attributen *einer* Entität und *globalen* Attributen, die in *mehreren* Entitäten verwendet werden?

3.4 Relationen-Relationship-Modell (RRM)

3.4.1 Grundidee

Das »Relationen-Relationship-Modell (RRM) ist eine (hier erstmals veröffentlichte) Datenmodellierungs-Variante, die versucht, einige der zuvor beschriebenen ERM-Mängel zu beheben. Das RRM orientiert sich stärker als Chen am Relationen-Modell und ist deshalb ähnlich einzuordnen, wie das »erweiterte Relationenmodell« (vgl. [Zehnder]). Das

RRM unterscheidet sich vom »erweiterten Relationenmodell« durch Notations-Normen und teilweise andere Modellierungs-Regeln.

Die RRM-Regeln

- Zulässigkeit hierarchisch rekursiver Beziehungstypen
- Zwang zur Auflösung von m:n-Beziehungstypen
- Kein Verbot von 0,1:x,n-Beziehungstypen

wurden schon im Kapitel 3.3.3 hergeleitet.

Es folgt eine Beschreibung der RRM-Notations-Normen und des vorgesehenen (bald tool-unterstützten) Ablaufes einer Datenmodellierung gemäß RRM.

Das RRM modelliert in drei Detaillierungs-Stufen:

- **Grob-Datenmodell**
  (Relationen-Relationship-Diagramm, RRD)

- **Fein-Datenmodell**
  (Relationen-Relationship-Notation, RRN)

- **Feinst-Datenmodell**
  (Relationen-Relationship-Fremdschlüssel-Auflösung, RRF).

Grob-Datenmodell (Relationen-Relationship-Diagramm, RRD)

Das RRD ist eine Variante des Entity-Relationship-Diagramms (ERD).

ERM-Erweiterungen und ERD-Varianten (vgl. z.B. [Sinz 2], [Barker 1], [Jones,Curtice]) wurden geprüft. Bestrebungen, die Existenzabhängigkeit oder den Teilmengen-Charakter von Entitätstypen deutlich zu machen, wurden aufgegriffen.

Fein-Datenmodell (Relationen-Relationship-Notation, RRN)

Das RRD wird in Kapitel 3.4.3 um eine dort genormte, verbale Notation ergänzt, die »Relationen-Relationship-Notation (RRN)«. Die RRN ist eine Pseudo-DDL, die leichter als SQL Beziehungstypen erkennen läßt und »maßgeschneidert« zum RRD paßt. Die RRN erweitert und verfeinert das RRD. Wir nennen das in RRN aufgeschriebene Datenmodell deshalb auch »Fein-Datenmodell«.

Angestrebte Eigenschaften der RRN:

- Der Modellierer findet (insbesondere beim Erst-Entwurf eines Datenmodells) eine möglichst flexible, aber ausreichend präzise Arbeitsumgebung vor.
- Datenmodellierung ist auch ohne Graphik-Oberfläche möglich.
- Beziehungen zwischen Relationen sind deutlich und genormt erkennbar, auch wenn noch keine referential integrity constraints formuliert wurden.
- Beziehungen werden nicht durch zwei erklärende (oft falsche und mühsam ausgedachte Pseudo-) Sätze beschrieben. (TRAINER kann sein MITARBEITER. MITARBEITER kann sein TRAINER.) (KURS*TEILNEHMER kann gezahlt werden von PROJEKT. PROJEKT kann KURS*TEILNEHMER zahlen.)

  Statt dessen ist in der RRN eine platzsparende und damit Überblick verschaffende Symbolik definiert, die nur im Bedarfsfall um einen (knappen) Rollen-Text ergänzt wird. (TRAINER=MITARBEITER) (KURS*TEILNEHMER>PROJEKT;ZAHLEND).
- Subrelationen und Existenzabhängigkeiten sind erkennbar. Dabei wird unter Subrelation eine Relation verstanden, die spezielle Eigenschaften einer Teilmenge von Entitäten repäsentiert, deren generelle Eigenschaften bereits in einer anderen Relation (Superrelation) festgehalten sind.
- Die in der Literatur verbreitete Notation von Relationen-Schemata (Attribute, Unterstriche, vgl. Kapitel 3.2.4) wird durch eine praktikablere Notation ersetzt.
- Zusätzlich zum gewählten Primärschlüssel sind beliebig viele Alternativ-Schlüssel notierbar.

Feinst-Datenmodell (Relationen-Relationship-Fremdschlüssel-Auflösung, RRF)

Wenn das Feindatenmodell sich stabilisiert hat, erfolgt eine (automatisierbare) Auflösung der Relationships in Fremdschlüssel. Die dabei entstehende Notation nennen wir »Relationen-Relationship-Fremdschlüssel-Auflösung (RRF)«, oder im Modellierungs-Alltag »Feinst-Datenmodell«. Im Feinst-Datenmodell erhält man erstmals einen Vorschlag für jede Spalte der zuvor durch Grob- und Fein-Datenmodell konzeptionell entworfenen relationalen Tabellen.

RRM-Tool

Das in diesem und den folgenden Kapiteln (Kapitel 4.4, 5.4.4, 6.4.1, 6.4.2) ansatzweise spezifizierte RRM-Tool gibt es noch nicht. Seine Realisierung ist jedoch geplant (vgl. Vorbemerkungen zu Kapitel 3, [DAFID]).

Der Autor hat jahrelange Berufspraxis mit dem von ihm spezifizierten und teilweise programmierten »Datenmodellierungs-Editor« (beschrieben in [Wiborny]). Der »Datenmodellierungs-Editor« arbeitet ohne Graphik-Oberfläche und hat seine Praxis-Tauglichkeit inzwischen in ca. 40 verschiedenartigen Projekten bewiesen. Deshalb zweifelt der Autor auch nicht an der Praxis-Tauglichkeit eines RRM-Tools, das versucht, Notationskonventionen und Tool-Oberfläche gegenüber dem bereits erprobten Datenmodellierungs-Editor zu verbessern.

3.4.2 Grob-Datenmodell (Relationen-Relationship-Diagramm, RRD)

Bild 3–23 zeigt ein erstes Grob-Datenmodell. Es entspricht inhaltlich dem in Bild 3–10 dargestellten ERD.

Beziehungstyp-Kardinalitäten

```
0,1  <———————   (offene          einfache           Pfeilspitze)
1,1  ◄———————   (geschwärzte     einfache           Pfeilspitze)
0,n  <<——————   (offene          doppelte           Pfeilspitzen)
1,n  ◄<——————   (eine geschwärzte und eine offene   Pfeilspitze)
```

Anordnung der Relations-Rechtecke

Beim Zeichnen des Grob-Datenmodells wurde darauf geachtet, daß eine durch ein Rechteck repräsentierte Relation umso weiter rechts angeordnet ist, je mehr andere Relationen Existenzvoraussetzung sind (vgl. dazu die Diskussion des SER-Modells in Kapitel 3.3.3). KURS z.B. ist von KURSTYP existenzabhängig (und deshalb rechts von KURSTYP angeordnet), weil ein Muß-Beziehungstyp zu KURSTYP besteht.

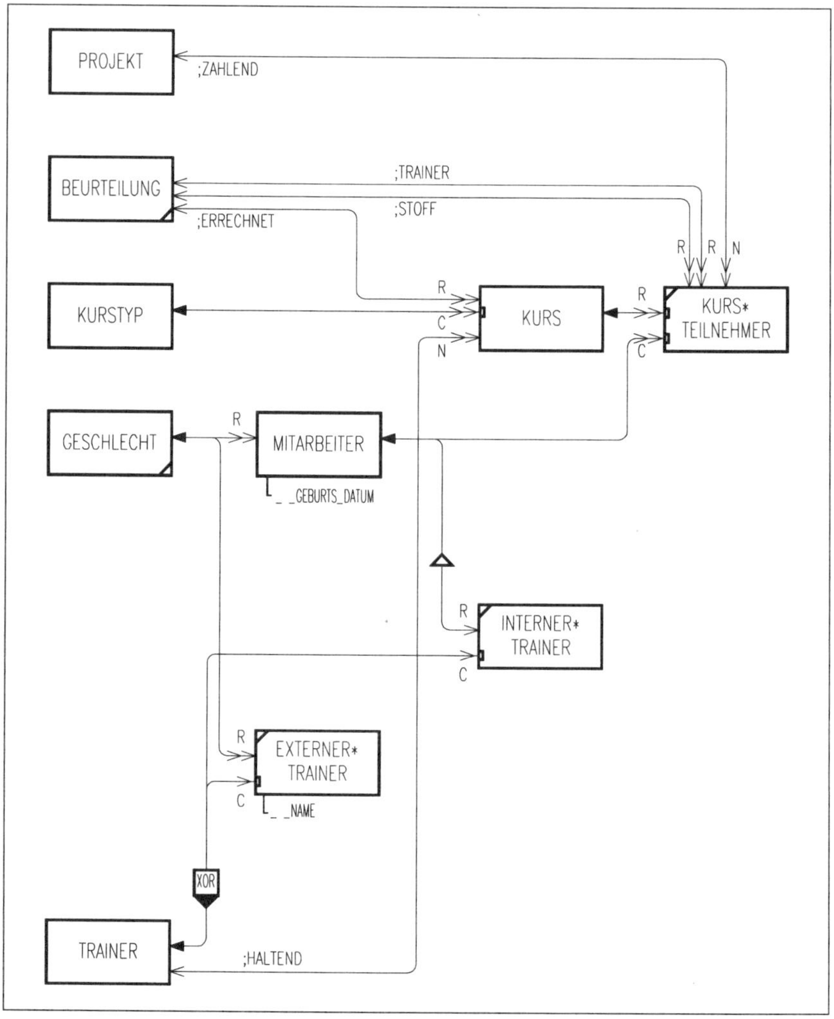

Bild 3–23 Relationen-Relationship-Diagramm (RRD)
(vgl. Entity-Relationship-Diagramm (ERD), Bild 3–10)

Rechteck-Einschnitte in die Relations-Rechtecke

Rechteck-Einschnitte in die Relations-Rechtecke an den Enden von Beziehungstyp-Pfeilen:

Der Primärschlüssel von KURSTYP ist (als Fremdschlüssel) Bestandteil des Primärschlüssels von KURS. Dies ist an dem kleinen KURS-Rechteck-Einschnitt ——>>] am Ende der Doppel-Pfeilspitze erkennbar.

KURSe werden durch den KURSTYP und mindestens eine weitere Primärschlüssel-Komponente identifiziert. Das Fein-Datenmodell wird zeigen, daß eine weitere Primärschlüssel-Komponente von KURS das KURS_BEGINN_DATUM ist. Ein KURSTYP kann also als KURS beliebig oft gehalten werden, allerdings (so ist es fein-modelliert) nicht zweimal am gleichen Tag.

Schräger Strich links oben im Relations-Rechteck

Besteht der Primärschlüssel einer Relation (wie bei KURS*TEILNEHMER, EXTERNER*TRAINER oder INTERNER*TRAINER) *vollständig (!)* aus Fremdschlüsseln, dann wird ein schräger Strich links oben in der Relation vermerkt.

Die Relation KURS*TEILNEHMER entspricht inhaltlich dem im RRM verbotenen m:n-Beziehungstyp »MITARBEITER <besucht> KURS« (vgl. mit ERD in Bild 3–10). Warum das RRM eine Auflösung von m:n-Beziehungstypen verlangt, wurde in Kapitel 3.3.3 begründet.

Schräger Strich rechts unten im Relations-Rechteck

BEURTEILUNG und GESCHLECHT sind durch den schrägen Strich rechts unten als »Applikations-Domäne« gekennzeichnet. Applikations-Domänen sind im RRD und im Fein-Datenmodell (RRN) als Relationen definiert, für die eine (endliche) Liste von zulässigen Werten und deren Bedeutung angegeben werden muß.

Genau die Erstellbarkeit einer 2-spaltigen Liste zulässiger Werte nebst deren Bedeutung grenzt Applikations-Domänen im RRM ab

- von »sonstigen« (»normalen«) Relationen

»Sonstige« (»normale«) Relationen haben eine von vorher nicht (genau) festlegbare Anzahl von Zeilen, zu denen jederzeit eine hinzukommen kann. Auch Löschungen von Zeilen sind zu erwarten. Domänen sind Relationen, deren Zeilenanzahl festliegt. Normale Relationen haben auch meistens mehr als 2 Spalten.

- von public domains (»Allerwelts-Domänen«)

wie DATUM,
natürliche Zahlen kleiner 999,
Beträge der Größenordnung kleiner 99 999,99 und größer –99 999,99,
char(20), etc.

Relations-Attribute (unter dem Relationsrechteck)

Relations-Attribute, deren Werte zu einer public domain gehören (z.B. MITARBEITER_GEBURTS_DATUM oder EXTERNER*TRAINER_-NAME), müssen im RRM nicht als Beziehungstyp zu einer Domäne dargestellt werden, sondern können als »einfaches« Relations-Attribut notiert werden.

Bezeichnungen von Beziehungstypen (Semikolon-Bedeutung)

Beim Beziehungstyp KURS>TRAINER;HALTEND steht im RRD das Semikolon

vor ;HALTEND, um die Richtung festzulegen, in der zu lesen ist. Es muß gelesen werden:

```
TRAINER;HALTEND,
PROJEKT;ZAHLEND,
BEURTEILUNG;ERRECHNET,
BEURTEILUNG;TRAINER oder
BEURTEILUNG;STOFF.
```

Stünde das Semikolon *hinter* haltend oder zahlend, errechnet oder abgegeben, dann müßte gelesen werden:

```
KURS;HALTEND,
KURS*TEILNEHMER;ZAHLEND,
KURS;ERRECHNET,
KURS*TEILNEHMER;TRAINER oder
KURS*TEILNEHMER;STOFF.
```

Nicht alle Beziehungstypen müssen im RRM durch eine hinter dem Semikolon notierte »Rolle« ergänzt werden. Es ist dem Modellierer überlassen, ob sich ein Beziehungstyp selbst erklärt oder um eine Rolle ergänzt werden muß. Die Rollen-Ergänzung KURS>TRAINER ;HALTEND ist schon ein Grenzfall. HALTEND hätte (wohl) ohne Informationsverlust entfallen können. PROJEKT;ZAHLEND hingegen bringt eine dringend erforderliche Zusatz-Information.

Nur, wenn zwei gleiche Relationen an zwei verschiedenen Beziehungstypen beteiligt sind, ist eine Rollen-Ergänzung im RRM zwingend vorgeschrieben.

Beispiel

```
KURS*TEILNEHMER>BEURTEILUNG;STOFF
KURS*TEILNEHMER>BEURTEILUNG;TRAINER
```

Relationship-Verzweigung

Die abgerundeten Ecken der Relationship-Linien eröffnen die Chance, viele Relationship-Linien zu einer einzigen vereinigen zu können (falls die Kardinalitäten der »Vereinigungs-Pfeilspitze« gleich sind). Dadurch wird die Übersichtlichkeit von RRD's gegenüber den meisten sonstigen ERD-Varianten bei größeren Datenmodellen wesentlich erhöht.

Subrelationship-Dreieck und XOR-Quadrat

Der TRAINER kann entweder ein INTERNER*TRAINER sein, oder aber ein EXTERNER*TRAINER. »Entweder oder« heißt englisch »exclusive or« oder, von den Informatikern abgekürzt, »xor«. Deshalb steht »xor« in dem kleinen Quadrat, das das Subrelationship-Dreieck ergänzt.

Eine Schwärzung des Dreicks symbolisiert, daß es »keine TRAINER dritter Art« gibt. Ein TRAINER *muß (!)* also entweder externer oder interner Trainer sein.

Anders ist dies beim MITARBEITER. INTERNER*TRAINER ist eine Subrelation von MITARBEITER. Aber es gibt auch Mitarbeiter, die nicht Trainer sind. Deshalb steht dort kein schwarzes, sondern ein leeres Subrelationship-Dreieck. Ein xor-Hinweis ist bei nur einer Subrelation sinnlos. Erst ab mindestens zwei Subrelationen bringt das »xor« Semantik ins RRD.

Die Relationships von »Subrelationen« zu »Superrelationen« sind immer »0,1:1,1« Beziehungstypen. Sub-Beziehungstypen werden im RRD (durch das Dreieck) besonders hervorgehoben, weil dies die Aussagefähigkeit von Diagrammen erheblich steigert.

Referentielle Integrität (C, N, R)

Auf der »Kann-Seite« von 1,1:0,1-Beziehungstypen oder auf der »n-Seite« von 1:n-Beziehungstypen sind die Buchstaben

C (CASCADE)
N (SET NULL)
R (RESTRICT)

notiert. Dies sind Hinweise auf referentielle Integritätsbedingungen (vgl. Kapitel 3.2.3).

Wenn also z.B. ein MITARBEITER gelöscht wird, dann sollen alle Eintragungen mit seiner Mitarbeiter-Nummer aus der Relation KURS* TEILNEHMER cascadenartig gelöscht werden.

Die Modellierungs-Praxis hat gezeigt, daß Datenmodelle durch die Diskussion über referentielle Integrität (RI) bereichert, oft auch geändert werden. RI-Angaben werden erst gegen Ende der Modellierung in das RRD eingetragen. Auch viele der sonstigen RRD- »Feinheiten« entstehen nicht gleich beim Erst-Entwurf des RRD, sondern im Zusammenhang mit der Erstellung des Fein-Datenmodells.

Damit sind alle Symbole des Grob-Datenmodells (»Relationen Relationship Diagramm« (RRD)) erklärt. Es folgt das zum Grob-Datenmodell gehörende Fein-Datenmodell in »Relationen-Relationship-Notation (RRN)«.

3.4.3 Fein-Datenmodell (Relationen-Relationship-Notation, RRN)

Das Fein-Datenmodell in »Relationen-Relationship-Notation (RRN)« ist das wichtigste Arbeitsmittel und gleichzeitig Arbeitsergebnis des Relationen-Relationship-Modells. Das Grob-Datenmodell steht zwar (fast) immer am Anfang der Datenanalyse. Jedoch die Detail-Arbeit, und damit ca. 70% der Modellierungszeit, ist Arbeit am Fein-Datenmodell. Mehrjährige Erfahrungen haben gezeigt, daß ein Datenmodellierungs-Editor, der alle Relationen des Modells gleichzeitig im Zugriff hat, ein geeignetes Datenmodellierungs-Hilfsmittel ist.

Es folgt als erstes Beispiel für die »Relationen-Relationship-Notation (RRN)« ein Fein-Datenmodell, welches dem im vorigen Kapitel vorgestellten Grob-Datenmodell entspricht und dieses um Detail-Informationen erweitert, die im RRD nicht visualisiert sind.

```
A KURSVERWALTUNG
V 01.01

R KURSTYP
P _NR
  _BEZEICHNUNG

R KURS
P >KURSTYP
P _BEGINN_DATUM
  >TRAINER;HALTEND
  >BEURTEILUNG;ERRECHNET
```

```
R KURS*TEILNEHMER
P >KURS
P >MITARBEITER
  _ANMELDE_DATUM
  >BEURTEILUNG;TRAINER
  >BEURTEILUNG;STOFF
  >PROJEKT;ZAHLEND

R MITARBEITER
P _NR
  _NAME
  _GEBURTS_DATUM
  >GESCHLECHT
  _TRAINER_KENNZ

R TRAINER
P _NR
  _BEURTEILUNG
  _EXTERN_INTERN_KENNZ

R INTERNER*TRAINER
P =TRAINER
  =MITARBEITER
C =MITARBEITER

R EXTERNER*TRAINER
P =TRAINER
  _NAME
  >GESCHLECHT
  _STUNDENSATZ

R BEURTEILUNG
P _NOTE
  _BEDEUTUNG

R GESCHLECHT
P _M_W
  _BEDEUTUNG

R PROJEKT
P _NR
  _KURZBEZEICHNUNG
```

Erläuterungen zum vorstehenden Fein-Datenmodell und der dabei angewendeten »Relationen-Relationship-Notation (RRN)«:

`A KURSVERWALTUNG`
Anwendungssystem (Applikation) Kursverwaltung

`V 01.01`
Das Datenmodell liegt in Version 01.01 vor

`R KURSTYP`
`R` = Relation

`P _NR`
`P` = Primärschlüssel
`_NR` = Kurzschreibweise für das Attribut KURSTYP_NR

`_BEZEICHNUNG`
» « (blank) in Spalte 1 bedeutet: Nicht-Schlüssel-Attribut
BEZEICHNUNG = Kurzzschreibweise für KURSTYP_BEZEICHNUNG

`R KURS`
`P >KURSTYP`

> bedeutet: Relationship (Beziehungstyp)

>KURSTYP bedeutet: Relationship vom KURS zum KURSTYP. Es ist nicht erkennbar, ob dies ein Muß- oder Kann-Beziehungstyp ist. Sicher ist aber, daß zu max. 1 TRAINER (nicht zu n TRAINERn) dieser Beziehungstyp besteht.

Bei Primärschlüssel-Beziehungen (wie im vorliegenden Fall) wird ein Muß-Beziehungstyp angenommen. Die Muß-Kann-Angabe sollte in der Detail-Hintergrundebene eines die RRM unterstützenden CASE-Tools angegeben werden können. Kapitel 5.4.4 (»Funktionsmodellierung eines RRM-CASE-Tools«) geht näher auf die Modellierungs-Detail-Ebene ein.

`P >KURSTYP` bedeutet, daß der Primärschlüssel von KURS als Fremdschlüssel alle Primärschlüssel-Komponenten der Relation KURSTYP enthalten soll.

`P _BEGINN_DATUM`
Kurzschreibweise für die Primärschlüssel-Komponente KURS_BEGINN_DATUM

`  >TRAINER;HALTEND`
;HALTEND ist eine (optionale) Zusatzangabe zum Beziehungstyp KURS>TRAINER.

Wir nennen diese Zusatzangabe »**Rolle**« , die der TRAINER im Beziehungstyp KURS>TRAINER spielt.

`>BEURTEILUNG;ERRECHNET`
Kurzschreibweise für KURS>BEURTEILUNG;ERRECHNET

(Dies ist die Gesamtnote, die für den KURS aus den verschiedenen Teilnehmer-Angaben KURS*TEILNEHMER>BEURTEILUNG;STOFF errechnet wird.)

Daß BEURTEILUNG eine Applikations-Domäne ist, erkennt man in der RRN nicht. Dieser Hinweis sollte in der Detail-Hintergrundebene eines CASE-Tools angegeben werden können, welches die RRM unterstützt.

`R KURS*TEILNEHMER`
Der Stern * wurde statt _ im Relationsnamen gewählt, damit man bei den Attributsbezeichnungen eindeutig erkennen kann, wo der Relationsname aufhört und dessenAttributsergänzung anfängt.

KURS*TEILNEHMER_ANMELDE_DATUM ist klarer als KURS_TEILNEHMER_ANMELDE_DATUM.

Ursprünglich war für die RRN ein Punkt hinter dem Relationsnamen vorgesehen:

KURS_TEILNEHMER.ANMELDE_DATUM.

Der Punkt hatte jedoch zwei Nachteile: Erstens mußte man dauernd die Tastatur umschalten. Zweitens war in Vorgangsbeschreibungen oft unklar, ob der Punkt zum Attributsnamen gehörte, oder zur Grammatik der im Attributs-Umfeld gebildeten Sätze. (Auch der Mittelstrich hat Nachteile, da man ihn leicht mit dem Unterstrich verwechselt.)

`P >KURS`
Der Primärschlüssel der Relation KURS*TEILNEHMER enthält als Fremdschlüssel den Primärschlüssel der Relation KURS.

`P >MITARBEITER`
Der Primärschlüssel der Relation KURS*TEILNEHMER enthält als Fremdschlüssel den Primärschlüssel der Relation MITARBEITER.

Dadurch wird die Muß-Beziehung zum MITARBEITER hergestellt, der KURS*TEILNEHMER ist.

KURS*TEILNEHMER ist keine Subrelation von MITARBEITER, weil ein Beziehungstyp mit der Kardinalität 1,1:0,n vorliegt und nicht (wie bei Subrelationen) eine 1,1:0,1-Kardinalität.

```
  _ANMELDE_DATUM
```
ausführlich: KURS*TEILNEHMER_ANMELDE_DATUM (Attribut)

```
  >BEURTEILUNG;TRAINER
```
ausführlich: KURS*TEILNEHMER>BEURTEILUNG;TRAINER Mit dieser Note hat der Kursteilnehmer den Trainer beurteilt.

```
  >BEURTEILUNG;STOFF
```
ausführlich: KURS*TEILNEHMER>BEURTEILUNG;STOFF Mit dieser Note hat der Kursteilnehmer die Stoffauswahl des Kurses beurteilt.

```
  >PROJEKT;ZAHLEND
```
Muß- oder Kann-Beziehungstyp zum PROJEKT,
durch die Rolle; ZAHLEND näher beschrieben,
nicht Bestandteil des Primärschlüssels von KURS*TEILNEHMER.

```
R MITARBEITER

P _NR

  _NAME
```

Dies ist z.B. eine Ergänzung gegenüber dem Grob-Datenmodell.

```
  _GEBURTS_DATUM
```
»Allerwelts-« Attribut aus einer public domain.

```
  >GESCHLECHT
```
Werte müssen aus einer Applikations-Domäne stammen.
Deshalb mit > statt _ notiert.

```
  _TRAINER_KENNZ
```
Dieses Attribut ist problematisch.

MITARBEITER, die in der Tabelle INTERNER*TRAINER geführt werden, sind dadurch als TRAINER gekennzeichnet. Das Attribut MITARBEITER_TRAINER_KENNZ ist also redundant. Wird es wirklich verändert, wenn ein MITARBEITER aus der Tabelle INTERNER*TRAINER entfernt oder in diese Tabelle eingetragen wird?

Das RRM empfiehlt eine Vermeidung solcher redundanten Attribute.

```
R TRAINER

P _NR

  _BEURTEILUNG
```
errechnet als Summe aller Noten KURS*TEILNEHMER>BEURTEILUNG;TRAINER, geteilt durch die Anzahl der KURS*TEILNEHMER. Dann nicht(!) auf- oder abgerundet, deshalb nicht(!) aus der

Domäne Beurteilung, die (laut Liste) nur die Noten 1 bis 6 erlaubt. Deshalb mit Unterstrich notiert.

    _EXTERN_INTERN_KENNZ

Problematisches, nicht empfohlenes Attribut (s.o.: _TRAINER_KENNZ).

`R INTERNER*TRAINER`

`P =TRAINER`

Wichtig ist hier das = (Gleichheitszeichen). = wurde statt > gewählt, um auch im Fein-Datenmodell den »Teilmengen-Beziehungstyp« deutlich zu machen.

Lesart: INTERNER*TRAINER ist eine Subrelation von TRAINER.

Der Beziehungstyp TRAINER zu INTERNER*TRAINER hat die Kardinalität 1,1:0,1. Dies fordern wir für jeden Beziehungstyp, der den Anspruch erhebt, ein Subrelationship-Typ zu sein.

Daß der Subrelationship-Typ ein XOR-Typ ist, muß in der Detail-Hintergrund-Ebene eines die RRM unterstützenden CASE-Tools angegeben werden.

(In den »XOR-Rechtecken« darf auch »XOR 1« oder »XOR 3« notiert werden. Dies ist erforderlich, wenn eine Relation nach Kriterium 1 in andere Subrelationen zerlegt wird, als nach Kriterium 3. Die Kriteriums-Nummer und die Kriteriums-Bezeichnung wäre dann ebenfalls als Detail im CASE-Tool anzugeben.)

Ebenfalls wurde in der RRN auf eine Syntax verzichtet, die deutlich machen würde, ob die Haupt-Relation durch ihre Subrelationen vollständig ausgeschöpft wird (schwarzes bzw. weißes Subrelationship-Dreieck). Auch diese Detail-Angabe sollte in der Detail-Ebene eines CASE-Tools erfolgen.

    =MITARBEITER

INTERNER*TRAINER ist eine Subrelation von MITARBEITER.

`C =MITARBEITER`

Wichtig ist hier das C für »candidate key«, genauer: Alternativ-Schlüssel« (vgl. Kapitel 3.2.2).

Aussage

Man hätte auch den MITARBEITER-Primärschlüssel nehmen können, um eine Zeile der Tabelle INTERNER*TRAINER zu identifizieren.

Wirkung

Wenn man den MITARBEITER-Primärschlüssel als (weiteren) »unique index« der Tabelle definiert, dann stellt man dadurch sicher, daß nicht für einen MITARBEITER mehrere TRAINER_NRn vergeben werden.

Hinweis

Alternativ-Schlüssel können (wie Primärschlüssel) aus **mehreren** Bestandteilen bestehen. Dann werden eben mehrere C-Zeilen notiert.

Eine Relation kann mehr als einen Alternativ-Schlüssel haben. Dann werden eben die Bestandteile des zweiten Kandidaten mit E, des dritten mit F, des vierten mit G notiert. C, D, E, F, G, H, I, J, K sind in Spalte 1 für Alternativ-Schlüssel reserviert.

L bedeutet: Langbezeichnung der Relation

```
R EXTERNER*TRAINER
P =TRAINER
  _NAME
  >GESCHLECHT
  _STUNDENSATZ
```

```
R BEURTEILUNG
```

Wenn in der CASE-Tool-Detailebene das Kennzeichen Domäne = Ja gesetzt wird, dann sollte das Tool prüfen, daß maximal 2 Attribute genannt sind:

Primärschlüssel-Attribut und Bedeutungs-Attribut.

```
P _NOTE
```

Primärschlüssel der Domäne.
Muß aus der linken Spalte der Domänen-Tabelle stammen.

1, 2, 3, 4, 5, 6 sind also die erlaubten Domänen-Primärschlüssel.

```
  _BEDEUTUNG
```

Erläuterndes Attribut zum Primärschlüssel.
Muß aus der rechten Spalte der Domänen-Tabelle stammen.

Sehr gut,
gut,
befriedigend,
ausreichend,
mangelhaft,
ungenügend sind also die definierten Bedeutungen.

```
R GESCHLECHT
P _M_W
  _ERLAEUTERUNG
```

```
R PROJEKT
P _NR
  _KURZBEZEICHNUNG
```

Die Notation dieser Relationen enthält keine noch unbekannten Komponenten. »Relationen-Relationship-Notation (RRN)« des »Fein-Datenmodells« zum »Grob-Datenmodell« ist damit erklärt und definiert.

3.4.4 Feinst-Datenmodell (Relationen-Relationship-Fremdschlüssel-Auflösung, RRF)

Verwendungszweck

Das Feinst-Datenmodell wird manuell (besser per Programm) aus dem Fein-Datenmodell erzeugt. Neu gegenüber dem Fein-Datenmodell ist die Auflösung von Beziehungstypen in Fremdschlüssel-Attribute. Dadurch wird erstmals ein Vorschlag für alle Spalten sichtbar, die sich bei 1:1-Umsetzung des Fein-Datenmodells in relationale Tabellen ergeben würden. In einem letzten Modellierungsschritt können allerdings noch einige Feinst-Modell-Zeilen mit Minus gekennzeichnet werden, weil sie nach Ansicht und mit Begründung des Datenmodellierers in den Tabellen entfallen sollten (vgl. z.B. Kapitel 4.4.5).

Beispiel

Das aus obigem Fein-Datenmodell (durch Fremdschlüssel-Auflösung) generierbare Feinst-Datenmodell sieht wie folgt aus:

```
A KURSVERWALTUNG
V 01.01

R KURSTYP
P KURSTYP_NR
  KURSTYP_BEZEICHNUNG

R KURS
P KURS>KURSTYP_NR
P KURS_BEGINN_DATUM
  KURS>TRAINER;HALTEND_NR
  KURS>BEURTEILUNG;ERRECHNET_NOTE

R KURS*TEILNEHMER
P KURS*TEILNEHMER>KURS>KURSTYP_NR        <—— 1 Zeile mehr als im
P KURS*TEILNEHMER>KURS_BEGINN_DATUM      <—— Fein-Datenmodell
P KURS*TEILNEHMER>MITARBEITER_NR
  KURS*TEILNEHMER_ANMELDE_DATUM
  KURS*TEILNEHMER>BEURTEILUNG;TRAINER_NOTE
  KURS*TEILNEHMER>BEURTEILUNG;STOFF_NOTE
  KURS*TEILNEHMER>PROJEKT;ZAHLEND_NR
```

```
R MITARBEITER
P MITARBEITER_NR
  MITARBEITER_NAME
  MITARBEITER_GEBURTS_DATUM
  MITARBEITER>GESCHLECHT_M_W
  MITARBEITER_TRAINER_KENNZ

R TRAINER
P TRAINER_NR
  TRAINER_BEURTEILUNG
  TRAINER_EXTERN_INTERN_KENNZ

R INTERNER*TRAINER
P INTERNER*TRAINER=TRAINER_NR
  INTERNER*TRAINER=MITARBEITER_NR
C INTERNER*TRAINER=MITARBEITER_NR

R EXTERNER*TRAINER
P EXTERNER*TRAINER=TRAINER_NR
  EXTERNER*TRAINER_NAME
  EXTERNER*TRAINER>GESCHLECHT_M_W
  EXTERNER*TRAINER_STUNDENSATZ

R BEURTEILUNG
P BEURTEILUNG_NOTE
  BEURTEILUNG_BEDEUTUNG

R GESCHLECHT
P GESCHLECHT_M_W
  GESCHLECHT_ERLAEUTERUNG

R PROJEKT
P PROJEKT_NR
  PROJEKT_KURZBEZEICHNUNG
```

Erläuterung

Es gibt zwei Varianten von Feinst-Datenmodellen:

1. *mit* Wiederholung der Relationsnamen in jeder RRF-Zeile
2. *ohne* Wiederholung der Relationsnamen in jeder RRF-Zeile.

Im Beispiel wurde die (ausführliche) RRF-Variante 1 gewählt. Deshalb beginnen alle Attribute der Relation X mit X, also z.B. alle Attribute der Relation KURSTYP mit KURSTYP.

Der wichtige Unterschied zwischen Feinst- und Fein-Datenmodell ist *nicht* die (bei Variante 2 entfallende) Ergänzung von z.B. _NR zu KURS-

TYP_NR, denn hier bleibt das Attribut Attribut und wird nur mit oder ohne abkürzende Vereinbarung bezeichnet.

Wichtig ist vielmehr die Auflösung von Relationships in Fremdschlüssel-Attribute.

Die Relationship KURS*TEILNEHMER>KURS
führt z.B. nach Auflösung in Fremdschlüssel zu den beiden RRF-Zeilen

KURS*TEILNEHMER>KURS>KURSTYP_NR und
KURS*TEILNEHMER>KURS_BEGINN_DATUM.

In einer Tabelle KURS*TEILNEHMER sollte es also die beiden Spalten
KURSTYP_NR und
KURS_BEGINN_DATUM geben.

Erst beide Spalten zusammen identifizieren ja den KURS, an dem der MITARBEITER teilnimmt. Ursache für die Zeilenvermehrung des Feinst-Datenmodells gegenüber dem Fein-Datenmodell ist die Auflösung von Relationships in Fremdschlüssel-Attribute.

Die Anwendung KURSVERWALTUNG ist nur ein kleines Beispiel, dessen Fremdschlüssel-Auflösung wohl wenig überrascht. Bei realen Anwendungssystemen mit umfangreichem Beziehungsgeflecht treten jedoch zu diskutierende RRF-Zeilen auf, die man bei direkter Relationen-Notation nicht vorgesehen hätte.

Warum die langen Namen?

Der Autor hat auch erst mal einen Schreck gekriegt, als er die Zeilen seines ersten Feinst-Datenmodells sah.

Aber wie könnte man kürzer die fachliche Herkunft einer Tabellen-Spalte beschreiben? Alternativen werden in Kapitel 3.4.6 der hier vorgeschlagenen RRF-Notation gegenübergestellt.

Natürlich wird nicht empfohlen, etwa diese Langnamen als Column-Namen der Tabellen zu verwenden. Die Column-Namen können aber auf der rechten Seite des Feinst-Datenmodells sehr übersichtlich zugeordnet werden. Und gerade dabei bewähren sich die vom Programm generierten Langnamen. Denn bei der Column-Namensvergabe sieht man links haargenau, um welchen Inhalt es geht. Deshalb kann man rechts treffende Spalten-Namen vergeben.

Die Langnamen bewähren sich insbesondere dann, wenn gleiche Attribute mehrfach (in verschiedenen Rollen) in der gleichen Relation vorkommen. Dies ist in unserem (bewußt einfach gehaltenen) Einführungs-Beispiel noch nicht der Fall, wird aber z.B. in Kapitel 4.4.5 nachgeliefert.

Die Langnamen des Feinst-Datenmodells werden als Eintrag in die Catalog-Kommentarzeilen von Columns vorgeschlagen. Kürzer und eindeutiger kann man Spalteninhalte kaum erläutern.

Wenn z.B. in der Tabelle TKV003 die Spalte KTYP vorkommt, so wäre als zugehöriger Kommentar im DBMS-Catalog

```
KURS*TEILNEHMER>KURS>KURSTYP_NR
```

kein unverständlicher Hinweis, sondern (für Kenner) ein Hinweis

auf die Relation KURS*TEILNEHMER,
deren Relationship zur Relation KURS,
deren Relationship zur Relation KURSTYP und
deren Primärschlüssel-Attribut KURSTYP_NR.

Zu allen vier Verweisen sollte man in einem Data-Dictionary nähere Angaben finden und kann so beliebig genau die Daten-Zusammenhänge, die zur fraglichen Tabelle führten, rekonstruieren.

Folgende Liste zeigt das Feinst-Datenmodell in RRF-Notation, rechts manuell ergänzt um die gewünschten Tabellen- und Spalten-Namen.

```
A KURSVERWALTUNG

V 01.02

R KURSTYP                Tabellen- oder View-Name ——> TKV001
P KURSTYP_NR                         Spalten-Name ——> KTYP
  KURSTYP_BEZEICHNUNG                Spalten-Name ——> KTYP_BEZ

R KURS                                                TKV002
P KURS>KURSTYP_NR                                     KTYP
P KURS_BEGINN_DATUM                                   K_BEG_DAT
  KURS>TRAINER;HALTEND_NR                             TRAINER
  KURS>BEURTEILUNG;ERRECHNET_NOTE                     URT

R KURS*TEILNEHMER                                     TKV003
P KURS*TEILNEHMER>KURS>KURSTYP_NR                     KTYP
P KURS*TEILNEHMER>KURS_BEGINN_DATUM                   K_BEG_DAT
P KURS*TEILNEHMER>MITARBEITER_NR                      MITARB
  KURS*TEILNEHMER_ANMELDE_DATUM                       ANMELD_DAT
  KURS*TEILNEHMER>BEURTEILUNG;TRAINER_NOTE            U_T
  KURS*TEILNEHMER>BEURTEILUNG;STOFF_NOTE              U_S
  KURS*TEILNEHMER>PROJEKT;ZAHLEND_NR                  PROJ_Z
```

```
R MITARBEITER                                     TKV004
P MITARBEITER_NR                                  MITARB
  MITARBEITER_NAME                                MITARB_NAME
  MITARBEITER_GEBURTS_DATUM                       GEB_DAT
  MITARBEITER>GESCHLECHT_M_W                      SEX
  MITARBEITER_TRAINER_KENNZ                       TRAIN

R TRAINER                                         TKV005
P TRAINER_NR                                      TRAINER
  TRAINER_BEURTEILUNG                             URT_D
  TRAINER_EXTERN_INTERN_KENNZ                     EI

R INTERNER*TRAINER                                TKV006
P INTERNER*TRAINER=TRAINER_NR                     TRAINER
  INTERNER*TRAINER=MITARBEITER_NR                 MITARB
C INTERNER*TRAINER=MITARBEITER_NR

R EXTERNER*TRAINER                                TKV007
P EXTERNER*TRAINER=TRAINER_NR                     TRAINER
  EXTERNER*TRAINER_NAME                           TRAINER_NAME
  EXTERNER*TRAINER>GESCHLECHT_M_W                 SEX
  EXTERNER*TRAINER_STUNDENSATZ                    STD_SATZ

R BEURTEILUNG                                     TKV008
P BEURTEILUNG_NOTE                                NOTE
  BEURTEILUNG_BEDEUTUNG                           BEDEUTUNG

R GESCHLECHT                                      TKV009
P GESCHLECHT_M_W                                  M_W
  GESCHLECHT_ERLAEUTERUNG                         ERLAEUTERUG

R PROJEKT                                         TKV010
P PROJEKT_NR                                      PROJ
  PROJEKT_KURZBEZEICHNUNG                         PROJ_KURZBEZ
```

Der Weg vom Feinst-Datenmodell zu relationalen Tabellen ist damit angedeutet, wird aber erst in Kapitel 7 detailliert beschrieben. Hier geht es um die Relationen Relationship *Methode(!)* und noch nicht um eine Beschreibung von Tools, die diese Methode unterstützen. Auf Tool-Einzelheiten müßten wir jedoch eingehen, wenn hier schon erörtert würde, wo man z.B. bekannt gibt, daß als KURSTYP_NR eine 4-stellige Zahl vorzusehen ist, daß EXTERNER*TRAINER_STUNDENSATZ ein Mußfeld sein soll, u.s.w.

Methodisch ist viel wichtiger die Beantwortung der Frage, wie bei Vorgehen nach der RRM die (anzustrebende) Einhaltung von Normalform-

Kriterien sichergestellt wird. Diesem Thema ist das folgende Kapitel gewidmet.

3.4.5 Normalformen im Relationen-Relationship-Modell

In der Literatur findet man meistens zum Thema Normalformen ähnliche Definitionen und Ausführungen wie im Kapitel 3.2.2. Gelegentlich wird zu den Normalformen angemerkt, daß es inzwischen Tools gibt, die dem Modellierer die Normalisierung abnehmen.

Wie hält es das Relationen-Relationship-Modell mit der Normalisierung?

Muß der Modellierer normalisieren?

Kann oder soll ein das RRM unterstützendes CASE-Tool die Normalisierung erledigen?

Bevor die Antwort auf diese Fragen gegeben wird, sei erst noch einmal die in der Literatur übliche Relationen-Notation eines Mini-Datenmodells betrachtet:

```
WERK (WERK_NR, SCHICHT_ANZAHL)
LAGER (LAGER_NR, WERK_NR, SCHICHT_ANZAHL)
```

Ist hier ein Normalform-Kriterium verletzt?

»Ja« könnte man denken.

Es scheint ein leicht erkennbarer Verstoß gegen das 3NF-Kriterium vorzuliegen. In der Relation WERK wird gesagt, daß SCHICHT_ANZAHL von der WERK_NR abhängt. Dies braucht und darf ja dann wohl in der Relation LAGER nicht (transitiv) wiederholt werden. Sonst könnte ja plötzlich das WERK je nach LAGER eine andere SCHICHT_ANZAHL haben.

»Nein« könnte aber auch eine Antwort sein.

Mit SCHICHT_ANZAHL in der Relation LAGER könnte ja die SCHICHT_ANZAHL des LAGERs gemeint sein und nicht (erneut) die SCHICHT_ANZAHL des WERKs. Ein WERK kann z.B. im Drei-Schicht-Betrieb durcharbeiten, während ein dortiges Lager nur im Zwei-Schicht-Betrieb gefahren wird.

Ein Kernproblem der (insbesonders angeblich automatisierten) Normalisierung ist also die Namensvergabe für Relations-Attribute.

Kein CASE-Tool würde bei den Relationen

```
WERK (WERK_NR, SCHICHT_ANZAHL)                <—— mit Unterstrich
LAGER (LAGER_NR, WERK_NR, SCHICHTANZAHL)      <—— ohne Unterstrich
```

einen Normalform-Verstoß feststellen. Und das nur, weil diesmal bei SCHICHTANZAHL absichtlich (oder versehentlich?) der Unterstrich zwischen SCHICHT und ANZAHL weggelassen wurde.

Die Literatur geht überwiegend davon aus, daß gleichnamige Attribute in verschiedenen Relationen dasselbe bedeuten. Nur so sind ja überhaupt die Relationships zwischen den Relationen zu erkennen. Es bleibt jedoch dem Leser überlassen, wie er in der Praxis dafür sorgt, daß er nicht versehentlich in einer Relation SCHICHT_ANZAHL, in einer anderen SCHICHTANZAHL notiert.

Bei kleinen Bücher-Beispielen ist dies kein Problem. In realen Projekten aber, oder gar bei dem Bemühen um ein Unternehmens-Datenmodell, muß eine funktionierende Lösung für das Namensvergabe-Problem gefunden werden.

Attribut-Namensvergabe im RRM

Das RRM löst das Namensvergabe-Problem durch die Festlegung, daß jedes Attribut des Fein-Datenmodells nur zu genau der Relation gehört, in der es per RRN notiert ist. Dies wird in der ausführlichen RRF-Notation des Feinst-Datenmodells deutlich, wo der Relationsname als Bestandteil jedes Attributsnamens explizit aufgelistet ist.

Obiges Mini-Datenmodell als Fein-Datenmodell in RRN notiert, sieht wie folgt aus:

```
R WERK
P _NR
  _SCHICHT_ANZAHL

R LAGER
P _NR
  >WERK
  _SCHICHT_ANZAHL
```

In RRF-Notation ergibt sich daraus als Feinst-Datenmodell:

```
R WERK
P WERK_NR
  WERK_SCHICHT_ANZAHL      <——

R LAGER
P LAGER_NR
  LAGER>WERK_NR
  LAGER_SCHICHT_ANZAHL     <——
```

Man beachte den Namensunterschied zwischen WERK_SCHICHT _ANZAHL und LAGER_SCHICHT_ANZAHL.

Da es gleiche Attributsnamen im RRM in verschiedenen Relationen nicht gibt, kann dort formal nie das 3NF-Kriterium verletzt sein. Dies gilt auch für 2NF. Auch 1NF kann im RRM formal nie verletzt sein, denn es wird verlangt, daß jedes in einer Relation notierte Attribut nur maximal eine Ausprägung pro Primärschlüssel-Ausprägung hat. Analoges gilt für RRN-Relationships.

Ist durch die RRM-Namenskonventionen das Normalisierungsproblem »in Luft aufgelöst«?

Muß im RRM niemand mehr über die Einhaltung von Normalformkriterien wachen?

Doch! Der Modellierer ist es, der sich und die späteren Anwender immer wieder fragen muß, ob ein Attribut wirklich in der richtigen Relation (also beim richtigen Primärschlüssel) angesiedelt ist.

Die Frage, ob die Schicht-Anzahl eines Lagers wirklich speziell für dieses Lager gilt, oder ob sie nicht für alle Lager eines Werkes identisch sein muß mit der Werks-Schichtzahl, ist doch keine formale Frage. Sie ist nur *fachlich* zu klären und nicht durch ein Tool. Wenn man fachlich klärt, zu welchem Primärschlüssel ein Attribut wirklich gehört, so entspricht dies formal gleichzeitig einer Beachtung des 2NF- und 3NF-Kriteriums.

Das Beachten des 1NF-Kriteriums verlangt vom RRM-Modellierer eine gewisse Notations-Übung, genau wie das RRM-Verbot von m:n-Beziehungstypen. Erfahrungen haben gezeigt, daß das Erlernen einer (sogar umständlicheren) Feindatenmodell-Notationstechnik nur einige Stunden Praxis erfordert.

Zusammenhang zwischen RRN und RRD

Wenn der (etwas erfahrene) Modellierer die Notation

```
R LAGER
P _NR
  >WERK
```

sieht, dann hat er sofort als zugehörige Grob-Datenmodell (RRD) Bild 3–24 gedanklich vor Augen.

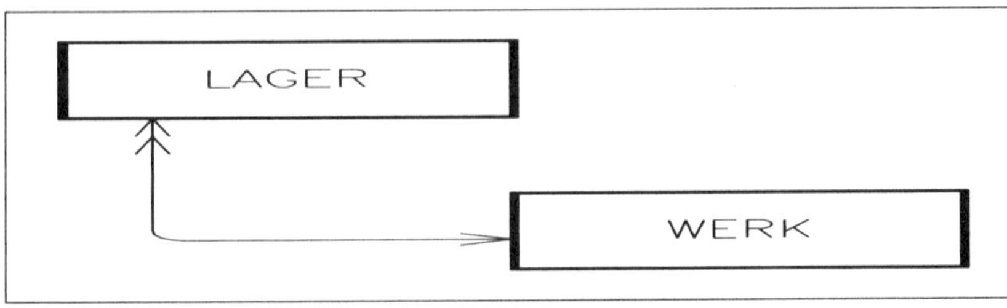

Bild 3–24 Erstes Mini-RRD

Er weiß, daß er (wegen 1NF) in der Relation WERK kein >LAGER finden wird.

Die Notation

```
R TEILE*LIEFERANT
P >TEIL
P >LIEFERANT
  _PREIS
```

wird gedanklich sofort (als aufgelöster m:n-Beziehungstyp) mit dem zugehörigen Mini-RRD (Bild 3–25) assoziiert.

Allerdings sind in Gesamt-RRD's die topologischen Anordnungen obiger Mini-RRD's mit Rücksicht auf die Existenzabhängigkeit zu verändern.

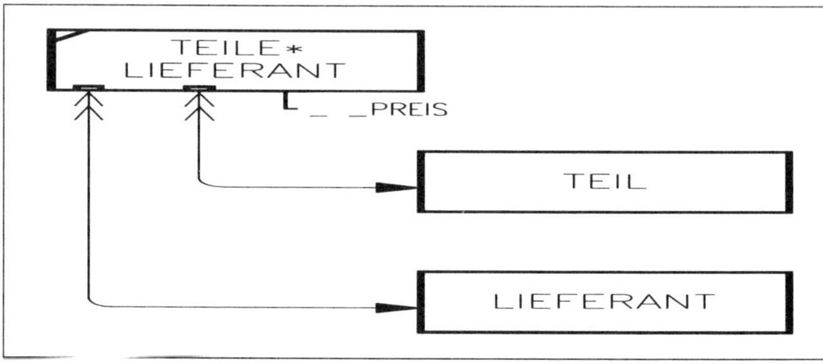

Bild 3–25 Zweites Mini-RRD

3.4.6 Stärken und Schwächen des Relationen-Relationship-Modells

Schwächen

1. *Unnötige Symbol-Vielfalt im RRD*
   Wozu der schräge Strich, mal links oben, mal rechts unten? Wozu die kleinen Rechteck-Einschnitte an manchen Pfeilspitzen? Wozu offene und geschlossene Pfeile? Wozu Subrelationship-Dreiecke (und die auch noch schwarz oder weiß und manchmal durch kleine xor-Rechtecke ergänzt)?

Kommentar

Richtig ist, daß diese Symbole dem ungeübten Leser wenig sagen. Sie werden ihn aber auch nicht übermäßig stören. Wenn er überhaupt ein ERD verstehen kann, dann wird er auch ein RRD verstehen. Nur enthält ein RRD eben noch Zusatz-Informationen, die im ERD fehlen.

2. *Akzeptanzprobleme wegen formaler Strenge der RRN*

Kommentar

Nicht alle Menschen mögen Präzision. Vielen erscheint es vermutlich reichlich gekünstelt und unnötig, z.B. zwischen _TRAINER, >TRAINER und =TRAINER zu unterscheiden. Viele werden auch den Sprachgebrauch vermissen. Warum KURS*TEILNEHMER>MIT-ARBEITER_NR statt einfach KURS_TEILNEHMER? Warum muß es unbedingt KURSTYP_BEZEICHNUNG heißen, statt (wie bisher üblich) KURSBEZEICHNUNG?

Ziel der RRN ist es, Daten-Sachverhalte exakter festzuhalten, als dies bei (kontextabhängigem) Sprachgebrauch möglich ist. Dieses Ziel läßt sich nicht (oder nur umständlich) erreichen, wenn keine präzisen Notations-Vereinbarungen getroffen werden.

2+3 bedeutet etwas anderes als 2*3. 2*(3+5) ist etwas anderes als 2*3+5. Ähnlich verhält es sich mit der RRN. Diese Notation erfordert das Beachten von Regeln. Das Einhalten dieser Regeln bewirkt jedoch Arbeitsersparnis und Vermeidung von Mißverständnissen.

Kommentar

3. *Zu lange RRF-Zeilen*
KURS*TEILNEHMER>BEURTEILUNG;TRAINER_NOTE ist ein ganz schön langer Begriff. Deshalb werden auch in der Praxis kürzere Relationsnamen gewählt, als hier im Demonstrations- und Erklärungs-Beispiel. Statt BEWILLIGUNGS*ANTRAG heißt es BA, statt BEDARFS*MELDUNG heißt es BM, statt BEWILLIGUNGS*ANTRAG_ERSTELLUNGS_DATUM wird BA_ERSTELL_DAT notiert.

Die langen Begriffe des Feinst-Datenmodells sind nicht für die Erstellung von Fachkonzepten gedacht, sondern werden erst gegen Ende der Fachkonzepterstellung generiert. (Qualitätssicherung, Tabellengenerierung sind die Ziele.) Im Fachkonzept kommt man mit den kürzeren Begriffen des Fein-Datenmodelles aus. Dort stünde z.B. statt »KURS*TEILNEHMER>BEURTEILUNG;TRAINER_NOTE« »KT>URTEIL;TRAINER« oder auch (Warum denn nicht? Kann und soll man das verbieten?) »Trainerbeurteilung des Kursteilnehmers«. (Bei allen genannten Bezeichnungen ist übrigens noch unklar, ob der Trainer den Teilnehmer beurteilt oder umgekehrt. Dies müßte im Beschreibungstext des Beziehungstypen auf Detail-Ebene eines Tools definiert werden.)

Wenn eine Rename-Funktion (auch in »freiem Text«) durch das CASE-Tool sichergestellt ist, werden die Projektmitarbeiter lieber mit den kürzeren und präziseren Begriffen der RRN arbeiten als mit dem »Roman-Sprachgebrauch«.

Andere Lösungen der Relationship-Auflösung in Fremdschlüssel sind denkbar und zum Teil in CASE-Tools realisiert. Eine Variante wird z.B. im CASE-Tool-Kapitel 5.5.4 vorgestellt und mit der RRF-Notation verglichen.

Stärken

1. Das RRD ist aussagekräftiger als das ERD.
2. Gerade wegen der formalen Strenge der RRN sind Fein-Datenmodelle ein erfolgreich einsetzbares Arbeitsmittel und Arbeitsergebnis professioneller Datenmodellierer.

   Zwei Pluspunkte der RRN gegenüber der in der Literatur üblichen Relationen-Notation:

   - Beziehungen zwischen Relationen sind deutlich und genormt erkennbar, auch wenn (noch) keine ri-constraints formuliert wurden.
   - Subrelationen sind erkennbar.
3. Die RRF-Notation ist eine platzsparende und deshalb übersichtliche Art, die fachliche Herkunft einer Tabellenspalte darzustellen. Insbesondere der Zusammenhang einer Tabellenspalte mit anderen Tabellen kann wohl kaum komprimierter dokumentiert werden. Gerade diese Zusammenhänge zwischen Tabellen müssen aber sorgfältig beachtet werden, damit später keine Datenkonsistenz-Probleme auftreten.

Hinweise auf alternative Notations-Varianten

Fleming, van Halle

[Fleming, van Halle] empfehlen Verwendung des Stern-Zeichens (*) zur Kennzeichnung von Fremdschlüsseln. Die Fleming-Notation der Relation KURSTEILNEHMER sähe (bis auf das R und die P's) wie folgt aus:

```
R KURS-TEILNEHMER
P KURSTYP*NR                      (vgl. [Fleming, van Halle] S.16,
P KURS*BEGINN-DATUM                »foreign keys«)
P MITARBEITER*NR
  ANMELDE-DATUM
  BEURTEILUNG*NOTE-TRAINER        (vgl. [Fleming, van Halle] S.265,
  BEURTEILUNG*NOTE-STOFF           »role names«)
  PROJEKT*NR-ZAHLEND
```

Kritik dieser Notation:

+ Man erkennt an (*) die Fremdschlüssel KURSTYP*NR, KURS*BEGINN-DATUM, und MITARBEITER*NR. Dies ist ein Pluspunkt gegenüber anderen Notationen, bei denen sich Fremdschlüssel optisch nicht von Eigen-Attributen der Entität unterscheiden.

- Man vermutet die Fremdschlüssel BEURTEILUNG*NOTE-TRAINER, BEURTEILUNG*NOTE-STOFF und PROJEKT*NR-ZAHLEND, die man aber in den Entitäten BEURTEILUNG und PROJEKT vergeblich suchen wird. Mangel also: die im RRM durch das Semikolon vorgenommene Abgrenzung von Rollen-Namen fehlt in der Fleming-Notation, bei der sowohl Attribut-Namenskomponenten, als auch Rollen-Zusätze durch einen Mittelstrich voneinander getrennt sind.
- Man erkennt nicht, daß die beiden Fremdschlüssel KURSTYP*NR und KURS*BEGINN-DATUM durch die Beziehung zum KURS in die Entität KURS-TEILNEHMER gelangt sind.

BMW-Notation

[Wiborny] beschreibt die Datenmodell-Notation der BMW AG. Die BMW-Notation läßt zwar (durch die Angabe von »Basis-Namen« zu den »Rollen-Namen«) deutlicher als [Fleming, van Halle] Rollen-Namen erkennen. Ein Mangel ist jedoch auch bei dieser Notation, daß man nicht (immer) erkennt, über welche Relationship(s) Fremdschlüssel in eine Entität gelangten.

In BMW-Notation sähe die Entität KURS*TEILNEHMER wie folgt aus:

```
E KURSTEILNEHMER
K #ZZ_KURSTYP_NR
K #ZZ_KURS_NR
K #PE_MITARB_NR
  DAT_KURSTEILNEHMER_ANMELDE_DATUM
  COD_KURSTEILNEHMER_BEURTEILUNG_TRAINER     COD_BEURTEILUNG_NOTE
  COD_KURSTEILNEHMER_BEURTEILUNG_STOFF       COD_BEURTEILUNG_NOTE
  #ZZ_KURSTEILNEHMER_ZAHLENDES_PROJEKT       #ZZ_PROJEKT_NR
```

Verweis auf Kapitel 5.5.4

In Kapitel 5.5.4 des vorliegenden Buches (Unterpunkt: »Umsetzen von Relationships in Relations-Attribute«) ist eine weitere Notationsform vorgestellt, die dem Autor aber ebenfalls nicht so empfehlenswert erscheint wie die RRM-Vorschläge (RRN und RRF).

Shlaer, Mellor

[Shlaer, Mellor] schlagen eine Notations-Variante vor, die Fremdschlüssel durch (R) kennzeichnet z.B. ZAHLENDES PROJEKT (R), jedoch erst bei der Domain-Angabe (Domain: Same as PROJEKT. PROJEKT_NR) verrät, zu welcher Relation (»Objekt« genannt) die Relationship besteht. (vgl. [Shlaer, Mellor], S.55) Hier können sich jedoch Verweis-Ketten ergeben, die das Betrachten mehrerer Relationen erfordern, ehe man die Herkunft eines Fremdschlüssels vollständig geklärt hat.

3.5 Zusammenfassung, Standortbestimmung und Ausblick

Zusammenfassung

Unter einer Datenmodellierungs-Variante wird im vorliegenden Buch der Gestaltungsrahmen für die Erstellung von Datenmodellen verstanden. Eine Datenmodellierungs-Variante grenzt sich durch ihre graphischen und textuellen Notations-Normen, durch Modellierungs-Regeln, sowie durch ihr Meta-Datenmodell (siehe Kapitel 4.4) von anderen Datenmodellierungs-Varianten ab.

Vom Relationen-Modell (RM) und vom Entity-Relationship-Modell (ERM) wurden Aspekte beschrieben, deren Kenntnis und Problematisierung Voraussetzung für das Verständnis und die Einordnung der Modellierungs-Variante »Relationen-Relationship-Modell (RRM)« ist. Das RRM ist im vorliegenden Buch erstmals veröffentlicht und kann ähnlich wie das »erweiterte Relationenmodell« (vgl. [Zehnder]) eingeordnet werden. Das RRM unterscheidet sich jedoch durch teilweise andere Modellierungs-Regeln, vor allem aber durch seine Notations-Normen »Fein-Datenmodell« und »Feinst-Datenmodell«.

Das RRM modelliert 3-stufig:

Grob-Datenmodell (RRD)
Fein-Datenmodell (RRN)
Feinst-Datenmodell (RRF).

Das »Grob-Datenmodell« (RRD) ist eine Variante des Entity-Relationship-Diagrammes (ERD). Anregungen von [Sinz 1] und [Zehnder] wurden aufgegriffen, um die topologische Anordnung der Relations-Rechtecke übersichtlicher zu gestalten.

Es gilt die RRD-Regel:

»Plaziere Rechtecke so, daß bei möglichst vielen 1:n-Beziehungstypen deren 1-Muß- oder 1-Kann-Pfeil links von deren n-Muß- oder n-Kann-Pfeil angeordnet werden kann! Bei möglichst vielen 1,1:1,0-Beziehungstypen sollte der 1-Muß-Pfeil links vom 1-Kann-Pfeil angeordnet sein!«

Ein RRD-Beispiel zeigt Bild 3–23.

Symbolik des Grob-Datenmodells

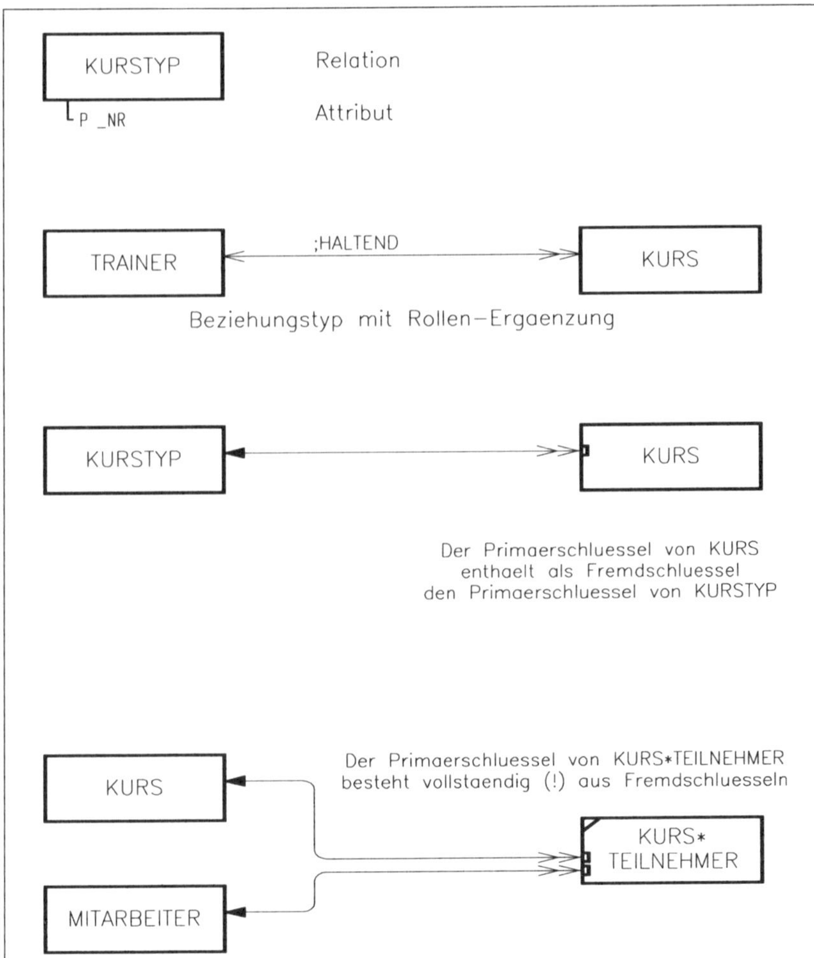

Bild 3–26 Symbolik des Grob-Datenmodells (Teil 1) Relationen, Applikations-Domänen und Relationships

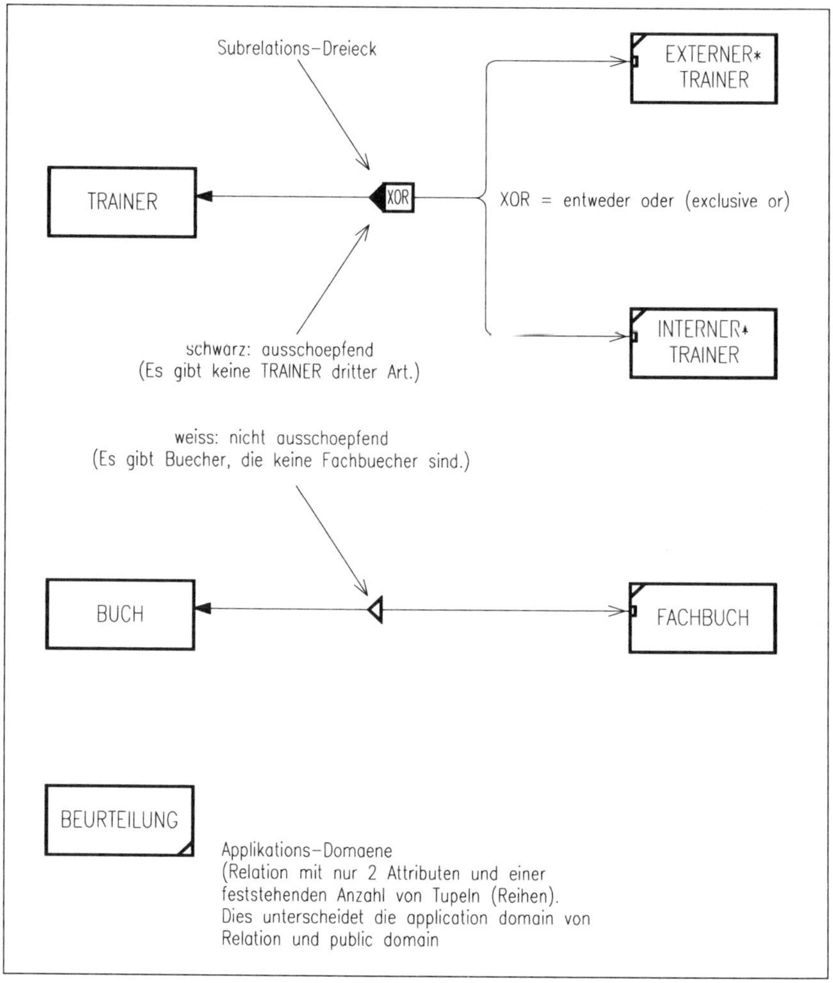

Bild 3–27 Symbolik des Grob-Datenmodells (Teil 2) Relationen, Subrelationen und Subrelationships

Das »Fein-Datenmodell«

Das »Fein-Datenmodell« mit seiner »Relationen-Relationship-Notation (RRN)« ist als textuelle Zwischenstufe zwischen ERD und der literaturüblichen Notation von Relationen-Schemata einzuordnen.

Unter Anwendung der RRN kann auch ohne Graphik-Oberfläche übersichtlicher modelliert werden als mit sonstigen (dem Autor bekannten) Relations-Notationen. Ein erstes Fein-Datenmodell enthält Kapitel 3.4.3. Man vergleiche dieses Fein-Datenmodell mit dem zugehörigen RRD (Bild 3–23) und achte besonders auf die Notation von Beziehungstypen.

Syntax der Relationen Relationship Notation:

```
+—— Spalte 1
|
V
A  =  Anwendungssystem (Applikation)
V  =  Version des Datenmodells
R  =  Relation (Kurzbezeichnung)
L  =  Langbezeichnung der Relation
P  =  Primärschlüssel-Komponente
C  =  Komponente eines Alternativ-Schlüssels C
D  =                                         D
E  =                                         E
F  =                                         F
G  =                                         G
H  =                                         H
I  =                                         I
J  =                                         J
K  =                                         K
   +—— Spalte 3
   |
   V
   _  =  Attribut der Relation
   >  =  Beziehungstyp mit Kardinalität x,y:0,1 oder x,y:1,1

   =  =  Subrelations-Beziehugstyp mit Kardinalität 1,1:0,1

; (Semikolon)
  hinter einem Beziehungstyp, z.B.
```

```
R TEIL
P _SACH_NR
  >WERK;FERTIGEND
```

beschreibt die »ROLLE«, die z.B. das WERK in seiner Beziehung z.B. zum TEIL spielt.

Das »Feinst-Datenmodell«

Das »Feinst-Datenmodell« entsteht (automatisierbar) durch »Relationen-Relationship-Fremdschlüssel-Auflösung« (RRF) aus dem Fein-Datenmodell. Neu gegenüber dem Fein-Datenmodell ist die Auflösung von Beziehungstypen in Fremdschlüssel-Attribute. Dadurch wird erstmals ein Vorschlag für alle Spalten sichtbar, die sich bei 1:1-Umsetzung des Fein-Datenmodells in relationale Tabellen ergeben würden.

Es gibt zwei Varianten von Feinst-Datenmodellen.

Variante 1

Variante 1 setzt vor jedes Fein-Datenmodell-Attribut als RRF-Namensbestandteil die Relations-Kurzbezeichnung.

```
R KURSTYP
P _NR
```

wird nach RRF zu

```
R KURSTYP
P KURSTYP_NR
```

Variante 2

Variante 2 unterläßt bei Attributen das Wiederholen der Relations-Kurzbezeichnungen.

Beziehungstypen verweisen auf Fremd-Relationen. Deren Primärschlüssel-Komponenten werden durch RRF als Fremdschlüssel im Feinst-Datenmodell sichtbar.

```
R KURS*TEILNEHMER
P >KURS
P >MITARBEITER
```

wird nach RRF zu

```
R KURS*TEILNEHMER
P KURS*TEILNEHMER>KURS>KURSTYP_NR
P KURS*TEILNEHMER>KURS_BEGINN_DATUM
P KURS*TEILNEHMER>MITARBEITER_NR
```

Das Feinst-Datenmodell hat immer dann mehr Zeilen als das Fein-Datenmodell, wenn dort auf Relationen mit Primärschlüsseln verwiesen wird, die aus mehr als einer Komponente bestehen.

Ein Feinst-Datenmodell sollte man erst gegen Ende der Datenmodellierung eines Sachverhaltes (automatisch) per RRF aus dem Fein-Datenmodell generieren. Dies sollte man auf jeden Fall tun, wenn man relationale Tabellen anlegen will. Empfohlen wird RRF aber auch als Qualitätssicherungsmaßnahme, um abschließend die Richtigkeit des Datenmodells zu prüfen.

Standortbestimmung

Kapitel 2 machte aufmerksam auf Datenmodelle als Hilfsmittel zur Erläuterung von fachlichen (Daten-)Zusammenhängen und zur kostensparenden Integration von Anwendungssystemen.

Kapitel 3 faßte kurz methodische Grundlagen der Datenmodellierung zusammen. Als Kritik und Ergänzung bisheriger Datenmodellierungs-Varianten wurde das »Relationen-Relationship-Modell (RRM)« vorgestellt. Dieses Modell empfiehlt bisher unübliche Datenmodell-Notationen, die in den folgenden Kapiteln des vorliegenden Buches durchgängig verwendet sind.

Ausblick

In Kapitel 4 wird Datenmodellierung nach dem RRM näher beschrieben. Zuerst in Form einer Fallstudie, dann mit Hilfe zweier Kurz-Beispiele, schließlich am Beispiel des Meta-Datenmodells zum RRM.

4

Datenmodellierungs-Beispiele

- Fallstudie »Fahrversuch«
- Beispiel »Händlerschulung«
- Beispiel »Konzern-Info-System«
- Meta-Datenmodell zum Relationen-Relationship-Modell
- Zusammenfassung, Standortbestimmung und Ausblick

Dieses Hauptkapitel enthält Beispiele für die Anwendung des Relationen Relationship Modells (RRM). Durch diese Beispiele soll

- das Wissen über das RRM gefestigt und erweitert,
- in die Problematik der Datenmodell-Integration eingeführt werden.

Wie schon in Kapitel 2 dürfte es auch bzgl. der Beispiele in Kapitel 4 Übereinstimmungen mit realen IV-Systemen geben. Allerdings wurden reale Sachverhalte so stark vereinfacht und so kleine Ausschnitte modelliert, daß der Leser keinesfalls annehmen darf, er kenne nach der Lektüre einige reale IV-Systeme, deren Modellierung oder Entstehungsgeschichte. Dies gilt auch für die relativ umfangreiche Fallstudie.

Hier wurden nur deshalb ziemlich viele Relationen modelliert, um den Rahmen sonst üblicher Mini-Beipiele zu überwinden und dem Leser eine Vorstellung von Umfang und Form der Datenmodelle zu vermitteln, wie sie bei Anwendung des RRM entstehen würden. Nicht etwa wurden soviele Relationen modelliert, um ein real existierendes IV-System möglichst zutreffend oder gar vollständig zu beschreiben.

4.1 Fallstudie »Fahrversuch«

4.1.1 Vom Fachproblem zum Grob-Datenmodell

Teilnehmer

Der Leser versetze sich gedanklich in einen Besprechungsraum der (fiktiven) MODERN AG, der mit Tafeln und einem Bildschirm ausgestattet ist. Außer Ihm als Beobachter sind anwesend:

- der Projektleiter,
- ein späterer System-Anwender,
- der zur Realisierung vorgesehene (externe) Programmierer und
- der Autor als Datenmodellierer.

Beschreibung des Sachverhaltes

Projektleiter:
»Wir sind heute zusammengekommen, um das Grobdatenmodell unseres neuen Anwendungssystems zu erarbeiten. Ich möchte dem Datenmodellierer und dem Programmierer kurz einführend das Fachproblem »Fahrversuch« erläutern, ehe ich die Moderation an den Datenmodellierer übergebe.

Die Abteilung Fahrversuch hat die Aufgabe, Fahrzeuge oder Fahrzeug-Komponenten unter verschiedenen Bedingungen zu erproben. Diese Fahrzeuge können Prototypen sein, aber auch Serienfahrzeuge, die irgendwelche geänderten Komponenten enthalten. Die Abteilung Fahrversuch ist eingebettet in den Bereich Fahrzeug-Entwicklung. Unsere Erprobungs-Aufträge werden im Rahmen von Entwicklungsprojekten erteilt. Die Erprobungs-Aufträge sind terminiert und schreiben Erprobungsarten (Rennstrecke, Autobahn, Stadtverkehr, Hitze-Erprobung, Kälte-Erprobung, Berg-Erprobung etc.) mit Soll-Kilometerleistung vor. Ich habe ein Erprobungsauftrags-Formular mitgebracht (Bild 4–1), damit Sie sich besser in den Sachverhalt hineindenken können.

M	**ERPROBUNGSAUFTRAG**	Proj. Nr.: 0221/90 LFD_Nr: 015

Projekt-Kürzel: E 37/ Automatik-Getriebe
Projekt-Leiter: Axle — Tel: 437
Abteilung: EM-7

Kombi-Hinweis: Getriebe muß in einem E 37 mit M 60 Motor getestet werden.

Spätestes Komp. Bereitstell-Datum: 1.5.90
Spätestes Erprobungs-Fertig-Datum: 1.12.90
Befundart (bei Bedarf): EM-70
Verbindungsmann: Maier, Hugo — Tel: 485

	bereitzustellende Komponenten:	**Komp. ID_NR**
1	A-Getriebe	01732
2	A-Getriebe	01733
3		
4		
5		

Komp. ID_NR	**Erprobungsart**	**Soll-km**
01732/01733	Autobahn	30 000
"	Berg	5 000
"	Rennen	1000
"	Stadt	10 000
"	Kälte	2 000
"	Hitze	2 000

Bild 4–1 Erprobungsauftrags-Formular der MODERN AG

Unsere Aufgabe besteht darin, durch geschicktes Zusammenbauen von Komponenten in Erprobungsfahrzeugen pro Fahrstrecke möglichst viele Komponenten gleichzeitig zu testen. Es wäre ja Unsinn, erst mal 100 000 km einen Motor zu testen und dann nochmal 100 000 km zu fahren, um ein Getriebe zu testen. Wir bauen Motor und Getriebe in das gleiche Fahrzeug ein und haben nach 100 000 km Fahrstrecke eben dann beide Komponenten getestet. Allerdings gibt es Vorschriften, mit welchem Motortyp ein Getriebe zu testen ist. Wir haben da nicht völlige Wahlfreiheit.

Nun gehen öfters Komponenten kaputt. Es gibt Unfälle und wir müssen die noch heilen Komponenten in andere Fahrzeuge einbauen. Das Problem besteht darin, bei der Fülle von ca. 500 gleichzeitig im Test befindlichen Komponenten nicht den Überblick zu verlieren, wo gerade welche Komponente eingebaut oder gelagert ist, und wieviele Kilometer mit welcher Erprobungsart schon zurückgelegt wurden. Hier soll uns das neue System helfen. Angestrebt ist außerdem ein jederzeit abrufbarer Soll-Ist-Vergleich pro Erprobungskomponente im Kalenderwochen-Raster.

Einzige Rückmeldung über die zurückgelegten Fahrstrecken sind übrigens die Tankzettel, auf denen die Fahrer von Hand Erprobungsart, Kilometerstand und Fahrzeug vermerken, mit dem sie gerade unterwegs sind.«

Unsortierte Liste wichtiger Daten

Datenmodellierer:
»Ich habe jetzt schon eine grobe Vorstellung über Ihr Projekt. Es hat sich bewährt, als ersten Schritt der Grobmodellierung eine unsortierte Liste der wichtigsten Daten zu notieren, mit denen ein Projekt arbeitet. Ich beginne schon mal selbst mit den Daten, die ich aufgrund Ihrer Einführung noch in Erinnerung habe:

Projekt
Erprobungs-Auftrag
- Erprobungs-Komponente
- Erprobungsart
- Termine
- Sollstrecke

Fahrzeug
Kilometerstand des Fahrzeuges beim Tanken

Welche wichtigen Daten fehlen in dieser Auflistung?«

Der Projektleiter und der spätere Anwender des Systems, der bisher manuell die Erprobungen verwaltet, ergänzen die Liste:

Fahrer
Urlaubs-Wochen
Fahrerqualifikation
Komponenten-Einbautermin IST
Einbautermin SOLL
Erprobungs-Ort
Kalenderwoche
Ist-Komponenten-Strecke pro Erprobungsart
spätester Erprobungs-Endtermin
Kombinations-Vorgabe
Kombinations-Verbot
Kostensatz
verrechnete Kosten
Komponenten-Art
Soll-Ist-Abweichung
Lagerort
Befundort

Dabei erläutern sie jeweils kurz die Bedeutung und Verwendung der genannten Daten. Der Befundort ist z.B. der Ort, an den eine Komponente gesendet wird, die Mängel oder Schäden aufweist. Der eventuelle Befundort muß im Erprobungs-Auftrag bereits genannt werden.

Der folgende Text beschreibt die Entstehung des Grob-Datenmodells (Bild 4–2).

Entstehung des Grob-Datenmodells

Als keine weiteren Daten mehr genannt werden, beginnt der Datenmodellierer, an der Datenmodellierungs-Tafel ein Grob-Datenmodell zu zeichnen. Er beginnt mit dem PROJEKT, das Erprobungs-Aufträge (E*AUFTRAG) erteilt. Zu jedem E*AUFTRAG gehört die Angabe der zu erprobenden Komponenten (E*KOMP). Jede E*KOMP gehört zu genau einer Komponenten-Art (KOMP*ART). Pro E*KOMP und E*ART wird im E*AUFTRAG eine EKOMP*EART_SOLL_KM Laufstrecke genannt.

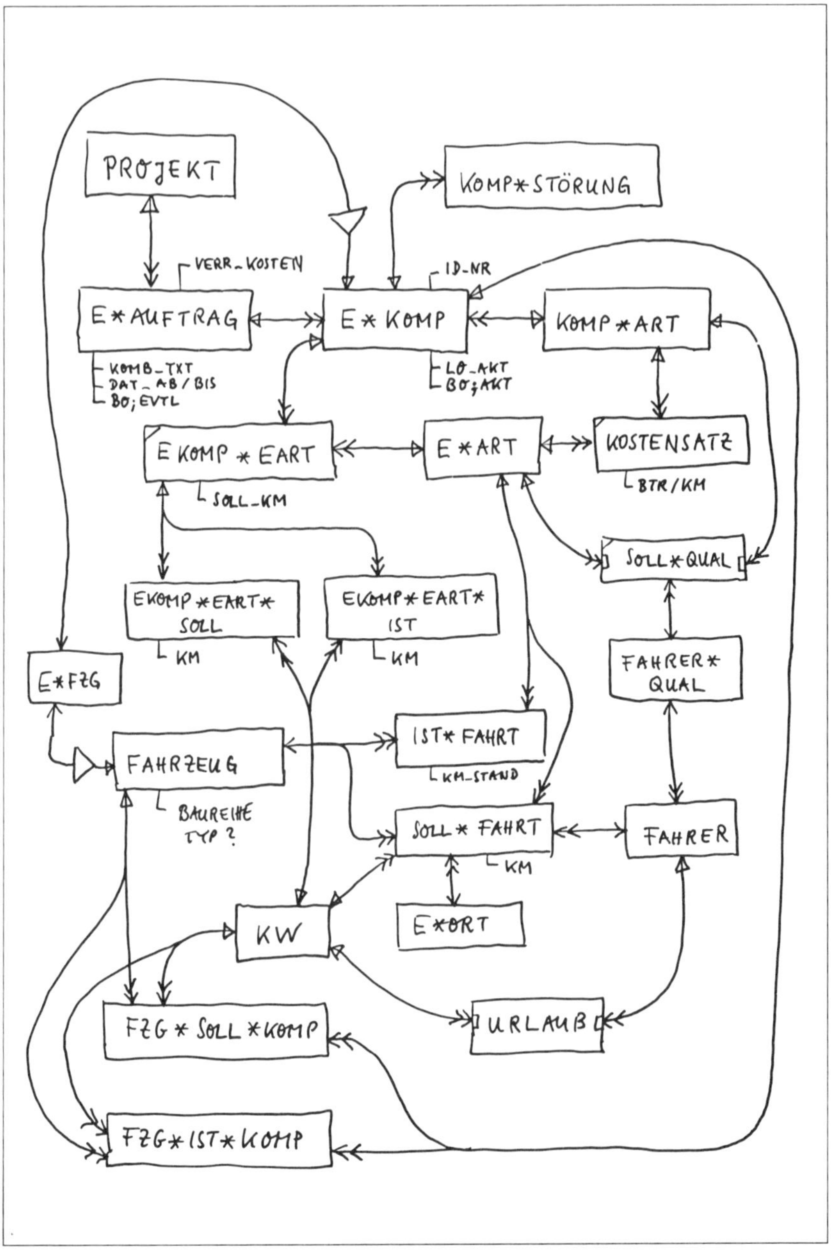

Bild 4–2 *Grob-Datenmodell »Fahrversuch« (Kopie von der Datenmodellierungs-Tafel)*

KOMP*ART

Die Fachleute haben inzwischen schon ihre Kurs-Kenntnisse über die RRD-Symbolik des Grob-Datenmodells aufgefrischt und schlagen vor, in der Nähe von KOMP*ART und E*ART den Kostensatz aufzuzeichnen. Der Kostensatz wird nämlich in Abhängigkeit von der KOMP*ART und der E*ART festgelegt. Die KOMP*ART »Zubehör« in der E*ART »Stadtverkehr« hat z.B. einen wesentlich niedrigeren Kostensatz pro Kilometer als die KOMP*ART »MOTOR« in der E*ART »Wüsten-Erprobung« oder »Nürburgring«. Der Modellierer ergänzt deshalb das Grob-Datenmodell um die Relation KOSTENSATZ und vermerkt dort das Attribut _BETRAG_PRO_KM.

Jetzt wird es schwieriger. Keiner weiß so recht, wie es weitergehen soll.

Deshalb fragt der Datenmodellierer den späteren Anwender des Systems:

»Was unternehmen Sie denn eigentlich, wenn Ihnen ein Erprobungs-Auftrag zugesendet wird?«

Anwender:
»Ich überlege mir, wann wir die zu erprobende Komponente am günstigsten in welches Fahrzeug einbauen. Nehmen wir mal an, es soll ein neues Getriebe getestet werden. Dann möchte ich am Bildschirm fragen können, wann demnächst ein Getriebe aus einem Fahrzeug entfernt werden kann, weil es seine Soll-Strecke hinter sich hat. Wenn der Fahrzeug- und Motortyp dieses Fahrzeuges geeignet ist, plane ich das neue Getriebe für die erfahrungsgemäß erforderliche Anzahl von Kalenderwochen als Fahrzeug-Komponente ein.«

Datenmodellierer:
»Dann könnten wir doch eine Tabelle FZG*KOMP gebrauchen, in der wir pro Fahrzeug und Kalenderwoche die Komponenten eintragen, die im Fahrzeug montiert sein sollen.«

Anwender:
»Richtig, aber Sie sollten dabei Soll und Ist unterscheiden, denn Planung ist wichtig, aber oft kommt es anders. Außerdem planen wir nur die kritischen Komponenten. Für das Massen-Geschäft reicht die Ist-Zuordnung zum Fahrzeug.«

FZG*SOLL*KOMP

Datenmodellierer:
»Dann legen wir eben zwei Tabellen an: FZG*SOLL*KOMP und FZG*IST*KOMP. Beide haben als Primärschlüssel die Spalten FAHRZEUG, Kalenderwoche (KW) und E*KOMP. Attribute brauchen wir in diesen Tabellen wohl nicht, denn es geht ja nur um das Planen und Festhalten der Zuordnung.«

SOLL*FAHRT

Projektleiter:
»Die Idee mit der Ist- und Soll-Tabelle könnten wir doch auch auf die Fahrten anwenden. Ich schlage eine Tabelle SOLL*FAHRT vor, in der notiert wird, welcher FAHRER mit welchem FAHRZEUG in welcher KW an welchem Erprobungsort (E*ORT) fahren soll.«

IST*FAHRT

Späterer Anwender:
»Da fehlt aber dann noch die Erprobungsart (E*ART), denn am E*ORT München z.B. kann eine SOLL*FAHRT sowohl in der E*ART »Autobahn« als auch in der E*ART »Stadtverkehr« geplant werden. Für die Tabelle IST*FAHRT gilt das gleiche. Allderdings sollten wir dort noch den _KM_STAND abspeichern.«

Programmierer:
»Und was soll ich machen, wenn in einer KW mehrfach getankt wird, also mehrere Tankzettel für diese KW bei uns eingehen und das vielleicht auch noch in falscher Reihenfolge?«

Projektleiter:
»Sie aktualisieren den IST_KM_STAND, wenn er höher ist als der bisher gespeicherte. Anderenfalls vergessen Sie ihn.«

Programmierer:
»Aber die Erprobungsarten könnten doch verschieden sein. Dann stimmt doch die Kilometerleistung pro Erprobungsart nicht.«

Projektleiter:
»Wir planen die Erprobungsarten pro KW. Wenn innerhalb einer KW die Erprobungsart wechselt, dann wird eben unsere Verfolgung etwas ungenau. Aber meinen Sie denn, die Rückmeldungen sind genau? Wenn einer mit dem halben Tank Autobahn und mit der anderen Hälfte Stadtverkehr gefahren ist, dann muß er sich ja auch für eine der beiden Erprobungsarten entscheiden. Da wollen wir es mal nicht übertreiben. Die Laufstrecke ist wichtig und erst in zweiter Linie die genaue Aufteilung dieser Laufstrecke auf Erprobungsarten.«

Datenmodellierer:
»Wenn wir schon bei der Laufstrecke sind: Sie wissen jetzt, daß ein FAHRZEUG in der KW 5 einen IST*FAHRT_KM_STAND von 10 000 km hatte und in der KW 6 einen IST*FAHRT_KM_STAND von 15 000 km. Dann können Sie doch daraufhin allen Erprobungskomponenten, die für KW 5 in der Tabelle FZG*IST*KOMP vermerkt sind, 5 000 km der IST*FAHRT>E*ART gutschreiben.«

EKOMP*
EART*IST

Projektleiter:
»Richtig, aber das können wir nicht in der Tabelle EKOMP*EART tun, weil hier die Kalenderwochen fehlen. Wir brauchen eine neue Tabelle EKOMP*EART*IST, die neben E*KOMP und E*ART auch die KW als Primärschlüssel-Bestandteil hat. Analog sollten wir eine Tabelle EKOMP*EART*SOLL anlegen, wo für die kritischen Komponenten die Soll-Laufstrecken hinterlegt werden. Mit diesen beiden Tabellen müßten wir doch dann eigentlich wunderbar unseren Soll-Ist-Vergleich fahren können.«

Datenmodellierer:
»Das glaube ich auch. Wir werden das bei der Erstellung des Fein-Datenmodells noch in Ruhe prüfen. Wir brauchen jetzt nur noch die restlichen Daten der Liste unterzubringen und dann haben wir eine erste Version des Grob-Datenmodells fertig.«

Späterer Anwender:
»Die restlichen Daten sind vergleichsweise einfach unterzubringen. Wenn ich mal gerade zeichnen darf...

FAHRER*
QUAL

Pro KOMP*ART und E*ART gibt es eine sogenannte SOLL*QUALifikation der FAHRER. Jedem FAHRER ist je nach Erfahrung eine FAHRER*QUALifikation zugeordnet. Es soll nicht ausgerechnet ein Anfänger den handgefertigten Prototyp einer völlig neuen KOMP*ART (z.B. Prototyp-Karosse) auf dem Nürburgring testen.

Und da wir den FAHRER in der Nähe der KW notieren, ist auch ganz leicht dessen URLAUB zu vermerken. In der Tabelle URLAUB bräuchten wir doch nur pro FAHRER dessen Urlaubs-Kalenderwochen einzutragen.«

Datenmodellierer:
»Und wo gehören Kombinations-Vorgabe bzw. -Verbot hin?«

Projektleiter:
»Das ist einfach ein Textfeld im E*AUFTRAG. Das gilt auch für VERRECHNETE_KOSTEN und den BEFUND_ORT. Dies ist der Ort, an den wir eine schadhafte Erprobungs-Komponente (E*KOMP) schicken müssen.«

Datenmodellierer:
»Damit haben wir alle Daten der Liste unter Dach und Fach. Die Erst-Version des Grob-Datenmodells ist fertig. Ich finde, für dieses Ergebnis waren 4 Stunden Arbeitszeit voll gerechtfertigt.«

4.1.2 Vom Grob-Datenmodell zum Fein-Datenmodell

Die MODERN AG betreibt Fein-Datenmodellierung derzeit noch an Zentralrechner-Bildschirmen. Das Fein-Datenmodell wird mit dem üblichen Zentralrechner-Editor erstellt. (Einige Funktionstasten sind mit Spezial-Modellierungs-Hilfsfunktionen belegt, auf die aber erst im Kapitel CASE-Tools eingegangen wird.)

Der Projektleiter und der spätere Anwender haben den zweitägigen Datenmodellierungskurs der MODERN AG besucht. Sie kennen die Relationen-Relationship-Notation (RRN), haben bisher allerdings nur die Kurs-Übungsbeispiele als praktische Erfahrung.

Deshalb ist wieder der Datenmodellierer anwesend, als ca. 3 Tage nach Erstellung des Grob-Datenmodells mit dem Editieren des Fein-Datenmodells begonnen wird.

Datenmodellierer:
»Offensichtlich hat Ihre interne Diskussion des Grob-Datenmodells keine Änderung erforderlich gemacht. Also kann unser Fein-Datenmodell auf dem vor 3 Tagen erarbeiteten Grob-Datenmodell aufbauen. Ich beginne mal mit dem Editieren. Nach der Notation der ersten Relationen werden Sie wieder fit sein bzgl. der RRN und dann kann ja jemand von Ihnen die Eingabe übernehmen.

Festlegen von Identifikationsschlüsseln

Ich schlage vor, wir beginnen mit den Projekten, die Ihnen Erprobungsaufträge erteilen. Was ist denn der Schlüssel, mit dem Sie ein Projekt identifizieren wollen?«

Späterer Anwender:
»Wir sollten die Projekt-Nummer nehmen, denn Projekt-Kürzel gibt es nicht immer und die sind auch bzgl. der Schreibweise nicht genormt. Manche schreiben z.B. E-37, andere E37, andere E 37. Wichtig wäre noch, daß wir den Projekt-Leiter vermerken, an den wir uns wenden, wenn es gößere terminliche Probleme gibt.«

Der Datenmodellierer notiert:

```
A FAHRVERSUCH
V 01.01

R PROJEKT
L ENTWICKLUNGS*PROJEKT
P _NR
  _KUERZEL
  >MITARBEITER;PROJEKT_LEITER
```

Anwender:
»Warum schreiben Sie >MITARBEITER;PROJEKT_LEITER statt einfach _PROJEKT_LEITER ?«

Datenmodellierer:
»Vermutlich brauchen Sie außer dem Namen des Projektleiters auch noch dessen Telefonnummer und dessen Abteilung. Das ist aber doch alles schon in unserer Mitarbeiter-Datei enthalten und braucht in Ihrem System nicht erneut gespeichert zu werden.«

Projektleiter:
»Wir werden das System auf einem eigenen Rechner realisieren. Wir kennen die Stamm_Nummern der Projektleiter und der Verbindungsmänner nicht. Auf den Erprobungsauftrags-Formularen sind nur Name, Telefonnummer und Abteilung vermerkt. Sollen wir etwa eine Standleitung zum Zentralrechner aufbauen, nur um über die MITARBEITER_NR Name, Telefon und Abteilung des Projektleiters herauszubekommen. Das wird doch alles unnötig kompliziert.«

Datenmodellierer:
»Sie haben doch im wesentlichen immer die gleichen Partner aus dem Entwicklungs-Ressort. Legen Sie sich doch eine eigene MITARBEITER-Datei an und ändern Sie Ihr Formular, damit die Stamm_Nr angegeben wird. Von Zeit zu Zeit können Sie dann einen ZRZ-Extraktions-Job starten, der für Ihre Stamm_Nummern die aktuellen Abteilungen und Telefonnummern liefert.«

Projektleiter:
»Ich finde, da wird mit Kanonen auf Spatzen geschossen. Lassen Sie uns doch einfach Name und Telefonnummer des Projektleiters beim Projekt abspeichern. Damit ist weder hoher Erfassungsaufwand noch großer Speicherplatzbedarf verbunden. Wenn Projektleiter umziehen, nehmen sie in der Regel ohnehin ihre Telefonnummer mit. Es gibt also eine nur geringe Gefahr von Falsch-Informationen. Außerdem: was macht es schon, wenn wir eine veraltete Telefon-Nummer anrufen? Man wird uns die neue Nummer mitteilen, wir ändern sie und das ist alles.«

Also ändert der Datenmodellierer:

```
A FAHRVERSUCH
V 01.01

R PROJEKT
L ENTWICKLUNGS*PROJEKT
P _NR
  _KUERZEL
  _LEITER_NAME
  _LEITER_TELEFON
```

Dann geht es um den Primärschlüssel des Erprobungsauftrages.

Projektleiter:
»Jeder Erprobungsauftrag wird vom Projekt mit einer laufenden Nummer versehen. Erst Projekt-Nummer und diese laufende Nummer zusammen identifizieren eindeutig einen Erprobungsauftrag.«

Datenmodellierer notiert:

```
R E*AUFTRAG
L ERPROBUNGSAUFTRAG
P >PROJEKT
P _LFD_NR
  _KOMBINATIONS_TEXT
  _KOMP_BEREITSTELL_DATUM
  _SPAETEST_FERTIG_DATUM
  _BEFUNDORT_BEDARFSFALL
  _VERRECHNETE_KOSTEN
  _VERBINDUNGSMANN_NAME
  _VERBINDUNGSMANN_TELEFON
```

Prüfen, ob derivate Daten modelliert wurden

Als die verrechneten Kosten genannt werden, fragt der Datenmodellierer:

»Die verrechneten Kosten lassen sich doch errechnen als die Summe der E*KOMP*EART*IST_KM multipliziert mit dem KOSTENSATZ_BETRAG_PRO_KM. Warum wollen Sie die verrechneten Kosten also noch gesondert beim E*AUFTRAG speichern?«

Späterer Anwender:
»Wir verrechnen nicht immer diese Summe. Sie ist nur ein Anhaltspunkt, wenn ein E*AUFTRAG beendet ist und es an die Verrechnung geht. Wenn es z.B. Störungen an einer Erprobungskomponente gab und deshalb ein Fahrzeug einige Tage nicht genutzt werden konnte, dann wird dies extra verrechnet.«

Datenmodellierer:
»Wollen Sie diese Störungen nicht in Ihrem neuen System vermerken?«

Projektleiter:
»Selbstverständlich. Dies haben wir im Grobdatenmodell vergessen, weil wir primär den Soll-Ist-Vergleich im Auge hatten. Die Störungen sollen pro E*KOMP gespeichert werden.«

Der Projektleiter ergänzt das Grob-Datenmodell. Der Datenmodellierer notiert:

```
R E*KOMP
L ERPROBUNGSKOMPONENTE
P >E*AUFTRAG
P _LFD_NR
  _ID_NR
  _BEZEICHNUNG
  _BEFUNDORT_AKTUELL
  _LAGERORT_AKTUELL
  >KOMP*ART

R KOMP*STOERUNG
L KOMPONENTEN*STOERUNG
P >E*KOMP
P _DATUM
  _URSACHEN_TEXT
  _AUSWIRKUNG_TEXT
```

E*KOMP-Schlüssel

Datenmodellierer:
»Warum nehmen Sie denn nicht die E*KOMP_ID_NR als Primärschlüssel der Relation E*KOMP ?«

Späterer Anwender:
»Öfters kriegen wir die gleichen Aggregate mehrfach zur Erprobung. Wenn z.B. ein Getriebe mit der ID_NR 12345 beim Test nicht gut abschneidet, dann ändern die Entwickler irgendetwas im Inneren des Getriebegehäuses. Es wird aber keine neue Nummer in das Getriebegehäuse eingeschlagen.«

Datenmodellierer:
»Also ist die E*KOMP_ID_NR kein sogenannter Schlüsselkandidat. Was mir aber auffällt, ist der Befundort. Den hatten wir schon als E*AUFTRAG_BEFUNDORT_BEDARFSFALL. Jetzt taucht er wieder auf als E*KOMP_BEFUNDORT_AKTUELL. Was ist eigentlich ein Befundort? Ist er nicht eine eigenständige Relation, also Tabelle, wert?

Späterer Anwender:
»Der Befundort ist der Ort, an den wir eine Erprobungskomponente bei einer Störung oder nach Abschluß der Erprobung senden. Dort wird die Komponente begutachtet, also z.B. das Getriebe auseinandergenommen und auf Abnutzung der Zahnräder kontrolliert.«

Projektleiter:
»Ich habe auch schon an eine Befundort-Tabelle gedacht. Aber die Befundorte sind sehr unterschiedlich. Das können Lieferanten, unsere Werkstatt, die E*Auftrag-Erteiler-Abteilung oder eine Materialprüfungs-Anstalt sein. Es gibt keine einheitlichen Schlüssel. Wir müssen deshalb die Befundorte einfach als Textfelder führen. Wenn wir allerdings den Befundort nur einmal beschreiben müßten und nicht in der Relation E*KOMP erneut, dann wäre das sehr angenehm.«

Lexikon-Attribute

Datenmodellierer:
»Genau für diesen Fall ist doch ein Lexikon vorgesehen. Das ist eine Spezialität unserer Modellierungsmethode und im Kurs sicher zu kurz gekommen. Wir tragen einfach in das bestehende E*LEXIKON Ihren Befundort als weiteren relationsübergreifend definierten Begriff ein, der ab dann als Lexikon-Attribut in Relationen verwendet und mit Rollen-Ergänzungen versehen werden kann, ohne dort erneut beschrieben werden zu müssen.«

Der Datenmodellierer ändert

```
R E*AUFTRAG
  ...
  _BEFUNDORT_BEDARFSFALL  in
  _BEFUNDORT;BEDARFSFALL
```

und

```
R E*KOMP
  ...
  _BEFUNDORT_AKTUELL      in
  _BEFUNDORT;AKTUELL
```

und ergänzt im Fein-Datenmodell:

```
X E*LEXIKON
L LEXIKON DES E*RESSORTS
  BEFUNDORT
```

Es folgt die Notation der Relationen:

```
R KOMP*ART
L ERPROBUNGSKOMPONENTEN*ART
P _BEZEICHNUNG

R E*ART
L ERPROBUNGSART
P _CODE
  _BEZEICHNUNG

R EKOMP*EART
L DATEN PRO ERPROBUNGSKOMPONENTE UND ERPROBUNGSART
P >E*KOMP
P >E*ART
  _SOLL_KM

R KOSTENSATZ
L ERPROBUNGS*KOSTENSATZ
P >E*ART
P >KOMP*ART
  _BETRAG_PRO_KM

R FAHRER
L ERPROBUNGS*FAHRER
P _NR
  _NAME
  >FAHRER*QUAL
```

Im Zusammenhang mit der FAHRER-Tabelle kommt es erneut zu einer Diskussion:

FAHRER: Subrelation vom MITARBEITER?

Datenmodellierer:
»Sind denn nicht die FAHRER eine Subrelation der MITARBEITER? Brauchen Sie nicht vielleicht doch eine extrahierte MITARBEITER-Tabelle für Ihr Fahrversuch-System?«

Projektleiter:
»Nicht alle unsere Fahrer sind Mitarbeiter der MODERN AG. Hier fährt auch manchmal Niki Lauda, um nur mal ein exklusives Beispiel zu nennen. Unsere 50 Fahrer können wir schon alleine verwalten. Deren

Personal-Verwaltung, z.B. Gehaltsabrechnung oder Spesen-Vergütung, erfolgt per Zentralrechner. In unserem System geht es ja nur um die Fahrten-Planung und die Fahrer-Qualifikation.

In diesem Zusammenhang interessiert mich das Thema Datenschutz. Ich muß sicherstellen, daß nur bestimmte Leute berechtigt sind, die Fahrer-Qualifikation einzugeben oder anzuschauen. Brauchen wir deshalb z.B. eine Relation BENUTZER*GRUPPE, der wir als Attribute die Felder mitgeben, die diese Benutzergruppe nicht sehen darf?«

Zugriffsschutz

Datenmodellierer:
»Für den Zugriffsschutz haben wir ein fertiges System. Da brauchen Sie nur Ihre Benutzergruppen eintragen zu lassen und die Sichten (Views), mit denen diese Benutzer bestimmte Programme arbeiten lassen. Näheres wird Ihnen von unserem Datenmanagement beim physischen Design erläutert. Wir jedenfalls brauchen uns bei unserem konzeptionellen Datenbank-Design nicht um den Zugriffsschutz zu kümmern.«

Verblüfft und erleichtert übernimmt der Projektleiter den Platz an der Tastatur und vervollständigt jetzt eigenständig das Fein-Datenmodell.

```
R FAHRER*QUAL
L FAHRER*QUALIFIKATION
P _CODE
  _ERLAEUTERUNG

R SOLL*QUAL
L SOLL*FAHRERQUALIFIKATION FUER ERPROBUNGSFAHRTEN
P >KOMP*ART
P >E*ART
  >FAHRER*QUAL;MINDESTENS

R BAUREIHE
L ENTWICKLINGS*BAUREIHE, Z.B. E36
P _E_NR

R FAHRZEUG
L IM FAHRVERSUCH VERFUEGBARES FAHRZEUG
P _NR
  >BAUREIHE
  _VERFUEGBAR_SEIT_DATUM
  _VERFUEGBAR_BIS_DATUM
```

Als er die Relation FAHRZEUG notiert hat, stutzt er plötzlich.

Subrelation E*FZG

Projektleiter:
»Das FAHRZEUG ist ja manchmal selbst (als ganzes) die Erprobungskomponente. Also ist doch das FAHRZEUG eigentlich eine Subrelation von E*KOMP. Andererseits sind nicht alle Fahrzeuge selbst Erprobungs-Komponenten, also wäre das E*KOMP-Fahrzeug seinerseits eine Subrelation von FAHRZEUG. Ist denn nun E*KOMP eine Subrelation von FAHRZEUG oder ist FAHRZEUG eine Subrelation von E*KOMP?«

Datenmodellierer:
»Bei solchen Fragen hilft stets ein Mengen-Diagramm (siehe Bild 4–3).

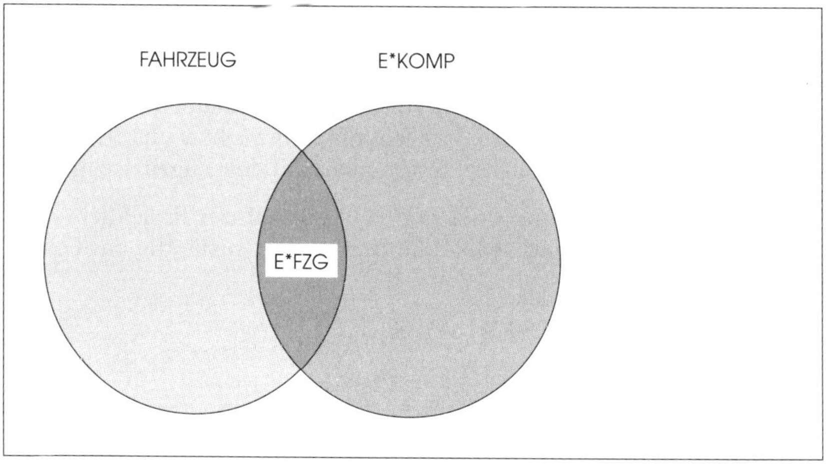

Bild 4–3 Mengen-Diagramm zwecks Subrelations-Klärung

Wenn ich Sie richtig verstanden habe, sind manche Fahrzeuge *selbst* Erprobungskomponente, also manche Erprobungskomponenten sind Komplett-Fahrzeuge. Die beiden Mengen FAHRZEUG und E*KOMP haben eine nicht leere Schnittmenge. Wir könnten diese Schnittmenge E*FZG nennen. Die Relation E*FZG wäre dann sowohl Subrelation von FAHRZEUG, als auch Subrelation von E*KOMP. Im Fein-Datenmodell sähe das wie folgt aus...«

Datenmodellierer notiert:

```
R E*FZG
L ERPROBUNGS*FAHRZEUG
P =FAHRZEUG
  =E*KOMP
C =E*KOMP
```

Alternativ-schlüssel

Er erläutert die C-Zeile:
»Wir hätten sowohl FAHRZEUG als auch E*KOMP zur Identifizierung der Subrelation E*FZG wählen können. Wir haben FAHRZEUG gewählt, wollen aber E*KOMP als Alternativ-Schlüssel (alternate key) vermerken.«

Dann ergänzt der spätere Anwender (unterstützt vom Datenmodellierer z.B. bei KW und JAHR, das Fein-Datenmodell:

```
R KW
L KALENDERWOCHE
P >JAHR
P _NR

R JAHR
L GREGORIANISCHES JAHR
P _GREG_4_STELLIG

R FZG*SOLL*KOMP
L SOLL*TERMINIERUNG DES E*KOMPONENTEN*EINBAUS IN FAHRZEUGE
P >FAHRZEUG
P >KW
P >E*KOMP

R FZG*IST*KOMP
L IST*EINBAU VON E*KOMPONENTEN IN FAHRZEUGE
P >FAHRZEUG
P >KW
P >E*KOMP

R EKOMP*EART*SOLL
L SOLL*STRECKEN PRO E*KOMP, E*ART UND KW
P >E*KOMP
P >E*ART
P >KW
  _KM

R EKOMP*EART*IST
L IST*STRECKEN PRO E*KOMP, E*ART UND KW
P >E*KOMP
P >E*ART
P >KW
  _KM
```

```
R E*ORT
L ERPROBUNGS*ORT
P _KURZ_BEZEICHNUNG

R SOLL*FAHRT
L GEPLANTE ERPROBUNGSFAHRTEN
P >FAHRZEUG
P >KW
  >E*ART
  >E*ORT
  >FAHRER
  _KM

R IST*FAHRT
L IST*ERPROBUNGSFAHRTEN
P >FAHRZEUG
P >KW
  >E*ART
  >FAHRER
  _KM_STAND

R URLAUB
L GEPLANTE FAHRER*URLAUBSWOCHEN
P >FAHRER
P >KW
```

Damit ist das zum Grob-Datenmodell passende Fein-Datenmodell fertig. Das zugehörige endgültige Relationen-Relationship-Diagramm (RRD), vom Datenmodellierer per CAD-Tool gezeichnet, zeigt Bild 4–4.

Als Abschluß des Vormittags folgende Diskussion:

Datenmodell und Funktionsmodell

Projektleiter:
»Wie können wir eigentlich prüfen, ob dieses Fein-Datenmodell alle Anforderungen erfüllt, die wir damit abdecken wollen? Können wir nicht Relationen oder Attribute vergessen haben? Sind alle Primärschlüssel richtig gewählt? Müssen wir erst die den Relationen entsprechenden Tabellen anlegen und programmieren, um auf eventuelle Fehler oder Lücken zu stoßen?«

Datenmodellierer:
»Nein! Mit den jetzt feststehenden Begriffen des Fein-Datenmodells sollten Sie ein sogenanntes Funktionsmodell (auch Prozeßmodell genannt) erstellen. Im Funktionsmodell beschreiben Sie alle Vorgänge, die Ihre neue Applikation unterstützen soll. Dabei navigieren Sie durch

das Fein-Datenmodell und merken sehr schnell, ob Sie ans Vorgangs-Ziel kommen oder auf Lücken bzw. Widersprüche stoßen.

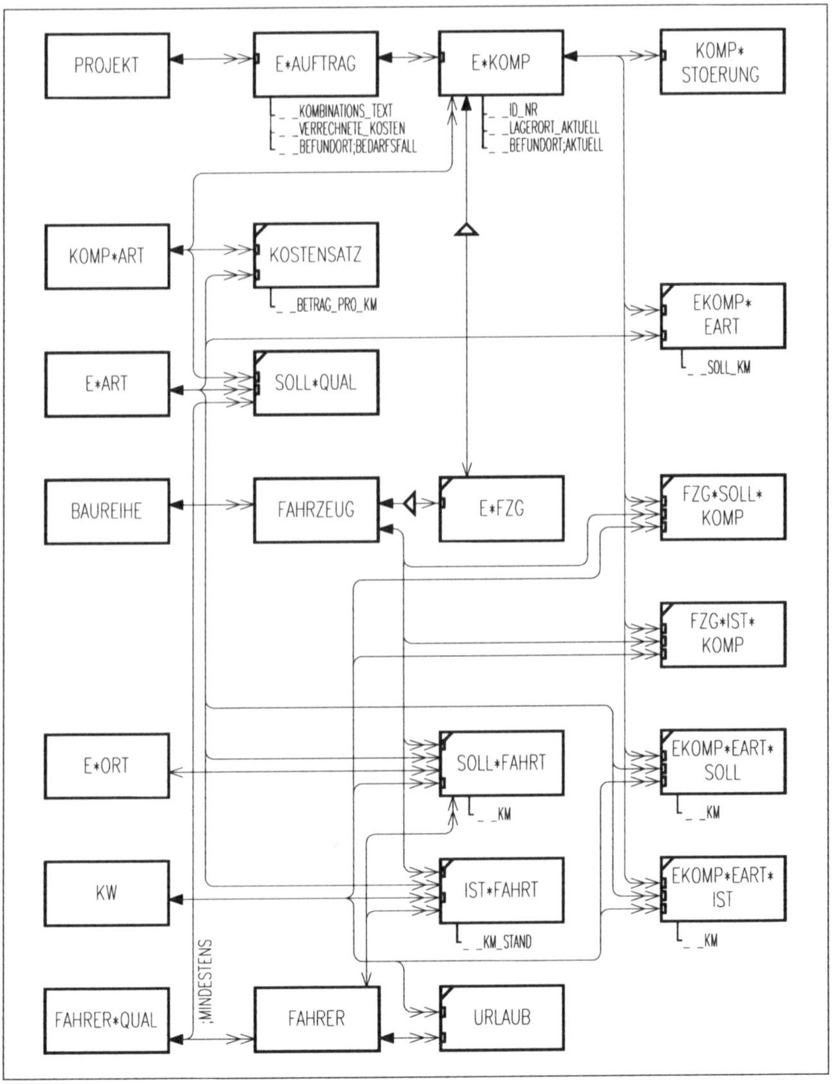

Bild 4–4 RRD »Fahrversuch« (endgültige Form, per CAD-Tool erstellt)

Ich zeige es Ihnen mal an einem Beispiel.«

Datenmodellierer notiert unter dem Fein-Datenmodell:

Beispiel einer Vorgangsbeschreibung

Vorgang 01 *Erprobungsauftrag entgegennehmen und in das System eintragen.*

Durch Abtippen vom Auftragsformular werden die Felder

```
PROJEKT_NR
PROJEKT_KUERZEL
PROJEKT_LEITER_NAME
PROJEKT_LEITER_TELEFON
```

dem System mitgeteilt.

Beim Eintragen in die Tabelle PROJEKT können folgende Fälle auftreten:

PROJEKT neu, dann keine Probleme.

PROJEKT schon im System und PROJEKT-Attribute identisch mit den Angaben laut Erprobungsauftrag. Dann ebenfalls keine Probleme.

PROJEKT schon vorhanden, aber mit (teilweise) anderen Attributswerten. Z.B. steht auf dem Erprobungsantrag ein anderer Projektleiter-Name als im System. Dann sind (ggf. nach einem Telefonat) die bisherigen PROJEKT-Attributswerte durch die laut neuestem Erprobungsauftrag geänderten Werte zu überschreiben.

Es folgen Einträge in die Tabelle E*AUFTRAG:

```
E*AUFTRAG_LFD_NR
E*AUFFTRAG_KOMBINATIONS_TEXT
E*AUFTRAG_KOMP_BEREITSTELL_DATUM
E*AUFTRAG_SPAETEST_FERTIG_DATUM
E*AUFTRAG_BEFUNDORT;BEDARFSFALL
E*AUFTRAG_VERBINDUNGSMANN_NAME
E*AUFTRAG_VERBINDUNGSMANN_TELEFON.
```

Zum E*AUFTRAG werden dann in der Tabelle E*KOMP die anzuliefernden Komponenten eingetragen. Zunächst ohne ID_NR. Diese kann erst bei tatsächlicher Anlieferung nachgetragen werden. Auch die Felder E*KOMP_LAGERORT_AKTUELL und E*KOMP_BEFUNDORT ;AKTUELL bleiben zunächst leer (blank=default).

Pro E*KOMP wird als Mußfeld die KOMP*ART vermerkt. Wird eine neue KOMP*ART zur Erprobung angekündigt, so ist diese in die

Tabelle KOMP*ART einzutragen. Zum Eintrag in diese Tabelle ist nur die Auftrags-Annahme berechtigt.

Abschließend werden in die Tabelle EKOMP*EART pro E*KOMP und E*ART die SOLL_KM eingetragen, die laut Auftragsformular für die betreffende Komponente gefordert werden.

Vorgang 02 *Terminierung des Einbaus von Erprobungskomponenten in Fahrzeuge*

...

...

u.s.w.

4.1.3 Vom Fein-Datenmodell zum Feinst-Datenmodell

Auf den folgenden Seiten ist das Feinst-Datenmodell präsentiert, das durch Relationen-Relationship-Fremdschlüsselauflösung (RRF) (per Programm) aus der Relationen-Relationship-Notation (RRN) des Fein-Datenmodells generiert werden kann. In der rechten Spalte hat der spätere Programmierer gemeinsam mit dem Projektleiter die Table- und Column-Namen eingetragen, die beim Generieren der CREATE-TABLE-STATEMENTS aus dem Feinst-Datenmodell benutzt werden sollen. (Näheres zum Übergang vom Feinst-Datenmodell zu relationalen Tabellen oder Views folgt.)

```
A FAHRVERSUCH
V 01.01

R PROJEKT                                          PROJ
L ENTWICKLUNGS*PROJEKT
P PROJEKT_NR                                       PROJ
  PROJEKT_KUERZEL                                  KUERZEL
  PROJEKT_LEITER_NAME                              LEITER
  PROJEKT_LEITER_TELEFON                           LEIT_TEL

R E*AUFTRAG                                        EAUF
L ERPROBUNGSAUFTRAG
P E*AUFTRAG>PROJEKT_NR                             PROJ
P E*AUFTRAG_LFD_NR                                 EAUF
  E*AUFTRAG_KOMBINATIONS_TEXT                      KOMB_TEXT
  E*AUFTRAG_KOMP_BEREITSTELL_DATUM                 BEREIT_DAT
  E*AUFTRAG_SPAETEST_FERTIG_DATUM                  FERT_DAT
  E*AUFTRAG_BEFUNDORT;BEDARFSFALL                  BEFUND_ORT
  E*AUFTRAG_VERRECHNETE_KOSTEN                     VERR_KOST
  E*AUFTRAG_VERBINDUNGSMANN_NAME                   VERBIND
  E*AUFTRAG_VERBINDUNGSMANN_TELEFON                VERB_TEL
```

```
R E*KOMP                                              EKOMP
L ERPROBUNGSKOMPONENTE
P E*KOMP>E*AUFTRAG>PROJEKT_NR                         PROJ
P E*KOMP>E*AUFTRAG_LFD_NR                             EAUF
P E*KOMP_LFD_NR                                       EKOMP
  E*KOMP_ID_NR                                        ID
  E*KOMP_BEZEICHNUNG                                  BEZ
  E*KOMP_BEFUNDORT;AKTUELL                            BEFUND_ORT
  E*KOMP_LAGERORT_AKTUELL                             LAGER_ORT
  E*KOMP>KOMP*ART_BEZEICHNUNG                         KOMP_ART

R KOMP*STOERUNG                                       KOMPSTOER
L KOMPONENTEN*STOERUNG
P KOMP*STOERUNG>E*KOMP>E*AUFTRAG>PROJEKT_NR           PROJ
P KOMP*STOERUNG>E*KOMP>E*AUFTRAG_LFD_NR               EAUF
P KOMP*STOERUNG>E*KOMP_LFD_NR                         EKOMP
P KOMP*STOERUNG_DATUM                                 STOER_DAT
  KOMP*STOERUNG_URSACHEN_TEXT                         URSACHE
  KOMP*STOERUNG_AUSWIRKUNG_TEXT                       WIRKUNG

X E*LEXIKON                                           ELEX
L LEXIKON DES E*RESSORTS
  E*LEXIKON_BEFUNDORT                                 BEFUND_ORT

R KOMP*ART                                            KOMPART
L ERPROBUNGSKOMPONENTEN*ART
P KOMP*ART_BEZEICHNUNG                                KOMP_ART

R E*ART                                               EART
L ERPROBUNGSART
P E*ART_CODE                                          EART
  E*ART_BEZEICHNUNG                                   BEZ

R EKOMP*EART                                          EKOMPEART
L DATEN PRO ERPROBUNGSKOMPONENTE UND ERPROBUNGSART
P EKOMP*EART>E*KOMP>E*AUFTRAG>PROJEKT_NR              PROJ
P EKOMP*EART>E*KOMP>E*AUFTRAG_LFD_NR                  EAUF
P EKOMP*EART>E*KOMP_LFD_NR                            EKOMP
P EKOMP*EART>E*ART_CODE                               EART
  EKOMP*EART_SOLL_KM                                  SOLL_KM

R KOSTENSATZ                                          KOSA
L ERPROBUNGS*KOSTENSATZ
P KOSTENSATZ>E*ART_CODE                               EART
P KOSTENSATZ>KOMP*ART_BEZEICHNUNG                     KOMP_ART
  KOSTENSATZ_BETRAG_PRO_KM                            KOSA

R FAHRER                                              FAHRER
L ERPROBUNGS*FAHRER
P FAHRER_NR                                           FAHRER
  FAHRER_NAME                                         NAME
  FAHRER>FAHRER*QUAL_CODE                             QUAL
```

```
R FAHRER*QUAL                                           QUAL
L FAHRER*QUALIFIKATION
P FAHRER*QUAL_CODE                                      QUAL
  FAHRER*QUAL_ERLAEUTERUNG                              ERLAEUT

R SOLL*QUAL                                             SQUAL
L SOLL*FAHRERQUALIFIKATION FUER ERPROBUNGSFAHRTEN
P SOLL*QUAL>KOMP*ART_BEZEICHNUNG                        KOMP_ART
P SOLL*QUAL>E*ART_CODE                                  EART
  SOLL*QUAL>FAHRER*QUAL;MINDESTENS_CODE                 QUAL_MIND

R BAUREIHE                                              BAUR
L ENTWICKLINGS*BAUREIHE, Z.B. E36
P BAUREIHE_E_NR                                         BAUR

R FAHRZEUG                                              FZG
L IM FAHRVERSUCH VERFUEGBARES FAHRZEUG
P FAHRZEUG_NR                                           FZG
  FAHRZEUG>BAUREIHE_E_NR                                BAUR
  FAHRZEUG_VERFUEGBAR_SEIT_DATUM                        SEIT_DAT
  FAHRZEUG_VERFUEGBAR_BIS_DATUM                         BIS_DAT

R E*FZG                                                 EFZG
L ERPROBUNGS*FAHRZEUG
P E*FZG=FAHRZEUG_NR                                     FZG
  E*FZG=E*KOMP>E*AUFTRAG>PROJEKT_NR                     PROJ
  E*FZG=E*KOMP>E*AUFTRAG_LFD_NR                         EAUF
  E*FZG=E*KOMP_LFD_NR                                   EKOMP
C E*FZG=E*KOMP>E*AUFTRAG>PROJEKT_NR
C E*FZG=E*KOMP>E*AUFTRAG_LFD_NR
C E*FZG=E*KOMP_LFD_NR

R KW                                                    – KW
L KALENDERWOCHE
P KW>JAHR_GREG_4_STELLIG
P KW_NR

R JAHR–                                                 JAHR
L GREGORIANISCHES JAHR
P JAHR_GREG_4_STELLIG

R FZG*SOLL*KOMP                                         FZGSKOMP
L SOLL*TERMINIERUNG DES E*KOMPONENTEN*EINBAUS IN FAHRZEUGE
P FZG*SOLL*KOMP>FAHRZEUG_NR                             FZG
P FZG*SOLL*KOMP>KW>JAHR_GREG_4_STELLIG                  JAHR
P FZG*SOLL*KOMP>KW_NR                                   KW
P FZG*SOLL*KOMP>E*KOMP>E*AUFTRAG>PROJEKT_NR             PROJ
P FZG*SOLL*KOMP>E*KOMP>E*AUFTRAG_LFD_NR                 EAUF
P FZG*SOLL*KOMP>E*KOMP_LFD_NR                           EKOMP

R FZG*IST*KOMP                                          FZGIKOMP
L IST*EINBAU VON E*KOMPONENTEN IN FAHRZEUGE
P FZG*IST*KOMP>FAHRZEUG_NR                              FZG
P FZG*IST*KOMP>KW>JAHR_GREG_4_STELLIG                   JAHR
```

```
P FZG*IST*KOMP>KW_NR                              KW
P FZG*IST*KOMP>E*KOMP>E*AUFTRAG>PROJEKT_NR        PROJ
P FZG*IST*KOMP>E*KOMP>E*AUFTRAG_LFD_NR            EAUF
P FZG*IST*KOMP>E*KOMP_LFD_NR                      EKOMP

R EKOMP*EART*SOLL                                 EKOMPEARTS
L SOLL*STRECKEN PRO E*KOMP, E*ART UND KW
P EKOMP*EART*SOLL>E*KOMP>E*AUFTRAG>PROJEKT_NR     PROJ
P EKOMP*EART*SOLL>E*KOMP>E*AUFTRAG_LFD_NR         EAUF
P EKOMP*EART*SOLL>E*KOMP_LFD_NR                   EKOMP
P EKOMP*EART*SOLL>E*ART_CODE                      EART
P EKOMP*EART*SOLL>KW>JAHR_GREG_4_STELLIG          JAHR
P EKOMP*EART*SOLL>KW_NR                           KW
  EKOMP*EART*SOLL_KM                              KM

R EKOMP*EART*IST                                  EKOMPEARTI
L IST*STRECKEN PRO E*KOMP, E*ART UND KW
P EKOMP*EART*IST>E*KOMP>E*AUFTRAG>PROJEKT_NR      PROJ
P EKOMP*EART*IST>E*KOMP>E*AUFTRAG_LFD_NR          EAUF
P EKOMP*EART*IST>E*KOMP_LFD_NR                    EKOMP
P EKOMP*EART*IST>E*ART_CODE                       EART
P EKOMP*EART*IST>KW>JAHR_GREG_4_STELLIG           JAHR
P EKOMP*EART*IST>KW_NR                            KW
  EKOMP*EART*IST_KM                               KM

R E*ORT                                           EORT
L ERPROBUNGS*ORT
P E*ORT_KURZ_BEZEICHNUNG                          EORT

R SOLL*FAHRT                                      SFAHRT
L GEPLANTE ERPROBUNGSFAHRTEN
P SOLL*FAHRT>FAHRZEUG_N                           FZG
P SOLL*FAHRT>KW>JAHR_GREG_4_STELLIG               JAHR
P SOLL*FAHRT>KW_NR                                KW
  SOLL*FAHRT>E*ART_CODE                           EART
  SOLL*FAHRT>E*ORT_KURZ_BEZEICHNUNG               EORT
  SOLL*FAHRT>FAHRER_NR                            FAHRER
  SOLL*FAHRT_KM                                   KM

R IST*FAHRT                                       IFAHRT
L IST*ERPROBUNGSFAHRTEN
L GEPLANTE ERPROBUNGSFAHRTEN
P IST*FAHRT>FAHRZEUG_NR                           FZG
P IST*FAHRT>KW>JAHR_GREG_4_STELLIG                JAHR
P IST*FAHRT>KW_NR                                 KW
  IST*FAHRT>E*ART_CODE                            EART
  IST*FAHRT>FAHRER_NR                             FAHRER
  IST*FAHRT_KM_STAND                              KM_STAND

R URLAUB                                          URLAUB
L GEPLANTE FAHRER*URLAUBSWOCHEN
P URLAUB>FAHRER_NR                                FAHRER
P URLAUB>KW>JAHR_GREG_4_STELLIG                   JAHR
P URLAUB>KW_NR                                    KW
```

4.1.4 Vom Feinst-Datenmodell zu relationalen Tabellen

Schon das Feinst-Datenmodell kann per Programm aus dem Fein-Datenmodell generiert werden. Nur die gewünschten Table- und Column-Bezeichnungen müssen manuell ergänzt werden.

Erneut per Programm, und zwar mit Hilfe eines einfach zu programmierendes Filter-Programms, können aus der rechten Spalte des Feinst-Datenmodells »CREATE TABLE-statements« generiert werden.

RRM-Tool

Neben den Wunsch-Bezeichnungen der rechten RRF-Spalte braucht ein solches Programm Angaben über Typ und Länge der Felder, sowie Muß/Kann-Angaben und Default-Werte. Diese Angaben sollten im Detail-Hintergrund eines RRM-Tools gemacht werden. Wenn bei der Fein-Modellierung eine bestimmte Funktionstaste gedrückt wird, sollte eine Maske erscheinen, die Detail-Angaben zum Cursor-Attribut oder zur Cursor-Relationship der RRN aufnehmen kann. Zu diesen Details gehören bei Relationships auch Angaben über die gewünschten referentiellen Integritäts-Bedingungen (RI-Angaben). Näheres über Tools und Detail-Angaben folgt in späteren Kapiteln (Siehe Kapitel: Meta-Datenmodell, Beurteilung der Daten(modellierungs)komponente von CASE-Tools).

Der Output des Filter-Programmes sei für einige Relationen exemplarisch wiedergegeben:

```
CREATE TABLE PROJ
(PROJ           CHAR(05)        NOT NULL,
KUERZEL         CHAR(12)        NOT NULL,
LEITER          CHAR(20)        NOT NULL,
LEIT_TE         CHAR(10)        NOT NULL,
PRIMARY KEY
 (PROJ));

CREATE UNIQUE INDEX IND1 ON PROJ
 (PROJ);

REM ***********************************

CREATE TABLE EAUF
(PROJ           CHAR(05)        NOT NULL,
EAUF            CHAR(03)        NOT NULL,
KOMB_TEXT       CHAR(210)       ,
BEREIT_DAT      DATE            NOT NULL,
FERT_DAT        DATE            NOT NULL,
BEFUND_ORT      CHAR(25)        NOT NULL,
```

```
VERR_KOST      DECIMAL(9,2)   ,
VERBIND        CHAR(20)       NOT NULL,
VERB_TEL       CHAR(10)       NOT NULL,
FOREIGN KEY
 (PROJ)
 REFERENCES PROJ
 ON DELETE CASCADE);

CREATE UNIQUE INDEX IND1 ON EAUF
 (PROJ,EAUF);

REM ***********************************
...
...
REM ***********************************

CREATE TABLE EFZG
(FZG           CHAR(05)       NOT NULL,
PROJ           CHAR(05)       NOT NULL,
EAUF           CHAR(03)       NOT NULL,
EKOMP          CHAR(02)       NOT NULL,
FOREIGN KEY
 (FZG)
 REFERENCES FZG
 ON DELETE RESTRICT
FOREIGN KEY
 (PROJ,EAUF,EKOMP)
 REFERENCES EKOMP
 ON DELETE RESTRICT);

CREATE UNIQUE INDEX IND1 ON EFZG
 (FZG);

CREATE UNIQUE INDEX IND2 ON EFZG
 (PROJ,EAUF,EKOMP);

REM ***********************************
...
...
REM ***********************************
```

```
CREATE TABLE URLAUB
(FAHRER        SMALLINT      NOT NULL,
JAHR           SMALLINT      NOT NULL,
KW             SMALLINT      NOT NULL,
FOREIGN KEY
 (FAHRER)
 REFERENCES FAHRER
 ON DELETE CASCADE);

CREATE UNIQUE INDEX IND1 ON URLAUB
 (FAHRER,JAHR,KW);
```

4.1.5 Datenmodell-Integrationsprobleme

Programmierer seien davor gewarnt, an dieser Stelle mit der Lektüre des Buches aufzuhören.

Bisher ist das geschilderte Vorgehen rein projektorientiert. Applikationen, die Schnittstellen zu anderen Applikationen haben, sind jedoch die Mehrzahl der professionell zu entwickelnden Anwendungssysteme. Wenn also ein Fein-Datenmodell erstellt ist, darf man in der Regel nicht gleich das Feinst-Datenmodell und die Tabellen generieren lassen. Man muß vielmehr spätestens jetzt das Fein-Datenmodell mit den Datenmodellen angrenzender Anwendungssysteme abgleichen.

Datenmanagement-Aufgaben

Wie auch immer das Datenmanagement einer Firma organisiert ist, so geht es doch um zwei Kern-Aufgaben, die erledigt werden müssen:

1. Das Projekt-Datenmodell muß auf Kompatibilität mit angrenzenden Datenmodellen geprüft werden.
2. Das Datenmanagement muß gemeinsam mit dem Projekt überlegen, ob bereits bestehende relationale Tabellen mitbenutzt werden können.

Den Grundsatz- und Detail-Problemen des Datenmanagements sind später folgende Hauptkapitel gewidmet. Ein kleiner Vorgeschmack auf Datenmanagement-Probleme sei aber bereits an dieser Stelle vermittelt:

PROJEKT

PROJEKT kam schon vor im KURS-Beispiel (KURS*TEILNEHMER>PROJEKT;ZAHLEND).

Waren dort die gleichen Projekte gemeint wie im Projekt »Fahrversuch«?

Nein. Nachfragen des Datenmanagements ergeben, daß die Projekte des Entwicklungs-Ressorts andere sind (und andere Primärschlüssel haben) als die zahlenden Projekte des Kursverwaltungs-Mini-Beispiels, weil dort primär an Informationsverarbeitungs-Projekte (IV-Projekte) gedacht war. Allerdings könnte sich auch als Faktum herausstellen, daß im Mini-Beispiel sowohl Entwicklungs-Projekte als auch IV-Projekte einen Kurs-Besuch zahlen können. Was würde das für unsere beiden dann nicht überschneidungsfreien Datenmodelle bedeuten?

Das Projekt »Fahrversuch« sollte sein PROJEKT in EPROJ umbenennen. Das Projekt »Kursverwaltung« sollte in der Relation KURS*TEILNEHMER statt der Relationship >PROJEKT;ZAHLEND zwei neue Relationships einführen: >EPROJ;ZAHLEND und >IVPROJ;ZAHLEND.

Dann könnten auch die RI-Features des DBMS genutzt werden, was bei einer Tabellenspalte, in der EPROJ's und IVPROJ's gemischt vorkommen, nicht möglich wäre.

Nehmen wir an, ein KURS*TEILNEHMER könne nur entweder von einem EPROJ oder aber von einem IVPROJ gezahlt werden. Dann bestünde zwischen den beiden Nicht-Schlüssel-Attributen KURS*TEILNEHMER> EPROJ;ZAHLEND_NR und KURS*TEILNEHMER> IVPROJ;ZAHLEND_NR eine (funktionale?) Abhängigkeit. Wenn eines der beiden Attribute einen Wert ungleich NULL hat, muß das andere Attribut NULL sein.

Ist dies ein Verstoß gegen 3NF? Diese Frage wird im nächsten Unter-Kapitel näher geprüft. Eine Vermeidung des möglichen 3NF-Verstoßes brächte folgendes Verfahren:

Man streicht aus der Relation KURS*TEILNEHMER die Relationship >PROJEKT;ZAHLEND und definiert zusätzlich zwei neue Relationen.

```
R ZIVPROJ
L IV-PROJEKT, DAS FUER EINEN KURS*TEILNEHMER ZAHLT
P >KURS*TEILNEHMER
  >IVPROJ;ZAHLEND

R ZEPROJ
L E-PROJEKT, DAS FUER EINEN KURS*TEILNEHMER ZAHLT
P >KURS*TEILNEHMER
  >EPROJ;ZAHLEND
```

Nun ist aber das Projekt »Kursverwaltung« vielleicht längst realisiert. Es wird zumindest fragen, ob das Datenmanagement denn die von ihm vorgeschlagenen Tabellen- und Programm-Änderungen zahlt. Vielleicht lächelt der Projektleiter auch nur über die Datenmanagement-Bemühungen und läßt die »Theoretiker« verbindlich abblitzen.

Denkbar ist aber auch ein anderer Fall. Der »Kursverwaltung«-Projektleiter berichtet, daß es schon viel Ärger mit dem Verbuchen von Kursgebühren gegeben hat, weil dauernd zahlende Projekte angegeben werden, die sich beim Verbuchen als nicht existierend herausstellen. Manche vergessen eine führende 0. Andere nennen ein Projekt-Kürzel, das nur teamintern gebräuchlich und in keiner Datenbank vermerkt ist. Insbesondere hat er schon öfters in der IV-Projekt-Tabelle gesucht, obwohl vom Teinehmer ein E-Projekt angegeben worden war. Kurz: Der Projektleiter nimmt den Änderungsvorschlag des Datenmanagements gerne an und baut RI-Beziehungen und zwei neue Relationen in seine Applikation ein.

URLAUB

URLAUB ist eine Relation, die (wenn es sie überhaupt gibt) unternehmensweit sicher anders modelliert sein dürfte, als im Projekt »Fahrversuch«.

Es ist also eine Grundsatz-Entscheidung zu treffen:

Entweder gilt jeder Relations-Name nur applikationsweit, oder aber Relationsnamen müssen so gebildet werden, daß sie unternehmensweit eindeutig sind.

Der Autor ist für unternehmensweit eindeutige Relationsnamen. Es darf im Unternehmen nicht zwei Relationen PROJEKT geben, in denen völlig verschiedenartige Projekte gespeichert sind. Anders ausgedrückt: Homonyme sollen vermieden werden. Synonyme sind viel schwerer zu verhindern, schaden aber auch nicht so wie Homonyme, bei deren Vorkommen zu spät bemerkt werden könnte, daß von verschiedenen Relationen die Rede war.

Unterschieden werden muß zwischen Relations-Namen und Sprachgebrauch. Den Sprachgebrauch wird Datenmodellierung nur langfristig beeinflussen. Allerdings kann Datenmodellierung den jeweils nur lokal eindeutigen Sprachgebrauch um eine unternehmensweit eindeutige Begriffs-Ebene ergänzen. Diese ist insbesondere bei Schnittstellenklärungen für Systemanalytiker wertvoll.

MITARBEITER

Jedes zweite Projekt findet Gründe, warum es die zentral gespeicherten Mitarbeiter-Daten nicht verwenden, sondern lieber eigene Mitarbeiter-Daten führen will. Ähnliches gilt für fast alle Stammdaten. Es besteht eine große Angst, von anderen Projekten abhängig zu werden. »Wenn deren Gehaltsabrechnung läuft, dann haben wir Antwortzeiten im Minutenbereich, nur um zu einer Mitarbeiter-Nummer dessen Namen zu suchen.«

Was aus Sicht des einzelnen Projektes vernünftig erscheint, kann aus Unternehmenssicht unökonomisch sein. Schattenseiten der Datenredundanz sind neben Mehrfach-Erfassungskosten die jedermann bekannten Fälle, daß im System x Telefonnummer und Abteilung einer Mitarbeiterin schon aktualisiert ist, während System y noch nicht einmal deren Namensänderung (Heirat), erst recht nicht deren Abteilungswechsel und Telefonnummer-Änderung registriert hat.

Zunehmend könnten es übrigens Zentralsysteme sein, die Änderungen nicht mehr oder verspätet mitbekommen, wenn es immer mehr dezentrale Anwendungssysteme gibt. Dann wird zentral im Extremfall z.B. mit Maschinen-Kostensätzen von Maschinen kalkuliert, die längst verschrottet sind.

KOSTENSATZ

Diese Relation muß in z.B. E*KOSA umbenannt werden, denn die Relation KOSTENSATZ der Applikation »Fahrversuch« kann sicher nicht den Anspruch erheben, unternehmensweit als Kostensatz brauchbar zu sein.

BAUREIHE

Dies ist genau die Baureihe, die unternehmensweit als Baureihe von Bedeutung ist. Es wäre also ganz falsch, zur Sicherheit vor jeden Relationsnamen das Projekt-Kürzel zu schreiben, also etwa von ERPROB*BAUREIHE zu sprechen, statt von BAUREIHE. So würde man sehr schnell eine Flut von Synonymen erzeugen. Weniger die Synonyme wären das Übel, sondern mehr die große Wahrscheinlichkeit, daß jedes Projekt die BAUREIHE mit einem anderen Feldtyp und einer anderen Feldlänge führt (E-30, E30, bei Langfrist-Denkern E030, bei Byte-Sparern 30, u.s.w).

Dies macht sich als sehr hinderlich bemerkbar, wenn übergreifende Erkenntnisse aus verschiedenen Projekt-Datenbeständen gewonnen werden sollen. Feld-Variationen kosten schon deshalb (unauffällig) Geld, weil in Großunternehmen hunderte Umform-Routinen programmiert werden müssen. Meist sind aber nicht nur die Feld-Formate abweichend definiert, sondern auch noch die Feld-Inhalte. Dadurch sind übergreifende Auswertungen ohne Klärungs- und Interpretations-Aufwand unmöglich.

KOMP*ART Hier ist unklar, ob die Komponenten-Art eine rein »Fahrversuch«-interne Klassifikation ist, oder ob es sich um eine Relation handelt, die für das Entwicklungs-Ressort ganz allgemein gilt, vielleicht sogar dort vergeben wird.

Alle angerissenen Fragen wären vom Projekt »Fahrversuch« in Zusammenarbeit mit dem Datenmanagement zu klären, ehe CREATE TABLE STATEMENTS generiert werden.

Unterziehen sich alle Projekte dieser Mühe, so wird die Informationsverarbeitung eines Unternehmens nach und nach transparent, wobei sie durchaus dezentralisiert werden kann.

Meidet die Mehrzahl der Projekte den unternehmensweiten Daten-Klärungs-Aufwand, so lauten die Ergebnisse:

Datenflut, unbekannte Zufalls-Redundanz, Daten-Inkompatibilität, keine horizontale und deshalb auch keine vertikale Daten-Integration, immer mehr IV-Systeme und trotzdem (gerade deshalb) immer schwierigere und teurere Informationsbeschaffung.

4.2 Beispiel »Händler-Schulung«

Als Überschrift wurde nicht mehr der Begriff »Fallstudie« verwendet, weil das folgende Beispiel nur knapp beschrieben werden soll. Es geht diesmal weniger um die Herleitung des Datenmodells für ein Fachproblem. Es wird vielmehr das Ergebnis diskutiert und zwar einerseits wegen einiger methodischer Spezialprobleme der Datenmodellierung, andererseits vor dem Hintergrund des schon bekannten Mini-Kursbeispiels aus Kapitel 3.4.3.

4.2.1 Fachproblem und Grob-Datenmodell

Fachproblem

HOMA Die MODERN AG kümmert sich in besonderer Weise um die Fortbildung der Handelsorganisations-Mitarbeiter (HOMA). Für Organisation und Steuerung der Schulungsmaßnahmen soll ein neues IV-System realisiert werden: das HOMA-Schulungs-System (HOMAS).

Das HOMAS-Grob-Datenmodell zeigt Bild 4–5.

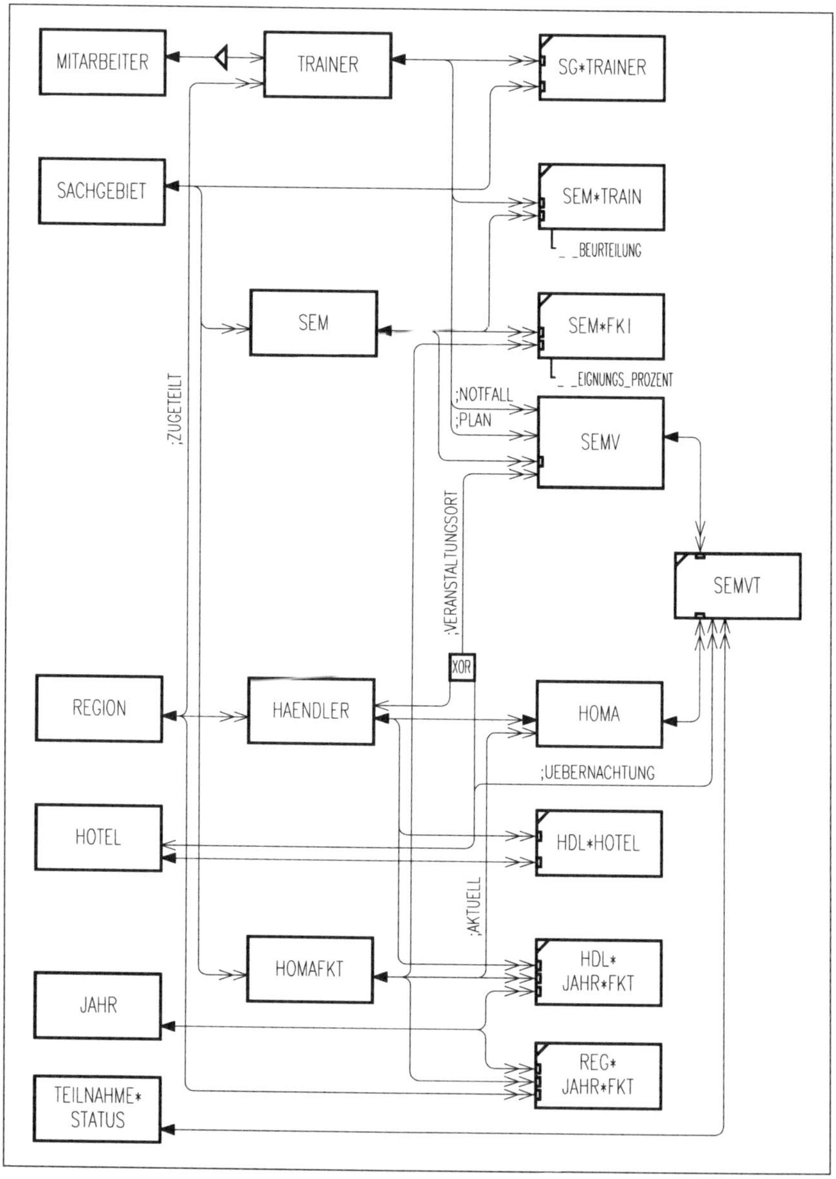

Bild 4–5 HOMAS-Grob-Datenmodell

Beschreibung des HOMAS-Grob-Datenmodells

Jeder HOMA arbeitet bei einem HAENDLER. Ein HAENDLER beschäftigt in der Regel mehrere HOMA. Der HOMA übt eine Funktion

HOMAFKT;AKTUELL aus, z.B. »KFZ-Elektriker«, »Verkäufer«, »Lagerist«, »Geschäftsführer«, »Buchhalter« etc.

HAENDLER, HOTEL, SEMVT

Jede HOMAFKT gehört zu einem SACHGEBIET. Für dieses SACHGEBIET werden SEMinare angeboten. Pro SEMinar gibt es mehrere Seminar-Veranstaltungen (SEMV). Eine SEMV kann entweder bei einem HAENDLER abgehalten werden, oder aber in einem HOTEL. Wird die SEMV bei einem HAENDLER durchgeführt, dann werden die SEMVT (sofern sie nicht am Platze wohnen) in HOTELs untergebracht, deren räumliche Nähe zu HAENDLERn in der Tabelle HDL*HOTEL registriert ist. Die Relation SEMVT (Seminarveranstaltungs-Teilnehmer) speichert, welcher HOMA an welcher SEMV teilgenommen hat oder teilnehmen will.

SEM, SEMV

Pro SEMinar hält die Relation SEM*TRAIN fest, welche TRAINER mit welcher bisherigen SEM*TRAIN_BEURTEILUNG für das Abhalten des SEMinars geeignet sind. Pro Seminarveranstaltung wird ein SEMV>TRAINER;PLAN und ein SEMV>TRAINER;NOTFALL vorgesehen. Alle TRAINER sind MITARBEITER der MODERN AG. Jeder TRAINER ist genau einer REGION zugeteilt. Auch jeder HAENDLER ist genau einer REGION zugeordnet. Bei der Zuordnung SEM*TRAIN wird bei neuen SEMinaren die Tabelle SG*TRAINER zu Hilfe genommen. In dieser Tabelle ist gespeichert, welcher TRAINER welche SACHGEBIETe abdeckt.

SEMinare sind teilweise für mehrere HOMAFKT geeignet, z.B. das SEMinar »Besprechungs-Moderation« oder »PC-Grundlagen«. Pro HOMAFKT werden in der Regel mehrere SEMinare angeboten. Die m:n-Beziehung zwischen HOMAFKT und SEM ist als (vollständig existenzabhängige) Relation SEM*FKT abgebildet und hat das Attribut SEM*FKT_EIGNUNG_PROZENT.

HOMAS-Statistik

Interessant ist neben dem Verwaltungsteil der (natürlich wieder nur andeutungsweise hier vorgestellte) Statistik-Teil des Anwendungssystems HOMAS:

REG* JAHR* FKT

In der Tabelle REG*JAHR*FKT wird pro REGION, JAHR und HOMAFKT statistisch erfaßt, wieviele SEMinare angeboten wurden und wieviele HOMA daran teilgenommen haben. Auch die Anzahl der HOMA, die es überhaupt in der REGION in dem Jahr pro HOMAFKT gegeben hat, ist gespeichert.

Bild 4–6 zeigt zwei Reihen aus dieser Tabelle REG*JAHR*FKT.

Tabelle REG*JAHR*FKT

REGION	HOMAFKT	HOMA_GESAMT		SEMV_ANZAHL	SEMVT_ANZAHL	REKL
R1	90	Lagerist	500	10	50	14
R2	90	Lagerist	500	20	250	2
...	..	....	...	..	...	...

*Bild 4–6 Statistik-Tabelle REG*JAHR*FKT*

Was besagen die Tabellen-Zeilen?

Die Trainer der Region R2 waren fleißiger, denn sie haben 20 Seminarveranstaltungen (SEMV_ANZAHL) angeboten, während ihre Trainer-Kollegen der Region R1 bei gleich vielen Lageristen (500, HOMA_GESAMT) nur 10 Seminarveranstaltungen anboten.

Die HAENDLER der Region R2 haben schon viel besser als ihre Kollegen aus der Region R1 erkannt, wie wichtig es ist, ihre HOMA auf Seminarveranstaltungen zu schicken. In Region R2 gab es 250 von 500 Lageristen als Kursteilnehmer, in Region R1 nur 50.

Auswirkungen dieses unterschiedlichen Ausbildungs-Verhaltens zeigt die Tabellen-Spalte REKLamation. In Region R1 haben 14 Kunden-Reklamationen als Ursache zu lange Reparaturzeiten wegen fehlender Lager-Teile. In der Region R2 sind es nur 2 Reklamationen.

Diese Angaben werden von den Reklamations-Prüfern der MODERN AG ermittelt und in die Tabelle REG*JAHR*FKT eingetragen.

HDL* JAHR* FKT

Das System HOMAS soll nicht nur pauschal etwas über die Schulungssituation einer Region sagen können, sondern auch über das Schulungsverhalten einzelner Händler. Dazu dient die Relation HDL*JAHR*FKT.

Zwei Zeilen aus dieser Tabelle zeigt Bild 4–7.

Tabelle HDL*JAHR*FKT

HDL	JAHR	HOMAFKT	HOMA_GESAMT	SEMV_ANZAHL	SEMVT_ANZAHL	REKL
H1	90	Lagerist	2	10	0	18
H2	90	Lagerist	2	20	4	0
...	..	....	...	..	...	...

*Bild 4–7 Statistik-Tabelle HDL*JAHR*FKT*

Händler H1 ist ein »schwarzes Schaf«. Er schickte seine Lageristen 1990 überhaupt nicht auf einen Kurs. 18 Kunden-Reklamationen haben ihre Ursache in Lagerhaltungsproblemen.

Händler H2 ist ein »Musterknabe«. Er ließ seine beiden Lageristen sogar jeweils an mehr als einer Seminarveranstaltung teilnehmen und es gab bei ihm keine Lagerhaltungs-Reklamationen.

4.2.2 Fein-Datenmodell

```
A HOMAS
V 01.01

R SACHGEBIET
L SACHGEBIET DER HAENDLER-SCHULUNG
P _NR
  _BEZEICHNUNG
  _ABGRENZUNGS_TEXT

R SEM
L SEMINAR, DAS IM RAHMEN DER HAENDLER-SCHULUNG ANGEBOTEN WIRD
P _NR
  _TITEL
  _KURZ_TITEL
  >SACHGEBIET
  _DAUER_IN_TAGEN
C _KURZ_TITEL

R SEMV
L SEMINAR-VERANSTALTUNG
P >SEM
P _LFD
  _BEGINN_DATUM
  >HOTEL;VERANSTALTUNGSORT
  >HAENDLER;VERANSTALTUNGSORT
  >TRAINER;PLAN
  >TRAINER;NOTFALL

R TRAINER
L REGIONS-TRAINER (HAENDLER-SCHULUNG)
P _NR
  =MITARBEITER
  >REGION;ZUGETEILT
C =MITARBEITER
```

```
R SEM*TRAIN
L SEMINAR*TRAINER
P >SEM
P >TRAINER
  _BEURTEILUNG

R MITARBEITER
L MITARBEITER DER MODERN AG
P _NR
  _NAME
  >GESCHLECHT
  _TELEFON_DIENSTLICH

R SG*TRAINER
L SACHGEBIETE DER HOMA-SCHULUNG, DIE EIN TRAINER ABDECKT
> TRAINER
> SACHGEBIET
  _PRIORITAET

R HOTEL
L HOTEL, DAS FUER HOMA-SCHULUNGEN GEEIGNET IST
P _NR
  _NAME
  _TELEFON
  _KATEGORIE

R HAENDLER
L HAENDLER DER MODERN AG
P _NR
  _NAME
  >REGION
  _KATEGORIE

R HDL*HOTEL
L HOTELS IN DER NAEHE VON HAENDLERN
P >HAENDLER
P >HOTEL
  _ENTFERNUNGS_KM

R HOMA
L HANDELSORGANISATIONS-MITARBEITER
P _NR
  _NAME
  >GESCHLECHT
  _GEBURTS_DATUM
```

```
  >HOMAFKT
  >HAENDLER

R HOMAFKT
L HOMA-FUNKTION, Z.B. LAGERIST, GESCHAEFTSFUEHRER
P _CODE
  _BEZEICHNUNG
  >SACHGEBIET

R SEM*FKT
L EIGNUNG EINES HOMA-SEMINARS FUER HOMA-FUNKTIONEN
P >SEM
P >HOMAFKT
  _EIGNUNGS_PROZENT

R SEMVT
L SEMINARVERANSTALTUNGS*TEILNEHMER
P >HOMA
P >SEMV
  _ANMELDEDATUM
  >TEILNAHME*STATUS
  >BEURTEILUNG;TRAINER
  >BEURTEILUNG;STOFF
  >HOTEL;UEBERNACHTUNG
  _HOTEL_BUCHUNG_FIX

R TEILNAHME*STATUS
L STATUS DER TEILNAHME EINES HOMA AN EINER SEMINARVERANSTALTUNG
P _CODE
  _BEZEICHNUNG

R REG*JAHR*FKT(RJF)
L HOMAS-DATEN PRO REGION, JAHR UND HOMA-FUNKTION
P >REGION
P >JAHR
P >HOMAFKT
  _HOMA_GESAMT
  _SEMV_ANZAHL
  _SEMVT_ANZAHL
  _REKLAMATIONEN

R HDL*JAHR*FKT(HJF)
L HOMAS-DATEN PRO HAENDLER, JAHR UND HOMA-FUNKTION
P >HAENDLER
P >JAHR
```

```
P >HOMAFKT
  _HOMA_GESAMT
  _SEMV_ANZAHL
  _SEMVT_ANZAHL
  _REKLAMATIONEN
```

4.2.3 XOR-Relationships und dritte Normalform

Betrachten wir näher die Relation SEMV und prüfen wir, ob sie in dritter Normalform ist. Sie wäre dann in 3NF, wenn kein Nichtschlüssel-Attribut von einem anderen Nichtschlüssel-Attribut funktional abhängt.

```
R SEMV
L SEMINAR-VERANSTALTUNG
P >SEM
P _LFD
  _BEGINN_DATUM
  >HOTEL;VERANSTALTUNGSORT
  >HAENDLER;VERANSTALTUNGSORT
  >TRAINER;PLAN
  >TRAINER;NOTFALL
```

Wie verhält es sich mit >HAENDLER;VERANSTALTUNGSORT?

Wenn >HOTEL;VERANSTALTUNGSORT ungleich »NULL« ist, dann muß >HAENDLER;VERANSTALTUNGSORT »NULL« sein. Im Sachverhalt hieß es ja: Eine Seminarveranstaltung findet entweder in einem Hotel oder bei einem Händler statt. Ist diese XOR-Abhängigkeit eine funktionale Abhängigkeit im Sinne der dritten Normalform?

Würde man diese Frage bejahen, dann müßte man mit viel mehr Relationen arbeiten, um der 3NF gerecht zu werden. In unserem Beispiel müßte man >HOTEL;VERANSTALTUNGSORT und >HAENDLER ;VERANSTALTUNGSORT aus der Relation SEMV streichen und zwei neue Sub-Relationen einfügen:

```
R SEMV*HOTEL
L SEMINARVERANSTALTUNG, DIE IN EINEM HOTEL STATTFINDET
P =SEMV
  >HOTEL;VERANSTALTUNGSORT

R SEMV*HDL
L SEMINARVERANSTALTUNG, DIE BEI EINEM HAENDLER STATTFINDET
P =SEMV
  >HAENDLER;VERANSTALTUNGSORT
```

Was wäre durch diese Maßnahme gewonnen?

Man würde der »Fourth Business Normal Form« (vgl. [Finkelstein], S.120 ff.) entsprechen. Aber immer noch müßte ein Programm darüber wachen, daß nicht für eine SEMV sowohl in SEMV*HOTEL als auch in SEMV*HDL ein Eintrag gemacht wird. Die RI-Features eines DBMS könnte man in beiden Fällen nutzen. Man sollte z.B. ON DELETE SET NULL vereinbaren.

Dies wäre für bereits gehaltene Seminarveranstaltungen sinnvoll, bzgl. geplanter allerdings problematisch. Hier müßte z.B. bei Löschen eines HOTELS aus der HOTEL-Relation ein Programm darauf hinweisen, daß für betroffene SEMV's ein neuer Veranstaltungsort (statt des per RI erzeugten »NULL«) festzulegen ist.

ON DELETE RESTRICT wäre keine bessere Lösung. Bei schon gehaltenen Veranstaltungen müßte man pro forma einen anderen Händler oder »NULL« eintragen, nur um die RESTRICT-Hürde zu nehmen.

Ergebnis

Obiger XOR-Fall ist wohl *kein* Verstoß gegen die dritte Normalform. Zur formalen Begründung können funktionale Attributs-Abhängigkeiten von Attributs-Existenzabhängigkeiten unterschieden werden.

Die Relation SEMV sollte *nicht* um zwei weitere Relationen ergänzt werden. Dies würde erst empfohlen, wenn es nicht um einzelne XOR-Attribute, sondern um ganze Attribut-Gruppen ginge.

Als RI-Bedingungen sollten zwei ON DELETE SET NULL-Statements in der Relation SEMV für die Relationships SEMV;HOTEL;VERANSTALTUNGSORT und SEMV;HAENDLER;VERANSTALTUNGSORT notiert werden.

Im Meta-Datenmodell der RRM (vgl. Kapitel 4.4) sind XOR-Relationships vorgesehen. Was an Daten-Kenntnissen vorliegt, soll möglichst im Datenmodell dokumentiert werden, auch wenn (vorläufig) Programme statt Datenbankmanagementsysteme für die Einhaltung der XOR-Bedingungen sorgen müssen.

Analog wird im Meta-Datenmodell bei Relationships von einer Relation zu ihren Subrelationen verfahren. Als Zusatz-Angabe gegenüber XOR-Relationships kann man aber bei XOR-Sub-Relationships angeben, ob die Subrelationen die Super-Relation *vollständig* oder nur *partiell* »ausschöpfen« (vgl. dazu das Beispiel in Bild 4–8).

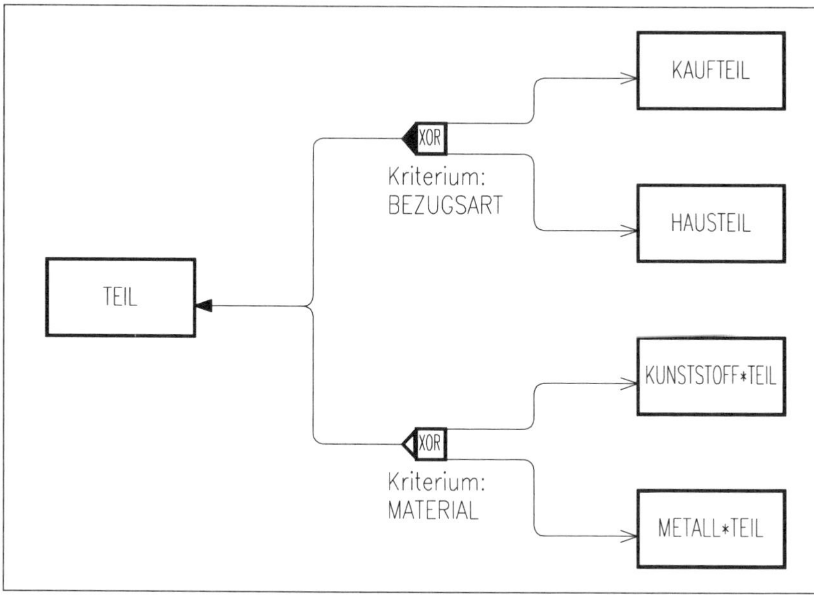

Bild 4–8 Super-Relation mit mehreren Sub-Relationen

4.2.4 Behandlung derivater Daten

»Derivate« Daten sind Daten, die aus anderen »originären« Daten hergeleitet werden können.

In der Relation SEMVT sind als »originäre« Daten vermerkt, welche HOMA an welcher SEMV teilgenommen haben oder teilnehmen wollen.

Ist es dann richtig, z.B. in der Relation HDL*JAHR*FKT erneut zu speichern, wieviele HOMA einer bestimmten HOMAFKT an Seminarveranstaltungen teilgenommen haben?

Argumente gegen die Speicherung derivater Daten

Ein HOMA könnte als SEMVT an einer SEMV teilnehmen, ohne daß für den >HAENDLER, bei dem der HOMA arbeitet, in der Tabelle HDL*JAHR*FKT die _SEMVT_ANZAHL erhöht wird.

Dies kann gewollt sein, weil man z.B. nur einmal im Monat die _SEMVT_ANZAHL aktualisiert. Es kann aber auch an einem Programmfehler liegen.

Kurz: Jede Informations-Mehrfach-Speicherung ist problematisch, weil Aufwand erforderlich ist, um Widerspruchsfreiheit mehrfach gespeicherter Fakten zu gewährleisten.

Argumente für die Speicherung derivater Daten

Es gibt Daten, die nur sehr aufwendig herzuleiten sind. Der Jahresumsatz eines Unternehmens z.B. wird aus der Summe aller Rechnungs-Beträge ermittelt. Aufwendig herzuleitende Daten sollten in einem festgelegten Zeitraster mit Hilfe von Originärdaten aktualisiert und dann für Abfragezwecke gespeichert werden.

Man wird im System HOMAS die SEMVT-Daten vermutlich nicht über Jahre speichern. Sinnvoll wäre ein monatlicher Bereinigungslauf, bei dem die SEMVT-Daten, die älter 4 Monate sind, gelöscht werden, damit sich die Anzahl der Reihen in der SEMVT-Tabelle in vernünftigen Grenzen hält. Dieses Bereinigungs-Programm könnte auch die derivaten Daten in der Tabelle HDL*JAHR*FKT aktualisieren.

Nach Ablauf einiger Monate sind dann die Daten in der Tabelle HDL*JAHR*FKT zwar noch derivat, aber nicht mehr rekonstruierbar. Sie haben eine inhaltliche Eigenständigkeit gewonnen.

Empfehlung

Man sollte derivate Daten nur speichern, wenn andere Lösungen lange Antwortzeiten und zu große CPU-Belastung als Folge hätten.

Die Tabelle REG*JAHR*FKT z.B. sollte man z.B. **nicht** speichern und deshalb auch aus dem Datenmodell entfernen.

Begründung

In der Tabelle REG*JAHR*FKT (RJF) steht die gleiche Information wie in der Tabelle HDL*JAHR*FKT (HJF). Die Information ist nur für die jeweilige Region verdichtet, zu der die Händler gehören.

Das folgende Region-1-SELECT-statement benötigt zwar einen 'join' mit der Tabelle HAENDLER, um dort dessen Region zu ermitteln:

```
SELECT          REGION,
                JAHR,
                HOMAFKT,
                SUM (HOMA_GESAMT),
                SUM (SEMV_ANZAHL),
                SUM (SEMVT_ANZAHL),
                SUM (REKLAMATIONEN)
FROM            HAENDLER, HJF
WHERE           JAHR                = 1990
AND             HOMAFKT             = 'LAGERIST'
```

```
AND            HAENDLER.HDL_NR     = HJF.HDL_NR
AND            HAENDLER.REGION     = 'R1'
GROUP BY REGION,JAHR,FKT;
```

Es liefert aber mit vermutlich problemlosen Antwortzeiten die gleiche Information wie das folgende Region-1-SELECT-statement, das mit der redundanten, derivaten Tabelle REG*JAHR*FKT (RJF) arbeitet, die man entfallen lassen sollte.

```
SELECT     *
FROM       RJF
WHERE      REGION      = 'R1'
AND        JAHR        = 1990
AND        HOMAFKT     = 'LAGERIST';
```

4.2.5 Datenmodell-Integrationsprobleme

Es sind jetzt (bewußt) zwei Datenmodelle in diesem Buch enthalten, die etwas mit Kursverwaltung und Mitarbeiterschulung zu tun haben. In der Erklärung des RRM-Mini-Beispiels KURSVERWALTUNG (Kapitel 3.4) war die Rede von KURSTYP und KURS. Im HOMAS-Beispiel werden die Begriffe SEM und SEMV verwendet.

Ist dies ein Glücksfall? Müßte dies verhindert werden?

Das Anwendungssystem KURSVERWALTUNG (Kapitel 3.4) sei z.B. schon auf einem PC mit ORACLE realisiert.

HOMAS soll auf dem Zentralrechner mit DB2 realisiert werden. Die Btx-Anbindung der Händler an den Zentralrechner soll auch für die HOMA-Kurs-Anmeldung und Anmeldebestätigung genutzt werden.

Wie sollen sich jetzt der Datenmodellierer und vor allem das IV-Management verhalten?

Version 1

HOMAS wird unabhängig von der PC-KURSVERWALTUNG realisiert. Beide Systeme haben keine Schnittstellen zueinander.

Version 2

Das PC-System wird durch HOMAS abgelöst. Nicht nur die Schulung der Handelsorganisations-Mitarbeiter, sondern auch die Schulung der internen Mitarbeiter der MODERN AG soll über das neue System abgewickelt werden. HOMAS wird in SCHUSTA (»Schulungs- und Statistik-System«) umbenannt.

Entscheiden muß das IV-Management

Solche Entscheidungen kann wohl nur das IV-Management treffen. Die Datenmodellierer sollten aber auf eventuelle Anwendungssystem-Überschneidungen oder Kombinationsmöglichkeiten hinweisen.

Angenommen, das IV-Management entscheidet sich für Version 1.

Was bedeutet dies für den Datenmodellierer?

Folgen von Version 1 für den Datenmodellierer

Er muß dennoch dafür sorgen, daß im Anwendugssystem HOMAS nicht gleiche Relationsnamen mit unterschiedlicher Bedeutung wie im System KURSVERWALTUNG verwendet werden (Homonym-Vermeidung). Andererseits sollte er darauf achten, daß gleiches in beiden Systemen gleich bezeichnet wird (Synonym-Vermeidung).

Auf die beiden Datenmodelle angewendet, ergäben sich folgende Überlegungen und Änderungen:

KURSTYP, KURS haben eine andere Bedeutung als SEM, SEMV. Die verschiedenen Namen wären also ein Glücksfall.

Der TRAINER ist bei HOMAS ein anderer Personenkreis als beim System KURSVERWALTUNG. HOMAS sollte also seinen TRAINER umbenennen z.B. in HOMA*TRAINER.

Die Relation MITARBEITER meint in beiden Systemen die internen Mitarbeiter der MODERN AG. Beide Systeme sollten also die Relationsnamen MITARBEITER beibehalten.

Die Domäne BEURTEILUNG ist in beiden Systemen die gleiche, braucht also nicht bei HOMAS umbenannt werden.

Folgen von Version 2 für den Datenmodellierer

Wenn sich das IV-Management für Version 2 entscheidet und das KURSVERWALTUNGS-System durch SCHUSTA ablösen will, dann wäre für die Datenmodellierer folgendes zu tun:

Das komplette Datenmodell SCHUSTA wäre neu zu erstellen. Das HOMAS- und das KURSVERWALTUNGS-Team müßten gemeinsam dafür sorgen, daß die fachlichen Anforderungen beider Systeme durch das neue Datenmodell abgedeckt wären.

Die Datenmodelle KURSVERWALTUNG und HOMAS wären zu löschen, falls die MODERN AG sie zuvor z.B. in einem zentralen Repository-System gespeichert haben würde.

4.3 Beispiel »Konzern-Info-System«

Die Modellierung von Ausschnitten eines (fiktiven) »Konzern-Info-Systems (KIS)« soll den Nutzen von relationsübergreifend gültigen Attributs-Definitionen in einem Lexikon zeigen. Lexikon-Begriffe vermeiden eine Flut von Attribut-Mehrfach-Beschreibungen.

Darüberhinaus möge der Leser prüfen, ob Datenmodellierung nur mit Graphik-Oberfläche möglich ist, oder manchmal sogar durch eine Graphik-Oberfläche erschwert werden kann.

4.3.1 Fachproblem

In Bild 4–9 wird der (fiktive) MODERN-KONZERN dargestellt.

Der Konzern hat zwei Werke, in denen Autos produziert werden. Teilweise kann der gleiche Fahrzeug-Typ in beiden Werken produziert werden. Die Produktionskosten sind wegen unterschiedlicher Produktions-Anlagen dann unterschiedlich hoch.

Die Werke liefern an die Vertriebs-Zentren V1, V2 und V3. V1 liegt in Übersee und rüstet die Fahrzeuge mit Radios und etlichem Zubehör aus. V2 bedient Europa ohne die BRD. Je nach europäischem Land, in das V2 liefert, fallen unterschiedliche Transport- und sonstige Zusatzkosten (z.B. Zoll) an. V3 schließlich versorgt die Händler der BRD mit Neu-Fahrzeugen. Hier kann mit einem pauschal für alle Händler gleichen Vertriebskostensatz gerechnet werden.

Der Fahrzeug-Absatz erfolgt über Händler. Jeder Händler wird über einen sogenannten Vertriebsweg beliefert, der spezifische Kosten aufweist. Die Händler melden auch die Eigen- oder Kunden-Bestellungen an ihre Vertriebs-Zentrale. V1, V2 und V3 schließlich melden ihre Bestell-Wünsche und Absatz-Zahlen an die Konzern-Zentrale. Die Konzern-Zentrale verfolgt Marktpotential-Entwicklung und Absatz-Trends in den unterschiedlichen Märkten. Sie handelt mit den Vertriebs-Zentren zukünftige Soll-Absatzzahlen aus. Ziel der Konzern-Zentrale ist eine Deckungsbeitrags-Optimierung unter Beachtung bestimmter Randbedingungen (z.B. Mindest-Markt-Präsenz). Um dieses Ziel zu erreichen, braucht sie das KIS.

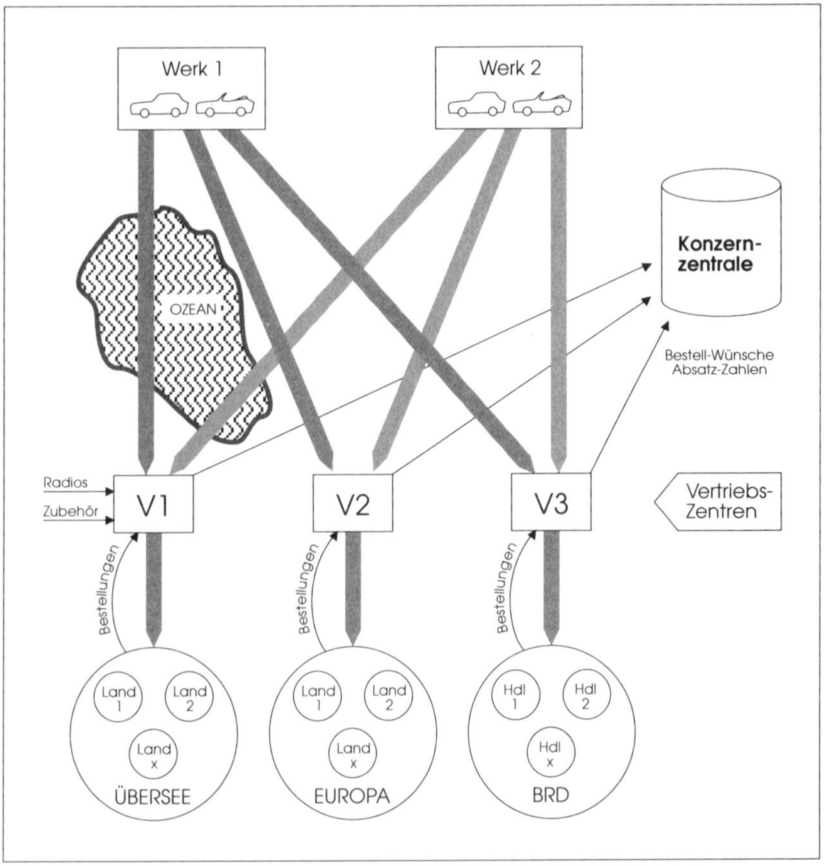

Bild 4–9 Der MODERN-KONZERN

KIS-Kalkulations-Schema

prop. Standardkosten	30 000	(Herstell- + Material-Kosten)
+ Deckungsbeitrag	10 000	
= Werksabgabepreis	40 000	
+ Bezugsnebenkosten	1 400	(z.B. Fracht nach Übersee)
+ local content	3 000	(z.B. Einbau Autoradio vor Ort)
+ Kulanz	300	(Durchschnittswert pro Fahrzeug)
+ Garantie	500	(Durchschnittswert pro Fahrzeug)
+ Vertriebswegkosten	500	
= Händler-Preis	45 700	
+ Händler-Marge	3 200	
= Kunden-Preis	48 900	

Kurs 1.80 (z.B. DM/Dollar)

Der Leser vermutet richtig, daß die Kalkulationswerte je nach Fahrzeugtyp, Vertriebsweg und Herstellwerk verschieden sind. Er vermutet richtig, daß ja wohl noch die Liefer-, Bestands- und Absatzmengen fehlen, um nicht nur den Deckungsbeitrag pro Fahrzeugtyp anzuschauen, sondern die Gesamt-Deckungsbeiträge von z.B. 500 000 Fahrzeugen pro Jahr optimieren zu können. Wenn man z.B. 40 000 Fahrzeuge in Vertriebs-Lagerorte liefern würde, dann sollte man sich hüten, den zugehörigen Deckungsbeitrag als (fast) schon realisiert auszuweisen...

Ist-Zahlen, Jahres-Planung, Langfrist-Planung

Viel mehr Informationen sind nicht nötig, um mit der Modellierung beginnen zu können. Wesentliche Zusatz-Information ist nur noch, daß alle Rechnungen mit Ist-, Jahresplanungs- und Langfrist-Zahlen durchgeführt werden müssen. Die Ist- und Jahresplanungsrechnung hat im Monatsraster zu erfolgen. Die Langfrist-Planung braucht nur auf Baureihen-Ebene und ohne Vertriebswege gemacht zu werden. (Zu einer Baureihe gehören mehrere Fahrzeug-Typen, die aber in der Langfristplanung noch gar nicht detailliert bekannt sein müssen.)

Varianten

Abschließend sei bemerkt, daß es für alle Planrechnungen Varianten geben kann, die von unterschiedlichen Erstellern angelegt und miteinander abgeglichen werden sollen. Es ist äußerst sorgfältig für Datenschutz zu sorgen.

4.3.2 Erstes Grob-Datenmodell

Die Überschrift läßt es schon ahnen: Das jetzt vorgestellte erste Grob-Datenmodell (Bild 4–10) wird wohl noch geändert werden müssen...

IJ*VAR soll Ist- oder Jahresplanungs-Zahlen eines Erstellers pro

- Monat
- Werk
- Fahrzeugtyp und
- Vertriebsweg eines Vertriebszentrums

enthalten.

L*VAR soll die Langfristplanungs-Zahlen eines Erstellers pro

- Jahr
- Werk
- Baureihe und
- Vertriebszentrum

speichern.

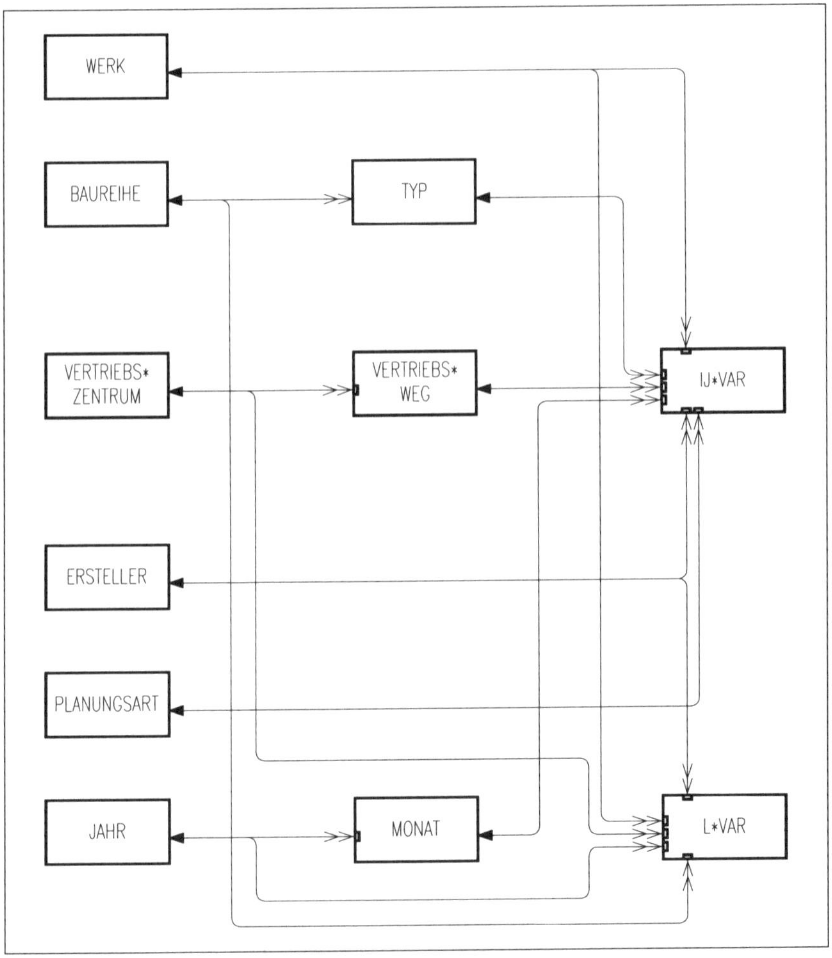

Bild 4–10 Erstes Grob-Datenmodell KIS

4.3.3 Erarbeiten des Fein-Datenmodells

Die Relationen WERK, TYP, ERSTELLER, etc. sind diesmal aus Übersichtlichkeitsgründen nicht gedruckt. Es geht vielmehr vorerst nur um die Diskussion der folgenden Relation:

```
R IJ*VAR
L IST- ODER JAHRESPLANUNGS-ZAHLEN
> PLANUNGSART
> ERSTELLER
```

```
  _VARIANTE
> MONAT
> WERK
> TYP
> VERTRIEBSWEG
   _PROP_STANDARDKOSTEN
   _DECKUNGSBEITRAG
   _WERKS_ABGABE_PREIS
   _BEZUGS_NEBENKOSTEN
   _LOCAL_CONTENT
   _KULANZ
   _GARANTIE
   _HAENDLER_PREIS
   _HAENDLER_MARGE
   _KUNDEN_PREIS
   _KURS
   _LIEFERMENGE
   _LAGERMENGE
   _ABSATZMENGE
   _ABSATZ_DECKUNGSBEITRAG
```

Was gibt es bzgl. dieser Relation zu diskutieren?

Problem 1

Die Deckungsbeiträge verstoßen gegen 3NF.

Der IJ*VAR_DECKUNGSBEITRAG läßt sich als Differenz berechnen, ist also funktional von Nichtschlüssel-Attributen abhängig.

```
   WERKS_ABGABE_PREIS
-  PROP_STANDARDKOSTEN
------------------------
=  DECKUNGSBEITRAG
```

Auch der ABSATZ_DECKUNGSBEITRAG läßt sich berechnen:

```
ABSATZ_DECKUNGSBEITRAG = ABSATZMENGE * DECKUNGSBEITRAG
= ABSATZMENGE * (WERKS_ABGABE_PREIS - PROP_STANDARD_KOSTEN).
```

Müssen beide Attribute aus dem Datenmodell gelöscht werden?

Nein. Man kann die beiden Attribute ruhig im Datenmodell vermerken, aber sollte sie dann unbedingt als »derivat« kennzeichnen. Dadurch wird verhindert, daß solche Attribute später (ohne reifliche Überlegung) in der RRF-Auflösung ohne Minuszeichen bleiben und deshalb zu Tabellen-Spalten werden. Andererseits findet der Fachbereich im

Datenmodell die ihm wichtigen Attribute und kann beschreiben, wie sie zu berechnen sind.

Problem 2

Der >ERSTELLER im Primärschlüssel ist ein Problem.

Es sind z.B. ganz andere Abteilungen, die die Kalkulationswerte eintragen als die, die Mengen erfassen oder planen. Wird nur eine Relation zur Verfügung gestellt, dann bliebe pro Ersteller-Variante stets ein Teil der Attribute ohne Werte.

Problem 3

Die _VARIANTE ist ein Problem.

Wenn jemand für einen Typ drei Mengen-Varianten anlegt, welche soll dann bei der Deckungsbeitragsberechnung über alle Typen gelten? Jeweils die höchste? Welchen Sinn haben dann noch die anderen Varianten?

Vereinbarung: Wenn jemand eine neue Variante anlegt, dann muß er für ***alle*** Planungs-Monate, Typen, Werke, Vertriebswege lückenlos Zahlen eintragen. Eine Kopierhilfe soll angeboten werden, damit man die Zahlen einer alten Variante in eine neue übernehmen und dann dort modifizieren kann.

Sind überhaupt Ist-Varianten sinnvoll?

Nein. Die Ist-Relation sollte von der Jahresplanungs-Relation getrennt werden. Dann kann in beiden Tabellen pro Reihe die >PLANUNGSART entfallen und man spart sogar Speicherplatz ohne Informationsverlust.

Ergebnis

Aus der einen Relation IJ*VAR werden drei Relationen gebildet.

```
R IST*WERTE
L IST-KALKULATION, IST-MENGEN
P >MONAT
P >WERK
P >TYP
P >VERTRIEBSWEG              (enthält VERTRIEBS*ZENTRUM)
  >ERSTELLER;KALKWERTE
  _PROP_STANDARDKOSTEN
  _DECKUNGSBEITRAG           (DERIVAT)
  _WERKS_ABGABE_PREIS
  _BEZUGS_NEBENKOSTEN
  _LOCAL_CONTENT
  _KULANZ
  _GARANTIE
  _HAENDLER_PREIS
  _HAENDLER_MARGE
```

```
    _KUNDEN_PREIS
    _KURS
    >ERSTELLER;MENGEN
    _LIEFERMENGE
    _LAGERMENGE
    _ABSATZMENGE

R JP*KALK
L JAHRESPLANUNG-KALKULATION
P >ERSTELLER
P _VARIANTE                     <——
P >MONAT
P >WERK
P >TYP
P >VERTRIEBSWEG
   _PROP_STANDARDKOSTEN
   _DECKUNGSBEITRAG             (DERIVAT)
   _WERKS_ABGABE_PREIS
   _BEZUGS_NEBENKOSTEN
   _LOCAL_CONTENT
   _KULANZ
   _GARANTIE
   _HAENDLER_PREIS
   _HAENDLER_MARGE
   _KUNDEN_PREIS
   _KURS

R JP*MENGEN
L JAHRESPLANUNGS- LIEFER_, LAGER-, ABSATZ-MENGEN
P >ERSTELLER
P _VARIANTE                     <——
P >MONAT
P >WERK
P >TYP
P >VERTRIEBSWEG
   _LIEFERMENGE
   _LAGERMENGE
   _ABSATZMENGE
```

Programm-anforderungen

Ein umsichtiger Programmierer muß bei dieser Version sicherstellen, daß z.B. in der Relation JP*MENGEN pro Variante die gleiche Anzahl von Reihen stehen muß wie in der Tabelle JP*KALK. Es darf, abgesehen von der _VARIANTE in JP*KALK kein anderer Primärschlüssel vorkommen als in JP*MENGEN. Anderenfalls gibt es Mengenplanungen ohne Kalkulationswerte oder Kalkulationswerte ohne zugehörige Mengenplanung.

Auch die Grob-Datenmodell-Relation L*VAR wird in eine LP*KALK und eine LP*MENGEN-Relation zerlegt, so daß aus den zwei Relationen IJ*VAR und L*VAR des Grob-Datenmodells im Fein-Datenmodell fünf Relationen werden.

```
R LP*KALK
L LANGFRISTPLANUNG- KALKULATION
P >ERSTELLER
P _VARIANTE
P >JAHR                     <——
P >WERK
P >BAUREIHE                 <——
P >VERTRIEBS*ZENTRUM        <——
  _PROP_STANDARDKOSTEN
  _DECKUNGSBEITRAG          (DERIVAT)
  _WERKS_ABGABE_PREIS
  _BEZUGS_NEBENKOSTEN
  _LOCAL_CONTENT
  _KULANZ
  _GARANTIE
  _HAENDLER_PREIS
  _HAENDLER_MARGE
  _KUNDEN_PREIS
  _KURS

R LP*MENGEN
L LANGFRISTPLANUNGS- LIEFER_, LAGER-, ABSATZ-MENGEN
P >ERSTELLER
P _VARIANTE
P >JAHR                     <——
P >WERK
P >BAUREIHE                 <——
P >VERTRIEBS*ZENTRUM        <——
  _LIEFERMENGE
  _LAGERMENGE
  _ABSATZMENGE
```

Der interessierende Teil des Fein-Datenmodells ist damit fertiggestellt. Nun der Hinweis auf das vom Autor für erforderlich gehaltene LEXIKON relationsübergreifend definierter Attribute:

Lexikon-Attribute

Das Attribut LAGERMENGE kommt vor als

```
IST*WERTE_LAGERMENGE, als
JP*MENGEN_LAGERMENGE und als
LP*MENGEN_LAGERMENGE.
```

Zwar hat die IST*WERTE_LAGERMENGE semantisch eine andere Bedeutung als die LP*MENGEN_LAGERMENGE. Aber die Beschreibung: »LAGERMENGE wird berechnet aus Anfangsbestand minus Entnahmeschein-Abgänge plus Lieferschein-Zugänge...« gilt für alle drei Attribute. Analoges gilt für den Datentyp und das Format des Feldes. Lexikon-Attribute sind im RRM vorgesehen, um bei Bedarf relationsübergreifend gültige Attributsnamen und -Beschreibungen anlegen zu können, die man dann in den betreffenden Relationen nur referenziert, statt sie jedesmal neu definieren zu müssen.

Für Lexikon-Attribute sind im RRM (analog zu den Relationships) Rollen-Ergänzungen zugelassen:

LP*MENGEN_LAGERMENGE;DURCHSCHNITT bietet durch die Semikolon-Rollen-Ergänzung eine Chance, zusätzlich zu der relationsübergreifend gültigen Lexikon-Attributsbeschreibung doch noch relationsspezifische Besonderheiten zu ergänzen.

4.3.4 Endgültiges Grob-Datenmodell

Bei der Modellierung von Statistik- oder Buchhaltungssystemen scheint eine graphische Datenmodellierungs-Oberfläche an Bedeutung zu verlieren. Bei solchen Anwendungssystemen ist das Fein-Datenmodell wohl übersichtlicher als das Grob-Datenmodell.

Der Leser möge sich selbst ein Urteil bilden, indem er die fünf Relationen des Fein-Datenmodells mit dem Aussagewert des zugehörigen Grob-Datenmodells (Bild 4–11) vergleicht!

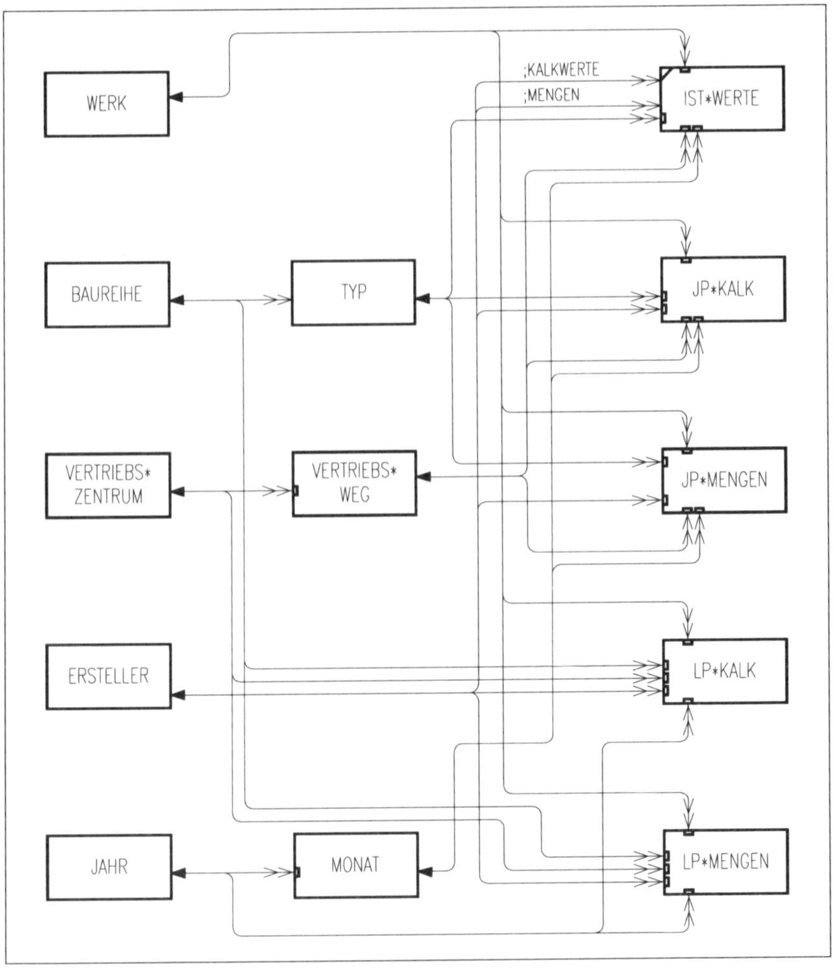

Bild 4–11 Endgültiges Grob-Datenmodell KIS

4.3.5 Starre und flexible Datenmodelle

Oft steht man bei der Datenmodellierung vor der Frage, ob man *starr* oder *flexibel* modellieren soll.

Statt obiger fünf Relationen (IST*WERTE, JP*KALK, JP*MENGEN, LP*KALK, LP*MENGEN) könnte man doch auch folgende beiden Relationen modellieren:

```
R BEGRIFF
L BEGRIFF, UEBER DEN ZEITREIHEN GESPEICHERT WERDEN SOLLEN
P _NORMBEZEICHNUNG          (z.B. LAGERMENGE)
  _ERLAEUTERUNG

R VARZEIT
L RELATION ZUM SPEICHERN BELIEBIGER ZEITREIHEN
P >BEGRIFF
P >PLANUNGSART
P >ERSTELLER
P >VERSION
P >JAHR
P >WERK
P >TYP
P >BAUREIHE
P >VERTRIEBS*ZENTRUM
P >VERTRIEBSWEG
P >RESERVE1
P >RESERVE2
  _WERT_1      (Januar)          (Wert für Jahr)
  _WERT_2      (Februar)         (         Jahr+1)
  _WERT_3      (März)                      Jahr+2)
  _WERT_4      :                                :
  _WERT_5      :                                :
  _WERT_6      :                                :
  _WERT_7      :                                :
  _WERT_8      :                                :
  _WERT_9      :                                :
  _WERT_10     :                                :
  _WERT_11     :                                :
  _WERT_12     (Dezember)        (         Jahr+11)
  _WERT_13     (Jahres-Summe)    (         Jahr+12)
               bei PLANUNGSART   bei PLANUNGSART
               IST und JP        LP
```

Flexible Modellierung

Vorteile

Richtig ist, daß man mit diesen Relationen alle Werte speichern kann, die in obigen fünf Relationen gespeichert werden können.

Richtig ist auch, daß keine Felder leer bleiben, wie oben vor dem Aufteilen in MENGEN- und KALK-Relationen.

Richtig ist auch, daß neue Begriffe, z.B. MATERIAL_KOSTEN oder _ZOLL ohne jede Tabellenänderung gespeichert werden können, was bei den obigen fünf Relationen nicht der Fall ist.

Auch die SELECT-Statements sind denkbar einfach:

```
SELECT *
FROM   VARZEIT
WHERE  BEGRIFF       = 'LAGERMENGE'
AND    TYP           = 'HB11'
...
AND    PLANUNGSART   = 'JP';
```

liefert eine Tabelle mit 12 Monatsspalten und einer Jahres-Spalte. Dies ist nur mit Aufwand zu erreichen, wenn der MONAT Bestandteil des Primärschlüssels ist.

Nachteile

Als jede Änderung hierarchischer Datenbanken nur im Rahmen der Monatsgenerierung durchgeführt werden konnte, war variables Speichern naheliegend. Eine Tabelle um eine Spalte zu erweitern, ist im Vergleich zu einer früheren Segment-Änderung harmlos.

Es ist weniger das Problem zu lösen, wie man Daten *speichert*, sondern vorrangig das Problem, wie die Riesen-Menge gespeicherter Daten *konsistent* gehalten werden soll.

Wie verhindert man bei der variablen Speicherung, daß jemand vergißt, zu einem TYP die BEZUGS_NEBENKOSTEN einzutragen?

Woher weiß der Anwender, daß er bei der Jahresplanung nicht das VERTRIEBS*ZENTRUM, sondern den VERTRIEBSWEG angeben muß?

Die variable Speicherung beendet vermutlich sehr schnell die inhaltliche Diskussion von Schnittstellen-Fachbereichen (z.B. Kalkulation und Vertrieb). Man kann ja »Gott sei Dank« ***alles*** speichern und braucht deshalb nicht vorher schon genau überlegen, was man denn warum und zu welchen Primärschlüsseln eigentlich speichern will.

Das Problem des Konzern-Info-Systems ist es aber nicht, möglichst viel zu speichern, sondern richtige und kompatible Informationen aus den gespeicherten Daten gewinnen zu können. »Starre« Datenmodelle gewährleisten inhaltlich konsistente Datenhaltung eher als »flexible« Datenmodelle.

4.4 Meta-Datenmodell zum Relationen-Relationship-Modell

4.4.1 Was ist ein Meta-Datenmodell?

Ein *Datenmodell*
ist das Modell der Daten eines *Anwendungs*systems.

Ein *Meta-Datenmodell*
ist ein Modell der Daten eines *Datenmodellierungs*systems.

Das Meta Datenmodell des Relationen-Relationship-Modells (RRM) zeigt die Daten, die man mit Hilfe des RRM über die Daten von Anwendungssystemen festhalten kann.

Ein Anwendungssystem-Datenmodell
enthält z.B. die Relation MITARBEITER.

Das Meta-Datenmodell
wird die Relation RELATION enthalten.

Wenn Anwendungssysteme durch Datenmodelle erst transparent werden, dann wohl auch Datenmodellierungs-Systeme. Tool-Anbieter sollten potentiellen Kunden auf Wunsch ihr Meta-Datenmodell zeigen, damit es (z.B. auf Kompatibilität mit sonstigen SPU-Komponenten des Kunden) geprüft werden kann.

4.4.2 Grob-Meta-Datenmodelle

Um die Übersichtlichkeit nicht zu gefährden, werden erst kommentarlos zwei Grob-Meta-Datenmodell-Versionen und dann (im nächsten Kapitel) die beiden zugehörigen Fein-Meta-Datenmodelle präsentiert.

Erst in Kapitel 4.4.4 werden die beiden Datenmodell-Versionen diskutiert, verglichen und erläutert.

Die erste Version (Bild 4–12) sieht komplizierter aus als die zweite (Bild 4–13), ist aber exakter und deshalb leichter zu erklären. Das zweite Datenmodell ist überschaubarer, aber an manchen Stellen nicht so sauber modelliert.

Es wird oft die These vertreten, Datenmodelle dürften nicht personenabhängig sein, es könne schließlich nur ***eine*** richtige Lösung geben.

Der Autor ist anderer Ansicht. Datenmodellierung ist eine Ingenieur-Disziplin, die (wie jede Ingenieur-Disziplin) auf eine Sammlung von gesichertem und zu beachtendem Fachwissen (Regeln) zurückgreifen kann und muß. Daneben bleibt jedoch (wie selbst beim Konstruieren des Rücklichts für ein Automobil) stets noch Gestaltungsspielraum, der nicht als störend beseitigt, sondern als Chance für bessere Lösungen genutzt werden sollte.

Der Leser möge nach dem Studium der beiden Versionen selbst entscheiden, welche »besser« oder »richtig(er)« ist. Eventuell möchte er sogar an einigen Stellen etwas verändern, wodurch schon eine dritte Version erzeugt wäre.(Ein weiteres Grob-Meta-Datenmodell enthält z.B. [Barker 1], Appendix H).

Warum Meta-Datenmodelle genormt werden sollten

Die Fülle unterschiedlicher Meta-Datenmodelle unterschiedlicher CASE-Tools für die Datenmodellierung wird erst nachlassen, wenn Meta-Datenmodelle genormt (und bewährt) sind. Viele Meta-Datenmodelle modellieren nicht sauber oder gar genormt den Zusammenhang zwischen Relationships und Fremdschlüssel-Attributen, die beim Generieren von Relationen aus den Relationships entstehen. Inkompatible Meta-Datenmodelle bedeuten aber (zumindest teilweise) inkompatible CASE-Tools. Und die sollte es in der SPU eines Unternehmens nicht geben (vgl. Kapitel 5.5).

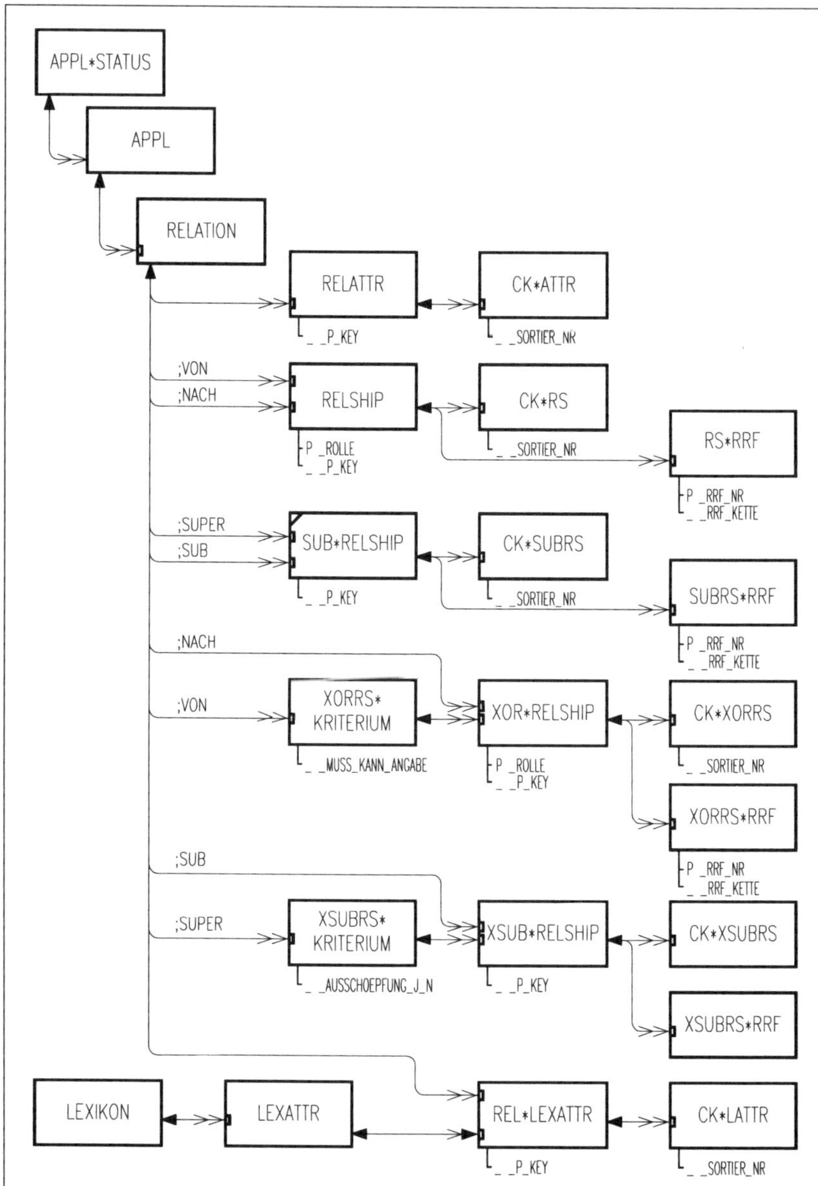

Bild 4–12 Grob-Meta-Datenmodell (Version 01)

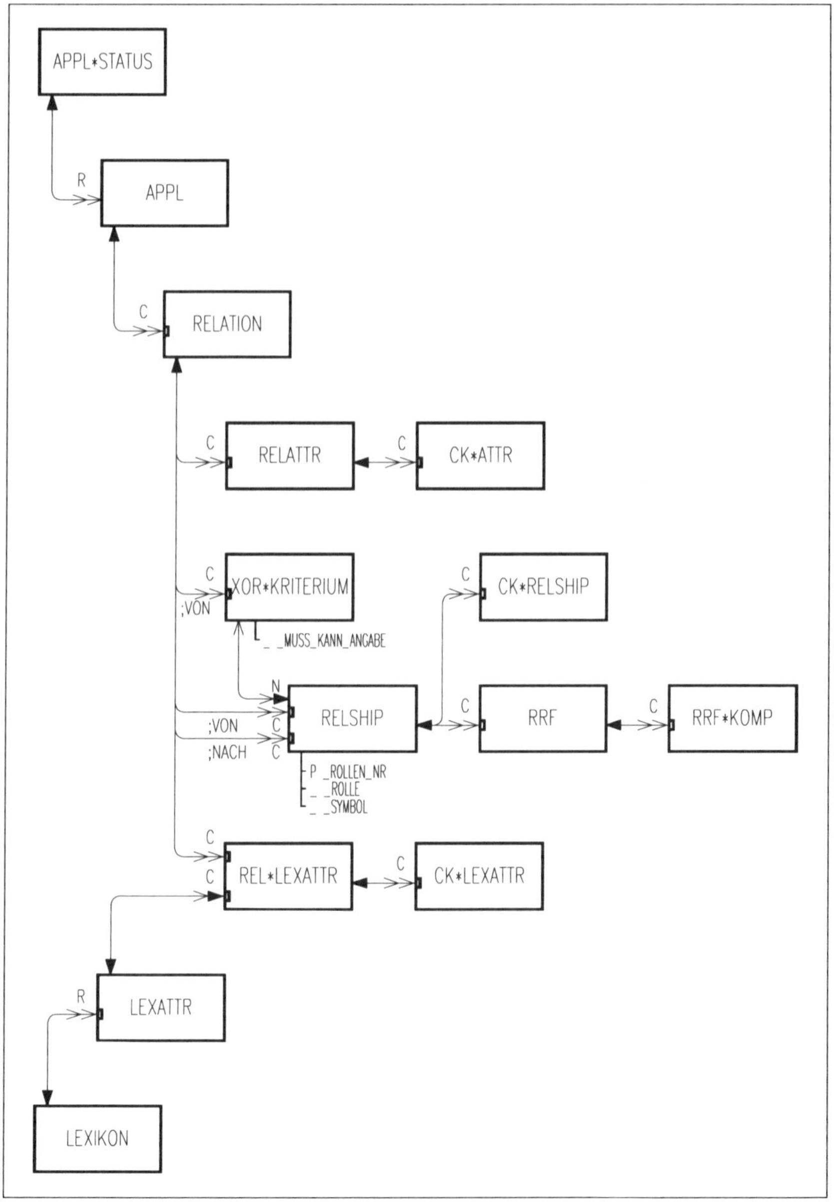

Bild 4–13 Grob-Meta-Datenmodell (Version 02)

4.4.3 Fein-Meta-Datenmodelle

Version 01

```
A META_DM
V 01.01                      (vgl. Bild 4-12)

R APPL*STATUS
L MOEGLICHER APPLIKATIONS*STATUS
P _CODE
  _BEDEUTUNG

R APPL
L APPLIKATION, ANWENDUNGSSYSTEM
P _NR
P _VERSION
  _KUERZEL
  _LANG_BEZEICHNUNG
  _VERSIONS_DATUM
  _BESCHREIBUNG
  _LETZTE_AENDERUNGEN
  >APPL*STATUS
  _DATUM_LETZTER_UPDATE

R RELATION
L RELATION
P >APPL
P _NR
  _NAME
  _LANGNAME
  _BESCHREIBUNG
  _DOMAENEN_KENNZEICHEN
  _SORTIER_NR
  _INSERT_Y_N
  _DELETE_Y_N
  _UPDATE_Y_N

R RELSHIP
L RELATIONSHIP ZWISCHEN RELATIONEN
P >RELATION;VON
P >RELATION;NACH
P _ROLLE
  _P_KEY
  _SORTIER_NR
```

```
  _BESCHREIBUNG
  _MUSS_KANN_ANGABE
  _RI_ANGABE
  _NACH_VON_MIN
  _NACH_VON_MAX

R SUB*RELSHIP
L SUB*RELATIONSHIP
P >RELATION;SUPER
P >RELATION;SUB
  _SORTIER_NR
  _P_KEY
  _BESCHREIBUNG
  _RI_ANGABE

R XORRS*KRITERIUM
L XOR-RELSHIP*KRITERIUM
P >RELATION;VON
P _NR
  _BEZEICHNUNG
  _MUSS_KANN_ANGABE

R XOR*RELSHIP
L XOR-RELATIONSHIP
P >XORRS*KRITERIUM
P >RELATION;NACH
P _ROLLE
  _SORTIER_NR
  _P_KEY
  _BESCHREIBUNG
  _RI_ANGABE

R XSUBRS*KRITERIUM
L XOR-SUBRELSHIP*KRITERIUM
P >RELATION;SUPER
P _NR
  _BEZEICHNUNG
  _AUSSCHOEPFUNG_J_N

R XSUB*RELSHIP
L XOR-SUB*RELATIONSHIP
P >XSUBRS*KRITERIUM
P >RELATION;SUB
  _SORTIER_NR
  _P_KEY
```

```
  _BESCHREIBUNG
  _RI_ANGABE

R RELATTR
L RELATIONS*ATTRIBUT
P >RELATION
P _NR
  _NAME
  _SORTIER_NR
  _P_KEY
  _DATENTYP
  _FORMAT
  _ERLAEUTERNDER_TEXT
  _DERIVAT_KENNZEICHEN
  _COLUMN_NAME
  _MUSS_KANN_ANGABE
  _WITH_DEFAULT_Y_N

R LEXIKON
L LEXIKON RELATIONSUEBERGREIFEND DEFINIERTER ATTRIBUTE
P _NR
  _NAME
  _GELTUNGSBEREICII_TEXT

R LEXATTR
L IN EINEM LEXIKON DEFINIERTES ATTRIBUT
P >LEXIKON
P _NR
  _NAME
  _DATENTYP
  _FORMAT
  _ERLAEUTERNDER_TEXT

R REL*LEXATTR
L ZUORDNUNG VON LEXIKON_ATTRIBUTEN ZU EINER RELATION
P >RELATION
P >LEXATTR
P _ROLLE
  _SORTIER_NR
  _P_KEY
  _ERGAENZENDE_BESCHREIBUNG
  _DERIVAT_KENNZEICHEN
  _COLUMN_NAME
  _MUSS_KANN_ANGABE
```

```
  _WITH_DEFAULT_Y_N

R CK*ATTR
L RELATIONS*ATTRIBUTE EINES CANDIDATE KEYS
P _CK_BUCHSTABE
P >RELATTR
  _SORTIER_NR

R CK*LATTR
L LEXIKON*ATTRIBUTE EINES CANDIDATE KEYS
P _CK_BUCHSTABE
P >REL*LEXATTR
  _SORTIER_NR

R CK*RS
L RELATIONSHIPS EINES CANDIDATE KEYS
P _CK_BUCHSTABE
P >RELSHIP
  _SORTIER_NR

R CK*SUBRS
L SUB*RELATIONSHIPS EINES CANDIDATE KEYS
P _CK_BUCHSTABE
P >SUB*RELSHIP
  _SORTIER_NR

R CK*XORRS
L OR-XOR-RELATIONSHIPS EINES CANDIDATE KEYS
P _CK_BUCHSTABE
P >XOR*RELSHIP
  _SORTIER_NR

R CK*XSUBRS
L XOR-SUB*RELATIONSHIPS EINES CANDIDATE KEYS
P _CK_BUCHSTABE
P >XSUB*RELSHIP
  _SORTIER_NR

R RS*RRF
L RELATIONSHIP*RRF*ZEILE
P >RELSHIP
P _RRF_NR
  _RRF_KETTE
  _RRF_MINUS_ZEICHEN
```

```
   _RRF_MINUS_ERLAEUTERUNG
   _COLUMN_NAME
   _MUSS_KANN_ANGABE
   _WITH_DEFAULT_Y_N

R SUBRS*RRF
L SUB*RELATIONSHIP*RRF*ZEILE
P >SUB*RELSHIP
P _RRF_NR
  _RRF_KETTE
  _RRF_MINUS_ZEICHEN
  _RRF_MINUS_ERLAEUTERUNG
  _DEFAULT_WERT
  _COLUMN_NAME
  _MUSS_KANN_ANGABE
  _WITH_DEFAULT_Y_N

R XORRS*RRF
L XOR-RELATIONSHIP*RRF*ZEILE
P >XOR*RELSHIP
P _RRF_NR
  _RRF_KETTE
  _RRF_MINUS_ZEICHEN
  _RRF_MINUS_ERLAEUTERUNG
  _COLUMN_NAME
  _MUSS_KANN_ANGABE
  _WITH_DEFAULT_Y_N

R XSUBRS*RRF
L XOR-SUB*RELATIONSHIP*RRF*ZEILE
P >XSUB*RELSHIP
P _RRF_NR
  _RRF_KETTE
  _RRF_MINUS_ZEICHEN
  _RRF_MINUS_ERLAEUTERUNG
  _COLUMN_NAME
  _MUSS_KANN_ANGABE
  _WITH_DEFAULT_Y_N
```

```
X DAMLEX
L DATENMANAGEMENT-BEGRIFFE, DIE RELATIONSUEBERGREIFEND GELTEN
  RRF_NR
  RRF_KETTE
```

```
  RRF_MINUS_ZEICHEN
  RRF_MINUS_ERLAEUTERUNG
  CK_BUCHSTABE
  SORTIER_NR
  COLUMN_NAME
  MUSS_KANN_ANGABE
  WITH_DEFAULT_Y_N
  DATENTYP
  FORMAT
```

Version 02

```
A META_DM
V 02.01                                  (vgl. Bild 4-13)

R APPL*STATUS
L MOEGLICHER APPLIKATIONS*STATUS
P _CODE
  _BEDEUTUNG

R APPL
L APPLIKATION, ANWENDUNGSSYSTEM
P _NR
P _VERSION
  _KUERZEL
  _LANG_BEZEICHNUNG
  _VERSIONS_DATUM
  _BESCHREIBUNG
  _LETZTE_AENDERUNGEN
  >APPL*STATUS
  _DATUM_LETZTER_UPDATE

R RELATION
L RELATION
P >APPL
P _NR
  _NAME
  _LANGNAME
  _BESCHREIBUNG
  _DOMAENEN_KENNZEICHEN
  _SORTIER_NR
  _INSERT_Y_N
  _DELETE_Y_N
  _UPDATE_Y_N
```

```
  _ABVIEW_NAME

R RELSHIP
L RELATIONSHIP (AUCH SUB*RELATIONSHIP)
P >RELATION;VON
P >RELATION;NACH
P _ROLLEN_NR
  _ROLLE
  _SYMBOL                           ( > = )
  _P_KEY
  _SORTIER_NR
  _BESCHREIBUNG
  _MUSS_KANN_ANGABE
  _RI_ANGABE
  _NACH_VON_MIN
  _NACH_VON_MAX
  >XOR*KRITERIUM

R XOR*KRITERIUM
L XOR*KRITERIUM FUER RELSHIPS (AUCH SUB*RELSHIPS)
P RELATION;VON
P _NR
  _BEZEICHNUNG
  _MUSS_KANN_ANGABE

R RELATTR
L RELATIONS*ATTRIBUT
P >RELATION
P _NR
  _NAME
  _SORTIER_NR
  _P_KEY
  _DATENTYP
  _FORMAT
  _ERLAEUTERNDER_TEXT
  _DERIVAT_KENNZEICHEN
  _COLUMN_NAME
  _MUSS_KANN_ANGABE
  _WITH_DEFAULT_Y_N

R LEXIKON
L LEXIKON RELATIONSUEBERGREIFEND DEFINIERTER ATTRIBUTE
P _NR
  _NAME
```

```
  _GELTUNGSBEREICH_TEXT

R LEXATTR
L IN EINEM LEXIKON DEFINIERTES ATTRIBUT
P >LEXIKON
P _NR
  _NAME
  _DATENTYP
  _FORMAT
  _ERLAEUTERNDER_TEXT

R REL*LEXATTR
L ZUORDNUNG VON LEXIKON_ATTRIBUTEN ZU EINER RELATION
P >RELATION
P >LEXATTR
P _ROLLEN_NR
  _ROLLE
  _SORTIER_NR
  _P_KEY
  _ERGAENZENDE_BESCHREIBUNG
  _DERIVAT_KENNZEICHEN
  _COLUMN_NAME
  _MUSS_KANN_ANGABGE
  _WITH_DEFAULT_Y_N

R CK*ATTR
L RELATIONS*ATTRIBUT EINES CANDIDATE KEYS
P _CK_BUCHSTABE
P >RELATTR
  _SORTIER_NR

R CK*LEXATTR
L LEXIKON*ATTRIBUT EINES CANDIDATE KEYS
P _CK_BUCHSTABE
P >REL*LEXATTR
  _SORTIER_NR

R CK*RELSHIP
L RELATIONSHIP EINES CANDIDATE KEYS
P _CK_BUCHSTABE
P >RELSHIP
  _SORTIER_NR

R RRF
L RELATIONSHIP*RRF*ZEILE
```

```
P >RELSHIP
P _NR
  _MINUS_ZEICHEN
  _MINUS_ERLAEUTERUNG
  _COLUMN_NAME
  _WITH_DEFAULT_Y_N
  >REL*LEXATTR;ENDKOMP
  >RELATTR;ENDKOMP

R RRF*KOMP
L RRF*KOMPONENTE
P >RRF
P _NR
  _VOR_SYMBOL
  >RELSHIP
  _NACH_SYMBOL
```

```
X DAMLEX
L DATENMANAGEMENT-BEGRIFFE, DIE RELATIONSUEBERGREIFEND GELTEN
  CK_BUCHSTABE
  SORTIER_NR
  MUSS_KANN_ANGABE
  DATENTYP
  FORMAT
  COLUMN_NAME
  WITH_DEFAULT_Y_N
```

4.4.4 Erläuterung und Vergleich der beiden Meta-Datenmodelle

Im wesentlichen werden die beiden *Grob*-Datenmodelle erklärt. Viele Attribute der *Fein*-Datenmodelle sind selbsterklärend oder werden in späteren Kapiteln noch angesprochen.

Erläuterung der Version 01 (vgl. Bild 4–12)

APPL*STATUS — Gemeint ist (E)ntwicklung, (T)est, (P)roduktiv, (W)artung

APPL — Applikation, Anwendungssystem, Projekt

Z.B. HOMAS oder KURSVERWALTUNG oder KIS

RELATION — Die Relation RELATION hat als Primärschlüssel-Bestandteil die >APPLikation. Allein diese Entscheidung ist schon eine Diskussion wert.

Wenn zwei Datenmodelle, z.B. HOMAS und KURSVERWALTUNG die »gleiche« Relation MITARBEITER enthalten, dann wird sie in den Tabellen des Datenmodellierungs-Systems doppelt gespeichert. Es wird die Relation HOMAS-MITARBEITER und die Relation KURS-VERWALTUNG-MITARBEITER geben.

Dies ist im RRM-Meta-Datenmodell so vorgesehen, damit Projekte unabhängig voneinander modellieren können. Ein Projekt kann also einen anderen Primärschlüssel festlegen, als ein anderes Projekt. Zwar will unternehmensweite Datenmodellierung gerade solche Fälle verhindern, aber es ist in der Praxis nicht immer möglich und sinnvoll.

Wie ist zu verfahren, wenn z.B. das »zweite« Projekt ein Nachfolgeprojekt des ersten ist und wirklich ganz bewußt den Primärschlüssel der Relation MITARBEITER ändern will, weil z.B. dieser Schlüssel (wegen der erfreulich steigenden Mitarbeiterzahl) »platzte«?

Soll der Datenmodellierer dann die bestehende Relation MITARBEITER ändern, obwohl durch sie 10 Tabellen zutreffend dokumentiert waren, während der geänderte Primärschlüssel vorläufig nur auf dem Papier steht und vielleicht noch dreimal geändert wird, ehe man eine neu strukturierte Tabelle MITARB realisiert?

Datenmodellierer beeinflussen zunehmend die permanenten Umbau-Maßnahmen der Informationsverarbeitung ihrer Unternehmen. Umgekehrt werden sie aber von diesen Umbau-Maßnahmen auch betroffen und müssen damit leben können, ohne daß ihre Methode versagt.

Die Annahme
»Wenn wir erst mal ein unternehmensweites Datenmodell haben, ist endlich Schluß mit diesen ständigen Projekten und Programm-Änderungen« ist weltfremd.

Zutreffender sollte die Behauptung lauten:
»Datenmodelle werden es Unternehmen erlauben, effektiver und geschützt gegen unvorhergesehene Nebeneffekte bestehende Anwendungssysteme anzupassen und zu ergänzen, ohne dadurch den Verbund unnötig zu komplizieren. Die IV hat durch Datenmodelle mehr Überblick über das, was sie tut. Aber sie wird (gerade deshalb) nicht aufhören, (sich) weiterzuentwickeln.«

RELSHIP

Man sieht, daß es wegen der _ROLLE als Primärschlüsselbestandteil möglich ist, mehrere Relationships zwischen den gleichen Relationen anzulegen. Z.B. KURS>TRAINER;VORGESEHEN und KURS>TRAINER;NOTFALL (Bild 4–14).

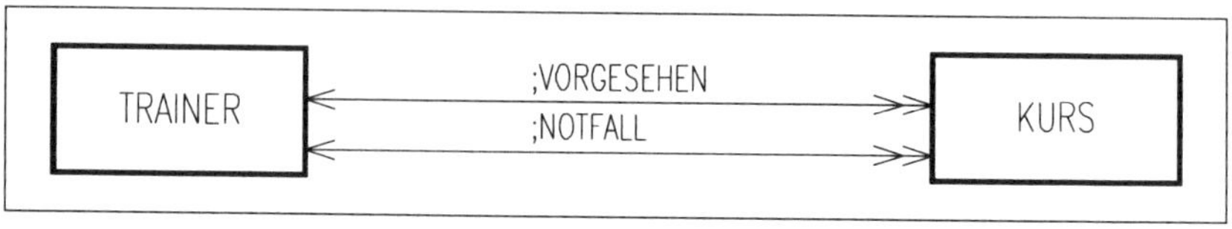

Bild 4–14 Zwei RELSHIPS zwischen den gleichen Relationen

Auch wenn es nur eine Relationship zwischen zwei Relationen gibt, kann mit _ROLLE deren Semantik beschrieben werden, falls der Modellierer dies für erforderlich hält (Bild 4–15).

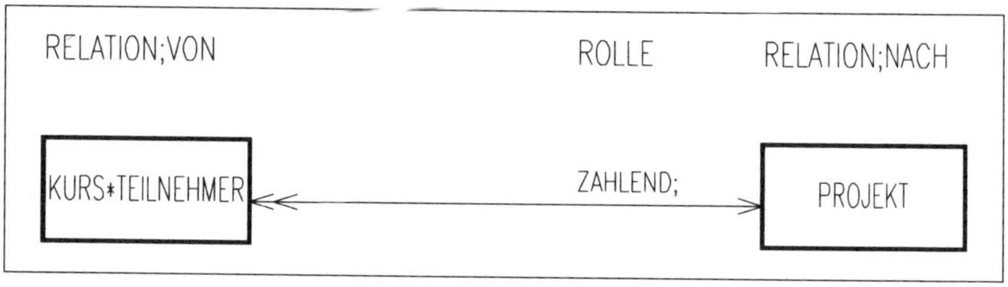

Bild 4–15 ROLLE als Möglichkeit der Relationship-Erläuterung

Im Chen'schen Entity Relationship Modell ***muß*** jede Relationship beschrieben werden. Sogar in zwei Richtungen. Hier wäre also denkbar, daß jemand schreibt: PROJEKT 'zahlt für' KURS*TEILNEHMER und als angebliche Gegenrichtung: KURS*TEILNEHMER 'arbeitet für' PROJEKT. Ist dies richtig?

Praxis-Erfahrungen zeigen, daß es ***nicht*** erforderlich ist, ***alle*** Relationships durch Texte zu beschreiben. Zusätzliche Probleme bringt die Forderung mit sich, alle Relationships in beiden Richtungen beschreiben zu müssen.

_P_KEY

_P_KEY hält fest, ob die Relationship zum Primärschlüssel der Relation gehört. Z.B. gehört die Relationship >APPL zum Primärschlüssel der Relation RELATION.

SUB*RELSHIP

SUB*RELSHIP ist der Fall, wo unter einer Relation eine Sub-Relation »hängt«, z.B. INTERNER*TRAINER unter MITARBEITER (Bild 4–16).

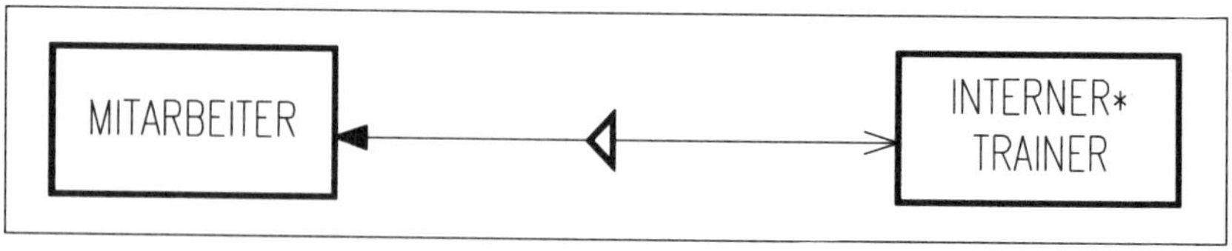

*Bild 4–16 SUB*RELSHIP*

XORRS*KRITERIUM

Dieses XOR-RELSHIP-Kriterium wird gebraucht, wenn von einer Relation mit XOR-Verzweigung zwei oder mehr Relationships ausgehen (Bild 4–17). Für den OR-Fall wird *kein* Kriterium gebraucht. Hier kann man ohne Informationsverlust zwei oder mehr Relationships anlegen.

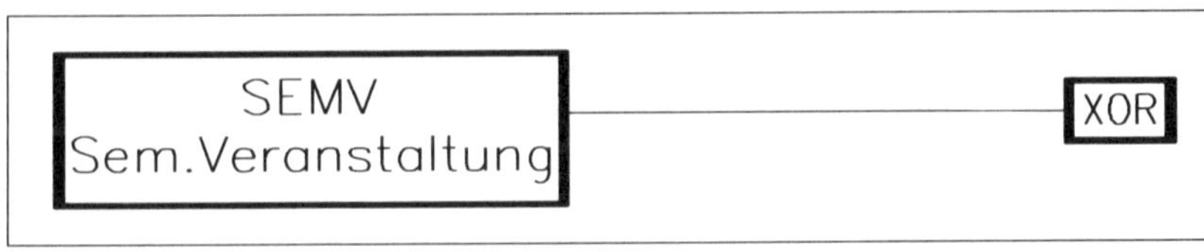

Bild 4–17 Ein XOR-Relationship-Kriterium

XOR*RELSHIP

Hier werden die Relationships eingetragen, die unter einem XORRS*KRITERIUM zur jeweiligen RELATION;NACH verzweigen (Bild 4–18).

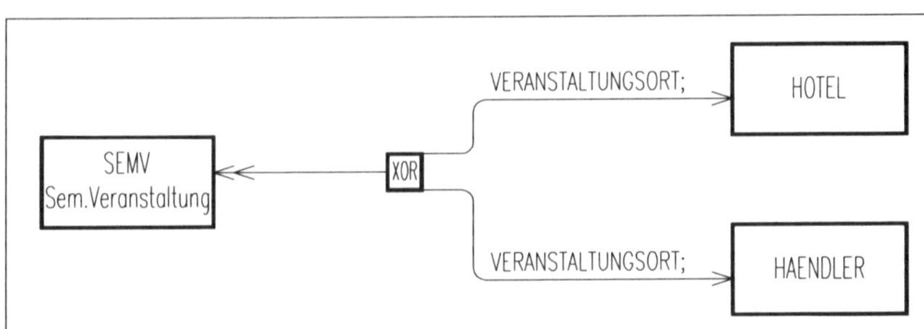

Bild 4–18 XOR-Relationships

XSUBRS*KRITERIUM

XOR-SUBRELSHIP-Kriterien werden gebraucht, wenn unter einer Relation (mit XOR-Verzweigung) Sub-Relationen angeordnet sind (Bild 4–19). Für den OR-Fall wird kein Kriterium gebraucht. Hier kann man ohne Informationsverlust zwei oder mehr Sub-Relationships anlegen.

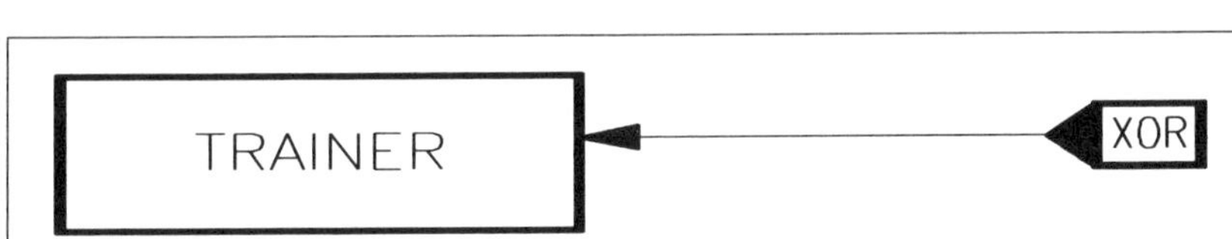

*Bild 4–19 XOR-SUBRELSHIP*KRITERIUM*

XSUB*RELSHIP

Hier werden die Sub-Relationships eingetragen, die unter einem XSUBRS*KRITERIUM zur jeweiligen RELATION;SUB verzweigen (Bild 4–20).

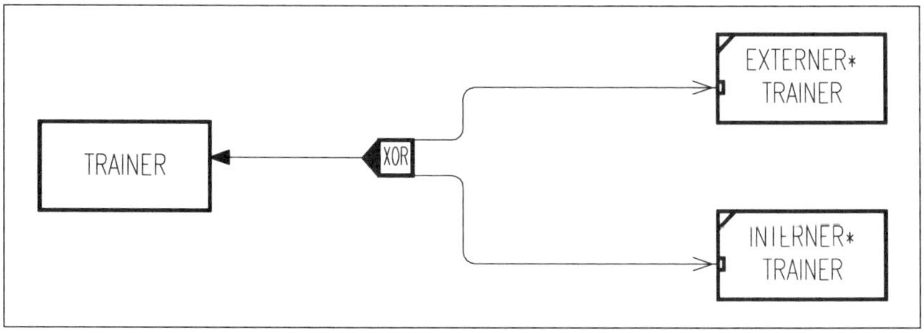

Bild 4–20 XOR-Sub-Relationships

RELATTR

Diese Relation speichert die »ganz gewöhnlichen« Relations-Attribute. Beispiel: MITARBEITER_NAME.

LEXIKON

Der Nutzen von Lexika wurde am Ende des Kapitels 4.3.3 besprochen.

LEXATTR

Diese Relation enthält alle zu einem LEXIKON gehörenden Begriffe als LEXATTR_NAME, also z.B. den Begriff LAGERMENGE.

REL*LEXATTR

Hier werden die Lexikon-Attribute den RELATIONEN zugeordnet, in denen sie verwendet werden. Eine ergänzende Beschreibung spezieller Verwendungen ist durch _LEXATTR_ROLLE möglich. Beispiel: LP*MENGEN_LAGERMENGE;DURCHSCHNITT.

CK*ATTR
CK*LATTR
CK*RS
CK*XORRS
CK*SUBRS
CK*XSUBRS

Alle diese Relationen speichern Candidate-Key-Komponenten von Relationen (Buchstabe C bis K in der RRN).

RS*RRF
XORRS*RRF
SUBRS*RRF
XSUBRS*RRF

Jede Zeile, die bei der Auflösung einer ((XOR-) Sub-) Relationship in Fremdschlüssel entsteht, wird hier als RRF-Kette (variable Länge) gespeichert. Die Speicherung erfolgt, damit einmal vergebene Column-Namen und Minus-Zeichen nicht nach jeder (automatisierten) RRF neu eingetippt werden müssen.

Erläuterung der Version 02 (vgl. Bild 4–13)

Dieses Grob-Datenmodell enthält weniger Relationen.

Woran liegt das?

Keine Unterscheidung von Relationship-Typen

Anders als bei Version 01 werden im Meta-Fein-Datenmodell Version 02 keine Relationship-Typen unterschieden.

Die »*gewöhnliche* Relationship« ist in beiden Versionen fast identisch modelliert, bis auf die RELSHIP_ROLLEN_NR. Sie wurde zusätzlich zur _ROLLE (z.B. ;ZAHLEND) eingeführt, um leichter Rollennamen umbenennen zu können.

Sub-Relationships sind nur am _SYMBOL (= statt >) zu erkennen. Bei ihnen wird die RELSHIP_ROLLEN_NR stets blank sein. Die _MUSS_KANN_ANGABE wird ausgenutzt, um das Sub-Relship-Dreieck schwarz oder weiß zu zeichnen. _NACH_VON_MIN und _NACH_VON_MAX müssen bei Sub-Relships (vom RRM-Tool) beide auf 1 gesetzt werden.

XOR-Fall anders modelliert

Der XOR-Fall wird anders modelliert als in Version 01.

In Version 01 werden die XOR*RELSHIPS in einer anderen Relation gespeichert, fehlen also in der Relation RELSHIP.

In Version 02 werden *alle(!)* Relationships in RELSHIP erfaßt. *Zusätzlich(!)* vermerkt man dann, welche dieser Relationships durch eine XOR-Bedingung zusammengehören.

Auch im XOR-Fall wird in Version 02 wieder nicht unterschieden zwischen »gewöhnlichen« XOR-Relships und XOR-Sub-Relships.

Hat Version 02 nur Vorteile gegenüber Version 01?

Nein.

Nachteile der Version 02

Sub-Relationships sind nur am _SYMBOL (= statt >) zu erkennen. Bei ihnen wird die RELSHIP_ROLLEN_NR stets 0 oder blank sein. Die _MUSS_KANN_ANGABE wird ausgenutzt, um das Sub-Relship-Dreieck schwarz oder weiß zu zeichnen. _NACH_VON_MIN und _NACH _VON_MAX müssen bei Sub-Relships (vom RRM-Tool) beide auf 1 gesetzt werden.

3NF-Verstoß

Die Werte der Nichtschlüssel-Attribute _NACH_VON_MIN und _NACH_VON_MAX sind also abhängig von der Ausprägung des Nichtschlüssel-Attributes _SYMBOL. Wenn dort (bei Sub-Relships) ein Gleichheitszeichen steht, muß in den beiden MIN_MAX-Attributen jeweils eine 1 erscheinen. Dies ist ein 3NF-Verstoß.

Man sollte so selten wie möglich denormalisieren und Normalform-Verletzungen zumindest dokumentieren und begründen. Dies soll an dieser Stelle gleich geschehen:

Der Verstoß gegen 3NF wird in Kauf genommen, weil nur an einer Stelle, nämlich beim INSERT in RELSHIP ein Prüfmodul aktiviert werden muß, der die beiden MIN-MAX-Attribute in Abhängigkeit vom _SYMBOL prüft. Diese kleine Prüfung erspart eine Vielzahl von Relationen (SUB*RELSHIP, CK*SUBRS, SUBRS*RRF, XOR*SUBRS, SUBRS*RRF, SUBRS*RRF*KOMP), Joins und viel Programm-Logik an anderer Stelle, z.B. bei der RRF.

Weiterer Unterschied

Die _RRF_KETTE in den Version 01-Relationen RS*RRF, SUBRS*RRF, XORRS*RRF und XSUBRS*RRF wurde in Version 02 in Einzel-Komponenten aufgelöst. Deshalb hängt an der Relation RRF noch die Relation RRF*KOMP. Dies erschwert zwar etwas die Abspeicherung, beschleunigt und erleichtert aber erheblich z.B. die Abfrage: »Welche Relationen haben eine *indirekte(!)* Beziehung zum KURSTYP?«. Man kann diese Abfrage noch verfeinern und z.B. fragen: »Welche Relationen setzen die Existenz eines KURSTYPS voraus?« oder: »Welche Relationen sind Voraussetzung für die Relation KURSTYP?«.

Empfehlung der Version 02

Welches der beiden Fein-Meta-Datenmodelle ist nun »besser« und wird deshalb als Datenbasis eines RRM-Tools empfohlen?

Der Autor würde Version 02 der Version 01 vorziehen.

Zwar sind einige Plausibilitätsprüfungen mehr als in Version 01 erforderlich, aber dafür erfordert die Navigation in den überschaubareren Relationen der Version 02 weniger Programmier-Aufwand.

Wenn in Version 02 z.B. aus einer Relship eine Subrelship gemacht werden soll, dann ist nur das RELSHIP_SYMBOL von > auf = zu ändern. In Version 01 müßte die RELSHIP gelöscht und eine SUB*RELSHIP (unter Mitnahme der brauchbaren RELSHIP-Attribute) eingefügt werden.

Die Zerlegung der RRF_KETTE
(z.B. KURS*TEILNEHMER>KURS>KURSTYP>SACHGEBIET_NR)
in RRF*KOMPonenten ist zwar schwierig zu erklären, bietet jedoch erhebliche Programmier- und Performance-Vorteile gegenüber Version 01, wenn nach Relationen gefragt wird, die »unter« einer angegebenen Relation »hängen«.

Erklärung der Relationen RRF und RRF*KOMP

Wenigstens ansatzweise seien die Relationen RRF und RRF*KOMP durch ein Beispiel erklärt.

Die RRF_KETTE: KURS*TEILNEHMER>KURS>KURSTYP>SACHGEBIET_NR würde wie folgt in den Relationen RRF und RRF*KOMP gespeichert:

```
RRF
>KURS*TEILNEHMER                  RRF>RELSHIP>RELATION;VON
>KURS                             RRF>RELSHIP>RELATION;NACH
_                                 RRF>RELSHIP_ROLLEN_NR
1                                 RRF_NR
_                                 RRF>LEXATTR;ENDKOMP>LEXIKON_NR
_                                 RRF>LEXATTR;ENDKOMP_NR
_                                 RRF>LEXATTR;ENDKOMP_ROLLEN_NR
_NR                               RRF>RELATTR_NR,                    hier
                                  (SACHGEBIET)_NR
```

```
RRF*KOMP
>KURS*TEILNEHMER                  RRF*KOMP>RRF>RELSHIP>RELATION;VON
>KURS                             RRF*KOMP>RRF>RELSHIP>RELATION;NACH
_                                 RRF*KOMP>RRF>RELSHIP_ROLLEN_NR
1              1                  RRF*KOMP>RRF_NR
1              2                  RRF*KOMP_NR
>              >                  RRF*KOMP_VOR_SYMBOL
KURSTYP        SACHGEBIET         RRF*KOMP>RELSHIP>RELATION;NACH
_              _                  RRF*KOMP>RELSHIP_ROLLEN_NR
>              _                  RRF*KOMP_NACH_SYMBOL
```

Allerdings würden nur Relations-Nummern und keine Relations-Namen gespeichert. Beide Relationen wären um Applikation und Version zu ergänzen.

4.4.5 Feinst-Meta-Datenmodell

Das Feinst-Meta-Datenmodell der Version 02 wird hier abgedruckt,

- als weiteres RRF-Beispiel
- mit dem Hinweis, die Minuszeichen zu beachten.

In diesem RRF-Beispiel wurde darauf verzichtet, die Relations-Namen in jeder Relations-Zeile zu wiederholen. Ein RRM-Tool sollte den Anwender wählen lassen, ob die Relationsnamen wiederholt werden sollen oder nicht.

Feinst-Datenmodell
(RRF-Notation **ohne** Wiederholung der Relationsnamen) zum Fein-Datenmodell Version 02:

```
A META_DM
V 02.01   (vgl. Bild 4-13)

R APPL*STATUS                                      STAT
L MOEGLICHER APPLIKATIONS*STATUS
P _CODE                                            STATUS
  _BEDEUTUNG                                       BEDEUTUNG

R APPL                                             APPL
L APPLIKATION, ANWENDUNGSSYSTEM
P _NR                                              APPL
P _VERSION                                         VERS
  _KUERZEL                                         KUERZEL
  _LANG_BEZEICHNUNG                                LANG_BEZ
  _VERSIONS_DATUM                                  VERS_DAT
  _BESCHREIBUNG                                    BESCHREIB
  _LETZTE_AENDERUNGEN                              AEND
  >APPL*STATUS_CODE                                STATUS
  _DATUM_LETZTER_UPDATE                            UP_DAT

R RELATION                                         REL
L RELATION
P >APPL_NR                                         APPL
P >APPL_VERSION                                    VERS
P _NR                                              REL
  _NAME                                            NAME
  _LANGNAME                                        LANGNAME
  _BESCHREIBUNG                                    BESCHREIB
  _DOMAENEN_KENNZEICHEN                            DOM_KZ
  _SORTIER_NR                                      SORT
  _INSERT_Y_N                                      INS
  _DELETE_Y_N                                      DEL
  _UPDATE_Y_N                                      UP
  _ABVIEW_NAME                                     ABVIEW
```

```
R RELSHIP                                              RELSHIP
L RELATIONSHIP (AUCH SUB*RELATIONSHIP)
P >RELATION;VON>APPL_NR                                APPL
P >RELATION;VON>APPL_VERSION                           VERS
P >RELATION;VON_NR                                     REL_VON
P >RELATION;NACH>APPL_NR                               - APPL_NACH
P >RELATION;NACH>APPL_VERSION                          - VERS_NACH
P >RELATION;NACH_NR                                    REL_NACH
P _ROLLEN_NR                                           ROLLE_NR
  _ROLLE                                               ROLLE_TXT
  _SYMBOL                                              SYMBOL
  _P_KEY                                               P_KEY
  _SORTIER_NR                                          SORT
  _BESCHREIBUNG                                        BESCHREIB
  _MUSS_KANN_ANGABE                                    M_K
  _RI_ANGABE                                           RI
  _NACH_VON_MIN                                        MIN
  _NACH_VON_MAX                                        MAX
  >XOR*KRITERIUM>RELATION>APPL_NR                      - XOR_APPL
  >XOR*KRITERIUM>RELATION>APPL_VERSION                 - XOR_VERS
  >XOR*KRITERIUM>RELATION_NR                           XORKRIT_REL
  >XOR*KRITERIUM_NR                                    XORKRIT_NR

R XOR*KRITERIUM                                        XORKRIT
L XOR*KRITERIUM FUER RELSHIPS (AUCH SUB*RELSHIPS)
P RELATION>APPL_NR                                     APPL
P RELATION>APPL_VERSION                                VERS
P RELATION_NR                                          REL_VON
P _NR                                                  X_KRIT
  _BEZEICHNUNG                                         BEZEICH
  _MUSS_KANN_ANGABE                                    M_K

R RELATTR                                              RELATTR
L RELATIONS*ATTRIBUT
P >RELATION>APPL_NR                                    APPL
P >RELATION>APPL_VERSION                               VERS
P >RELATION_NR                                         REL
P _NR                                                  RELATTR
  _NAME                                                NAME
  _SORTIER_NR                                          SORT
  _P_KEY                                               P_KEY
  _DATENTYP                                            TYP
  _FORMAT                                              FORMAT
  _ERLAEUTERNDER_TEXT                                  ERLAEUT
  _DERIVAT_KENNZEICHEN                                 DERIV_KZ
  _COLUMN_NAME                                         COL_NAME
  _MUSS_KANN_ANGABE                                    M_K
  _WITH_DEFAULT_Y_N                                    DEF_Y_N

R LEXIKON                                              LEX
L LEXIKON RELATIONSUEBERGREIFEND DEFINIERTER ATTRIBUTE
P _NR                                                  LEX
```

```
    _NAME                                              NAME
    _GELTUNGSBEREICH_TEXT                              TEXT

R LEXATTR                                              LEXATTR
L IN EINEM LEXIKON DEFINIERTES ATTRIBUT
P >LEXIKON_NR                                          LEX
P _NR                                                  LEXATTR
  _NAME                                                NAME
  _DATENTYP                                            TYP
  _FORMAT                                              FORMAT
  _ERLAEUTERNDER_TEXT                                  TEXT

R REL*LEXATTR                                          RELLATTR
L ZUORDNUNG VON LEXIKON_ATTRIBUTEN ZU EINER RELATION
P >RELATION>APPL_NR                                    APPL
P >RELATION>APPL_VERSION                               VERS
P >RELATION_NR                                         REL
P >LEXATTR>LEXIKON_NR                                  LEX
P >LEXATTR_NR                                          LEXATTR
P _ROLLEN_NR                                           ROLLE_NR
  _ROLLE                                               ROLLE_TXT
  _SORTIER_NR                                          SORT
  _P_KEY                                               P_KEY
  _ERGAENZENDE_BESCHREIBUNG                            ERGAENZ
  _DERIVAT_KENNZEICHEN                                 DERIV_KZ
  _COLUMN_NAME                                         COL_NAME
  _MUSS_KANN_ANGABGE                                   M_K
  _WITH_DEFAULT_Y_N                                    DEF_Y_N

R CK*ATTR                                              CKATTR
L RELATIONS*ATTRIBUT EINES CANDIDATE KEYS
P _CK_BUCHSTABE                                        C_K
P >RELATTR>RELATION>APPL_NR                            APPL
P >RELATTR>RELATION>APPL_VERSION                       VERS
P >RELATTR>RELATION_NR                                 REL
P >RELATTR_NR                                          RELATTR
  _SORTIER_NR                                          SORT

R CK*LEXATTR                                           CKLATTR
L LEXIKON*ATTRIBUT EINES CANDIDATE KEYS
P _CK_BUCHSTABE                                        C_K
P >REL*LEXATTR>RELATION>APPL_NR                        APPL
P >REL*LEXATTR>RELATION>APPL_VERSION                   VERS
P >REL*LEXATTR>RELATION_NR                             REL
P >REL*LEXATTR>LEXIKON_NR                              LEX
P >REL*LEXATTR_NR                                      LEXATTR
P >REL*LEXATTR_ROLLEN_NR                               ROLLE_NR
  _SORTIER_NR                                          SORT

R CK*RELSHIP                                           CKRS
L RELATIONSHIP EINES CANDIDATE KEYS
P _CK_BUCHSTABE                                        C_K
P >RELSHIP>RELATION;VON>APPL_NR                        APPL
```

```
P >RELSHIP>RELATION;VON>APPL_VERSION              VERS
P >RELSHIP>RELATION;VON_NR                        REL_VON
P >RELSHIP>RELATION;NACH_NR                       REL_NACH
P >RELSHIP_ROLLEN_NR                              ROLLE_NR
  _SORTIER_NR                                     SORT

R RRF                                             RRF
L RELATIONSHIP*RRF*ZEILE
P >RELSHIP>RELATION;VON>APPL_NR                   APPL
P >RELSHIP>RELATION;VON>APPL_VERSION              VERS
P >RELSHIP>RELATION;VON_NR                        REL_VON
P >RELSHIP>RELATION;NACH_NR                       REL_NACH
P >RELSHIP_ROLLEN_NR                              ROLLE_NR
P _NR                                             RRF
  _MINUS_ZEICHEN                                  MINUS
  _MINUS_ERLAEUTERUNG                             MINUS_TXT
  _COLUMN_NAME                                    COL_NAME
  _WITH_DEFAULT_Y_N                               DEFAULT_Y_N
  >REL*LEXATTR;ENDKOMP>RELATION>APPL_NR           - LATTR_APPL
  >REL*LEXATTR;ENDKOMP>RELATION>APPL_VERSION      - LATTR_VERS
  >REL*LEXATTR;ENDKOMP>RELATION_NR                - LA_REL_END
  >REL*LEXATTR;ENDKOMP>LEXIKON_NR                 LEX
  >REL*LEXATTR;ENDKOMP_NR                         LATTR
  >REL*LEXATTR;ENDKOMP_ROLLEN_NR                  LATTR_ROLLE
  >RELATTR;ENDKOMP>RELATION>APPL_NR               - RATTR_APPL
  >RELATTR;ENDKOMP>RELATION>APPL_VERSION          - RATTR_VERS
  >RELATTR;ENDKOMP>RELATION_NR                    -RA_REL_END
  >RELATTR;ENDKOMP_NR                             RATTR

R RRF*KOMP                                        RRFKOMP
L RRF*KOMPONENTE
P >RRF>RELSHIP>RELATION;VON>APPL_NR               APPL
P >RRF>RELSHIP>RELATION;VON>APPL_VERSION          VERS
P >RRF>RELSHIP>RELATION;VON_NR                    REL_VON
P >RRF>RELSHIP>RELATION;NACH_NR                   REL_NACH
P >RRF>RELSHIP_ROLLEN_NR                          ROLLE_NR
P >RRF_NR                                         RRF
P _NR                                             RRFKOMP
  _VOR_SYMBOL                                     VOR_SYMB
  >RELSHIP>RELATION;VON>APPL_NR                   - RS_APPL
  >RELSHIP>RELATION;VON>APPL_VERSION              - RS_VERS
  >RELSHIP>RELATION;VON_NR                        - RS_REL_VON
  >RELSHIP>RELATION;NACH_NR                       RS_REL_NACH
  >RELSHIP_ROLLEN_NR                              RS_ROLLE_NR
  _NACH_SYMBOL                                    NACH_SYMB
```

Erläuterung der Minus-Kennzeichen

Die durch Minus gekennzeichneten RRF-Attribute sollen nicht als Columns relationaler Tabellen generiert werden.

Die Minuszeichen in der Relation RELSHIP bringen zum Ausdruck, daß keine Relships oder XOR-Relships zwischen verschiedenen Applikationen oder auch schon nur verschiedenen Versionen der gleichen Applikation angelegt werden dürfen. Wer Relships zu einer »fremden« Relation aufbauen will, soll diese Relation in sein Applikations-Datenmodell übernehmen.

Die Minuszeichen in der Relation RRF verhindern eine Wiederholung von Relationen, die in der Relation RRF*KOMP sowieso schon gespeichert sind. Nur das Attribut oder Lexikon-Attribut der letzten RRF-Komponente soll vermerkt werden.

4.5 Zusammenfassung, Standortbestimmung und Ausblick

Zusammenfassung

Die Fallstudie »Fahrversuch«

- vermittelte einen Einblick in die Praxis der Datenmodellierung.
- Die Relationen Relationship Notation (RRN) der Fein-Datenmodellierung wurde geübt.
- Als Beispiel für das Zusammenwirken von Daten- und Funktionsmodell wurden die Begriffe des Fein-Datenmodells in einer Vorgangs-Spezifikation verwendet.
- Zur Einstimmung in die Problematik der Datenmodell-Integration wurden verschiedene Relationen des scheinbar fertigen Applikations-Datenmodells aus Unternehmenssicht betrachtet. Dadurch ergab sich eine Fülle von erforderlichen Datenmodell-Änderungen.

Das Beispiel »Händler-Schulung«

- diente der Erweiterung und Vertiefung des bisherigen Datenmodellierungs-Wissens.
- Speziell zur Behandlung von XOR-Relationships und derivaten Daten wurden Vorschläge gemacht.
- Erneut wurden Integrationsprobleme geschildert und behandelt. Diesmal ging es um die Frage, ob das komplette Anwendungssystem überhaupt eine Existenzberechtigung neben einem scheinbar ähnlichen, bereits modellierten Anwendungssystem hat.

»Konzern-Info-System« wurde als Applikationsbeispiel gewählt,

- um den Nutzen von Lexika mit relationsübergreifend verwendbaren Attributen zu erläutern,
- um zu zeigen, daß bei vielen Anwendungssystemen ganz gut (oder vielleicht besser) auch ohne Graphik-Oberfläche modelliert werden kann
- um zu diskutieren, ob starren oder flexiblen Datenmodellen der Vorzug zu geben ist.

Zwei »Meta-Datenmodelle«
zum Relationen Relationship Modell wurden (für Experten) präsentiert, erläutert und beurteilt,

- um Klarheit in die Methodik des RRM zu bringen
- um die Verwendbarkeit der RRN und der RRF auch und gerade bei komplexen Anwendungssystemen unter Beweis zu stellen
- um darauf hinzuweisen, daß es fast immer mehr als eine Datenmodell-Lösung für ein Fachproblem gibt
- um zu zeigen, wann warum im Notfall denormalisiert (und dies dokumentiert und begründet) werden muß
- um die Datenbasis beschrieben zu haben, auf der eine RRM-Tool-Oberfläche arbeiten sollte.

Standortbestimmung

Der Leser kennt jetzt drei praxisnahe Modellierungs-Beispiele, bei denen jeweils andere Datenmodellierungsprobleme zur Sprache kamen. Er hat ansatzweise gesehen, wie mit Begriffen des Datenmodells die Vorgänge eines Anwendungssystems (als Programm-Vorgaben) spezifiziert werden können. Er wurde auf Datenmodell-Integrationsprobleme aufmerksam gemacht. Er kann Datenmodelle und Datenmodellierungs-Varianten beurteilen.

Ein Meta-Datenmodell wurde erläutert, um das Wissen über die in diesem Buch empfohlenen Datenmodellierungs-Variante zu vertiefen und eine eigenständige Beurteilung der Meta-Datenmodelle von CASE-Tools zu unterstützen.

Ausblick

Datenmodelle werden zunehmend mit CASE-Tools erstellt.

Viele Datenmodellierer müssen sich der Frage stellen, ob Datenmodellierung nur ein Teilgebiet des Software-Engineering ist, das nicht ohne Funktionsmodellierung und möglichst Programm-Generierung betrieben werden sollte.

Die Gegenthese lautet, daß der Erfolg der Datenmodellierung gerade darauf beruht, die Daten *unabhängig* von den Funktionen eines Anwendungssystems zu modelliern und zu dokumentieren.

»Datenmodellierung und CASE« heißt das nächste Hauptkapitel. Dort wird versucht, Zusammenwirken, aber auch Abgrenzung dieser beiden Informatik-Disziplinen zu beschreiben.

5

Datenmodellierung und CASE

- SE-Begriffe
- Phasen-Modelle
- SE-Techniken und -Methoden
- Abhängigkeiten zwischen Daten- und Funktionsmodellierung
- CASE-Tools
- Zusammenfassung, Standortbestimmung und Ausblick

Software-Engineering (SE)

Software-Engineering (SE) entstand in den 70er Jahren. Damals wurde die Fachwelt sich der »Softwarekrise« bewußt. Hardware wurde immer leistungsfähiger, Software immer undurchschaubarer, fehlerhafter und teurer. Die für Software aufgewendeten Mittel betrugen 1976 in den USA etwa 20 Milliarden Dollar. Das waren mehr als 2% des Bruttosozialprodukts (vgl. [Kimm u.a.], S.14). Der Anteil der Wartungskosten gegenüber den Entwicklungskosten für neue Software stieg von Jahr zu Jahr.

SE-Pioniere erfanden in rascher Folge neue Methoden und Methoden-Varianten, die sich inhaltlich überlagern oder ergänzen, alle aber ein Ziel verfolgen:

Die Komplexität von Software-Systemen soll durch

- strukturiertes Vorgehen
- Zerlegung in (möglichst autonome) Teil-Systeme
- genormte Methoden und (graphische) Notationen
- überschaubare Dokumentation

beherrschbar gemacht werden.

CASE

Die Praxis zeigte, daß die neuen SE-Methoden ohne Tool-Umgebung nur bei *überschaubaren* Anwendungssystemen einsetzbar waren. Bei komplexen Anwendungssystemen, wo man am dringendsten Hilfe brauchte, war die Beherrschung der SE-Techniken eher ein Zusatz-Problem. Aber die Leistungsfähigkeit der Hardware stieg. Graphik wurde verfügbar. Die SE-Methoden konnten durch Tools unterstützt werden. Der Begriff CASE als »Computer Aided Software Engineering« entstand.

»Bisher war SE sehr arbeitsintensiv und erforderte relativ geringen Kapitaleinsatz pro Software-Engineer. Wenn neue Software-Produktions-Umgebungen zum Einsatz kommen, wird sich diese Situation ändern und SE wird kapital-intensiver. SE-Personal wird dann besser ausgebildet sein und über mehr CASE-know-how verfügen müssen, damit ein möglichst effektiver Gebrauch der teuren SPU-Bausteine erfolgt.« (vgl. [Sommerville], S.3 f.)

Merksatz

»SE-Methoden ohne Tool-Unterstützung nützen wenig. CASE-Tools, ohne SE-Methodenkenntnisse entworfen oder angewendet, nützen ebenfalls wenig.«

Aufbau des fünften Kapitels

Einer Definition der Begriffe CASE, UPPER CASE, LOWER CASE, iCASE und INFORMATION ENGINEERING (Kapitel 5.1) folgt die

Beschreibung von Phasen-Modellen (Kapitel 5.2). Phasen-Modelle werden beschrieben, um den Unterschied zwischen SE und Information-Engineering (IE) verdeutlichen zu können. Ein Phasen-Modell für das Projekt »unternehmensweites Datenmodell« wird vorgeschlagen.

In Kapitel 5.3 sind einige gängige SE-Techniken und -Methoden kurz beschrieben. Insbesondere wird dabei geprüft, ob die beschriebenen SE-Methoden Datenmodelle als zwingenden Bestandteil aufweisen und wie das Zusammenwirken von Daten und Funktionen methodisch behandelt wird. Das Kapitel fußt im wesentlichen auf Büchern von [Martin, McClure], [Hatley, Pirbhai], [Ward], sowie [Balzert]. Beispiele und bewertende Hinweise stammen, sofern nicht anders vermerkt, vom Autor.

In Kapitel 5.4 wird die Frage beantwortet, ob Daten- und Funktionsmodellierung zwangsweise zusammengehören.

Kapitel 5.5 schließlich vermittelt einen kurzen Überblick über derzeit angebotene oder angekündigte CASE-Tools.

5.1 SE-Begriffe

CASE als höhere Kommunikationsstufe zwischen Mensch und Computer

CASE ist üblicherweise die Abkürzung für »Computer Aided Software Engineering«. Einige CASE-Tool-Anbieter sehen als wichtigsten CASE-Effekt, daß am Ende des CASE-Prozesses Masken und Programme *generiert* werden. CASE-Tools ermöglichen aus ihrer Sicht eine höhere Stufe der Kommunikation zwischen Mensch und Computer.

Am Anfang der Computer-Verbreitung stand das Programmieren in Maschinensprache (ASSEMBLER). Da mußte man noch jedes CPU-Register und dessen Eigenschaften kennen. Die Beherrschung der Maschine und ihrer Speicheradressen war das primär zu lösende Problem. Schon bei relativ einfachen Fach-Anforderungen war der Programmierer voll gefordert.

Die nächste Stufe der Programmierung befreite den Programmierer von der Anforderung, Hardware-Kenntnisse haben zu müssen. COBOL- oder FORTRAN-Programme liefen auf fast allen verbreiteten Rechnern, egal wie deren CPU-Architektur gestaltet und implementiert war. Die Kunst des Programmierens verlagerte sich mehr dahin, schwierigere

Fach-Anforderung in eine Programmiersprache umzusetzen. Während der Programmierung wurden alle unklaren Fach-Details geklärt und in das Programm eingearbeitet. Gute Programmierer waren nach einiger Zeit mindestens so gut über fachliche Details im Bilde wie ihre Auftraggeber.

CASE als nächste Stufe der Verbesserung der Mensch-Maschine-Kommunikation macht den Programmierer frei von der Notwendigkeit, Programmiersprachen kennen zu müssen. Wenn CASE hält, was es verspricht, kann damit der Fachmann selbst dem Rechner mitteilen, was zu tun ist. Programmierer werden überflüssig. CASE beseitigt den »Anwendungs-Stau«, weil endlich jeder Fachmann seine Anwendung *selbst* erstellen kann (vgl. z.B. [Finkelstein], S.3).

CASE als Computer »Aided Specification Environment«

Viele Praktiker wenden gegen eine solche CASE-Sicht ein, daß CASE zwar obigen Anspruch erhebt, diesem aber (zumindest vorläufig) noch keineswegs gerecht wird. Das Programm-Generieren funktioniert nach ihrer Ansicht nur bei Trivial-Programmen. Verbesserung des Laufzeitverhaltens ist kaum möglich.

CASE-Skeptikern erscheinen CASE-Tools (zur Zeit) allenfalls geeignet, besser verständliche Fachkonzepte erstellen zu können. Ursache dafür sind Standard-Diagramme, die anwenderfreundlich erstellt, modifiziert und (ohne Schere und Kopierer) in das Fachkonzept einbezogen werden können. »Computer Aided Specification Environment« wäre eine treffende Bezeichnung für diese CASE-Sicht. Bei solcher CASE-Einordnung ist die optische Qualität der erstellbaren Fachkonzepte ein wichtiges CASE-Tool-Auswahlkriterium.

Dictionary als CASE-Zentrum

Obigem CASE-Verständnis ist erstens entgegenzuhalten, daß es die Bedeutung der Graphik überbetont. Viel wichtiger an CASE-Tools ist aus der Sicht des Software-Engineering deren Data-Dictionary, mit dessen Hilfe die Konsistenz von Funktions-Spezifikationen automatisch geprüft und erhalten werden kann.

Zweitens wird kein zwingender Zusammenhang zwischen Programmen und deren fachlicher Spezifikation gesehen. Es wird nicht die Notwendigkeit von Mechanismen erkannt, die eine Programm-Änderung verhindern, solange nicht zuvor die fachliche Spezifikation aktualisiert wurde. Als Folge sind dann nach wenigen Monaten die per CASE-Tool erstellten Spezifikationen allenfalls noch für die Einarbeitung von Fachbereichs-Neulingen geeignet, nicht aber für die dringend erforderliche Reduzierung des Wartungsaufwandes und des Wartungsrisikos.

Selbst, wenn man Data-Dictionary und Programmgenerierung aus den fachlichen Spezifikationen für die entscheidenden CASE-Merkmale hält, fehlt noch die Erwähnung projekt*übergreifender* CASE- Zielsetzungen. Mit CASE als »noch höherer Programmiersprache« wird man noch schneller noch mehr Programme erzeugen, deren Zusammenwirken mit Daten und Programmen anderer Anwendungssysteme nicht fachlich abgesichert und dokumentiert ist.

Definitionen

CASE

CASE ist eine Abkürzung für »Computer Aided *Systems(!)* Engineering. Systeme und nicht nur deren Software-Module sollen computerunterstützt spezifiziert werden. Zu einer System-Spezifikation gehört z.B. auch die Festlegung nicht automatisierter Abläufe, die Dokumentation von Systemabgrenzungen und Hardware-Entscheidungen.

UPPER CASE

UPPER CASE ist ein Begriff für konzeptionelle (»höhere«) Analyse- und Entwurfs-Methoden, die durch CASE-Tools unterstützt werden.

LOWER CASE

LOWER CASE ist eine Bezeichnung für toolunterstützte, maschinennähere (»niedrigere«) Codier-, Test- und Installations-Verfahren.

iCASE

iCASE bedeutet »integrated CASE« und bezeichnet CASE-Systeme, die eine Durchgängigkeit von UPPER CASE zu LOWER CASE gewährleisten.

IE

INFORMATION ENGINEERING ist die Bezeichnung für eine SE-Weiterentwicklung, die iCASE nicht nur innerhalb eines Anwendungssystems anstrebt, sondern darüberhinaus das Zusammenwirken vieler oder gar aller Informationssysteme eines Unternehmens verbessern will.

CASP

CASP ist eine Abkürzung für »Computer Aided Strategic Planning«, ein Teilgebiet des INFORMATION ENGINEERING.

Bild 5–1 soll obige Definitionen verdeutlichen.

Tools, die aus fachlichen Spezifikationen Programme und Datenbanken generieren, sind iCASE-Tools.

Tools, die »nur« die Spezifikation von Systemen unterstützen, sind UPPER-CASE-Tools.

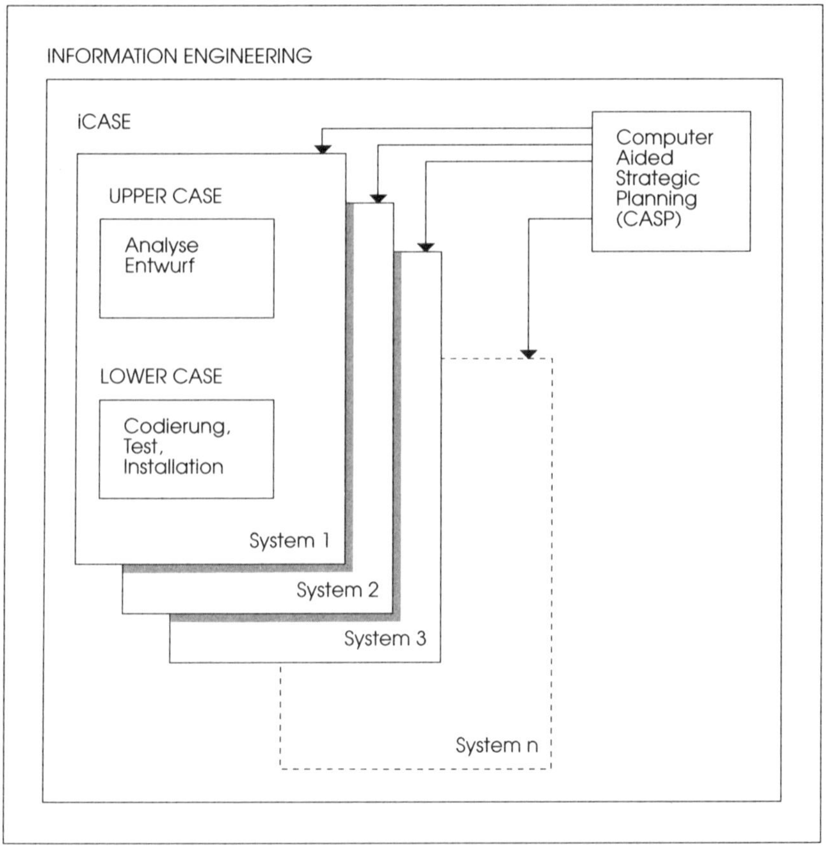

Bild 5–1 UPPER CASE, LOWER CASE, iCASE, INFORMATION ENGINEERING, CASP

Datenmodellierungs-Varianten sind UPPER-CASE-Methoden, wenn sie für ein Anwendungssystem angewendet werden. Sie entsprechen dem INFORMATION-ENGINEERING-Ansatz, wenn unternehmensweite Datenmodellierung betrieben wird.

Programmiersprachen, Masken- oder Reportgeneratoren, die unabhängig von einer fachlichen Spezifikation eingesetzt werden, sind LOWER-CASE-Tools.

SE-Techniken, z.B. das geschickte Programmieren von Sortier-Algorithmen (vgl. z.B. [Wirth]) oder von sonstigen Makros (vgl. z.B. [Kernighan]), deren Verwendung zu besseren, schnelleren oder übersichtlicheren Programmen führt, sind als LOWER-CASE-Techniken einzuordnen.

Erprobte LOWER-CASE-Tools werden gerne als Komponenten in derzeit entstehenden oder angebotenen iCASE-Umgebungen verwendet.

Eine Software-Produktions-Umgebung (SPU), die das integrierte Spezifizieren und Implementieren von Systemen ermöglicht und erzwingt, unterstützt den Information-Engineering-Ansatz.

5.2 Phasen-Modelle

5.2.1 Phasen-Modelle des Software-Engineering (SE)

In fast allen SE-Büchern findet der Leser Phasen-Modelle. Ein besonders ausführliches Phasen-Modell enthält z.B. [Barker 2]. Dort ist ein Netzplan aller Projekt-Aktivitäten mit Aktivitäten-Beschreibung, Ergebnistypen, Formularvorschlägen und Toolunterstützungs-Hinweisen abgedruckt, der fast das ganze Buch füllt. Meistens sind die beschriebenen Phasen-Modelle projektorientiert.

»Analyse, Design, Realisierung, Test, Wartung« ist die Botschaft, die in vielen Varianten, mal als Wasserfall-Modell, mal als Kreislauf-Modell verkündet wird. (Vgl. z.B. Bild 5–2, in Anlehnung an [Kimm u.a.], S.19, oder die Bilder in [Fisher], S.8 und S.11. Eine Prototyping- und eine 4GL-Variante des Phasen-Modells enthält [Pressman], S. 7 und 9.)

Deutlicher als aus dem Wasserfall-Modell in Bild 5–2 geht aus dem Phasen-Überlappungs-Modell (Bild 5–3) hervor, daß sich die Phasen gegenseitig beeinflussen und zeitlich überlagern. (Bild 5–3 entspricht einer Abbildung in [Hatley, Pirbhai], S. 27, ist jedoch um den Wartungs-Hinweis ergänzt.)

Die Aufwandshöhe bei Überlappungen ist bewußt unterschiedlich. Je weiter Phasen zeitlich voneinander entfernt sind, desto weniger gegenseitige Aufwands-Beeinflussung sollte bestehen. In Bild 5–3 sind alle Phasen-Aufwände gleich hoch gezeichnet. SE versucht aber gerade, den Implementierungs-, Test- und Wartungsaufwand zu senken, indem mehr Aufwand in die »frühen Phasen« investiert wird. In Bild 5–3 scheint der Wartungsaufwand relativ gering zu sein. Aber man verlängere gedanklich die Zeitachse, dann übertrifft nach einiger Zeit der Wartungsaufwand den Aufwand aller vorausgehenden Phasen.

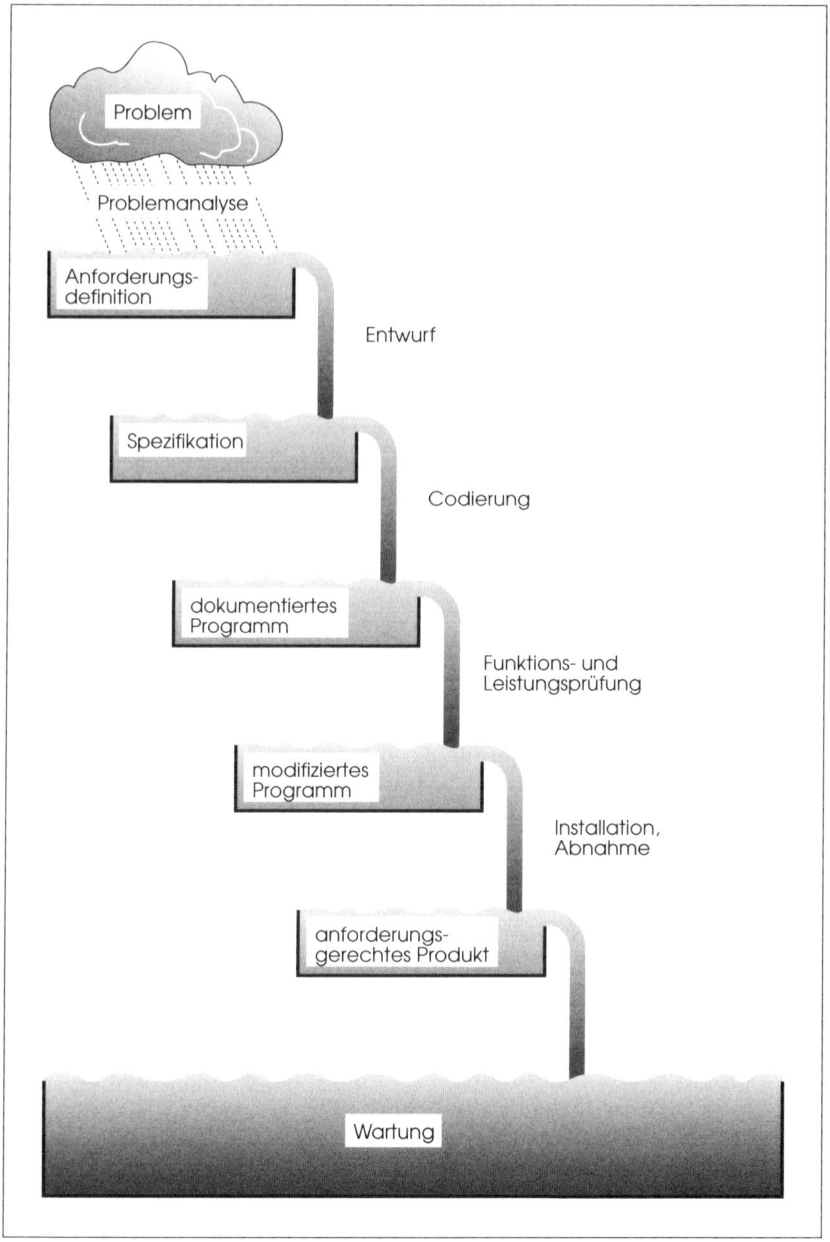

Bild 5–2 Software Life Cycle (Wasserfall-Modell)

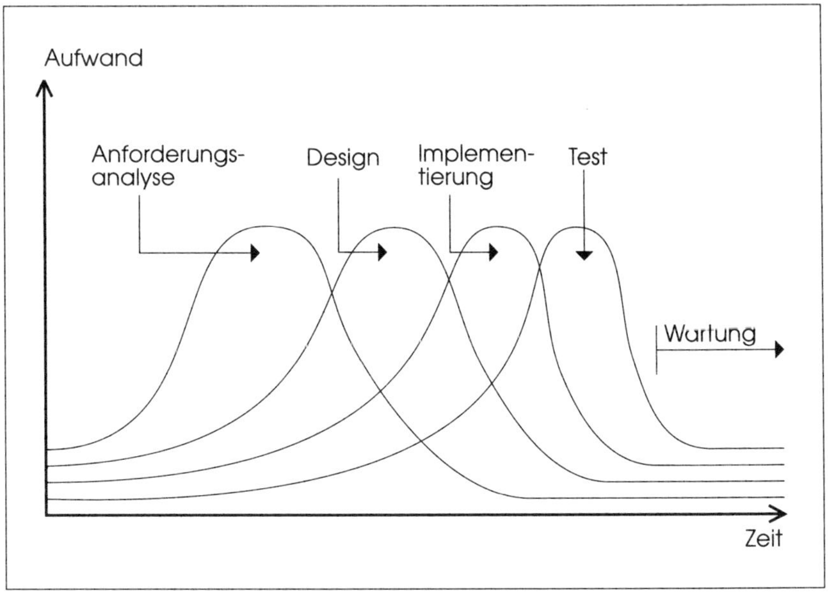

Bild 5–3 Phasen-Überlappungs-Modell

Bild 5–4 zeigt zwei Summen-Kurven über die (verschieden hoch angenommenen) Einzel-Kurven von Bild 5–3.

Bild 5–4 verdeutlicht, daß bei einem nicht SE-orientierten Vorgehen während der Phasen Analyse und Design geringer Aufwand anfällt. Erst während der Programmier- und Test-Phase entsteht der Haupt-Aufwand.

Insgesamt besteht ein Aufwands-Vorteil bei SE-orientierem Vorgehen. In den frühen Projekt-Phasen fällt *mehr* Aufwand an, der sich jedoch durch *geringeren* Aufwand während der Programmier-, Test- und vor allem Wartungs-Phase bezahlt macht.

Stellt man mehrere Projekte (die in Anwendungssysteme münden) in einem Diagramm dar, dann ergibt sich zunächst Bild 5–5. Dort sind die Aufwände noch nicht addiert.

Der Unternehmens-IV-Aufwand über die Zeit (Bild 5–6) ergibt sich durch Addition der Aufwände für die einzelnen Anwendungssysteme.

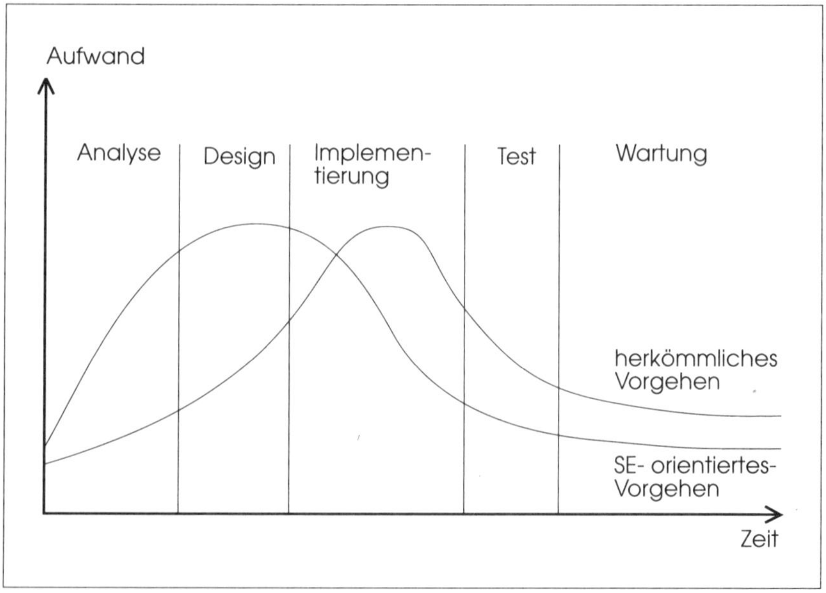

Bild 5–4 Aufwands-Verlauf bei SE-orientierter Projekt-Abwicklung im Vergleich zum herkömmlichen Vorgehen

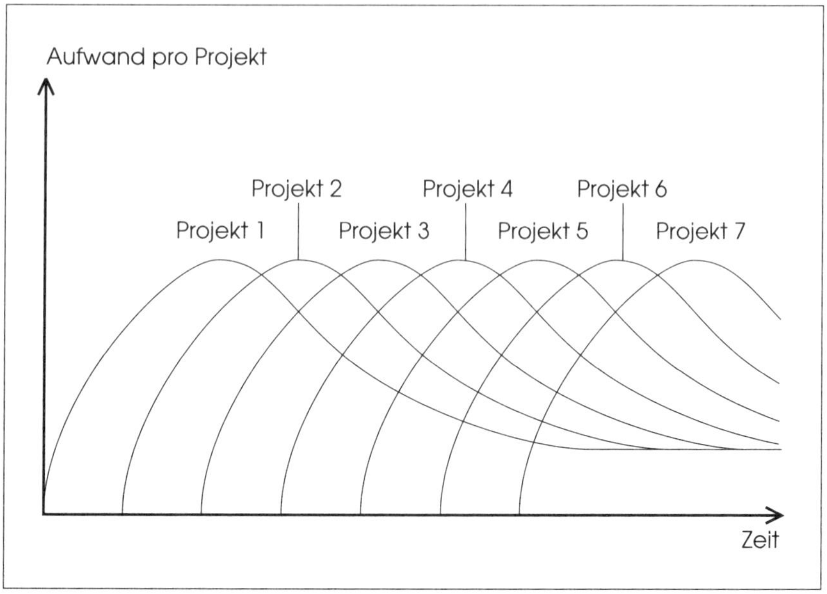

Bild 5–5 Aufwände mehrerer Projekte (ohne Addition)

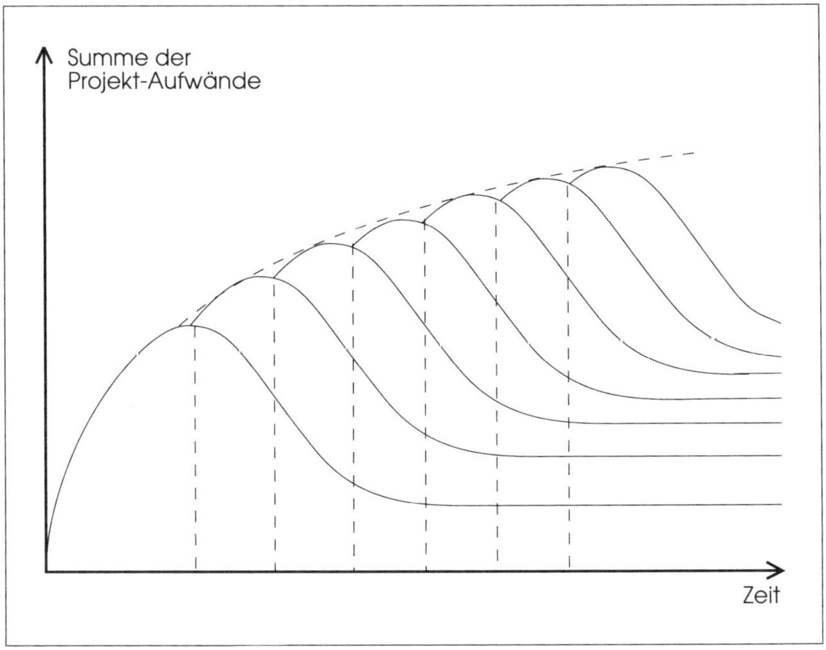

Bild 5–6 Unternehmens-IV-Aufwand bei herkömmlicher Projekt-Abwicklung (Addition aller Projekt-Aufwände aus Bild 5–5)

Bild 5–6 zeigt, daß nach einigen Projekten und einigen Jahren die Höhe des IV-Aufwandes vor allem von der Höhe der Wartungs-Aufwände für die einzelnen Anwendungssysteme abhängt. Die schnelle oder langsame Projekt-Abwicklung bis zum laufenden Anwendungssystem ist vergleichsweise uninteressant. Der Wartungs-Anteil am IV-Aufwand steigt von Jahr zu Jahr. Dies erst recht, wenn man annimmt, daß viele »Neu-Projekte« Nachfolgeprojekte von Alt-Projekten sind, also eigentlich zur Wartung gehören.

5.2.2 Phasen-Modell des Information-Engineering (IE)

Wie kann ein Unternehmen den Wartungs-Aufwand für seine IV-Systeme senken?

SE empfiehlt seit den 70er Jahren, daß jedes Projekt besser analysieren und designen soll, ehe es realisiert. INFORMATION ENGINEERING behauptet seit den 80er Jahren, daß der Haupt-Mangel heutiger betrieblicher Informationssysteme das Fehlen eines Unternehmens-Informationsmodells und von darauf aufbauenden Architektur-Vorgaben ist, nach denen sich Einzel-Applikationen richten können und müssen.

Nicht das Einzel-Projekt kann durch SE-Vorgehen den Unternehmens-IV-Aufwand wesentlich senken. Nicht sich dauernd ändernde Anwender-Wünsche oder die große Zahl von zu spät erkannten Programm-Fehlern sind die Ursache des steigenden Wartungs-Aufwandes.

Dauernde Anpassung von Schnittstellen zu anderen Anwendungssystemen und eine unternehmensweit unkoordinierte Datenhaltung sind die eigentlichen Ursachen vermeidbarer Wartungs- und Betriebskosten.

INFORMATION ENGINEERING empfiehlt deshalb, den gängigen Phasen-Modellen die Phase »Unternehmens-Informationsmodell« (UIM) vorzuschalten. Damit ergibt sich als IE-Phasenmodell Bild 5–7.

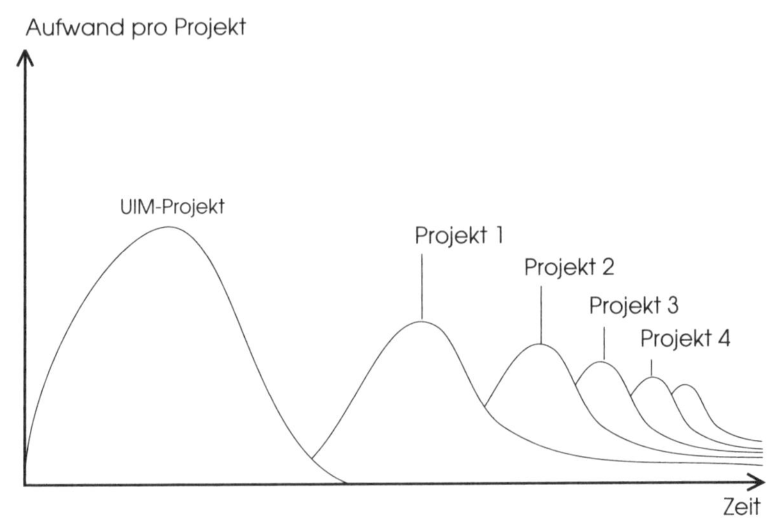

Bild 5–7 Phasen-Modell des INFORMATION ENGINEERING

Das Projekt »Unternehmens-Informationsmodell (UIM)« wird vor allen weiteren Projekten aufgesetzt und im Repository dokumentiert. Nur auf der Basis eines bereits weitgehend abgesicherten Unternehmens-Informationsmodells kann *ökonomisch(!)* die Entwicklung von Anwendungssystemen einsetzen.

Von Projekt zu Projekt sinkt der Analyse-, Implementierungs- und Wartungs-Aufwand, weil immer größere Projektumfänge z.B. durch die verfügbaren Daten(banken) und Update-Programme der Vorgänger-Projekte schon erbracht sind.

5.2.3 Empfohlenes Phasen-Modell

Kritik am IE-Phasenmodell

Der Autor hält das IE-Phasen-Modell (Bild 5–7) nur in kleineren Unternehmen für praktikabel.

In Großunternehmen ist das Aufgaben-, Funktions- und Datenfelder-Volumen der Informationsverarbeitungs-Systeme so groß, daß man während der strategischen Informationssystem-Planung sehr grob bleiben muß, wenn man alle Unternehmens-Bereiche funktional beschreiben will.

In IE-Broschüren und -Vorträgen heißt es sinngemäß (hier zur Verdeutlichung etwas überspitzt):

»Erfassen Sie (im Rahmen von CASP) die wichtigsten Funktionen Ihres Unternehmens. Ordnen Sie diesen Funktionen Entitäten zu. Vermerken Sie, ob CREATE, DELETE, UPDATE oder READ die Zugriffsart ist (»C-DUR-Matrix«). Dann lassen Sie das IE-Tool clustern und schon wissen Sie, wie Sie Ihre Anwendungssysteme am besten gegeneinander abgrenzen sollten.«

Aus grober Sicht sind alle PKW's gleich und der Käufer braucht sich nur zwischen PKW und LKW entscheiden, wobei es selbst da noch Entscheidungsprobleme gibt. Aus grober Sicht ist auch Montagesteuerung gleich Fertigungssteuerung und Versuchsfahrzeugbau gleich Serienfahrzeug-Produktion. Erst *im Detail* werden die einzelnen Funktionen und Entitäten so unterschiedlich, daß man die Existenz-Berechtigung vieler »überflüssiger« IV-Systeme erkennen und deren Abgrenzung seriös besprechen kann. Wenn aber Funktionen detaillierter beschrieben werden, wer stellt dann sicher, daß die Funktionsbeschreibungen begrifflich kompatibel und inhaltlich zutreffend sind.

Dem Begriff Unternehmens-Informationsmodell (UIM) steht der Autor skeptisch gegenüber. Kommunikationssystem-Studien (KSS) sind die bereits bekannten (nicht übermäßig erfolgreichen) Vorgänger des Information-Engineering-Ansatzes.

Der Autor glaubt, bezogen auf Großunternehmen, eher an die Machbarkeit und damit den Nutzen eines unternehmensweiten Datenmodells (UwDM). Die Datenwelt eines Unternehmens ist stabiler als die Anwendungssystem-Funktionen. Schon das UwDM fällt dem Unternehmen nicht in den Schoß, sondern muß mit Strategie und erheblichem Aufwand erarbeitet werden. Ohne ein UwDM kann es kein (wertvolles) UIM geben. Also sollte ein Großunternehmen erst einmal das UwDM in Angriff nehmen, erstellen und warten, ehe es sich mit dem UIM übernimmt!

Problematik formaler Funktionsmodelle

Allerdings fallen beim Erstellen von Datenmodellen viele Informationen über Funktionen an, die nicht völlig undokumentiert bleiben sollten. Datenmodelle sollten deshalb unmittelbar nach ihrer Fertigstellung verbal erläutert werden. In dieser verbalen Erläuterung sollte zum Ausdruck kommen, was das Anwendungssystem mit den Daten tut. Von einem formalen »*Zerhacken*« der Anwendungssystem-Funktionalität in Einzel-Funktionen, Abläufe und Informationssichten hält der Autor wenig. Diese Zerlegung bereitet Mühe, ist personenabhängig und nur selten projektübergreifend kompatibel.

Empfohlenes Phasen-Modell

Das empfohlene Phasen-Modell (Bild 5–8) unterscheidet sich vom IE-Phasenmodell (Bild 5–7) in zwei Punkten:

1. Die projektübergreifenden IE-Aktivitäten konzentrieren sich auf die Erstellung eines UwDM. Auf die Erstellung eines UIM wird (solange das UwDM nicht fertig ist und aktuell gehalten werden kann) verzichtet. Aufgaben und Funktionen von Anwendungssystemen werden auf nur wenigen Seiten verbal beschrieben. Diese Beschreibung soll ausreichen, um dem Betrachter eines Projekt-Datenmodells dieses Datenmodell verständlich zu machen. Projekt-Einzelfunktionen werden nicht systematisch erfaßt und dokumentiert (Begründung s.o.).

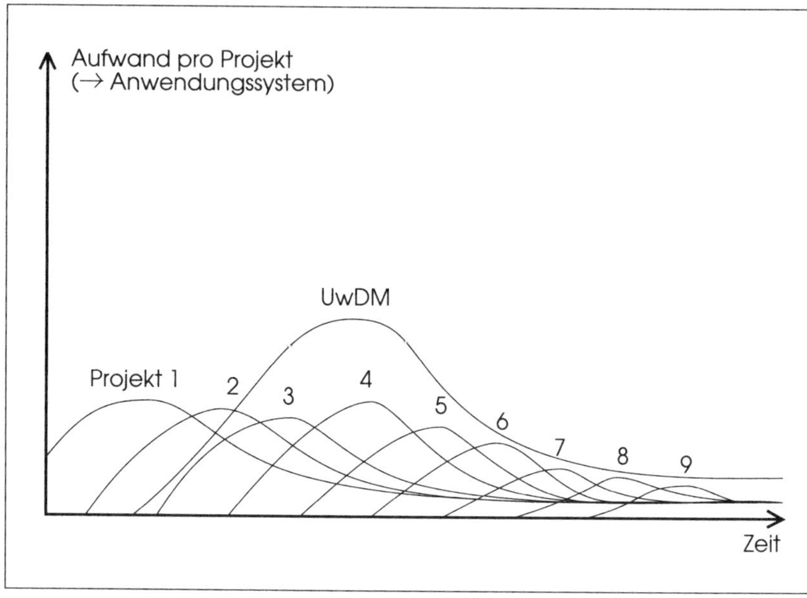

Bild 5–8 Empfohlenes Phasen-Modell

2. Die projektübergreifenden IE Aktivitäten laufen *parallel* zur Projektarbeit, sind also zeitlich nicht allen Projekten vorangestellt. Der IV-Wartungsaufwand sinkt nicht wegen einer einmaligen UIM-Anstrengung, sondern nur,
   - wenn *permanent (!)* und mit ausreichender personeller Kapazität das UwDM verbessert und aktualisiert wird
   - wenn die Projekte im Rahmen ihrer Wartungs-Aktivitäten *immer* dafür sorgen, daß ihre physische Datenwelt dem neuesten Stand des UwDM entspricht.

5.3 SE-Techniken und -Methoden

5.3.1 Kurzbeschreibung von SE-Techniken

Baum-Diagramme

Baumdiagramme sind zwar übersichtlich, zwängen jedoch oft einen Sachverhalt in eine Baum-Struktur, der in Wirklichkeit eine vernetzte Struktur aufweist. Mit Baumdiagrammen kann man verschiedenartige

Sachverhalte darstellen. Im CASE-Zusammenhang sind Organigramme, Datenstruktur-Bäume und Funktions-Bäume von Bedeutung.

Unternehmens-Organigramme findet der Leser z.B. in Kapitel 8.

Einen Datenstruktur-Baum verwendet das Warnier-Orr-Diagramm in Bild 5–9 (vgl. [Martin, McClure], S.199).

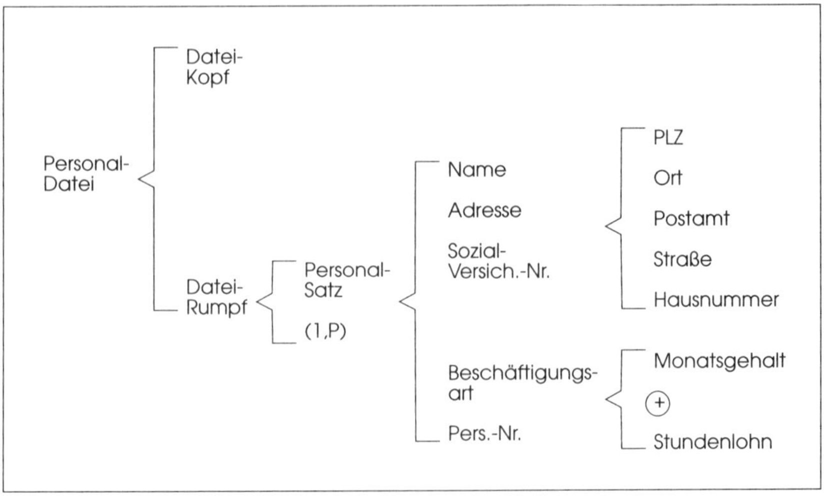

Bild 5–9 Warnier-Orr-Diagramm

Warnier und Orr haben ihr Baum-Diagramm um Zusatz-Informationen erweitert:

Das mehrfache Auftreten von Zweigen des Baumes wird in runden Klammern notiert. Die Personal-Datei hat z.B. 1 bis P Personalsätze.

Entweder-Oder-Fälle werden durch das + symbolisiert, z.B. kann abhängig von der Beschäftigungsart (Angestellter, Arbeiter) nur entweder das Feld Monatsgehalt oder aber das Feld Stundenlohn gefüllt sein.

Warnier-Orr-Diagramme mögen geeignet sein, den Aufbau serieller Datenträger (z.B. Magnetbänder) zu beschreiben. Als Ersatz für Datenmodelle sind sie ungeeignet, weil Daten meist netzwerkförmig und nur selten rein hierarchisch zueinander in Beziehung stehen .

Einen Funktions-Baum verwendet auch die HIPO-Programm-Übersicht in Bild 5–10 (vgl. [Martin, McClure], S.192).

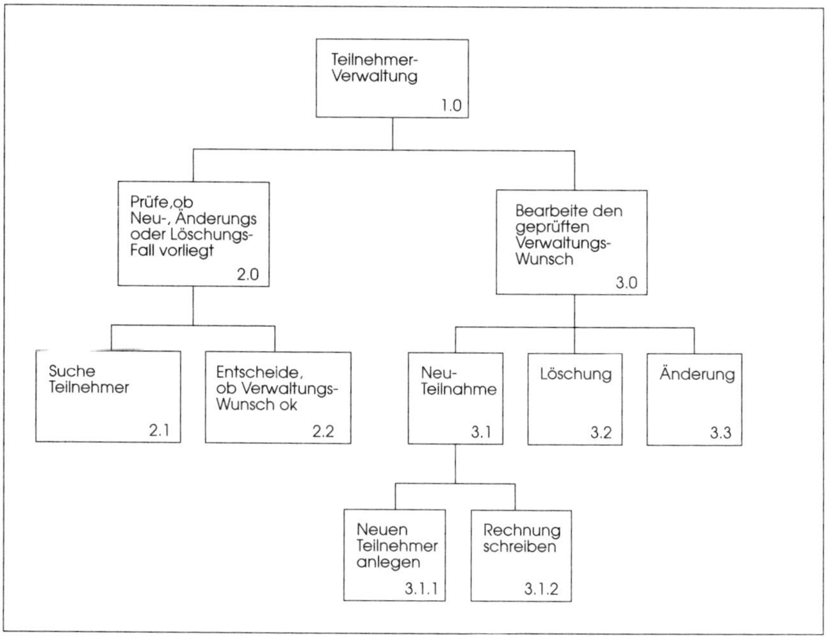

Bild 5–10 HIPO-Programm-Übersicht

Leider schließt ein reines Baumdiagramm aus, daß gleiche »Blätter« (z.B. die Funktion 3.1.2, Rechnung schreiben) an mehreren »Ästen« hängen. Nun könnte aber auch z.B. die Änderung (Funktion 3.3) von Teilnehmerdaten das Schreiben einer Rechnung erfordern.

Struktogramme

Struktogramme zeigen die Hierarchie von Programm-Modulen und (ansatzweise) deren Zusammenwirken. Struktogramme sind keine Untermenge der Baum-Diagramme, denn es ist erlaubt, daß ein Unter-Modul von mehreren (!) Über-Modulen aufrufbar ist.

Bild 5–11 zeigt (in Anlehnung an [Martin, McClure], S.182) das Struktogramm eines Programmes, das z.B. für eine Rundfunk-Anstalt die Teilnehmer-Informationen verwaltet.

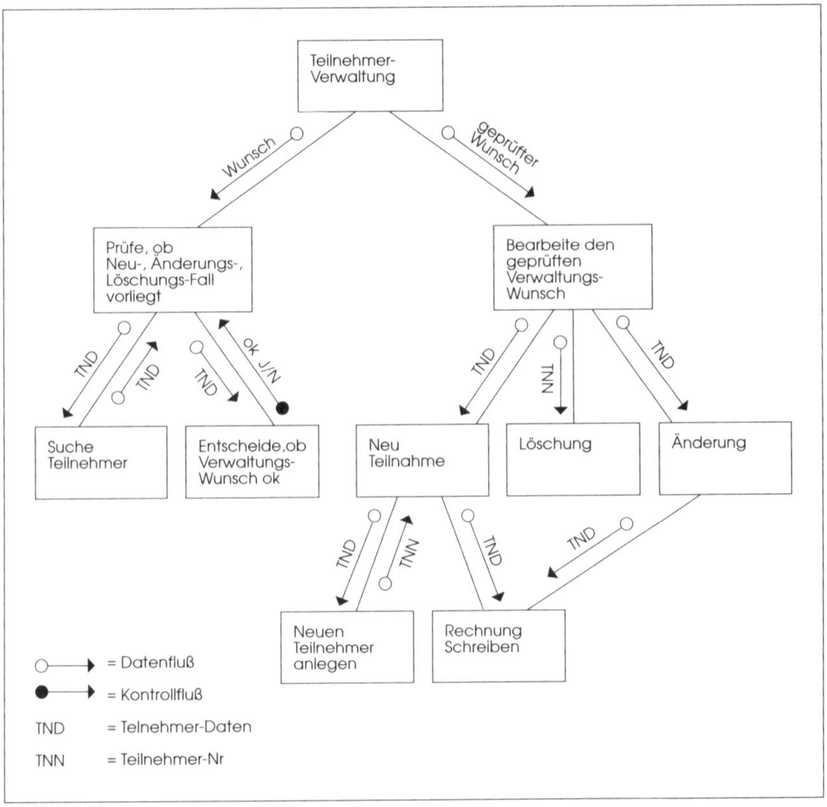

Bild 5–11 Struktogramm

Der Modul »Rechnung schreiben« kann von mehreren Über-Modulen aufgerufen werden. Er ist ein sogenannter »common module«. Neben diesem Unterschied gegenüber Baum-Diagrammen weisen Struktogramme weitere Besonderheiten auf.

Andeutungsweise ist der Daten- und Kontrollfluß zwischen den Programm-Modulen dargestellt. Kontrollflüsse sind am schwarz gefüllten Kreis zu erkennen.

Modul-Reihenfolge, Schleifen, XOR-Verzweigungen sind in Struktogrammen erst durch Zusatz-Vereinbarungen erkennbar.

Beispielsweise können Rauten als XOR-Verzweigungen eingebaut werden. Man kann vereinbaren, daß die Modulen von links nach rechts durchlaufen werden.

Flußdiagramme

Es gibt zwei Arten von Fluß-Diagrammen:

- Datenflußplan (system flowchart)
- Programmablaufplan (program flowchart)

Bild 5–12 zeigt einen Datenflußplan für das Programm »Teilnehmerverwaltung«.

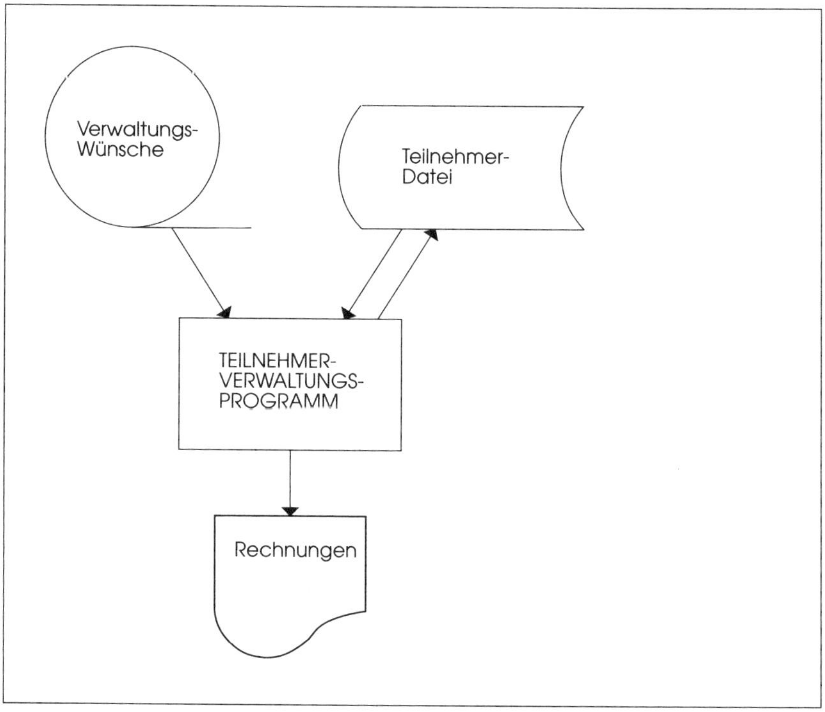

Bild 5–12 Datenflußplan (system flowchart)

Bild 5–13 zeigt einen Programmablaufplan für die Funktion »Suche Teilnehmer«, die aus der HIPO-Programm-Übersicht (Bild 5–10) bereits bekannt ist. Programmablaufpläne zeigen eindeutiger als Text die Logik der Verarbeitungsschritte. Sie verbrauchen aber schon bei kleinen Programmen (siehe Beispiel) viel Platz und werden bei umfangreichen Programmen schnell unübersichtlich.

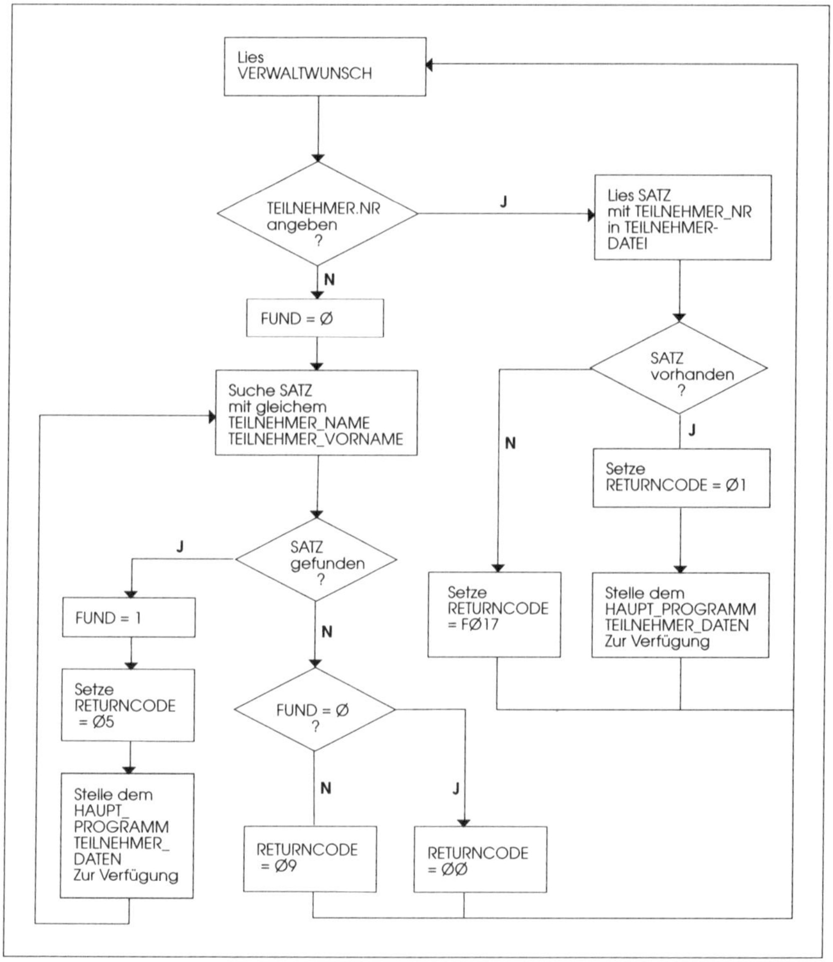

Bild 5–13 Programmablaufplan (program flowchart)

Pseudocode mit den Sprach-Konstrukten DO WHILE, CASE, CALL, etc. ist leichter erstellbar und schafft mehr Übersicht als Programmablaufpläne. Programmablaufpläne stammen aus der »GOTO-Zeit« und sind (wie das GOTO) inzwischen veraltet.

Nassi-Shneiderman Diagramme

Nassi-Shneiderman-Diagramme (N-S-Diagramme) sind ein Versuch, (auch für Nicht-Graphik-Bildschirme) die Programmablauf-Logik etwas übersichtlicher und pflegeleichter darzustellen. Genauso wie der Programmablaufplan (Flußdiagramm) geht auch das N-S-Diagramm in keiner Form auf die Datenstruktur ein, mit der das Programm arbeitet. Programm-Schleifen werden nicht durch Linien und Pfeile dargestellt, sondern durch DO WHILE-Blöcke. Bild 5–14 zeigt ein N-S-Diagramm, welches dem Programmablaufplan (Bild 5–13) inhaltlich entspricht.

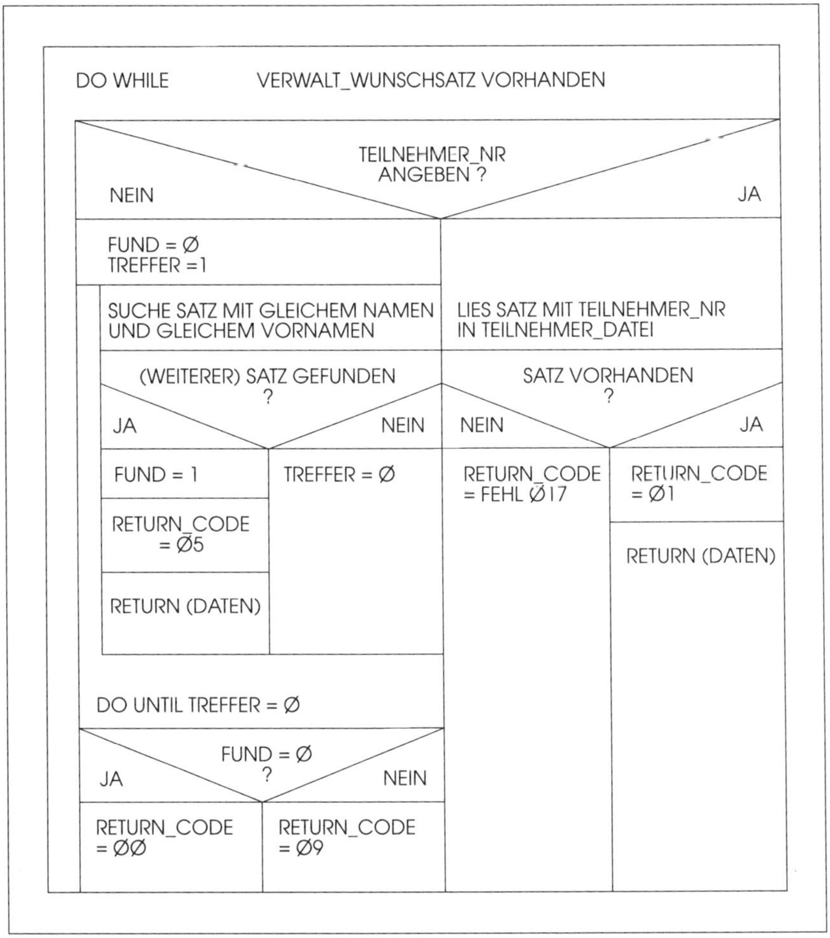

Bild 5–14 Nassi-Shneiderman Diagramm

Bei Vergleich des N-S-Diagramms mit dem Programmablaufplan zeigen sich folgende N-S-Vorteile:

Das N-S-Diagramm ist übersichtlicher als der entsprechende Programmablaufplan.

Das N-S-Diagramm läßt sich leichter als ein Programmablaufplan in ein Programm umsetzen.

Mängel der N-S-Diagramm-Technik:

Das Erstellen eines N-S-Diagramms kann länger dauern als die Codierung des entsprechend detaillierten Programm-Codes in einer strukturierten Programmiersprache wie z.B. PASCAL. Wird beim Codieren durch Einrücken von IF-, DO WHILE-statements, etc. sorgfältig auf Optik geachtet, so ist der Programm-Code ähnlich übersichtlich wie das N-S-Diagramm. Nur steht im Programm-Code untereinander, was im N-S-Diagramm nebeneinander notiert wird. Bei gegebener Papierbreite werden im N-S-Diagramm die Spalten (z.B. bei tiefer IF-Schachtelung) so schmal, daß Text kaum noch notierbar ist.

Pseudocode

Pseudocode wird auch »Structured English« genannt. Menschen können diesen Code verstehen, Rechner (noch) nicht. Pseudocode enthält alle zur Spezifikation eines Programmes nötigen Logik-Hinweise, läßt aber Details weg, die ein Rechner braucht, um arbeiten zu können.

Bild 5–15 zeigt einen (vom Autor frei erfundenen) Pseudocode, der inhaltlich dem Programmablaufplan (Bild 5–13) und dem Nassi-Shneiderman-Diagramm (Bild 5–14) entspricht.

Pseudocode verlangt die gleiche Denk-Fähigkeit wie das Erstellen lauffähiger Programm-Codes. Wer guten und fehlerfreien Pseudocode aufschreiben kann, kann auch programmieren. Beim Programmieren kommen »nur« noch einige Syntax-Regeln hinzu und Kenntnisse im Handling des Programm-Umfeldes (Datenbanken, Dialog-Systeme).

Wer *umfangreich* mit Pseudocode arbeitet, sollte prüfen, ob er nicht mit CASE-Tools arbeiten kann, die aus ähnlichem Pseudocode lauffähige Programme generieren. Des weiteren sollte er prüfen, ob seine Aufgabenstellung nicht durch Verwendung einer Programmiersprache der vierten Generation (z.B. RAMIS II, FOCUS, IDEAL, NATURAL) schneller erledigt werden kann. NATURAL beschreibt z.B. [Leinweber]. IDEAL ist z.B. von [Wälti] auf 11 Seiten erläutert.

```
DO WHILE verwalt_wunschsatz vorhanden
   IF teilnehmer_nr angegeben
   THEN read teilnehmer_satz mit teilnehmer_nr
      IF satz gefunden
      THEN return_code = 01
           return(teilnehmer_daten)
      ELSE return_code = F017
      ENDIF
   ELSE fund = 0
        treffer = 1
        DO read teilnehmer_satz mit teilnehmer_name,_vorname
           IF (weiterer) teilnehmer_satz gefunden
           THEN fund = 1
                return_code = 05
                return(teilnehmer_daten)
           ELSE treffer = 0
           ENDIF
        UNTIL treffer = 0
        IF fund = 0
        THEN return_code = 00
        ELSE return_code = 09
        ENDIF
   ENDIF
ENDDO
```

Bild 5–15 Pseudocode

Aktions-Diagramme

Aktions-Diagramme sind eine Weiterentwicklung des Pseudocode-Gedankens. Bisher war es weitgehend Programmierern oder Pseudo-Codierern überlassen, ob sie Einrückungen für DO-Schleifen oder IF-Verzweigungen machten. Aktions-Diagramme zwingen (!) ihn zu solchen Einrückungen, weil jede begonnene Programm-Kontrollstruktur am linken Code-Rand bis zu ihrer Beendigung sichtbar bleibt. Ein Beispiel eines Aktions-Diagramms zeigt Bild 5–16.

Aktions-Diagramme (AD) sind als Hilfsmittel für die Benutzer-Informationsverarbeitung (BIV) mit Sprachen der vierten Generation entstanden. AD's sind eine leicht zu lehrende und leicht zu benutzende Technik für die Erstellung von 4th generation programs.

AD's werden inzwischen von CASE-Tools unterstützt.

```
FOR EACH verwalt_wunschsatz

   IF teilnehmer_nr angegeben
      read teilnehmer_satz mit teilnehmer_nr

      IF satz gefunden
         return_code = 01
         return(teilnehmer_daten)
<-
      ELSE
         return_code = F017
<-
      ENDIF

   ELSE
      fund = 0
      treffer = 1

      DO WHILE treffer ne 0
         read teilnehmer_satz mit teilnehmer_name,_vorname

         IF (weiterer) teilnehmer_satz gefunden
            fund = 1
            return_code = 05
            return(teilnehmer_daten)
         ELSE
            treffer = 0
   <-
         ENDIF

      ENDDO

      IF fund = 0
         return_code = 00
<-
      ELSE
         return_code = 09
<-
      ENDIF

   ENDIF

ENDDO
```

Bild 5–16 Aktions-Diagramm

AD's sind nicht wie HIPO-Diagramme oder Flußdiagramme eine reine Papier-Darstellungsmethode ohne maschinellen Bezug zum lauffähigen Programm. Schon die Erstellung von AD's kann durch Computer unterstützt und auf Logik-Konsistenz überwacht werden. Das fertige AD (im jeweiligen Tool-Dialekt) wird darüberhinaus von Tools wie z.B. IDEAL oder MANTIS als source code angenommen. Langfristig werden Aktions-Diagramme deshalb vermutlich Programmiersprachen wie COBOL oder PL1 ablösen.

Dies gilt natürlich nur für AD's auf Detail-Level. Ein weiterer Vorzug der AD's ist aber, daß man mit der gleichen Technik auf Top-Level beginnen und die Ergebnisse ohne Methodenbruch bis zum lauffähigen Programm verfeinern kann.

Eine Erweiterung der AD's um deutlich erkennbare Angaben über programm-interne bzw. INPUT- und OUTPUT-Daten ist wünschenswert und wurde auch schon vorgenommen (siehe Daten-Navigations-Diagramme). Ohne eine solche Daten-Erweiterung könnte kein CASE-Tool aus AD's Update-Programme generieren, die Datenbanken benutzen.

Bzgl. AD-Einzelheiten sei auf die Literatur, z.B. [Martin, McClure] und CASE-Tool-Anbieter-Unterlagen (z.B. [IEF]) verwiesen.

Entscheidungstabellen

Entscheidungstabellen bestehen immer aus zwei Blöcken: der Situations-Beschreibung und der Aktions-Beschreibung.

Dies verdeutlicht Bild 5–17.

In Entscheidungstabellen steckt keine Zusatz-Information gegenüber Aktionsdiagrammen. Umgekehrt liegt gerade in der Beschränkung auf interessierende Situations-Parameter und Aktionen die Stärke von Entscheidungstabellen. Der Autor stuft Entscheidungstabellen als Zusatz-Technik, nicht als Basis-Technik des SE ein.

Jackson Diagramme

Jackson Diagramme decken sich inhaltlich weitgehend mit Warnier-Orr Diagrammen und Struktogrammen. Statt (1,N) im W-O-Diagramm verwendet Jackson einen Stern * für mehrfach-vorkommende Daten oder Funktionen. Statt des + wählte Jackson ein o für Entweder-Oder-Fälle.

SITUATION					
TEILNEHMER-NR ANGEGEBEN ?	J	J	N	N	N
SATZ MIT TEILNEHMER-NR VORHANDEN ?	J	N	-	-	J
SATZ MIT GLEICHEN NAME,VORNAME GEFUNDEN ?	-	-	J	N	J
SUCHE BEENDET (TREFFER=ø) ?	N	-	N	-	J
AKTION					
RETURN-CODE	ø1	Fø17	05	øø	ø9
RETURN (DATEN)	J	N	J	N	N

Bild 5–17 Entscheidungstabelle

Jackson empfiehlt, Programm-Strukturen aus den Output- und Input-Datenstrukturen systematisch herzuleiten. Seine Baum-Diagramm-Rechtecke, mit denen er Programme spezifiziert, enthalten den Hinweis CONSUME oder PRODUCE, um deutlich zu machen, welche Daten gelesen (konsumiert) oder erzeugt (produziert) werden.

Als Variante der anschließend besprochenen Datenfluß-Diagramme verwendet er zusätzlich zu seinen Baum-Diagrammen die sogenannten »system network diagrams«.

Datenfluß-Diagramme

Von Datenfluß-Diagrammen gibt es inzwischen viele Varianten, was auf ihre weite Verbreitung hinweist.

[Yourdon] und [De Marco] verwenden 4 Symbol-Typen:

```
Datenfluß:                        Pfeil
Funktion/Prozeß:                  Kreis
Datenspeicher:                    zwei parallele Linien
externe Datenquelle oder -senke:  Rechteck
```

[Gane, Sarson] verwenden leicht modifizierte Symbole und ergänzen Materialfluß: breiter Pfeil.

[Hatley, Pirbhai] machen symbolisch keinen Unterschied zwischen Daten- und Materialfluß. Aus ihrem Buch »Strategies for Real-Time System Specification« ist (übersetzt) das DFD in Bild 5–18 übernommen. Das DFD soll die funktionalen Anforderungen an einen Getränke- und Süßigkeiten-Automaten fixieren.

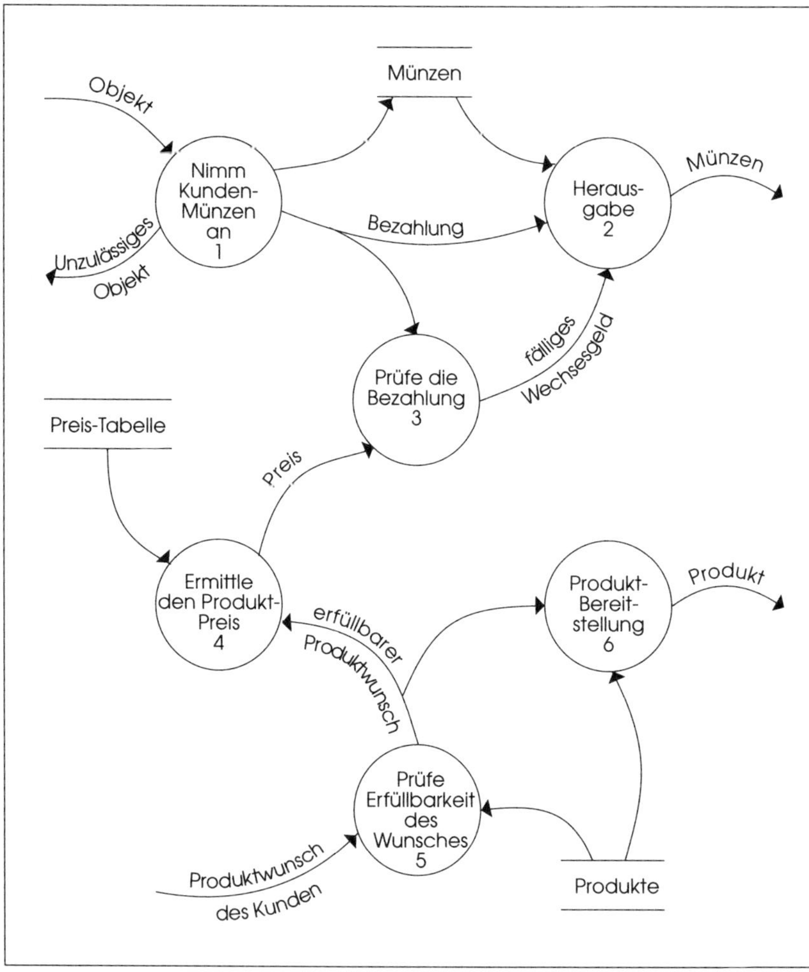

Bild 5–18 Datenfluß-Diagramm (DFD) (vgl. [Hatley, Pirbhai], S.13)

DFD's können durch »process specifications (PSPEC's)« und Dictionary-Einträge ergänzt und verfeinert werden (vgl.[Hatley, Pirbhai], S.14).

PSPEC-Beispiel

```
PSPEC 3: PRUEFE DIE BEZAHLUNG
INPUTS:        PREIS,BEZAHLUNG
OUTPUTS:       GENUEGEND GEZAHLT, FAELLIGES WECHSELGELD

If BEZAHLUNG >= PREIS then
     Issue  GENUEGEND GEZAHLT = Yes
     Issue  FAELLIGES WECHSELGELD = BEZAHLUNG - PREIS
Otherwise
     Issue  GENUEGEND GEZAHLT = No
```

Dictionary-Einträge

```
OBJEKTE = MUENZEN + UNZULAESSIGE OBJEKTE
MUENZEN = MARKSTUECKE + GROSCHEN
PRODUKTE = [ MINERALWASSER | KAUGUMMI | SCHOKOLADE ]
```

DFD-Stärken

Der Haupt-Vorteil ist die Anschaulichkeit der DFD-Graphik gegenüber inhaltsgleichem Spezifikations-Text. DFD's sind gut geeignet, eine Übersicht über komplexe Zusammenhänge zu schaffen.

Ein Vorteil gegenüber den bisherigen SE-Techniken ist, daß in DFD's physische Speicher und Materialflüsse mit Datenspeichern und Datenflüssen gemischt werden können. Auch Belegflüsse können als physische Flüsse dargestellt werden.

Es gibt nicht den Zwang, Hierarchien erzeugen zu müssen.

DFD-Schwächen

Wenn DFD's in vielen Ebenen verfeinert werden, zeigt sich der »lockere« Umgang mit »Datenspeichern« als Nachteil. Wenn Daten nicht methodisch modelliert, sondern nur in begleitenden Dictionaries aufgelistet und beschrieben werden, dann kommt es bei größeren Anwendungen schnell zu Unklarheiten und Daten-Inkompatibilitäten von Schnittstellen-Modulen (vgl. [Martin, McClure], S.163).

Wenn man versucht, DFD's nicht nur für den System-Überblick, sondern für die Programm- und Daten-Feinspezifikation zu verwenden, dann wird man oft von niedrigen DFD-Ebenen zu höheren wechseln müssen, weil man dort »Unterlassungssünden« oder Vergröberungen feststellt, die nach Durchdenken der Details unvertretbar erscheinen.

Kontrollfluß-Diagramme

Hatley und Pirbhai ergänzen die DFD's zur Spezifikation von real-time Systemen um »control flow diagrams (CFD's)«. CFD's zeigen die Signale, die als Bedingungen für das Auslösen von Funktionen bedeutsam sind. Ein Beispiel-CFD zeigt Bild 5–19.

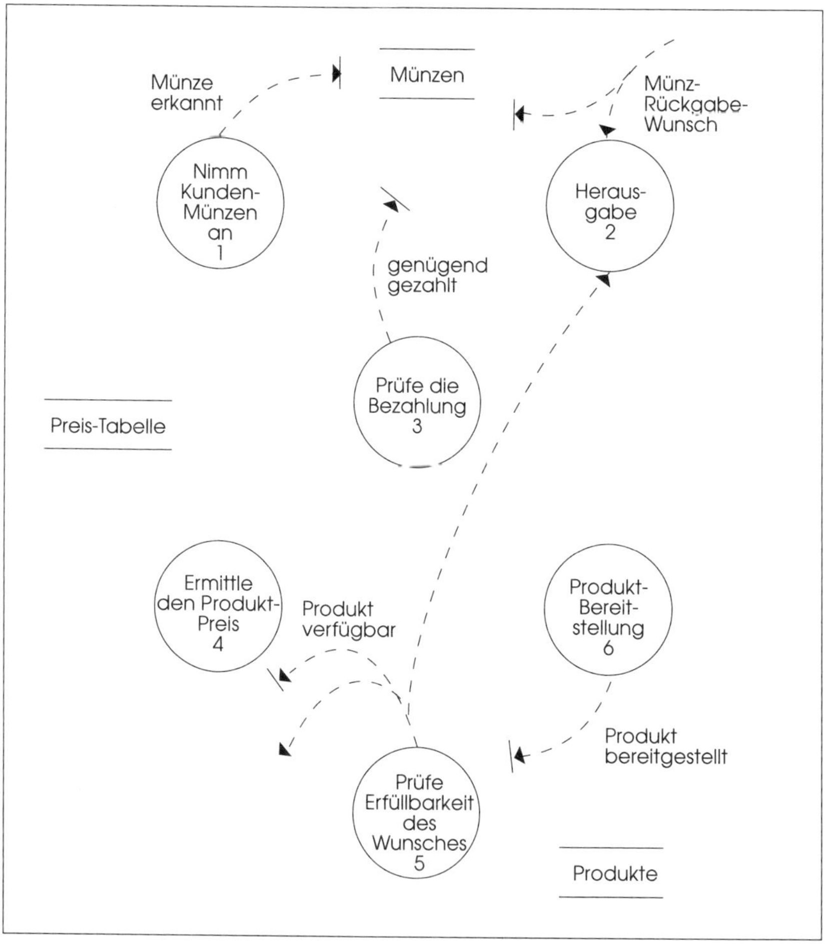

Bild 5–19 Control Flow Diagram (CFD) (vgl. [Hatley, Pirbhai], S.15)

Aus Sicht des Autors sind CFD's im Vergleich zu DFD's *nicht* besonders anschaulich oder gar selbsterklärend.

Die Bedingung »genügend gezahlt« als Voraussetzung für die Funktion »Produkt-Bereitstellung« ist in sogenannten »control specifications

(CSPEC's)« enthalten. CSPEC's ähneln Programmablaufplänen und wären deshalb (wie Programmablaufpläne) durch Aktions-Diagramme (besser) darstellbar.

Entity-Relationship-Diagramme

ERD's wurden in Kapitel 3 ausführlich behandelt. Das RRD als eine ERD-Variante wurde in Kapitel 3.4 vorgestellt und vom Autor als Verbesserung gegenüber dem Chen'schen ERD eingestuft.

ERD's werden hier dennoch erneut erwähnt, um sie in den Rahmen der sonstigen SE-Techniken einzufügen. Der Autor hält ERD's (und besonders deren RRD-Variante) für eine äußerst wichtige SE-Technik, die in keiner CASE-Toolumgebung fehlen sollte.

Fein-Datenmodelle

ERD's bedürfen zur Präzisierung der Datenstruktur-Beschreibung einer Verfeinerung. Die Relationen-Relationship-Notation (RRN) ist eine vom Autor vorgeschlagene Verfeinerungsart.

[Martin, McClure] nennen Fein-Datenmodelle »edited data model« (vgl. [Martin, McClure], S.659). Sie beschreiben als eine mögliche Notationsart die »inverted L form«. Bild 5–20 zeigt einen Ausschnitt aus einem Fein-Datenmodell in der Darstellungsart mit dem herumgedrehten L.

UI bedeutet »unique identifier«, markiert also ein Attribut, das (ggf. zusammen mit anderen UI-Attributen) die Entität eindeutig identifiziert.

Die Kardinalitäten der Beziehungstypen (relationships, links) sind erkennbar:

```
>——+         n : 1
+0——<      0,1 : n
>——0+        n : 0,1
```

In der zweiten Entität (MITARBEITER) müssen mindestens alle Relationships erwähnt sein, die bei ABTEILUNG schon (in anderer Richtung) als Relationship zur MITARBEITER-Entität genannt waren. Die Kardinalitäts-Symbole sollten hier nach Ansicht des Autors seitenvertauscht gegenüber der ersten Entität sein, sind es aber im Falle des Abteilungsleiters in der Original-Abbildung nicht.

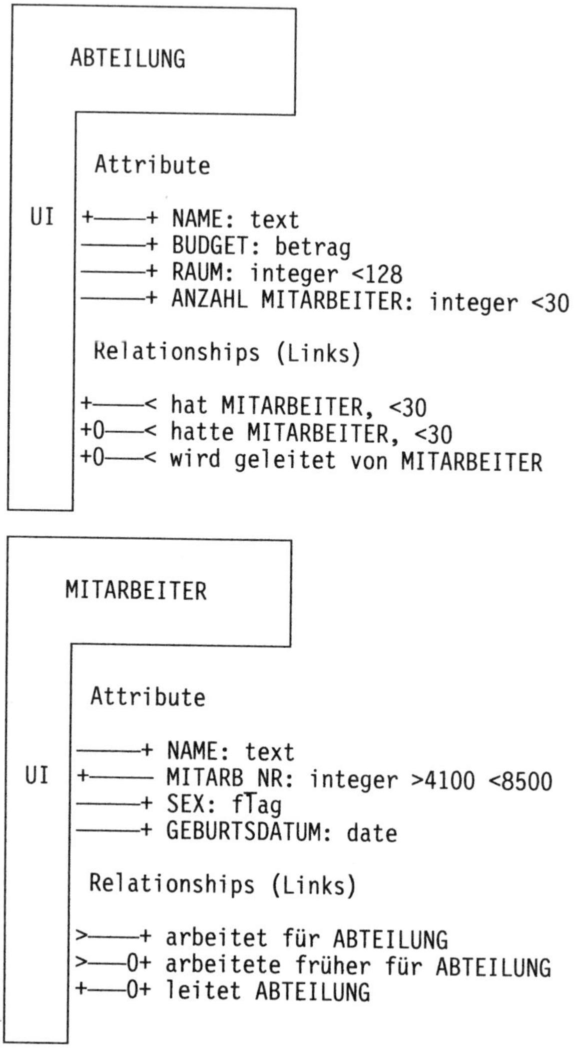

Bild 5–20 Ausschnitt aus einem »edited data model« (vgl. [Martin, McClure], S.309)

Fein-Datenmodelle und ihre Varianten erscheinen dem Autor als mindestens so bedeutsam wie ERD's und sollten nicht als eine Art »ERD-Zugabe« eingestuft werden. Deshalb sind Fein-Datenmodelle im vorliegenden Buch als *eigenständige* SE-Technik genannt.

Daten-Navigations-Diagramme

Data-Navigation-Diagrams (DND's) schlagen [Martin, McClure] als Bindeglied zwischen Datenmodell und Aktions-Diagramm vor.

Ausgangspunkt sei das (vom Projektteam, von einem ganz anderen Projekt, von Datenplanern des Unternehmens) erarbeitete Datenmodell in Bild 5–21. Dieses Datenmodell wird in der Regel ein Ausschnitt aus einem umfassenderen Datenmodell sein.

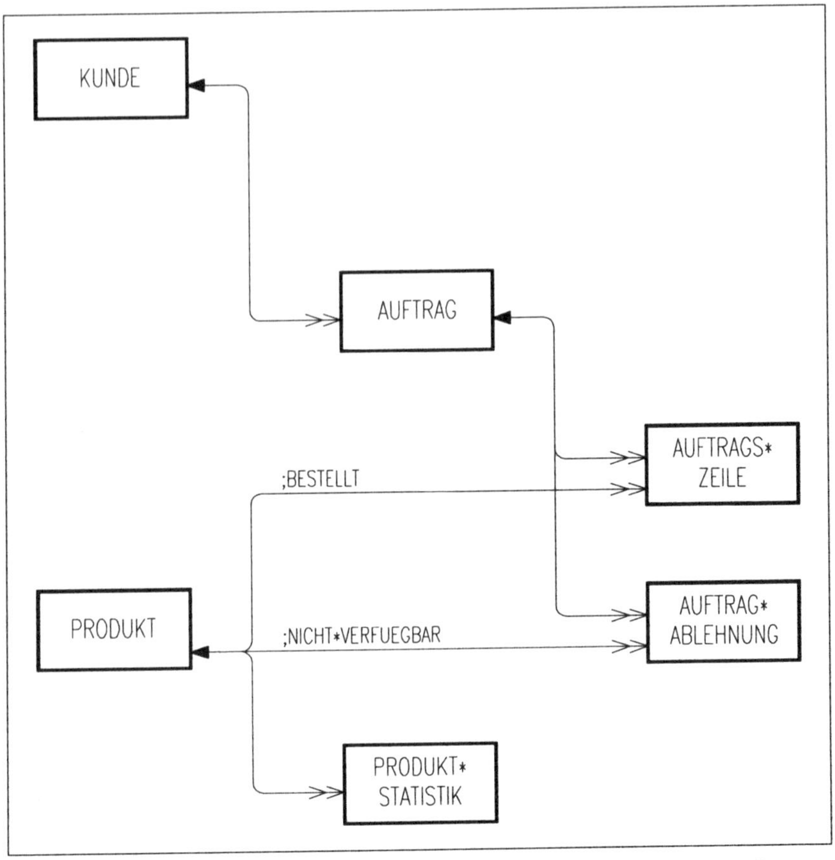

Bild 5–21 Ausschnitt aus einem Datenmodell, der für eine Projekt-Funktion relevant ist (vgl. [Martin, McClure], S.331)

Das Projekt will folgende Funktionen in der angegebenen Reihenfolge ausführen:

1. Prüfe, ob der bestellende KUNDE kreditwürdig ist. (KUNDE_-KREDIT_CODE)
2. Wenn ja, lege einen AUFTRAGs-Satz an.
3. Prüfe für jedes bestellte PRODUKT, ob von diesem Produkt noch genügend vorrätig ist (PRODUKT_LAGERMENGE).
4. Wenn ja, lege pro Produkt eine AUFTRAGS*ZEILE an.
5. Erhöhe das Feld PRODUKT*STATISTIK_AUFTRAGS_EINGANG um die bestellte Menge. (Ob dies sinnvoll ist (Stichwort: derivate Daten) soll hier nicht diskutiert werden...)
6. Wenn das Produkt nicht in genügender Menge vorrätig ist, dann lege einen AUFTRAG*ABLEHNUNGssatz an.
7. Wenn alle Bestellungen des Kunden abgearbeitet sind, dann Update der Felder AUFTRAG_STATUS, AUFTRAG_SUMME_TOTAL, AUFTRAG_LIEFERDATUM.

Das Datenmodell (Bild 5–21) wird nun schrittweise durch ein Daten-Navigations-Diagramm (DND) überlagert. Das Ergebnis-DND zeigt Bild 5–22. Da kein Zwei-Farben-Druck möglich war, werden hier (anders als bei [Martin. McClure]) im DND die Relationships des unterlagerten Datenmodells weggelassen.

Aus dem DND (Bild 5–22) läßt sich (automatisch) das in Bild 5–23 dargestellte Aktions-Diagramm herleiten:

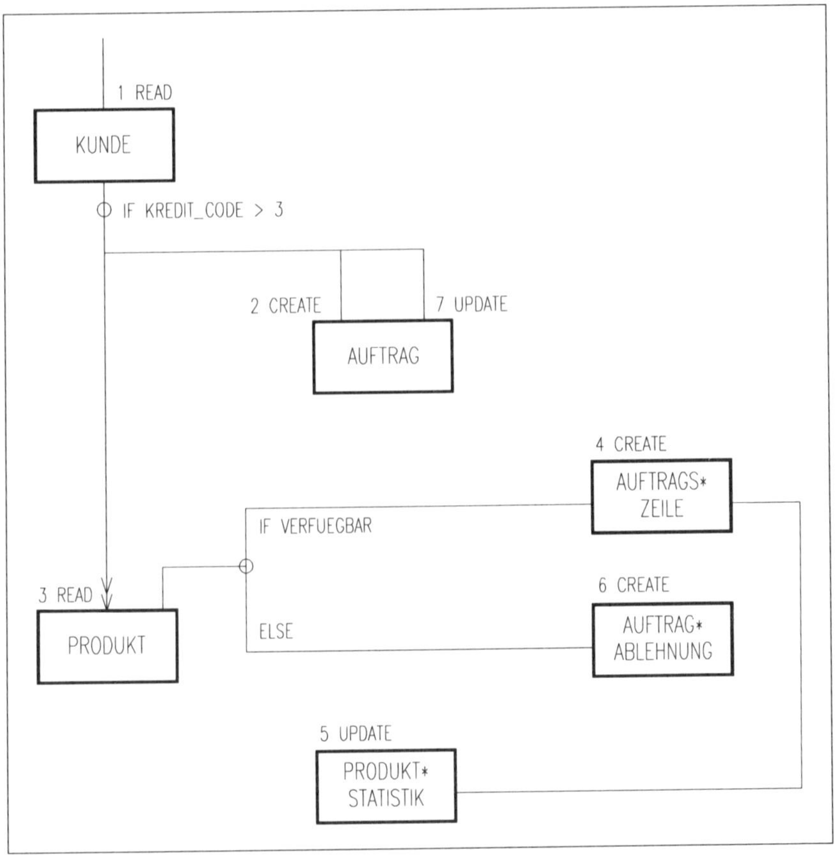

Bild 5–22 Data-Navigation-Diagram (DND) (vgl. [Martin, McClure], S. 334)

```
READ KUNDE
   IF KREDIT_CODE > 3
      CREATE AUFTRAG
         READ PRODUKT
            IF Produkt verfuegbar
               CREATE AUFTRAGS*ZEILE
               UPDATE PRODUKT*STATISTIK
            ELSE
               CREATE AUFTRAG*ABLEHNUNG
   UPDATE AUFTRAG
```

Bild 5–23 Aus dem DND (automatisch) herleitbares Aktions-Diagramm (vgl. [Martin, McClure], S. 335)

Das aus dem DND abgeleitete Aktions-Diagramm kann nun angereichert werden. Man könnte z.B. ein Druck-Unterprogramm nach UPDATE AUFTRAG einfügen. Dieses Unterprogramm würde vermutlich mit den Relationen KUNDE (wegen der Adresse), AUFTRAGS*ZEILE (wegen einer Bestell-Bestätigung) und AUFTRAG*ABLEHNUNG (wegen zu geringem Vorrat) arbeiten.

Es kommt oft vor, daß in einem Funktions-Schritt mehrere Relationen (Entitäten) gleichzeitig im Zugriff sein müssen. Dies ist immer dann der Fall, wenn »joins« erforderlich sind (vgl. join-Beispiel am Ende von Kapitel 4.2.4). Außerdem liefern moderne DML's zu einem SELECT-Statement nicht immer nur maximal einen gefundenen Datenbank-Satz, sondern viele. Man kann auch mit einem UPDATE-statement viele Datenbank-Sätze verändern.

Martin, McClure sehen für solche Fälle Notationen vor, die mit Doppel-Linien arbeiten (vgl. Bild 5–24).

UPDATE

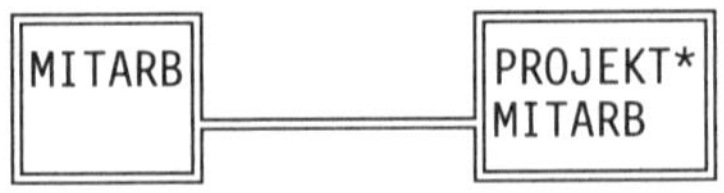


```
WHERE       MITARB_JOB IS ENGINEER
AND         AVERAGE PROJ*MITARB_BEURTEILUNG < 2.1
INCREASE    GEHALT BY 300
```

Bild 5–24 Notation für Mehrfach-Zugriffe auf mehrere Relationen (vgl. [Martin, McClure], S.345)

Durch die Notation in Bild 5–24 ist SQL-nahe dargestellt, daß das Gehalt eines Mitarbeiters dann um 300 DM erhöht werden soll, wenn er Ingenieur ist und seine Projekt-Mitarbeit als gut oder sehr gut beurteilt wurde.

Vermutlich verwenden Martin, McClure in ihren Aktions-Diagrammen nicht richtige SQL-Syntax, damit soviel Überschaubarkeit wie möglich erhalten bleibt. Durch die Rechteck-Hervorhebung von Relationen wird mehr Anschaulichkeit erzielt als durch SQL-Code.

5.3.2 Kurzbeschreibung von SE-Methoden

Was unterscheidet SE-Methoden von SE-Techniken, wie sie im vorigen Kapitel beschrieben wurden?

SE-Methoden *kombinieren* SE-Techniken, geben Empfehlungen für die Anwendungs-Reihenfolge und bemühen sich, durch aufeinander abgestimmte Technik-Varianten um Durchgängigkeit und Konsistenz. Hier werden nur SE-Methoden für die Analyse- und Design-Phase besprochen, weil gerade während dieser Phasen Datenmodellierung betrieben werden sollte.

Es werden nicht alle SE-Methoden beschrieben und von den ausgewählten Methoden nur solche Aspekte, die im Zusammenhang von Datenmodellierung und Datenmanagement beachtenswert erscheinen.

Strukturierte Analyse (SA)

De Marco und Yourdon, Gane und Sarson kombinierten Ende der 70er Jahre die in Bild 5–25 enthaltenen SE-Techniken zu einer SE-Methode.

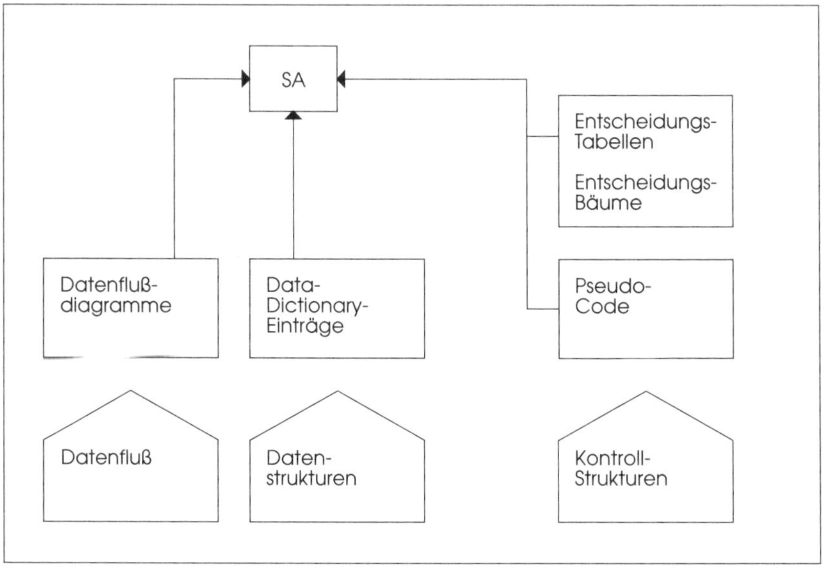

Bild 5–25 Strukturierte Analyse (SA) (vgl. [Balzert 1], S.55)

Der Schwerpunkt der Methode liegt auf der Behandlung von *Funktionen*. Daten werden als von sekundärem Interesse mitbehandelt. De Marco beschränkt sich – was die Daten angeht – auf Dictionary-Einträge. Gane und Sarson hingegen empfehlen, als »data store« Relationen (möglichst) in dritter Normalform zu verwenden. Dennoch ist auch in der Gane/Sarson-SA-Variante keine Datenmodellierungstechnik systematisch integriert.

SA

Stärke

- Visualisierung komplexer Zusammenhänge durch DFD's.

Schwächen

- Keine systematisch und konsistent integrierte Datenmodellierungs-Technik, nur Empfehlung, als »data store« Relationen in 3NF zu verwenden.
- Datenflußdiagramme nicht gut geeignet für das Herunterbrechen bis zu Programmvorgaben, da Konsistenz-Prüfmöglichkeiten fehlen.

Spezifikation von Real-Time-Systemen (SA/RT)

[Hatley, Pirbhai] erweitern wie auch [Ward, Mellor] die SA-Methode Mitte der 80er Jahre.

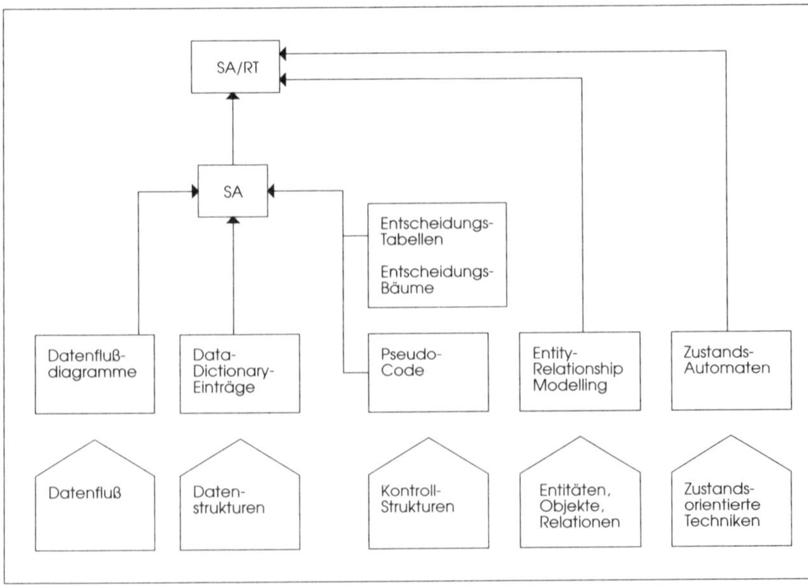

Bild 5–26 Spezifikation von Real-Time-Systemen (SA/RT) (vgl. [Balzert 1], S. 66)

Das von Balzert (leicht verändert) übernommene Bild 5–26 erweckt den Eindruck, als sei jetzt endlich die Datenmodellierung stimmig in eine SE-Methode integriert. Im Buch von Hatley, Pirbhai ist jedoch das Information Modeling nur auf 4 Seiten im Appendix C erwähnt (vgl. [Hatley, Pirbhai], S.373-376). Dort heißt es unter anderem: »Wir schließen das Informationsmodell absichtlich weder in das Anforderungsmodell ein, noch positionieren wir es im Architektur-Modell, weil es zur Zeit noch keine formale Integrations-Methode für die drei Sichten der Abbildung C.1 in einen Gesamtrahmen gibt.«

In der Hatley-Pirbhai-Abbildung C.1 sind die drei Sichten
- Prozeßmodell (DFD's),
- Kontroll-Modell (CFD's) und
- Informations-Modell (Datenmodell)

auf ein System dargestellt.

Das Anforderungs-Modell ist das Ergebnis der Analyse-Phase. Das Architektur-Modell ist das Ergebnis der Design-Phase.

Der Schwerpunkt der Neuerungen von SA/RT gegenüber SA liegt auf der Erweiterung der Datenfluß-Diagramme um Kontrollfluß-Diagramme (CFD's), Kontrollfluß-Spezifikationen (CSPECS) und Zustands-Automaten. Diese Erweiterungen sind hilfreich bei Analyse und Design von z.B. Anti-Blockier-Systemen oder Flugzeug-Steuerungen. Im

Bereich der *kommerziellen* Informationsverarbeitung, den der Autor mit diesem Buch primär adressiert, scheinen diese Real-Time-Erweiterungen entbehrlich.

[Hatley, Pirbhai] sagen selbst: »Nicht jedes System erfordert die Modellierung der Anforderungen aus allen drei Sichten, noch nicht einmal immer aus den zwei Sichten, die detailliert in unserem Buch behandelt werden, aber im allgemeinen sind alle drei Sichten mehr oder weniger ausgeprägt bei jedem System von Bedeutung.« (vgl. [Hatley, Pirbhai], S.375)

Auch [Fisher] nennt drei Sichten strukturierter Analyse:

- Zustands-Übergangs-Diagramm (Kontrollfluß-Darstellung)
- Datenfluß-Diagramm
- Entity Relationship Diagramm.

»Gewöhnlich wird eine strukturierte Spezifikation alle diese Komponenten enthalten, obwohl verschiedene Applikationen jeweils eine davon stärker beanspruchen als die übrigen.« (vgl. [Fisher S.60 f.)

Am genauesten ist die Überlappung der drei Sichten (Informationen, Funktionen, Ereignisse) in [Barker 2] dargestellt. Die Funktionslogik wird von allen drei Sichten beeinflußt. Datenfluß-Diagramme verbinden Informationen und Funktionen, Entity-Life-Histories verbinden Entitäten mit Ereignissen, Zustands-Analyse befaßt sich mit der Auswirkung von Ereignissen auf Funktionen. (vgl. [Barker 2], Figure 1–2, S.1–5)

[Ward] ist der Ansicht, daß es Systeme gibt, die durch ihr Ablaufschema bestimmt werden. Er räumt aber ein, daß es auch Systeme gibt, die durch ihr Datenschema bestimmt sind. Er zeigt selbst am Beispiel eines Literatur-Nachschlagesystems die Überlegenheit des Datenmodells gegenüber dem Ablaufmodell eines solchen Systems. Sein Gegenbeispiel, das Ablaufmodell zur Berechnung der jährlichen Einkommenssteuer, ist eher eine Programmvorgabe als eine Systembeschreibung. (vgl. [Ward], S. 209 ff.)

Sogar SA/RT-Vorkämpfer räumen also ein, daß zumindest für einige Typen von Systemen Kontrollflußmodelle oder Ablaufmodelle von untergeordneter Bedeutung sind. Bei anderen System-Typen hingegen wird das Datenmodell als unwesentlich eingestuft. Dies ist dann der Fall, wenn (real-time-) Verarbeitungsprobleme das Datenspeicherungsproblem in den Hintergrund drängen. Der Autor ist der Ansicht, daß für kommerzielle Systeme die Daten- und Prozeß-Sicht wichtig, die Kontrollfluß-Sicht hingegen weniger von Bedeutung ist.

Im übrigen fiel bei der Lektüre des Ward-Buches auf, wie vielfältig und personenabhängig das Ablaufmodell des gleichen Systems (zur Vermittlung ungewöhnlicher Lehr-Lern-Interessenten (»Un-College«)) gestaltet werden kann. (vgl. z.B. [Ward], S.95 f.) Dagegen ist das Ergebnis-Spektrum der Datenmodellierung eines solchen Systems äußerst gering. Diese vergleichende Aussage gilt trotz der Hinweise auf Datenmodellierungs-Freiheitsgrade in Kapitel 3 und 4 des vorliegenden Buches.

SA/RT

Stärke

- Auch Real-Time-Systeme können methodisch analysiert und designt werden.

Schwächen

- Siehe SA.

Strukturierte Analyse und Design Technik (SADT)

SADT wurde Mitte der 70er Jahre von der Firma SofTech entwickelt (vgl. [Balzert 1], S.59) und wird hier erwähnt, weil einige CASE-Tools auf dieser Methode aufbauen.

SADT ist eine Methodenvariante, die – wie der Name schon zeigt – den SA-Ansatz verfolgt und darauf das Design aufbaut.

Somit weist auch SADT die aus der Datenmodellierer-Sicht gravierenden SA-Schwächen auf. Eine eventuell nicht saubere Datenmodellierung wird durch das SADT-Puzzle aus Funktionen und Daten nicht geheilt, sondern allenfalls (vielleicht erst auf Detail-Ebene) erkannt.

Verbesserungen gegenüber SA bestehen in einer systematischen Behandlung von Input-, Output- und Control-Informationen. Auch wird betont, daß die Daten immer parallel zu den Funktionen modelliert werden sollten (und umgekehrt). Funktional zusammengehörige Daten allerdings in einem Kasten zusammenzufassen, erscheint dem Autor als unzureichender Ansatz. Es muß streng zwischen »Relationen« und den »Sichten von Funktionen auf Relationen« unterschieden werden.

Structured Design (SD)

Strukturiertes Design (vgl. [Martin, McClure], Kapitel 31, 32) wurde Mitte der 70er Jahre von Stevens, Myers, Constantine und Yourdon entwickelt und empfohlen. Die Methode verwendet als Techniken Struktogramme und DFD's. In den DFD's werden »zentrale Transformationen« lokalisiert, zu denen Input-Zweige (afferent branches) führen und von denen Output Zweige (efferent branches) ausgehen. Aufbauend auf den als zentral erkannten Transformationen (z.B. »Lege Kreditsicherheiten an«) erfolgt eine »Transaktionsanalyse«, übergehend in ein Transaktions-Design. Vom Benutzer eingegebene »Transaktions-Codes« rufen nach der Implementierung »Transaktions-Dispatcher« auf, die dann (teilweise abhängig von Benutzer-Eingaben) einzelne Funktionen (processes, Programme) aktivieren.

Martin und McClure, aber auch Yourdon und Constantine selbst, weisen darauf hin, daß trotz des SD-Formalismus der Kern der Design-Methode der gesunde Menschenverstand des erfahrenen Designers bleibt. Die SD-Methode enthält keine sauber integrierte Datenmodellierungs-Methodik. (vgl. [Martin, McClure], S.453)

Jackson Design Methode (JDM)

Jackson erarbeitete Mitte der 70er Jahre die nach ihm benannte Design-Technik (vgl. [Martin, McClure], Kapitel 33, 34). Als Techniken werden Jackson-Diagramme und »system network diagrams«, eine DFD-Variante, verwendet. Wichtige Abweichung der JDM von SD ist die stärkere Datenorientierung.

Leider ist jedoch die JDM-Methode Datei-orientiert. Sie behandelt alle Daten als serielle Files, wie sie z.B. von einem Band eingelesen werden.

[Martin, McClure] in ihrer JDM-Bewertung:

»Von Anfang an die Datenstrukturen zu bedenken, ist entscheidend für ein gutes Design. Unglücklicherweise wird die JDM nur für eine bestimmte Klasse von Problemen hilfreich sein: serielle Dateien. Sie bricht komplett zusammen, wenn sie auf Datenbank-Systeme angewendet wird.« (vgl. [Martin, McClure], S.486)

Warnier-Orr Design Methode (WODM)

Es handelt sich um eine Report-orientierte Methode, die früh (1950 von J.D.Warnier) erfunden und später (Mitte der 70er Jahre von K.Orr) modifiziert wurde. (vgl. [Martin, McClure], Kapitel 35, 36.) Seit es 4th generation languages gibt, erscheint die WODM überholt. Martin, McClure kritisieren sie ähnlich wie die JDM.

HOS-Methode

Alle zuvor besprochenen Methoden stammen aus der »Papier- und Bleistift-Zeit« und wurden erst später bei Aufkommen der CASE-Tools durch PC-Graphik-Oberflächen und Ansätze von Konsistenzprüfungs-Programmen unterstützt.

Die HOS-Methode (vgl. [Martin, McClure], Kapitel 26, 38) ist ohne Computerunterstützung kaum anwendbar, da sie mathematisch genau über die Konsistenz eines detaillierten Netzes von Input-Output-Informationen und Funktionsabhängigkeiten wacht. Der damit verbundene Überwachungs-Umfang übersteigt sehr schnell nicht automatisiertes menschliches Prüfvermögen. Die Anwendbarkeit der HOS-Methode steht und fällt also mit der Verfügbarkeit benutzerfreundlicher HOS-Software. »USE.IT« ist eine solche CASE-Tool-Software (von einer Gesellschaft namens »higer-order software«).

Martin, McClure äußern sich lobend über die HOS-Methode, weil Sie (auch und insbesondere bei komplexen Problemen) die Einhaltung der HOS-Axiome bei der Spezifikation erzwingt. HOS-Axiome fordern z.B. die horizontale und vertikale Input-Output-Integrität.

Es ist jedoch anzumerken, daß keine Datenmodellierungs-Methodik in die HOS-Methode integriert ist. Das Zusammenwirken eines Datenmodellierungs-Tools mit einem HOS-Tool erscheint denkbar. Man könnte die Relationen eines Datenmodells automatisch in HOS-Syntax übersetzen (vgl. [Martin, McClure], S.627, 628) und hätte somit die Brücke vom Datenmodell zum HOS-Prozeßmodell geschlagen. Das Zusammenwirken mehrerer Tools ist aber immer nur die »zweitbeste« Lösung des Spezifikationsproblems. Anzustreben ist eine integrierte Tool-Umgebung, die mehrere Toolkomponenten anbietet, deren In- und Output aber in einem(!) gemeinsamen(!) Data Dictionary speichert und dort Konsistenzen prüft.

5.3.3 SE-Empfehlungen

Entbehrliche SE-Techniken

Entbehrlich, weil durch bessere Techniken ersetzbar, sind:

- Jackson-Diagramme
- Warnier-Orr-Diagramme
- HIPO-Diagramme
- Struktogramme
- Flußdiagramme (Datenflußplan, Programmablaufplan)
- Nassi-Shneiderman Diagramme
- Pseudocode.

Empfohlene SE-Techniken

Empfohlen werden für jeweils zugeordnete Einsatzgebiete die in Bild 5–27 genannten SE-Techniken.

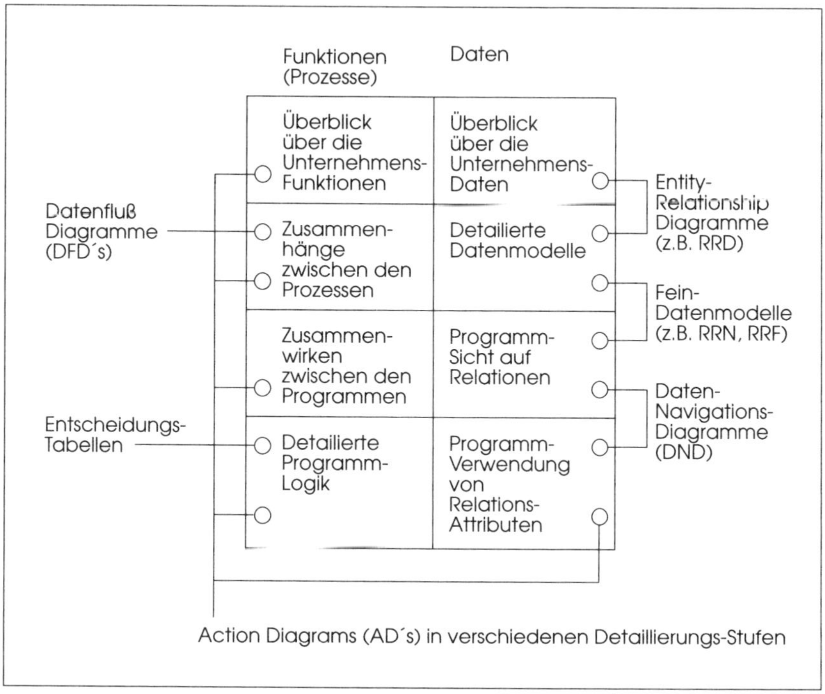

Bild 5–27 Empfohlene SE-Techniken und ihre Einsatzgebiete

Im Unterschied zu [[Martin, McClure], S.396] fehlen in Bild 5–27 die HOS-Diagramme. HOS-Technik sollte eingesetzt werden, wo Prozeß-Probleme so komplex sind, daß sie durch Aktions-Diagramme nur dokumentiert, nicht aber bewältigt werden können. Im Bereich der einzelnen kommerziellen Programme scheint dem Autor eine solch hohe Komplexität *nicht* vorzuliegen. Probleme bereitet hier die Konsolidierung der unternehmensweiten Vielzahl von Programmen und Daten.

Datenfluß-Diagramme und Entscheidungstabellen sind zwar vom Autor empfohlene SE-Techniken, aber *nur ergänzend* zu den übrigen »SE-Haupt-Techniken«. CASE-Tools sollten diese Haupt-Techniken auf inhaltliche Konsistenz prüfen können. Während der Analyse- und Design-Phase sind die Haupt-Techniken in der Reihenfolge des Bildes 5–28 zu durchlaufen, wobei immer wieder korrigierende und ergänzende Durchlauf-Zyklen erforderlich und unvermeidbar sein dürften.

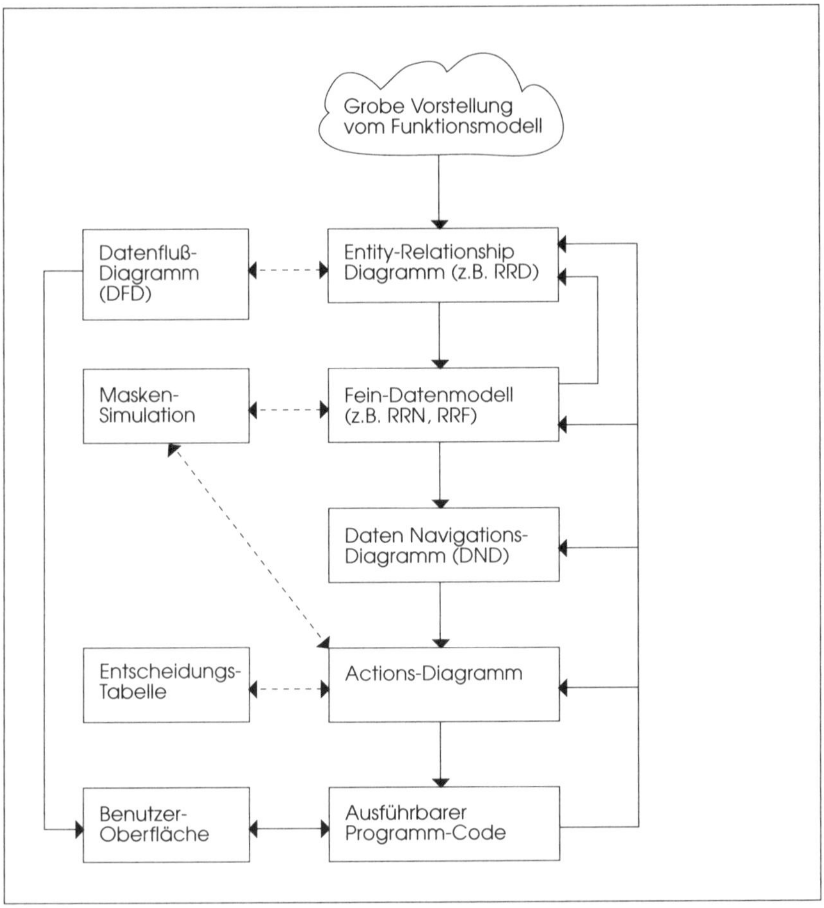

Bild 5–28 Verwendungs-Reihenfolge der empfohlenen SE-Techniken

Neu in Bild 5–28 ist die Technik der »Masken-Simulation«. Auch Masken wurden früher mit Papier und Bleistift entworfen. Heute kann man per Computer recht einfach gemeinsam mit dem Anwender Oberflächen-Prototypen erstellen und variieren. Dadurch erhält der Anwender einen frühzeitigen und sehr realitätsnahen Eindruck über das zukünftige System. Außerdem lassen sich beim Navigieren in der Masken-Oberfläche parallel zum gedanklichen Navigieren im Datenmodell immer noch Zusatz- oder Änderungs-Informationen gewinnen, ehe programmiert worden ist.

Masken-Simulation wurde nicht als SE-Technik aufgelistet, da sie mehr der Leistungsfähigkeit moderner Hard- und Software als den methodischen Überlegungen von Software-Engineering-Denkern zuzuordnen ist. Aber gerade, weil die Gestaltungsmöglichkeiten von Benutzer-Oberflächen inzwischen weit über die Möglichkeiten eines 3270-Schirmes hinausgehen, wird das »Screen-Engineering« eine neue SE-Disziplin werden. Einige »User Interface Design Tools« sind in [Fisher] beschrieben. Er stuft diese Masken-Simulations-Tools als spezielle Design-Tools innerhalb der CASE-Tools ein.

Der »SE-vorbelastete« Leser wird möglicherweise andere SE-Techniken und -Methoden bevorzugen. Davon unabhängig wird er in der bisherigen SE-Kurzbeschreibung Aussagen vermissen über

»funktionale Abstraktion«,
»Datenabstraktion«,
»abstrakte Datentypen« und
»objektorientierten Entwurf«.

Was bedeuten diese Begriffe? Wie sind sie einzuordnen?

Aktions-Diagramme wurden als SE-Technik empfohlen. Es wurde aber bisher nicht die Frage behandelt, wie einzelne Aktions-Diagramme gegeneinander abzugrenzen sind und wie ihr Zusammenwirken geplant werden kann. Genau das ist aber die primäre SE-Problematik.

Generelle SE-Empfehlung

Aktions-Diagramme sind so zu gestalten, daß Aktions-Einheiten (AE's) entstehen, die einerseits überschaubar in sich sind, andererseits aber nur möglichst wenig und gut überschaubare Schnittstellen zu anderen AE's haben! Nennenswerte Funktionalitäten, die in mehreren AD's vorkommen, sind als eigene AD's zu notieren! Solche AD's können dann von anderen AD's oder rekursiv aufgerufen werden.

Bzgl. der gebildeten Aktions-Einheiten (AE's) gibt es verschiedenartige Annahmen. Sie betreffen den Verbund der AE's mit anderen AE's.

Annahme 1

Prozedur-Konzept, funktionale Abstraktion

Wenn in einer AE die Variable L definiert ist, dann wirkt sich eine Veränderung der Variablen L nur in der AE selbst aus. L-Variablen in anderen AE's bleiben unverändert. Ist jedoch die in der AE verwendete Variable L dort nicht definiert, dann wird angenommen, daß eine allen AE's gemeinsame Global-L-Variable gemeint ist und diese wird dann auch verändert.

Dieses »Verhalten« grenzt AE's (Prozeduren) nicht fehlersicher gegenüber anderen AE's ab.

Annahme 2

Modul-Konzept, Datenabstraktion

Wird das Verhalten einer AE als »Modul-Verhalten« bezeichnet, dann muß die AE (unter anderem) folgende Bedingung erfüllen:

Der Modul kommuniziert *ausschließlich (!)* über eine deklarierte Schnittstelle. Als Ergebnis seiner Funktionalität kann er also außenwirksam nur Schnittstellen-Felder verändern. Umgekehrt können von außen auch nur seine Schnittstellen-Felder verändert werden.

Der Modul ist also im Sinne des »*information hiding*« stärker »*gekapselt*« als die Prozedur.

Es gibt den Modul »X« nur genau einmal im Anwendungssystem. Wer X »so ähnlich« gebrauchen könnte, muß X ändern oder X nach Y kopieren und Y dann ändern. Letzteres Verfahren stellt sicher, das bisherige X-Anwender keine X-Änderungs-Probleme zu fürchten haben.

Wird nach dem Kopieren z.B. in Modul X ein Fehler gefunden oder eine Änderung vorgenommen, so ist nur zu hoffen, daß diese Änderung im Modul Y unbedeutend ist, oder daß der Y-Programmierer von der X-Änderung erfährt.

Annahme 3

Abstrakte Datentypen

Eine AE wird als »abstrakter Datentyp (ADT)« bezeichnet, wenn dort als Schnittstelle zu anderen AE's ein Datentyp und für ihn zulässige Operationen definiert sind. Aufrufende AE's können ausschließlich eine oder mehrere dieser Operationen auf den Datentyp ausführen lassen.

Neu gegenüber dem Modul-Konzept ist dadurch die Möglichkeit, im ADT Y einzelne Operationen des ADT X aufzurufen, ohne sie in Y erneut codieren (kopieren) zu müssen. Allerdings muß man in der Schnittstellen-Bekanntgabe von ADT Y alle Datentypen und Operationen von ADT X erneut nennen. Im »Inneren« von Y (also bei der Ausformulierung der Einzelschritte der Y-Operationen) muß man jeweils sagen, daß die Operation OP1-Y dieselbe sein soll wie die Operation OP1-X.

Dies ist erstens Schreibarbeit. Schwerwiegender ist aber, daß man auf diese Weise unsystematisch Beziehungen zwischen den verschiedensten abstrakten Datentypen aufbauen kann. Es entsteht im Laufe der Zeit ein ADT-Aufruf-Geflecht, das zwar per Computer aufgelistet, nicht aber inhaltlich erklärt werden kann. Sollen an einem ADT Veränderungen vorgenommen werden, dann ist erhebliche inhaltliche »Forschungsarbeit« erforderlich, um die Auswirkungen dieser ADT-Änderungen auf aufrufende ADT's zu ermitteln.

Annahme 4

Objektorientierter Entwurf

AE's sind dann »objektorientiert« strukturiert, wenn sie folgende Bedingungen erfüllen:

- Es wird unterschieden zwischen einer AE-»Klasse« und vielen möglichen »Instantiierungen« dieser Klasse, den »Objekten«. Zur Definition der Klasse gehören die gleichen Angaben wie zur Definition eines ADT. Objekte haben nach ihrer Erzeugung (Instantiierung) eigene interne Variablen-Werte, jedoch gelten alle Datentyp- und Operations-Definitionen der Klasse, zu der die Objekte gehören.
- Eine Klasse kann (nicht nur durch Kopieren und Operationsaufrufe, sondern) explizit auf eine andere Klasse aufbauen. Sie »*erbt*« dann von der Oberklasse *per Compiler* alle Datentyp- und Operations-Definitionen. Beliebige der geerbten Operationen können jedoch im erbenden Objekt durch gleichnamige Operationen ersetzt werden. Man kann also das Wichtigste einer Ober-Klasse in eine Unter-Klasse von Objekten übernehmen, jedoch Details modifizieren.

(Nähere Ausführungen über »Objektorientierte Software-Entwicklung« findet der Leser z.B. in [Marty], S.148 ff.)

Den Haupt-Unterschied zwischen »klassischer« Programmierung (mit BASIC, FORTRAN oder COBOL) und »objektorientierter« Programmierung beschreibt [Mullin] wie folgt:

»Die erforderliche Muster-Veränderung besteht darin, daß Sie aufhören müssen, Programme als große Blöcke von Anweisungen zu sehen, die einen Computer in Tätigkeit versetzen. Statt dessen haben Sie es mit einer Welt zu tun, in der Daten-Sätze Teile der sie umgebenden Programme anstoßen. Nicht länger kontrollieren Programme Dinge, sondern jetzt handelt es sich um Objekte, die Dinge tun. Die Kontrolle wurde auf jedes der Objekte verteilt, das Meldungen aussendet, damit Dinge getan werden.« (vgl. [Mullin], S.290)

Welche Auswirkungen haben obige aufeinander aufbauende vier Grund-Annahmen über das AE-Verhalten auf die AE-Strukturierung?

Wenn keine objektorientierte Programmiersprache (z.B. C++ oder Smalltalk 80) verwendet werden kann, dann sollte man bei der AE-Bildung das »Modul-Konzept« verfolgen.

In einem objektorientierten Programmier-Umfeld wären Aktions-Einheiten so zu bilden, daß jede den Anforderungen an eine Objekt-Klasse genügt, wobei in allen sinnvollen Fällen »Vererbungs-Pfade« aufgebaut werden sollten.

Falls sich objektorientierte Programmierung durchsetzt, bedeutet dies nicht etwa das Ende der unternehmensweit erforderlichen Datenmodellierung. Es kommt im Gegenteil noch die Aufgabe hinzu, das unternehmensweite Beziehungsgeflecht zwischen den Objekten zu dokumentieren und zu beherrschen.

Nichts anderes versucht das Unternehmens-Funktionsmodell (UFM), das zusammen mit dem Unternehmens-Datenmodell das Unternehmens-Informations-Modell bildet. Nur sind die UFM-Aktionseinheiten in der Konzeptphase gröber als die später implementierten Objekte.

5.4 Abhängigkeiten zwischen Daten- und Funktionsmodellierung

5.4.1 These, Antithese

These

Datenmodellierung ohne vorausgehende oder parallele Funktionsmodellierung ist unmöglich oder zumindest sinnlos. Man kann doch einen Sachverhalt erst modellieren, wenn man ihn kennt und weiß, worauf man überhaupt mit der Modellierung hinaus will. Datenmodellierung ist doch kein Selbstzweck!

Es geht bei der Datenmodellierung einzig und allein darum, Datenbanken zu entwerfen, die nach ihrer Fertigstellung von Programmen genutzt werden. Wie soll man denn sinnvoll diese Datenbanken designen, ohne zu wissen, welche Programme später auf diese Datenbanken zugreifen werden?

Bild 5–28 zeigt das notwendige Zusammenspiel von Datenmodell und Aktionsdiagrammen des Funktionsmodells. Mit Datenmodellierung allein kommt man nie zu einem ablauffähigen Programm.

Antithese

Man kann einen Stadtplan oder eine Landkarte zeichnen, ohne alle Fahrten bedenken zu müssen oder zu können, die auf diesem Straßennetz möglich oder vorgesehen sind. Ein Straßennetz ist gerade dann gut, wenn es Fahrten in beliebiger Richtung unterstützt. Natürlich sollte man bei anstehenden Änderungen des Straßennetzes prüfen, ob zumindest die bekannten Haupt-Fahrtrichtungen weiterhin genausogut wie früher unterstützt werden oder möglichst noch besser.

Wenn man die Datenwelt eines Anwendungssystemes oder eines Unternehmens(bereiches) modelliert, dann ist das so, als würde man von einem renovierungsbedürftigen Straßennetz oder Haus erst mal einen Plan zeichnen. Dieser Plan dokumentiert den Ist-Stand, erlaubt eine schnellere und präzisere Erklärung von Schwachstellen, Schnittstellen oder Änderungswünschen und sollte zumindest im Nachhinein angepaßt werden, wenn irgendwelche Änderungen an Straßennetz oder Haus vorgenommen wurden.

Analoges gilt für die Datenmodellierung. Man kann Datenmodelle der bestehenden Datenwelt anfertigen, ohne dabei gleich an neu zu schreibende Anwendungssysteme denken zu müssen. Eine Datentyp-Bestandsaufnahme kann den Beginn einer neuen Ära der Datenhaltung markieren, wie eine Lager-Inventur den Beginn der zentral koordinierten computerunterstützten Lagerhaltung eines Unternehmens.

Datenmodelle entstehen zwar zur Zeit sehr oft im Zusammenhang mit der Neu-Programmierung von Anwendungssystemen. Daraus darf aber nicht der Schluß gezogen werden, daß dies *die einzig sinnvolle* Einbindung von Datenmodellen in die Unternehmens-IV ist.

Darüberhinaus ist in der Praxis festzustellen, daß oft Datenmodelle erstellt werden, denen dann kein formales Funktionsmodell folgt, sondern allenfalls freier Spezifikationstext und Programmierung im Prototyping-Verfahren. Detailfragen des Funktionsmodells werden mündlich und parallel zur Programmierung geklärt, statt Mann-Monate für Funktionsmodelle zu verwenden. Dies mag ein veraltetes und unökonomisches Vorgehen sein. Vielleicht ist es aber auch ein Indiz für bisher unzureichende Funktionsmodellierungs-Methoden und -Tools.

Abschließend wieder eine Analogie zum Hausbau:

Kein neues Haus wird ohne Zeichnung gebaut. Es gibt schon gar keine Baugenehmigung ohne vorgelegten Plan. Dieser (statische) Plan muß aber nicht unbedingt um einen Ablauf-Plan (Funktionsmodell) ergänzt werden, der detailliert jede Einzelmaßnahme beschreibt, z.B. das Einsetzen von Fenstern in die Mauer. Nur bei Groß-Projekten sind Zusatzpläne über die einzelnen Bauschritte üblich. Aber auch mehr, um die zeitliche Reihenfolge von Aktivitäten zu koordinieren, statt als detaillierte Vorgangsbeschreibung.

5.4.2 Stellungnahme aus Unternehmenssicht

Datenmodellierung und Funktionsmodellierung können aus *Unternehmens-* und aus *Projekt*-Sicht betrachtet werden. Aus Unternehmenssicht hat der Autor seine Stellungnahme über das Zusammenspiel von Daten- und Prozeßmodell in Kapitel 5.2.3 bereits vorweggenommen:

Langfristig anzustreben ist ein Unternehmens-Informationsmodell (UIM), das aus unternehmensweitem Datenmodell (UwDM) und unternehmensweitem Funktionsmodell (UwFM) besteht. In größeren Unternehmen ändern sich jedoch Funktionen, d.h. Abläufe und deren Einzelvorgänge, ständig und zahlreich. Sie ändern sich öfter als die unternehmensrelevanten Datenfelder. Deshalb schlägt der Autor den Verzicht auf ein detailliertes UwFM vor, solange nicht ein detailliertes und stimmiges UwDM erarbeitet ist und aktuell gehalten werden kann.

Die Datenmodelle von Anwendungssystemen sollten allerdings um jeweils wenige Seiten freien Text ergänzt werden, der die Funktionalität des Anwendungssystems unter Verwendung der Begriffe des Datenmodells grob beschreibt. Dadurch werden die Datenmodelle auch für Außenstehende verständlich und es gibt im Laufe der Zeit durch Addition der Funktionsbeschreibungen zumindest den Vorläufer eines UFM. Dieser Vorläufer ist aber inhaltlich (vermutlich) nicht anwendungssystemübergreifend konsistent und er ist nicht einheitlich strukturiert. Als *strukturiert* würde der Autor ein Funktionsmodell bezeichnen, das Data-Dictionary-Kategorien wie »Aufgabe«, »Ablauf«, »Vorgang«, »Funktion«, »Org-Einheit«, »Beleg«, »Datensicht« füllt und zwischen diesen Kategorie-Einträgen ein Beziehungsgeflecht aufbaut.

5.4.3 Stellungnahme aus Projektsicht

Folgende Ausführungen ergänzen Hinweise, die schon in Kapitel 5.3.2 (Unterpunkt: SA/RT) zu den drei Sichten auf ein Anwendungssystem gegeben wurden.

Strukturiertes Funktionsmodell bei Einsatz generierender CASE-Tools

Wenn dem Projekt ein CASE-Tool zur Verfügung steht, das aus dem Projekt-Funktionsmodell (PFM) Programm-Code generiert, dann sollte ein solches strukturiertes PFM erstellt werden. Das PFM kann ohne ein passendes Projekt-Fein-Datenmodell (PDM) nicht in lauffähigen Code umgesetzt werden, der mit einem DBMS arbeitet. Im CASE-Tool-Generierungs-Fall gehören also tatsächlich PDM und PFM untrennbar zusammen. Voraussichtlich wird der CASE-Tool-Generierungs-Fall eine moderne und ökonomische Software-Produktionsumgebung (SPU) der näheren Zukunft kennzeichnen.

Freitext-Funktionsmodell bei »herkömmlicher« Programmierung

Wenn die Programme in herkömmlicher Weise im Anschluß an die fachliche Spezifikation von Programmierern codiert werden, dann empfiehlt der Autor den Verzicht auf ein strukturiertes (Repository-Tabellen füllendes) Funktionsmodell, fordert aber ein Datenmodell. Als Funktionsmodell sollte ein vernünftig gegliederter freier Text erstellt werden, der an allen sinnvollen Stellen um Masken-Layouts oder Graphik-Übersichten ergänzt wird, z.B. um Datenflußdiagramme (DFD's) oder Aktionsdiagramme (AD's).

Zusammenwirken von Daten- und Funktionsmodell

Das »Freitext-Funktionsmodell« erfüllt nicht nur den Zweck der Programmier-Vorgabe, sondern seine Erstellung bietet auch die Chance, das schon bestehende Datenmodell zu vervollständigen und (erneut) auf Richtigkeit zu überprüfen. Beispiele für das Aufdecken von Datenmodell-Fehlern beim Erstellen eines detaillierten Funktionsmodells enthält [[Münzenberger 1], S.63 f.]. Umgekehrt wird zunehmend betont, daß die genaue Definition eines Anwendungssystems bei Erstellen eines Fein-Datenmodells wesentlich besser gelingt, als bei primär funktionsorientierter Methodik (vgl. z.B. [Mistelbauer], S.113).

[Bellin, Suchman] nennen Datenmodelle »Informations-Modelle«. Sie räumen ein , daß Datenmodell-Diagramme »...nicht viel komplizierter sind als Datenfluß-Diagramme«. »Als Folge davon können einige Systeme sogar erst in der Terminologie des Informations-Modells beschrieben und dann in Datenfluß-Diagramme übersetzt werden.« »Es gibt drei Schlüssel-Rollen der Informations-Modellierung:

1. Als erstes Fenster zu einem System.
2. Als Konsolidierung des Verständnisses über den Effekt der Prozesse, die in Schichten von Datenfluß-Diagrammen gezeigt werden, auf Relationships zwischen Daten.
3. Als Mittel zur Optimierung der Datenspeicherung und des Datenbank-Designs.«

(Die drei Zitate sind (übersetzt) entnommen aus [Bellin, Suchman], S.63.)

Bei herkömmlicher Vorgehensweise wendet sich die Spezifikation an Menschen (Programmierer), nicht an Generierungs-Software. Die Programmierer sollten in den fachlichen Hintergrund ihres Tuns eingeführt werden, um daraufhin Detail-Entscheidungen z.B. über Fehlerbehandlung und Programm-Modularisierung selbst treffen zu können. Details sind an inhaltlich sinnvoller PFM-Stelle (meistens mit Bezug zum Datenmodell) einzufügen, sollten aber stets von Überblick-Informationen über das Gesamtsystem deutlich getrennt sein.

Jeder Relation des PDM's sollte nach Realisierung des IV-Systems eine identische Sicht (View) auf die relationalen Tabellen des Unternehmens entsprechen. Im Unterschied dazu ist bei herkömmlicher Vorgehensweise nie sicher, ob sich fachliche Funktionen des PFM 1:1 in Programm-Modulen wiederfinden. Die Zergliederung der Software-Komponenten kann anderen Kriterien folgen als der Aufbau des PFM's. Die Detail-Beschreibungsarbeit des tatsächlich realisierten IV-Systems muß deshalb den Programmierern aufgebürdet werden.

Kommentarzeilen im Source Code

Der Autor schlägt die Einbindung der Detail-Beschreibung des IV-Systems als Kommentarzeilen in den Source-Code vor. Die Kommentarzeilen sollten durch *genormte Sonderzeichen* gekennzeichnet werden. Diese Sonderzeichen sollten so vereinbart sein, daß sie Angaben über die Dokumentations-Detaillierungsstufe verschlüsseln. Dies erlaubt das Ausdrucken von Programm-Beschreibungen auf einer frei wählbaren Detaillierungsstufe mit Hilfe von einfachen Filter-Programmen.

Zur Modul-Qualitätssicherung und -abnahme gehört unter anderem das Ausdrucken der gefilterten Dokumentations-Zeilen. Wenn der auftraggebende Fachbereich diese Dokumentation nicht versteht, dann ist die Dokumentation zu verbessern oder aber der Modul ist von nur IV-interner Bedeutung und sollte auf oberster Dokumentationsstufe als solcher beschrieben und in das Gesamt-IV-System eingeordnet sein. Sobald fachliche Details im Source-Code (erneut, aber vielleicht per Copy-Funktion) dokumentiert sind, sollten sie aus dem PFM entfernt werden.

Keine Verknüpfung von Source-Code mit Vorgangsbeschreibungen im Data-Dictionary

Als Alternative wären *Verweise* der Dokumentationszeilen auf das PFM naheliegend, aber problematisch. Das PFM wird selbst bei Fremd-Vergaben oft noch während der Programmier-Phase verfeinert oder gar modifiziert. Es wäre unbefriedigend, in den Modul-Dokumentationen dann nur einen alten, eingefrorenen PFM-Stand referenzieren zu können. Sobald man aber Verweise auf ein sich änderndes PFM zuläßt, müssen diese Verweise gepflegt werden, wenn das PFM verändert wird.

Wegen dieser (kleinen aber vorhandenen) Probleme läuft oft und schnell das IV-System seiner ursprünglichen PFM-Spezifikation davon. Deshalb sollte das PFM nur den (relativ stabilen) Überblick über die Funktionalität des Gesamt-Systems beinhalten. Fachliche Details sollten nach der Implementierung aus den aktuellen Source-Codes herausgefiltert werden können. Die Reihenfolge des Druckens der Modul-Dokumentationen kann in einem simplen Steuerungsprogramm (z.B. DCF-Body-Member mit .imbed-Anweisungen) festgelegt sein.

Wohlgemerkt gilt obige Empfehlung nur für den Fall, daß kein Code-generierendes CASE-Tool verfügbar ist. Das Spezifizieren mit einem solchen Tool würde der Autor der informellen herkömmlichen Arbeitsweise vorziehen. Allerdings dürfte bei Verwendung eines generierenden CASE-Tools die herkömmliche (auch personelle) Trennung zwischen fachlicher Spezifikation und Umbruch in ein IV-System (Implementierung) nicht mehr sinnvoll sein. (Überlegungen zu der hier angesprochenen Thematik folgen im letzten Haupt-Kapitel.)

5.4.4 Funktionsmodellierung eines RRM-CASE-Tools

Als Abschluß des Kapitels über Abhängigkeiten zwischen Daten- und Funktionsmodellierung wird das Meta-Datenmodell des Kapitels 4.4 (ansatzweise) um ein (unvollständiges) Funktionsmodell ergänzt. Dadurch soll der Leser einerseits eine bessere Vorstellung über das dem Autor vorschwebende RRM-Tool gewinnen, andererseits über die Art von nicht streng strukturiertem Funktionsmodell, das im vorigen Kapitel (für die Übergangszeit bis zum Einsatz generierender CASE-Tools) empfohlen wurde. Außerdem werden die in Kapitel 5.3.3 empfohlenen SE-Techniken angewandt.

Einstiegsbild und DFD

Als Einstiegsbild präsentiert das RRM-Tool die in Bild 5–29 dargestellte Maske.

```
RRN    Editieren des Fein-Datenmodells

RRD    Generieren RRD aus RRN
RRFN   Generieren RRF aus RRN
RRFC   Hinzufügen von Column-Namen und Minus-Infos
IMP    Importieren von Informationen aus dem Repository
EXP    Exportieren des Datenmodells in das Repository
REP    Reports
```

Bild 5–29 Einstiegs-Maske des RRM-Tools

Gibt der Anwender RRN ein, so erscheint beim allerersten Mal ein leerer Bildschirm (RRN-SCREEN) mit einem Tabulator auf Spalte 2. In diesem Bildschirm kann der Anwender die Erst-Version seines Datenmodells in RRN notieren. Er verwendet dabei den RRN-Editor, der (neben den üblichen Lösch-, Copy, Move-, Find-, Change- und Repeate-Kommandos auch die Funktionstasten F3, F10, F11 und F12 beachtet. Beim Zweit-Aufruf von RRN ist der RRN-SCREEN schon nicht mehr leer, sondern zeigt den Stand des bei der letzten Sitzung editierten Fein-Datenmodells.

Das DFD in Bild 5–30 zeigt, daß das gedachte RRM-Tool mit drei Datenspeichern arbeitet. Der RRN-Zeilen-Speicher D1 existiert nur temporär zwischen Aufruf und Verlassen des RRN-Editors. Bei Aufruf des Editors wird D1 aus den dauerhaft existierenden Relationen D2 des RRM-PC-Tools gefüllt.

Während des Arbeitens mit dem RRN-Editor wird nur in D1 gelöscht. Updates und Inserts können in D1 und D2 erfolgen. Deletes und Inserts in D2 erfolgen zwingend und abschließend durch die SAVE-Prozedur bei Verlassen des Editors. In D2 werden durch die SAVE-Prozedur die Tabellenzeilen (cascadierend) gelöscht, die zuvor vom Anwender in D1 gelöscht wurden. Außerdem werden die im Meta-RRN genannten SORTIER_NRn ausgehend von der D1-Reihenfolge in D2 aktualisiert.

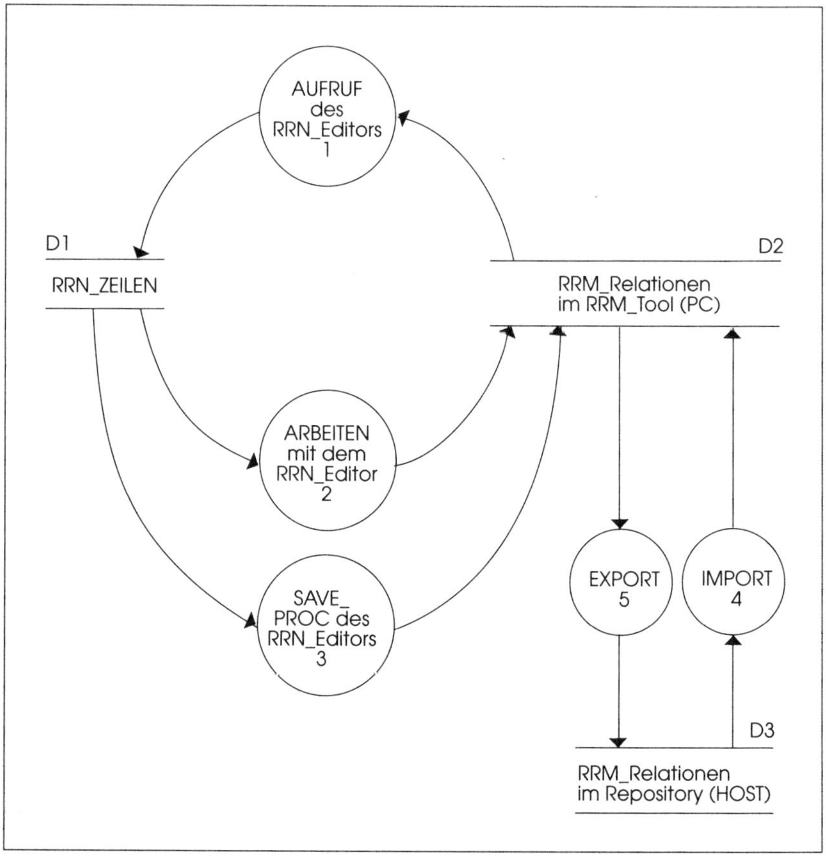

Bild 5–30 DFD zur Erläuterung der RRM-Tool-Datenflüsse

Warum arbeitet der Anwender nicht immer online gegen D2? Warum wird z.B. nicht sofort in D2 gelöscht, wenn er in D1 eine Zeile löscht? Warum überhaupt die Trennung von D2 und D1 ?

Der Autor hält es für sehr wichtig, daß der Anwender gerade in der kreativen Anfangsphase stets das gesamte Fein-Modell im möglichst flexiblen Zugriff hat. Wenn Programmierer diese Forderungen auf D2-Basis erfüllen, ohne D1 zu brauchen, dann umso besser.

Die Entscheidung, ob es D1 neben D2 gibt oder nicht, ist aus fachlicher Sicht unerheblich. Dennoch beeinflußt sie in erheblichem Ausmaß eine Fein-Spezifikation. Dies ist ein Beispiel dafür, daß fachliche Fein-Spezifikationen oft *nicht* das realisierte System beschreiben, sondern viele Detail-Ideen enthalten, die bei der Realisierung *ganz anders* umgesetzt werden.

In D2 können Detail-Daten (oder ganze Datenmodelle) aus D3, dem zentralen HOST-Repository, importiert werden. Umgekehrt ist (nach Fertigstellung) auch ein Export des PC-Datenmodells von D2 nach D3 vorgesehen. Die Notwendigkeit des Zusammenwirkens von zentralen und dezentralen Datenmodellierungs-Komponenten wird in den Kapiteln 6 bis 8 begründet.

Aktions-Diagramm des Fein-Datenmodell-Editors und seiner Funktionstasten

Das Aktions-Diagramm in Bild 5–31 soll die internen Abläufe bei Aufruf des RRN-Editors und seiner Funktionstasten verdeutlichen.

```
┌── RRN-PROC
│
│   /* Lies den alten RRN-Stand in D2 und übertrage ihn nach D1
│
│   ╔═ FOR EACH  [RELATION]  of APPL with APPL*STATUS
│   ║
│   ║   READ  [RELATTR]
│   ║
│   ║   READ  [RELSHIP]
│   ║
│   ║   READ  [REL*LEXATTR]
│   ║
│   ║   READ  [CK*ATTR]
│   ║
│   ║   READ  [CK*RELSHIP]
│   ║
│   ║   READ  [CK*LEXATTR]
│   ║
│   ║   INSERT RRN-LINES INTO D1
│   ║
│   ╚═
│
```

```
|                 ************
|   ╔══ DISPLAY    RRN-SCREEN       with D1-rrn-lines
|   ║              ************     sorted by SORTIER_NR
|   ║   EDIT RRN-lines
|   ║
|   ║    ┌── IF F3    /* 3 RRN-Ende-Varianten möglich
|   ║    │
|   ║    │   ASK: Sichern der Datenmodell-Änderungen?  (S)
|   ║    │
|   ║    │        Zurück in den RRN-Editor?            (Z)
|   ║    │
|   ║    │        Quit ohne Datenmodell-Änderungen?    (Q)
|   ║    │
|   ║    │   ┌── CASE Z
|   <────────────
|   ║    │   ├── CASE Q
<────────────────
|   ║    │   ├── CASE S
|   ║    │   │
|   ║    │   │        :::::::::::
|   ║    │   │   CALL  SAVE_PROC
|   ║    │   │        :::::::::::
|   ║    │   └──
|   ║    └──
|   ║
|   ║    ┌── IF F12   /* Übersicht über die Relations-Zeilen
|   ║    │
|   ║    │   SAVE cusor position in rrn-lines
|   ║    │   FILTER R-lines and L-lines
|   ║    │
|   ║    │             *********************
|   ║    │   DISPLAY    REL-OVERVIEW-SCREEN   with R-lines
|   ║    │             *********************  and  L-lines
|   ║    │
|   ║    │   ┌── IF F3
|   ║    │   │
|   <───────────
|   ║    │   └──
|   ║    │
|   ║    │   ┌── IF ENTER
|   ║    │   │
|   ║    │   │   SEARCH L in 1st col of SCREEN  /*locate-Wunsch
|   ║    │   │   ┌── IF L NOT FOUND
|   ║    │   │   │
|   ║    <────────────
|   ║    │   │   └──
|   ║    │   │   SEARCH L-RELATION in rrn-lines
|   ║    │   │   CHANGE cursor-position to found L-RELATION-pos
|   <────────────
|   ║    │   └──
|   ║    └──
```

```
|   ||
|   ||
|   ||    ┌── IF F11   /* Lexikon-Eintrag beabsichtigt
|   ||    |
|   ||    |   SAVE cusor position in rrn-lines
|   ||    |   ASK:   Lexikon-Nr :__
|   ||    |   ACCEPT LEX
|   ||    |
|   ||    |   READ      ┌──────────┐      of LEX
|   ||    |             │ LEXATTR  │
|   ||    |             └──────────┘
|   ||    |
|   ||    |                ****************
|   ||    |   ╔═ DISPLAY    LEXIKON-SCREEN   with LEXATTRs
|   ||    |   ║            ****************
|   ||    |   ║
|   ||    |   ║   ┌── IF F3
|   ||    |   ║   |
|   ||<───────────────
|   ||    |   ║   └──
|   ||    |   ║
|   ||    |   ║   ┌──── IF I OR U  /* INSERT oder UPDATE
|   ||    |   ║   |
|   ||    |   ║   |              ****************
|   ||    |   ║   |   DISPLAY    LEXATTR-SCREEN  (with LEXATTR-
|   ||    |   ║   |              ****************        ATTRIBUTES)
|   ||    |   ║   |
|   ||    |   ║   |   ┌── IF F3
|   ||    |   ║   |   |   ACCEPT  LEXATTR-ATTRIBUTES
|   ||    |   ║   |   |   INSERT or UPDATE  LEXATTR-ATTRIBUTES
|   ||    |   ║<────────────
|   ||    |   ║   |   └──
|   ||    |   ║   └──
|   ||    |   ║
|   ||    |   ║   ┌── IF R    /* RENAME
|   ||    |   ║   |
|   ||    |   ║   |   ACCEPT new LEXATTR_NAME
|   ||    |   ║   |   UPDATE LEXATTR_NAME for LEXATTR_NR
|   ||    |   ║<───────
|   ||    |   ║   └──
|   ||    |   ║
|   ||    |   ║   ┌── IF D    /* DELETE
|   ||    |   ║   |
|   ||    |   ║   |   DELETE LEXATTR_NR cascading
|   ||    |   ║<───────
|   ||    |   ║   └──
|   ||    |   ╚═
|   ||    └──
|   ||
```

```
        IF F10    /* Update oder Insert von Details über
                  /* RELATION, RELSHIP, REL(LEX)ATTR

        SAVE cusor position in rrn-lines

          CASE RELATION-line    /* R

          READ  | RELATION |

                   *****************
          DISPLAY   RELATION-SCREEN   without SORTIER_NR
                   *****************

            IF F3
            ACCEPT  RELATION-ATTRs
            UPDATE  RELATION-ATTRs   (without SORTIER_NR)
<-----------

          CASE RELSHIP-line     /*  >, =

          SEARCH first R-line before cursor-pos

          READ  | RELSHIP |

                   *****************
          DISPLAY   RELSHIP-SCREEN    without SORTIER_NR
                   *****************

            IF F3
            ACCEPT  RELSHIP-ATTRs
            UPDATE  RELSHIP-ATTRs    (without SORTIER_NR)
<-----------

          CASE ATTR-line     /* (blank in Spalte 1)

          SEARCH first R-line before cursor-pos

          READ  | RELATTR |

            IF ATTR NOT FOUND
            ASK: LEXIKON_NR ?
            ACCEPT LEX
```

```
IF LEX = BLANK   /* kein Lexikon-Attribut

         ****************
DISPLAY   RELATTR-SCREEN
         ****************

   IF F3
   ACCEPT  RELATTR-ATTRs
   INSERT  RELATTR
<-----------------

ELSE
READ  [ LEXATTR ]
   IF ATTR FOUND

              ********************
   DISPLAY     REL*LEXATTR-SCREEN
              ********************

      IF F3
      ACCEPT  REL*LEXATTR-ATTRs
      INSERT or UPDATE REL*LEXATTR
<-----------------

   ELSE
   ERROR-MSG
<-----------------

ELSE

          ****************
DISPLAY   RELATTR-SCREEN
          ****************

   IF F3
   ACCEPT  RELATTR-ATTRs
   UPDATE  RELATTR
<-----------------
```

```
SAVE_PROC
  FOR EACH [RELATION] in D2
    SEARCH RELATION-Zeile in D1
      IF RELATION FOUND
      UPDATE RELATION_SORTIER_NR
      ELSE
      DELETE RELATION cascading
  FOR EACH [RELATTR] in D2
    SEARCH RELATTR-Zeile in D1
      IF RELATTR FOUND
      UPDATE RELATTR_SORTIER_NR
      ELSE
      DELETE RELATTR cascading
  FOR EACH [REL*LEXATTR] in D2
    SEARCH REL*LEXATTR-Zeile in D1
      IF REL*LEXATTR FOUND
      UPDATE REL*LEXATTR_SORTIER_NR
      ELSE
      DELETE REL*LEXATTR cascading
  FOR EACH [RELSHIP] in D2
    SEARCH RELSHIP-Zeile in D1
      IF RELSHIP FOUND
      UPDATE RELSHIP_SORTIER_NR
      ELSE
      DELETE RELSHIP cascading
```

Bild 5–31 Aktions-Diagramm eines RRN-Editors

Bildschirm-Masken, die das Aktions-Diagramm aufruft

Es folgen Bilder mit den im Aktionsdiagramm (Bild 5–31) genannten Masken (SCREENs).

```
Command ===>
R KURS
L KURS-VERANSTALTUNGEN EINES KURSTYPS
P >KURSTYP
P _BEGINN_DATUM
  _BEGINN_DATUM
  >TRAINER;HALTEND
  >BEURTEILUNG;ERRECHNET
R KURS*TEILNEHMER
L MITARBEITER, DER ANGEMELDET IST ODER TEILNAHM
P >KURS
P >MITARBEITER
  _ANMELDE_DATUM
  >BEURTEILUNG;TRAINER
  >BEURTEILUNG;STOFF
  >PROJEKT;ZAHLEND
R MITARBEITER
L MITARBEITER DER MODERN AG
P _NR
  _NAME
```

Bild 5–32 RRN-SCREEN

Der RRN-SCREEN stellt den bisherigen Stand des Feinmodells unter dem RRN-Editor zur Verfügung. Eine Bildschirmseite könnte also etwa mit dem RRN-Ausschnitt des Bildes 5–32 gefüllt sein.

```
COMMAND ===>
- KURSTYP            KURSTYP DES MODERN AG - BILDUNGSWESENS
- KURS               KURS-VERANSTALTUNGEN EINES KURSTYPS
- KURS*TEILNEHMER    MITARBEITER, DER ANGEMELDET IST ODER
                     TEILNAHM
L MITARBEITER        MITARBEITER DER MODERN AG
- TRAINER            TRAINER DES MODERN AG - BILDUNGSWESENS
- INTERNER*TRAINER   TRAINER, DER MITARBEITER IST
- EXTERNER*TRAINER   TRAINER, DER VERTRAG MIT DEM BILDUNGSWESEN
                     HAT
- BEURTEILUNG        APPL-DOMAENE (1 2 3 4 5 6)
- GESCHLECHT         APPL-DOMAENE (m w)
- PROJEKT            IV-PROJEKT DER MODERN AG
```

Bild 5–33 REL-OVERVIEW-SCREEN

Bild 5–33 zeigt den REL-OVERVIEW-SCREEN, der durch Filtern der R- und L-Zeilen aus D1 erzeugt wird. Der Anwender hat vor MITARBEITER ein L (locate) eingegeben, möchte also nach Drücken der Enter-Taste zurück in den RRN-SCREEN, bei dem der Cursor dann auf der Zeile R MITARBEITER oben im Bild stehen soll.

```
Command ===>

LEXIKON_NR: 12      LEXIKON_NAME: KONZERN-BEGRIFFE
Geltungsbereich:    Die hier definierten Begriffe gelten
                    relationsübergreifend im Finanz- und
                    Vertriebs-Ressort
I=Insert  U=Update  R=Rename  D=Delete
- LIEFERMENGE                        NUM 7
U LAGERMENGE                         NUM 7
- ABSATZMENGE                        NUM 7
- WERKS_ABGABE_PREIS                 DEC 8.2
- HAENDLER_PREIS                     DEC 8.2
- HAENDLER_MARGE                     DEC 7.2
- KURS                               DEC 8.3
- KULANZ                             DEC 9.2
```

Bild 5–34 LEXIKON-SCREEN

Bild 5–34 zeigt das Beispiel eines LEXIKON-SCREENs, wie er im Projekt »Konzern-Info-System« (vgl. Kapitel 4.3.3) gefüllt sein könnte. Dieser Schirm wird durch Drücken der F11-Taste und Angabe der LEXIKON_NR gewählt.

```
Command ===>
                                               LEXIKON_NR: 12
LEXATTR                    TYP  FORMAT         LEXATTR_NR: 004
LAGERMENGE                 NUM  7

ERLAEUTERNDER TEXT:
LAGERMENGE wird berechnet aus    Anfangsbestand
                               - Entnahmeschein-Abgänge
                               + Lieferschein-Zugänge.
Die Entnahmearten (Verlagerung, Auslieferung) werden bzgl.
der Lagermenge eines Lagers gleich behandelt.
```

Bild 5–35 LEXATTR-SCREEN

Bei Eingabe von I oder U vor einem LEXATTR des LEXIKON-SCREENs wird der LEXATTR-SCREEN des Bildes 5–35 angezeigt.

```
Command ===>
    RELATION:  KURS*TEILNEHMER                    APPL_NR: 01
                                             APPL_VERSION: 02
                                              RELATION_NR: 003
  INSERT_Y_N:  Y
  DELETE_Y_N:  Y
  UPDATE_Y_N:  Y                            APPL-DOMÄNE? N (J,N)

    LANGNAME:  MITARBEITER, DER ANGEMELDET IST ODER TEILNAHM

BESCHREIBUNG:

Als Kursteilnehmer sind nur Mitarbeiter zulässig. Sie werden
bei Eingang der schriftlichen oder telefonischen Anmeldung für
den betreffenden Kurs als Teilnehmer eingetragen. Die Löschung
erfolgt 5 Jahre nach der Kursveranstaltung oder bei
Ausscheiden des Mitarbeiters aus der MODERN AG.
```

Bild 5–36 RELATION-SCREEN

Drückt der Anwender im RRN-Editor die F10-Taste und sein Cursor steht auf einer R-Zeile, dann erscheint der RELATION-SCREEN (vgl. Bild 5–36). Er ist automatisch mindestens mit APPL_NR, APPL_VERSION, RELATION_NR und RELATION_NAME gefüllt, kann aber ansonsten leere Felder enthalten, wenn die Relation z.B. in D2 neu angelegt werden soll.

```
Command ===>
R E L S H I P                                       APPL_NR: 01
                                               APPL_VERSION: 02
 RELATION;VON   KURS*TEILNEHMER                 RELATION_NR: 003
RELATION;NACH > PROJEKT                         RELATION_NR: 010
        ROLLE ; ZAHLEND                           ROLLEN_NR: 001

  PRIMARY_KEY   -  (-,P)                       NACH_VON_MIN: 0 (0,1)
    MUSS_KANN   K  (M,K)                       NACH_VON_MAX: n (0,x,n)
Wenn RELATION;NACH gelöscht wird, dann in ;VON          RI: N (N,R,C)

BESCHREIBUNG:

Ein zahlendes Projekt wird für den Kursteilnehmer nur dann
vermerkt, wenn er seiner Anmeldung die vom Projektleiter
unterschriebene und mit Projekt-Nummer versehene Zahlungs-
Bestätigung beifügt. ......................................
...........................................................
```

Bild 5–37 RELSHIP-SCREEN

Steht der Cursor des RRN-Editors bei Drücken der F10-Taste auf einer Relationship-Zeile (> oder = in Spalte 1), dann wird der in Bild 5–37 dargestellte RELSHIP-SCREEN angezeigt.

```
Command ===>
R E L A T T R                                      APPL_NR: 01
                                               APPL_VERSION: 02
     RELATION:  KURS*TEILNEHMER                 RELATION_NR: 003
RELATTTR_NAME:  _ANMELDE_DATUM                   RELATTR_NR: 001
  PRIMARY_KEY:  -                                  DERIVAT?: N  (J,N)
    MUSS_KANN:  K
  COLUMN_NAME:  ANMELD_DAT                    WITH_DEFAULT: Y  (Y,N)
     DATENTYP:  DATE             (DATE, STR, NUM, DEC)
       FORMAT:  -                (5,2 bedeutet 123,45)
Das Anmeldedatum wird bei Anlage des KURS*TEILNEHMERs vom
System vergeben...........................................
..............................................................
```

Bild 5–38 RELATTR-SCREEN

Steht der Cursor des RRN-Editors bei Drücken der F10-Taste auf einer Attributs-Zeile (blank in Spalte 1), dann wird der in Bild 5–38 dargestellte RELATTR-SCREEN angezeigt, falls der Anwender nicht auf Nachfrage (vgl. Aktions-Diagramm) eine Lexikon-Nr angibt. Gibt er eine Lexikon-Nr an, dann wird der REL*LEXATTR-SCREEN (Bild 5–39) angeboten.

```
Command ===>
R E L * L E X A T T R                              APPL_NR: 07
                                                PPL_VERSION: 01
     LANGNAME:  LANGFRISTPLANUNGS*MENGEN
     RELATION:  LP*MENGEN                       RELATION_NR: 022
 LEXATTR_NAME:  _LAGERMENGE                      LEXIKON_NR: 012
        ROLLE ;  DURCHSCHNITT
  PRIMARY_KEY:  -                                  DERIVAT?: N  (J,N)
    MUSS_KANN:  K
  COLUMN_NAME:  LAGERMENGE                    WITH_DEFAULT: N  (Y,N)
     DATENTYP:  NUM 12     (Default aus LEXATTR, Update erlaubt)
       FORMAT:  -          (Default aus LEXATTR, Update erlaubt)
Ergänzung der im Lexikon schon vorhandenen Beschreibung:

Die durchschnittliche Lagermenge sollte als Mittel aus
vermutetem saisonalen Monats-Höchstbestand und Niedrigst-
Bestand geplant werden....................................
..............................................................
```

*Bild 5–39 REL*LEXATTR-SCREEN*

Im Aktions-Diagramm des RRN-Editors wird nicht die Frage behandelt, wie der Anwender XOR-Relationships bekanntgeben kann.

Angenommen, der Programmierer würde dem Fach-Anforderer (also in diesem Fall dem Autor) empfehlen, im RRN-SCREEN eine zuätzliche Spalte vor der R- L- P- Spalte einzufügen, so daß aus der bisherigen Spalte 1 die Spalte 3 wird.

In der neuen Spalte 1 des geänderten RRN-SCREENS könnte dann z.B. in einer Relations-Zeile ein X eingegeben werden und der XOR-SCREEN (Bild 5–40) würde angezeigt.

Die neue (vom Programmierer empfohlene) Spalte des RRN-SCREENS würde ganz andere Bedien-Möglichkeiten für RENAME, DELETE u.s.w. bieten. Vielleicht bräuchte man die Funktionstasten F10, F11 und F12 nicht mehr.

Kurz: Das Datenmodell (in unserem Fall das Meta-Datenmodell aus Kapitel 4.4) bleibt stabil. Durch Programmierer-Vorschläge bzgl. D1, D2 oder der Oberfläche können aber große Teile des Funktionsmodell-Pseudocodes hinfällig werden.

Deshalb auch der in Kapitel 5.4.3 gemachte Vorschlag, Details des Funktionsmodells (die nicht ohnehin auf den ersten Blick aus dem Source-Code hervorgehen) als Kommentarzeilen im Source-Code unterzubringen. Dann stehen sie wartbar an der richtigen Stelle und werden bei der Übernahme aus dem ursprüngliche Funktionsmodell so modifiziert, daß sie auch wirklich zum realisierten System passen.

```
Command ===>

X O R - RELSHIPS,        ausgehend von Relation: TRAINER

J  J  -  -  -  -   MUSS eine der XOR-Relships existieren?

1  2  3  4  5  6
X                            INTERNER*TRAINER=TRAINER
X                            EXTERNER*TRAINER=TRAINER
                                        KURS>TRAINER
   X                   TRAINER>LIEFERANT
                       TRAINER>MITARBEITER;BETREUEND
   X                   TRAINER>EINZEL*VERTRAGS*ART
```

Bild 5–40 XOR-SCREEN

Es fehlt im XOR-SCREEN (Bild 5–40) noch eine Möglichkeit, die XOR*KRITERIUM_BEZEICHNUNG anzugeben. Dies ist jedoch eine reine Frage der geschickt designten Bediener-Oberfläche und soll im Moment nicht weiter behandelt werden. Wichtiger ist bzgl. des XOR-SCREENS das erstmalige Anzeigen von Relationships in *beiden* Richtungen.

Relationship-Richtungen im RRM

In der Relation

`R TRAINER`	hätten wir die Relationships zu
`  >LIEFERANT`	,
`  >MITARBEITER;BETREUEND`	und
`  >EINZEL*VERTRAGS*ART`	sofort gefunden.

Die drei anderen Relationships

`INTERNER*TRAINER=TRAINER`	,
`EXTERNER*TRAINER=TRAINER`	und
`KURS>TRAINER`	

sind über das ganze Fein-Datenmodell verteilt, also fast »versteckt«, wenn man nicht den Linien eines graphischen Grob-Datenmodells (RRD) folgen kann.

Für den Rechner sind diese Relationships jedoch auch ohne RRD leicht zu finden.

```
SELECT  RELATION_VON, RELATION_NACH, ROLLE
FROM    RELSHIP
WHERE   RELATION_VON  = "TRAINER"
OR      RELATION_NACH = "TRAINER
```

ist das sinngemäß zutreffende SQL-Statement, das die gesuchten Relationships liefert. Gerade diese Suche spräche dafür, eine Editor-ähnliche Oberfläche zu schaffen, die mit den Relationen in Datenbestand D2 (vgl. DFD Bild 5–30) auskommt. Dann bräuchte man nicht per Filter-Programm D1 zu durchsuchen, sondern könnte SQL in D2 die Arbeit tun lassen. Das SQL-Statement wäre allerdings etwas umständlicher als oben gezeigt, weil in der Relation RELSHIP nur die Nummern(!) der VON- und NACH-Relationen stehen, nicht deren Namen.

RRM-Kritiker könnten denken, daß die RRM mit ihrer RRN nicht geeignet ist, die *beiden* Richtungen einer Relationship zutreffend darzustellen. Durch das Beispiel der XOR-Maske (Bild 5–40) und ihrer Erläuterung sollte diese eventuelle Kritiker-Ansicht widerlegt sein. Ergänzend sei bemerkt, daß man mit Hilfe der Relationen RRF und RRF*KOMP des RRM-Meta-Datenmodells auch *indirekte* Relationships zwischen Relationen suchen kann, wobei sogar die Einschränkung auf Primärschlüssel-Relationships oder eine bestimmte »Suchtiefe« möglich wäre.

Auch sollte nach obigen Erläuterungen klar sein, daß man unter jeder Relation des Fein-Datenmodells online (oder erst recht per Report) die Relationships zeigen könnte, die »in umgekehrter Richtung« auf die betreffende Relation zeigen.

Beispiel

```
R MITARBEITER
P _NR                                  M
  _NAME                                M
  _GEBURTS_DATUM                       M
  >GESCHLECHT                          0,n : 1,1
  _TRAINER_KENNZ                       K
```

könnte per (Online-) Programm ergänzt werden um

```
P KURS*TEILNEHMER>MITARBEITER          0,n : 1,1
  INTERNER*TRAINER=MITARBEITER         0,1 : 1,1
C INTERNER*TRAINER=MITARBEITER .
```

Durch diese Zusatzinformation entsteht (fast) die gleiche Aussage wie im Bild 5–20, dem »edited data model« in der invertierten L-Darstellung. Die Informationen des Bildes 5–20 könnten in einem RRN-Report etwa folgendermaßen dargestellt werden:

```
R ABTLG
P _NAME                        M           STR 30
  _BUDGET                      K           DEC 7,2
  _RAUM                        M           NUM 3
  _ANZAHL_MITARBEITER          M           NUM 2
  ______________________________________________________
  MITARBEITER>ABTLG;AKTUELL    0,n : 1,1
  MITARBEITER>ABTLG;FRUEHER    0,n : 0,1
  MITARBEITER>ABTLG;LEITER     0,n : 0,1

R MITARBEITER
P _NR                          M           NUM 4
  _NAME                        M           STR 30
  _SEX                         M           STR 1
  _GEBURTSDATUM                M           DATE
  >ABTLG;AKTUELL               0,n : 1,1
  >ABTLG;FRUEHER               0,n : 0,1
  >ABTLG;LEITER                0,n : 0,1
```

Ein RRN-Report kann Kardinalitäten und Muß- Kann-Angaben natürlich erst drucken, wenn alle diesbezüglichen Detail-Informationen zum Fein-Datenmodell in den RRN-Hintergrund-Masken bekanntgegeben wurden. Aus Bild 5–20 wurde die Aussage übernommen, daß eine Abteilung von *mehreren* Mitarbeitern geleitet werden kann. Die in Bild 5–20 enthaltenen Domänen-Plausibilitäten (z.B. <30, >4100, etc.) sollte man in das RRM-Meta-Datenmodell und die RRM-Tool-Oberfläche noch einfügen.

RRM-Tool-Graphikoberfläche

Im vollständigen Funktionsmodell eines RRM-CASE-Tools müßte sicher auch etwas zur Graphik-Oberfläche gesagt werden. Vom RRD erscheint nichts im Meta-Datenmodell des Kapitels 4.4. Dies könnte sich bei tatsächlicher Realisierung des RRM-Tools ändern. Denkbar wäre z.B. ein Speichern von Koordinaten der Relations-Rechtecke.

Ein RRD sollte aus dem Fein-Datenmodell (und dessen unterlagerten Detail-Angaben) automatisch generiert werden können. Daß dies keine Utopie ist, zeigt z.B. [Mistelbauer]. (MBB verwendet das Netzplan-Tool [GRANEDA] zum Generieren graphischer Datenmodelle, vgl. [Mistelbauer], S.131 ff.)

Auch das Graphik-Tool [AutoCAD] bietet Voraussetzungen für eine RRD-Generierung, denn mit der Programmiersprache LISP kann das Tool dazu gebracht werden, Zeichnungen zu erstellen.

5.5 CASE-Tools

Es gibt inzwischen eine Fülle von CASE-Tools. In rascher Folge kommen neue Anbieter und Releases auf den Markt. Angesichts dieser stürmischen Entwicklung wäre eine Markt-Übersicht oder gar ein Vergleichstest von CASE-Produkten schon bei Erscheinen dieses Buches partiell veraltet.

Der häufige Releasewechsel zeigt, daß frühere Releases wohl deutliche Schwächen hatten. Die steigende Anzahl weltbekannter Anbieter (z.B. IBM, DEC, ORACLE, UNISYS) zeigt andererseits, daß inzwischen auch große Hard- und Software-Anbieter an die Machbarkeit und den Markt von CASE glauben.

Der Markt eilt sogar auf der Suche nach Lösungen für das Wartungsproblem und mehr Benutzer-Akzeptanz der Leistungsfähigkeit der Anbieter etwas voraus. Tool-Mängel werden bewußt in Kauf genommen, weil die bisherige Methodik und Tool-Umgebung für Analytiker und Designer so chaotisch, veraltet und uneffektiv ist, daß man eine Verbesserung dieser Situation durch fast jedes beliebige CASE-Tool für leicht erreichbar hält.

Der Autor ist *nicht* dieser Ansicht und wird dies im folgenden Unter-Kapitel begründen.

5.5.1 CASE-Tool-Anforderungen

Vermutlich erwartet der Leser jetzt eine Aufzählung von Anforderungen, die an CASE-Tools zu stellen sind. Statt dessen wird aber hier erörtert, welche Anforderungen CASE-Tools an Projekt-Teams und Unternehmen stellen, die solche Tools einsetzen (wollen).

Werkzeuge entfalten ihre volle Wirksamkeit nur in der Hand von Anwendern, die damit umgehen können. Wer vorher (in freiem Text) schlecht spezifiziert hat, wird auch (und erst recht) mit einem CASE-Tool keine besseren Spezifikationen erstellen. Die Spezifikationen werden nur schöner aussehen, weil sie Graphik enthalten, und sie werden (vermutlich) umfangreicher. Es gibt so viele Arten von CASE-Tool-Masken, in denen man irgendetwas eingeben oder zeichnen kann. Es gibt schon nach wenigen Eingaben so viele Reports, die man drucken lassen kann. Alle diese Reports schön zusammengeheftet »sehen nach was aus«. Die Spezifikation scheint modern und übersichtlicher zu sein, kann sich aber dennoch z.B. für Programmierer als unverständlicher und inkonsistenter im Vergleich zum früheren freien Text herausstellen. (»A fool with a tool is still a fool.«)

Ein CASE-Tool in der Hand eines (geschulten) Projektes bedeutet eine Verbesserung gegenüber manueller Technik. Diese Verbesserung ist jedoch nur ein Bruchteil dessen, was *unternehmensweit* erreicht werden könnte. Integration von CASE-Tools in eine Software-Produktions-Umgebung (SPU) und projektübergreifender Integrations-Aufwand sind erforderlich, um unternehmensweit spürbare Verbesserungen der IV-Situation zu erreichen.

CASE-Tool-Anforderungen an ein Unternehmen

Der (ökonomische) Einsatz von CASE-Tools erfordert

- methodische Schulung der Projekt-Mitarbeiter
- Integration der (ausgewählten) CASE-Tools in eine SPU
- projektübergreifende Qualitätssicherung und Integration von CASE-Ergebnissen
- einen organisatorischen Rahmen, der zur SPU paßt.

Einen Beitrag zur methodischen Schulung von Mitarbeitern bzgl. Datenmodellierung sollen die Kapitel 3 und 4 dieses Buches leisten.

Die Integration von CASE-Tools in SPU's wird im folgenden Unter-Kapitel 5.5.2 (kurz) behandelt.

Projektübergreifende Qualitätssicherung von Datenmodellierungs-Ergebnissen ist Thema des Kapitels 6.

Organisatorische Überlegungen sind im Kapitel 8 enthalten.

5.5.2 CASE-Tools als SPU-Bestandteile

Eine Software-Produktions-Umgebung (SPU) kann man symbolisch wie in Bild 5–41 darstellen. Dort werden SPU-Komponententypen als Blöcke aufgeführt, die aus logischer Sicht eine SPU bilden.

Einige CASE-Tool-Anbieter versuchen, das *gesamte* SPU-Spektrum durch ihre Produkte abzudecken. Andere spezialisieren sich auf *eine* der SPU-Komponenten 1 bis n und versprechen »Kompatibilität« z.B. zum (blauen) Industrie-Standard und/oder zu irgendwelchen Normen. Viele der derzeit angebotenen Software-Entwicklungsumgebungen sind in [Balzert] und/oder [Gutzwiller, Österle] beschrieben.

Es ist jedem Anwender-Unternehmen überlassen, aus welchen Komponenten es seine SPU zusammensetzt und wie durchgängig es seine SPU-Komponenten miteinander verbindet.

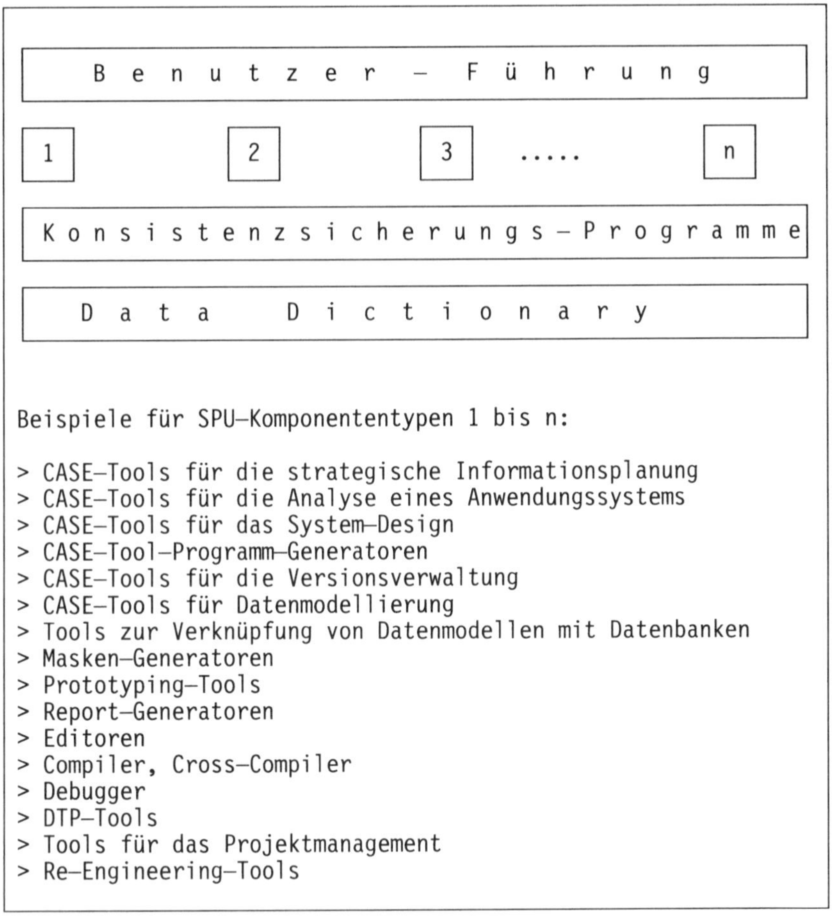

Bild 5–41 SPU-Komponententypen aus logischer Sicht

Für Groß-Unternehmen ergibt sich durch Einbeziehung der räumlichen Verteilung und der Anzahl verfügbarer SPU-Komponenten z.B. eine SPU-Konfiguration wie in Bild 5–42 dargestellt.

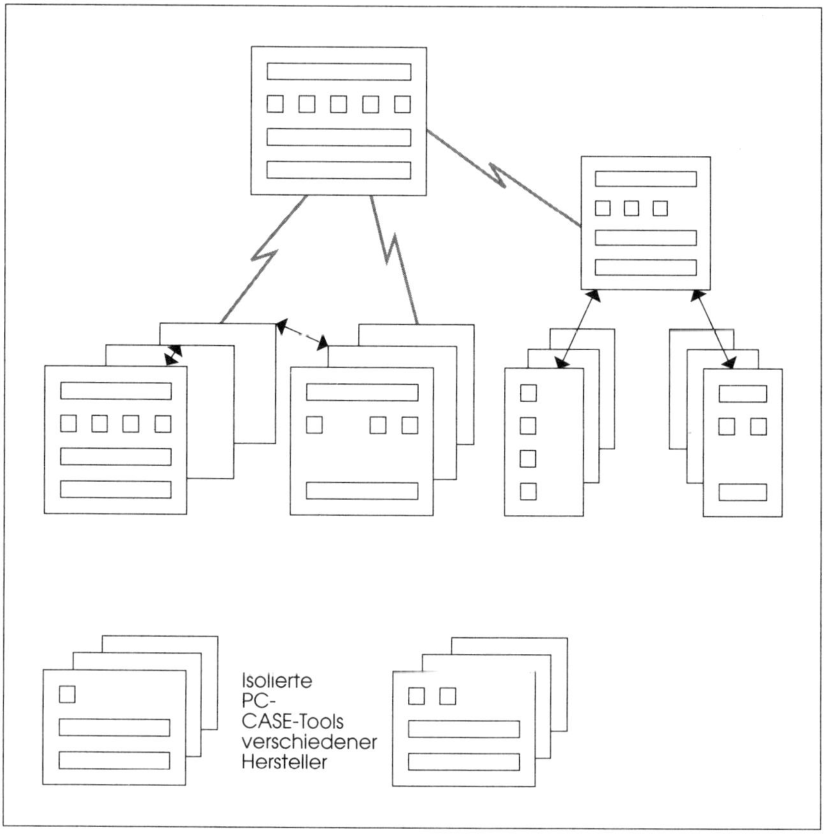

Bild 5–42 SPU-Komponenten aus physischer Sicht

Man beachte in Bild 5–42, daß dort nicht alle »SPU-Unter-Komponenten« die gleiche innere Struktur haben und daß es auch bzgl. des Zusammenwirkens der SPU-Komponenten unterschiedliche Philosophien (Netzwerk-Strukturen) gibt. Auch die PC-CASE-Inseln sollten nicht übersehen werden. Sie dürften gerade im derzeitigen CASE-Stadium in fast allen realen Unternehmens-SPU'n anzutreffen sein.

SPU – Planungs- und Betreuungsbedarf

Bild 5–42, zusammen mit Bild 5–41 soll verdeutlichen, wie groß der SPU-Planungs- und -Betreuungsbedarf ist, wenn ein Unternehmen keine chaotische, kostenintensive SPU *»ertragen«*, sondern eine effektive SPU *gestalten* und *beherrschen* will.

Wenn z.B. jedes Projekt irgendwelche CASE-Tools kauft und (sporadisch) irgendwelche Spezifikations-Ergebnisse an ein übergeordnetes Data-Dictionary überträgt, dann ist damit noch kein Qualitätssprung der Unternehmens-IV erreicht. Der Nutzensteigerung, die das »CASE-Torso« dennoch erzielt, steht eine IV-Kostensteigerung gegenüber. Bei unternehmensweiter SPU-Planung und -Betreuung ist der CASE-Nutzen höher und sind die CASE-Kosten niedriger als bei wohlwollendem oder auch argwöhnischem Beobachten des CASE-Wachstums im Unternehmen.

5.5.3 CASE-Tool-Beispiele

Die folgenden Beispiele sind ausgewählt, um wenigstens einige CASE-Tools in diesem Buch mit Namen genannt zu haben. Alle genannten Tools haben als gemeinsame Eigenschaft eine akzeptable Daten(modellierungs)-Komponente. Damit soll nicht gesagt sein, daß dies bei allen nicht genannten Tools anders wäre!

AD/Cycle (IBM)

AD ist die Abkürzung für Application Development, also Anwendungssystem-Entwicklung. AD/Cycle selbst ist kein Produkt, sondern ein »Rahmenwerk«, eine »Philosopie«, zu dem (der) passende Einzelprodukte von IBM oder auch anderen Herstellern angeboten werden. AD/Cycle ist also die IBM-Bezeichnung für eine SPU-Architektur gemäß Bild 5–41. AD/Cycle soll iCASE (Integrated CASE) ermöglichen, also das integrierte Analysieren, Designen, Implementieren und Betreiben von Anwendungssystemen.

AD/Cycle ist das Anwendungsentwicklungskonzept der IBM für die System Anwendungs-Architektur (SAA). Sowohl die SW-Komponenten, die im Rahmen AD/Cycle angeboten oder empfohlen werden, als auch die Anwendungssysteme, die per AD/Cycle spezifiziert und generiert werden, sind SAA-konform.

Als CASE-Komponenten 1 bis n läßt AD/Cycle sowohl Fremd- als auch IBM-Eigenprodukte zu. Teilweise werden die Eigenprodukte erst angekündigt oder befinden sich im Test.

Beispiele für von IBM empfohlene SPU-Komponenten 1 bis n sind die CASE-Tools [IEW] und [Excelerator]. (Eine kurze IEW-Beschreibung folgt. Excelerator ist z.B. in [Fisher] beschrieben.) Andere CASE-Tool-Fremd-Anbieter haben schon veröffentlicht, daß sie kompatibel zum AD/Cycle-Rahmen und seinem »Repository« sind oder sein werden.

IBM selbst kündigt »DevelopMate« als CASE-Tool an. Als eigenen Programm-Generator wird IBM »Cross System Product (CSP)« einsetzen. Über den Report-Generator »Query Management Facility (QMF)« werden auch Reports über den Repository-Inhalt möglich sein.

Der »Repository Manager/MVS« ist das (angekündigte) IBM-Data Dictionary System (DDS) des IBM/AD-Cycle-Konzeptes für MVS-Betriebssysteme. Das Repository ist zugänglich über das »Common Programming Interface (CPI)«.

Zitat (aus [input 61], S.2): »Das Repository Manager CPI beinhaltet Komponenten für die Definition, Aufnahme, Manipulation und Verwaltung von Informationen im Repository. Die US-Normungsbehörde ANSI (American National Standards Institute) hat einen Standard für Dictionaries (Repository ist als sehr mächtiges Dictionary anzusehen) in 'Information Resource Dictionary Systems (IRDS) X3.138-1989' veröffentlicht. Die meisten Komponenten des Standards werden vom Repository Manager erfüllt, jedoch nicht alle. Der Repository Manager geht andererseits über die Forderungen des Standards weit hinaus. IBM ist intensiv im Standardisierungs-Komitee X3H4 (zuständig für IRDS) tätig.«

CASE* (ORACLE)

Das CASE-Angebot von ORACLE (siehe [CASE*]) besteht aus drei Produkten und Empfehlungen für das methodische Arbeiten mit diesen Produkten. Bild 5–43 enthält die drei Produkte CASE*Designer, CASE* Dictionary und CASE*Generator. Außerdem ist das Zusammenwirken der CASE-Komponenten mit eingeführten ORACLE-SQL-Produkten angedeutet.

Das Tool CASE*Designer unterstützt die Erstellung von Daten- und Funktionsmodellen. Die Stärke der ORACLE-CASE-Tools liegt in der Anbindung und Ausnutzung sonstiger ORACLE-SQL-Produkte wie SQL*Plus, SQL*Forms, ReportWriter etc. Diese Anbindung wird über CASE*Genarator und CASE*Dictionary erreicht.

Das Buch »CASE*METHOD – Entity Relationship Modelling« [Barker 1] mit seinen wichtigen Anhängen sollte jeder Datenmodellierer und CASE*Interessent lesen.

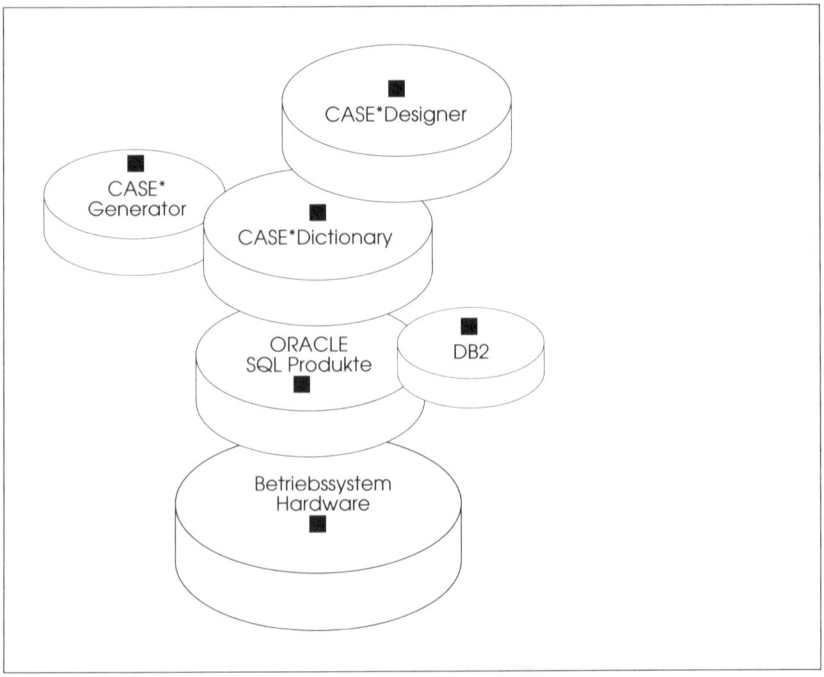

*Bild 5–43 CASE*Komponenten von ORACLE (vgl. [Nagl], S.16)*

Case/4/0 (microTOOL)

Das Produkt ist in [[Nawrot], S.111 ff.] ausführlich beschrieben und in [[Balzert 1], S.81] anderen CASE-Tools gegenübergestellt.

Case/4/0 ermöglicht ein Zusammenwirken von über das Netz verteilten CASE-PC's mit einem zentralen Data-Dictionary. Man kann aber das Produkt auch ohne Anbindung an einen zentralen Entwicklungsrechner auf einem stand-alone PC betreiben.

Bild 5–44 zeigt die Data-Dictionary »Areas« von Case/4/0. Man sieht, daß das Tool die Datenmodellierungs-Ergebnisse in der DDS-Area »RELATIONAL MODEL« festhält. Die Relationen des Datenmodells werden mit dem FUNKTIONSFLUSS-MODELL über INFO FLÜSSE verbunden. »Das Data-Dictionary deckt mit den Areas »Forms« und »Modul Structure« zusätzlich das mit Case/4/0 methodisch erweiterte Moduldesign und die Entwicklung von Bildschirmmasken ab.« (aus [CASE/4/0], S.11)

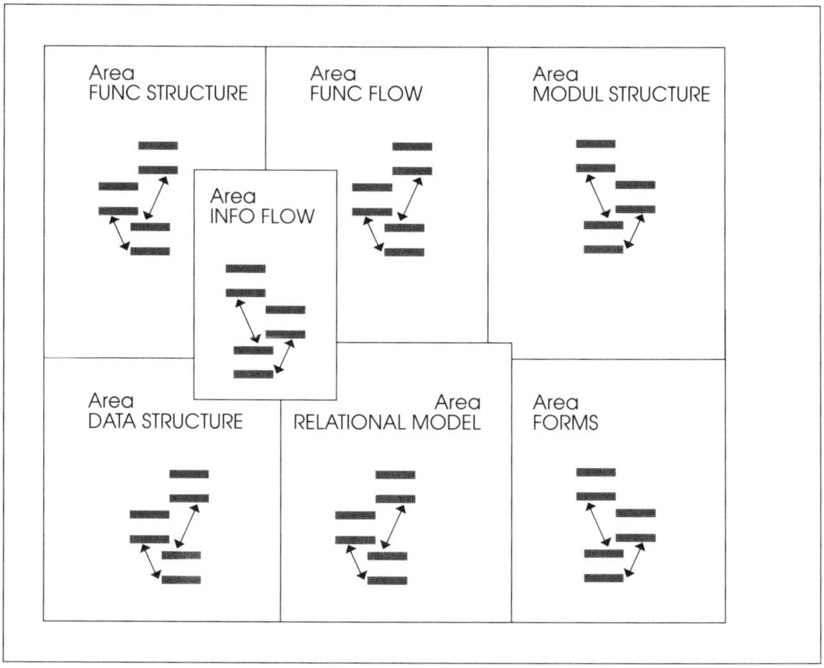

Bild 5–44 Struktur des relationalen Data Dictionary von Case/4/0 (vgl. [CASE/4/0], S.11)

Code-Generierung aus verbalem Pseudocode oder Aktions-Diagrammen gibt es in case/4/0 nicht. Statt dessen wird das Editieren graphischer Modul-Beschreibungen unterstützt. Den Weg von dort zum Programm beschreibt folgendes Zitat ([Nawrot], S.123): »Jede Funktion innerhalb der graphischen Modulbeschreibung wird vom Anwender mit Code in der Zielsprache beschrieben. Das heißt der graphische Pseudocode der Algorithmen wird mit Code ausgefüllt. Aus den graphischen Modulbeschreibungen und dem hinterlegten Code erzeugen die System Design-Werkzeuge Quell-Dateien, die außerhalb von CASE auf der Zielmaschine compiliert und getestet werden können.«

IEF (JMA, Texas Instruments)

Die »Information Engineering Facility« [IEF] fußt methodisch auf SE-Techniken, die James Martin ausgewählt, erfunden oder modifiziert hat. Mit Hilfe der IEF-Komponenten läßt sich eine recht vollständige SPU aufbauen, deren Merkmale denen des IBM AD/Cycle-Konzeptes entsprechen.

Die IEF-Tool-Komponenten und deren Einsatz während der senkrecht angeordneten Information Engineering Phasen zeigt Bild 5–45.

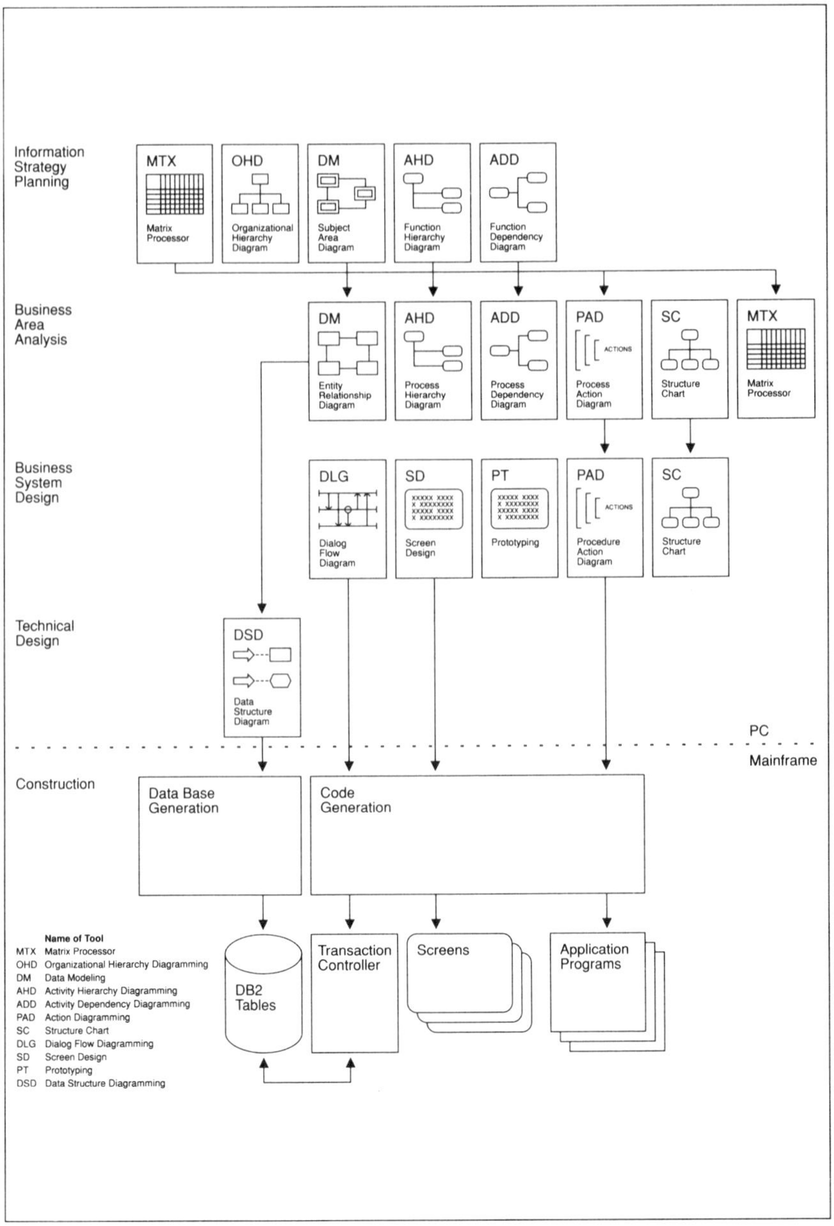

Bild 5–45 IEF Support for Information Engineering (vgl.[IEF-Overview], S.10)

Eine Beschreibung der einzelnen Tool-Komponenten und ihres Zusammenwirkens würde zu umfangreich werden. Es sei auf [IEF] verwiesen.

Code wird durch eine IEF-Mainframe-Komponente aus den fachlichen Spezifikationen der früheren Phasen generiert. (Zur Zeit nur COBOL, weitere Sprachen werden folgen.)

Die Mainframe-Komponente besteht neben dem Code-Generator aus einer zentralen Enzyklopädie (vergleichbar dem Repository), in der alle Projekt-Spezifikationen zusammenfließen. IEF-model-merge-Software unterstützt z.B. den Datenadministrator beim Integrieren von Applikations-Datenmodellen. Nur vom integrierten Mainframe-Datenmodell aus können sinnvoll Tabellen generiert werden. (Das Tabellen-Generieren von PC-Tools ist nur für »Insel-Applikationen« brauchbar, denn »Verbund-Applikationen« haben ja Sichten auf gleiche Tabellen.)

IEW (KnowledgeWare)

Die [IEW] ist ein Satz von PC- und HOST-Tool-Komponenten, die mit den [IEF]-Tool-Komponenten vergleichbar sind. Auch das Angebot der unterstützten SE-Methoden ist vergleichbar, da am Design beider Tools maßgeblich James Martin beteiligt war. Dennoch gibt es viele technische und methodische Detail-Unterschiede zwischen IEW und IEF. Sie ändern sich von Release zu Release und ihre Schilderung würde eine zu umfangreiche Beschreibung der Tools erforderlich machen. Bzgl. näherer Informationen über IEW sei auf [IEW] verwiesen. Eine Toolbeschreibung findet der Leser aber auch z.B. in [Achatzi]. IEW-Einsatzerfahrungen beschreibt [Heuer 1]. Er erwähnt insbesondere die schon realisierte Anbindung von IEW an [DATAMANAGER], ein zentrales Data Dictionary System, über die Schnittstellen-Software [IEWBUS].

Sonstige CASE-Tools

Die bisherigen Beispiele sollen genügen, um wenigstens einige konkrete Hinweise auf vom Leser näher zu prüfende CASE-Tools und SPU-Konfigurationen gegeben zu haben. Weitere ca. 30 Produkte sind z.B. in [Balzert] und [Fisher] beschrieben. Dort steht nicht nur, welche SE-Techniken die betreffenden CASE-Tools unterstützen. Zusätzlich sind z.B. Masken-Layouts, Preisangaben und Anbieter-Profile enthalten.

5.5.4 Beurteilung der Daten(modellierungs)komponente von CASE-Tools

Datenmodellierungs-Graphik

Ein modernes Datenmodellierungs-Tool sollte eine Graphik-Komponente enthalten. Zur Beurteilung dieser Komponente braucht der CASE-Interessent vermutlich nur geringe Unterstützung. Dennoch folgt eine Check-Liste zur Bewertung von ERD-Oberflächen. Dabei wird diesmal nicht zwischen Relation und Entitätstyp unterschieden, sondern pauschal der Begriff Entität verwendet.

- Ohne Rauten ist die ERD-Graphik platzsparender und übersichtlicher.
- Relationships sollten fallweise und mit eindeutiger Richtungsangabe bezeichnet werden können (analog zu den Semikolon-Rollenangaben im RRD).
- Der Verlauf von Relationship-Linien sollte veränderbar sein, ohne die Entitäten verschieben zu müssen.
- Das Tool sollte nicht selbst entscheiden, ob es Relationship-Linien zeichnet oder unterdrückt.
- Gleiche Relationship-Bezeichnungen (z.B. HAT) sollten mehrfach verwendet werden können, falls die an den Relationships beteiligten Entitäten jeweils andere sind.
- Identifizierende Relationships von Entitäten sollten (analog RRD) erkennbar sein.
- Muß- und Kann-Relationships sollten optisch unterscheidbar sein.
- Sub-Entitäten sollten graphisch besonders hervorgehoben werden.
- XOR-Relationships sollten darstellbar sein.

Datenmodellierungs-Detail-Ebene

Wichtige Beurteilungskriterien für die Datenmodellierungs-Detail-Ebene von CASE-Tools sind:

- das Meta-Datenmodell
- die Umsetzung von Relationships in Attribute (Fremdschlüssel) von Relationen.

Meta-Datenmodell

Die CASE-Tool-Meta-Datenmodelle sind prüfbar, wenn der Tool-Anbieter sie veröffentlicht. Vorsicht bei CASE-Tools, deren Meta-Datenmodell nicht (zumindest dem ernsthaften Kauf-Interessenten) offengelegt wird! Das Offenlegen des Datenmodells der Import-Export-Schnittstelle von CASE-Dictionaries kann als ausreichend angesehen werden. Erfreulicherweise gibt es eine (zunehmende) Anzahl von Tool-Anbietern, die ihr Meta-Datenmodell veröffentlichen und erläutern.

Worauf soll der Beurteilende dann achten?

Das Meta-Datenmodell des CASE-Tools sollte mit dem CASE-Tool selbst erstellt sein! Wenn es unübersichtlich und unverständlich erscheint, wieso sollten dann Projekt-Datenmodelle übersichtlicher und verständlicher werden?

Das Meta-Datenmodell sei also verständlich und übersichtlich. Auf welche Details sollte man dann achten?

Wie sieht der Primärschlüssel der Relation »Relation« aus, die meistens »Entität« genannt wird. Erscheint dort ein Projekt? Wenn nicht, dann ist zu prüfen, ob mehrere Projekt-Datenmodelle gespeichert werden können. Erscheint dort eine Versions_Nr? Wenn nicht, dann fragen Sie, ob z.B. ein Ist- und ein Soll-Modell eines Projektes gespeichert werden kann und ob eine Liste über Datenmodell-Unterschiede erstellbar ist.

Interessant ist die Relation »Relationship«. Wenn hier der Primärschlüssel nur aus »entity_nr« und erneut »entity_nr« besteht, dann ist dies ein Indiz dafür, daß das Tool mit mehreren Beziehungen zwischen gleichen Entities nicht richtig fertig wird. Das Tool kennt keine »Rollennamen« für die an der Relationship beteiligten Fremdschlüssel. Wenn im Meta-Datenmodell erscheint »entity;from« und »entity;to« (oder ähnliches), dann ist dies ein gutes Zeichen.

Ist kein isolierter CASE-Tool-Einsatz geplant, dann sollte man nach Übereinstimmungen und Unterschieden der Meta-Datenmodelle fragen, die in der betreffenden SPU harmonieren müssen.

Umsetzung von Relationships in Relations-Attribute

Ein für den Tool-Designer heikler Punkt ist die Zuordnung von Fremdschlüssel-Attributen zu Relationships oder gar Relationship-Ketten. Diese Problematik wurde beim Übergang vom Fein- zum Feinst-Datenmodell und im RRM-Meta-Datenmodell besprochen. Wie löst das zu prüfende CASE-Tool das Problem?

Beurteilungs-Fall in (generierter) RRF-Notation:

```
R KURSTYP*EIGNUNG
L EIGNUNG EINES KURSTYPS FUER BESTIMMTE PERSONEN*GRUPPEN
P KURSTYP*EIGNUNG>KURSTYP>SACHGEBIET_NR
P KURSTYP*EIGNUNG>KURSTYP_NR
P KURSTYP*EIGNUNG>PERSONEN*GRUPPE_CODE
  KURSTYP*EIGNUNG_PROZENT
```

Wie stellt das zu prüfende CASE-Tool obigen RRF-Sachverhalt dar? Eine Variante könnte z.B. wie folgt aussehen:

```
KURSTYP*EIGNUNG
   Attribut Typen:
         <1-1> SACHGEBIET_NR   Concatenation of:
                      VON.KURSTYP
         <1-1> KURSTYP_NR   Concatenation of:
                      VON.KURSTYP
         <1-1> PERSONEN*GRUPPE_CODE   Concatenation of:
                      FUER.PERSONEN*GRUPPE
         <1-1> PROZENT   Data Type PROZENT
    Relationship Types:
         FUER <1-1> PERSONEN*GRUPPE
              [IN <1-M> KURSTYP*EIGNUNG]
         VON <1-1> KURSTYP
              [IN <1-M> KURSTYP*EIGNUNG]
```

War es einfach, die Herkunft der (Fremdschlüssel-) Attribute bekanntzugeben, einfacher als in einem Vergleichs-Tool?

Ist der Output übersichtlicher als die Notation eines Vergleichs-Tools?

Tabellen-Generierung

CASE-Tools werden vermutlich von vielen Interessenten für wertvoller, besser, ausgereifter gehalten, wenn sie nicht nur fachlichen Input entgegennehmen und dokumentierten, sondern als Output Code erzeugen, z.B. create statements in SQL-Syntax für das Definieren relationaler Tabellen. Anbieter reden bzgl. der Tabellen-Generierung gerne von »Expertensystem«, »künstlicher Intelligenz« und aufwendigen Generierungs-Algorithmen.

Wie ist die eventuell angebotene Tabellen-Generierungs-Komponente des CASE-Tools zu beurteilen?

Dazu vorab ein Einblick in die Zirkus-Welt:

»Haupttrick« eines Clowns

Ein Clown bittet einen Zuschauer in die Manege, stellt sich selbst an den gegenüberliegenden Manegenrand und hält ein rotes Tuch hoch.

»Meine Damen und Herren! Sie sehen jetzt einen Spezial-Trick! Ich werde dieses rote Tuch, ohne meinen Platz zu verlassen, in die Tasche des Zuschauers auf der anderen Manegenseite zaubern. Achtung....! Hokus... Pokus... Fidibus... Weg ist das Tuch!

Und der aufmerksame ausgewählte Zuschauer auf der anderen Manegenseite hat noch nicht einmal gemerkt, wie es in seine Tasche schlüpfte!«

»Nun, meine Damen und Herren, das war zwar schon schwierig und ist ein nur von wenigen Kollegen beherrschter Spezial-Trick. Aber jetzt folgt mein Haupt-Trick..............(Gelächter)........! Ich werde das Tuch auch *zurück*zaubern.......... Achtung...! Hier ist es wieder!«

Was hat diese »Haupt-Trick-Story« mit der Tabellen-Generierung zu tun?

Auflösen von m:n-Beziehungen

Ein »Haupt-Trick« der Tabellen-Generierung besteht darin, aus zuvor zugelassenen m:n-Beziehungstypen (Spezial-Trick) eigenständige Tabellen zu generieren. Viele Tools und fast alle dem Autor bekannten erfahrenen Datenmodellierer lassen aber inzwischen gar keine m:n-Beziehungstypen mehr zu, sondern verlangen bei der Modellierung gleich das Anlegen eigenständiger Relationen. Meistens werden diese Relationen ohnehin noch um Attribute ergänzt und unterscheiden sich von den »normalen« Relationen nur noch dadurch, daß ihr Primärschlüssel aus lauter Fremdschlüsseln besteht.

Non First Normal Form (NF2)

Ein zweiter »Haupt-Trick« ist das Generieren von Tabellen in 1NF, nachdem vorher beim Modellieren (als Spezial-Trick) die Angabe von »Mehrfach-Attributen« oder »Wiederholgruppen« einer Entität zugelassen wurde. In diesem Zusammenhang fallen vermutlich die Begriffe »Non First Normal Form«, »NFNF«, »NF-Quadrat« oder »NF2« (nicht zu verwechseln mit 2NF), die alle dasselbe meinen. (Näheres über NF2 im Rahmen der Evolution von Datenmodellen findet der Leser z.B. in [Scholl, Schek]).

Für *Trivial-Fälle*, wie z.B. Textzeilen, wäre das Modellieren von Wiederholgruppen ganz bequem. Statt zusätzlich zur Relation

```
R AUFTRAG
P _NR
```

eine Relation

```
R AUFTRAG*TEXT
P >AUFTRAG
P _ZEILEN_NR
  _ZEILEN_INHALT
```

anlegen zu müssen, könnte man einfach notieren:

```
R AUFTRAG
P _NR
  _TEXT_ZEILEN (n)
```

Für diese »NF2-Annehmlichkeit« handelt man sich aber ein *Grundsatzproblem* ein:

NF2-Verwendung verlangt z.B. die Entscheidung, ob man n Aufträge unter einen *Artikel* »hängt«, oder aber n Artikel unter einen *Auftrag*, oder gar beides. Bei falschem Gebrauch ist NF2 geeignet, alle Vorteile, die relationale Datenbank-Systeme gegenüber hierarchischen haben, zu verspielen.

Primärschlüssel-Vergabe besser manuell

Der dritte »Haupt-Trick« ist die automatische Vergabe von Primärschlüsseln.

Im RRM ist es nicht gerade aufwendig, die Primärschlüssel und eventuelle Alternativ-Schlüssel festzulegen. Man schreibt vor die gewünschten RRN-Zeilen ein P oder ein C, etc. Wie geschieht die Primärschlüssel-Bekanntgabe beim zu beurteilenden CASE-Tool?

Braucht man dafür eine eigene Tool-Komponente? Ist der wissensbasierte CASE-TOOL-Service, der gewisse Entitäts-Attribute als Primärschlüssel vorschlägt, wirklich hilfreich? Ist es vielleicht eher so, daß die Bildschirm-Informationsfülle zu einem Übersichts-Verlust führt? Werden Dummy-Primärschlüssel generiert, die dann wieder gelöscht werden müssen, ehe man die persönliche Primärschlüssel-Wahl bekanntgeben kann?

Statt »create table« auf dem PC besser »create view« auf dem Host

Zum Abschluß eine grundsätzliche Bemerkung zur Tabellen-Generierung:

Die von einem PC-CASE-Tool generierten create-table-statements sind nur verwendbar, wenn ein Projekt »auf der grünen Wiese« realisiert wird. Sobald bestehende Tabellen anderer Anwendungssysteme *mitbe-*

nutzt werden können oder müssen, ist nur noch das Generieren von create-view-statements sinnvoll. Eine (zentrale) Datenbank-Administration muß sich darum kümmern, daß vorhandene Tabellen um Spalten erweitert werden, die in der View eines neuen Anwendungssystems eventuell zusätzlich vorkommen.

Näheres zu der hier angesprochenen Thematik folgt in den Kapiteln 7 und 8.

5.6 Zusammenfassung, Standortbestimmung und Ausblick

Zusammenfassung

Begriffe

CASE wurde definiert als »Computer Aided *Systems* Engineering«.

CASE unterstützt das ingenieurmäßige Strukturieren von Daten, Funktionen, Masken, Programm-Modulen und System-Dokumentationen.

iCASE (integrated CASE) strebt nach einer Durchgängigkeit von Analyse, Design und daraus generierten Programmen.

INFORMATION ENGINEERING verfolgt die iCASE-Ziele unternehmensweit für den Verbund strategisch geplanter Anwendungssysteme.

Phasenmodelle

Phasenmodelle wurden vorgestellt und verglichen, ein Phasen-Modell (Bild 5–8) empfohlen. Das empfohlene Phasen-Modell sieht ein Projekt »Unternehmensweites Datenmodell (UwDM)« vor, welches parallel zu allen übrigen Projekten verfolgt wird und zu diesen Schnittstellen hat.

SE-Empfehlung

SE-Techniken und -Methoden wurden kurz beschrieben und beurteilt. Als SE-Empfehlungen ergaben sich die Bilder 5–27 und 5–28. Dort wird eine Kombination von Grob-Datenmodell (ERD,RRD), Fein-Datenmodell (z.B. RRN), Masken-Simulator, Feinst-Datenmodell (z.B. RRF), Daten-Navigations-Diagramm (DND) und Aktions-Diagramm (AD) vorgeschlagen, die zu einem generierbaren Source-Code führt.

Abhängigkeit zwischen Daten- und Funktions-modellierung

Abhängigkeiten zwischen Daten- und Funktionsmodellierung gibt es. Aber dies bedeutet nicht, daß immer beides streng strukturiert und gemeinsam betrieben werden muß. Unternehmensweit kann Datenmodellierung ohne (strukturierte, d.h. »Data Dictionary-Kategorien füllende«) Funktionsmodellierung betrieben werden. Projektintern sind zwei Fälle zu unterscheiden: Wenn aus der Spezifikation generiert werden kann, dann müssen beide Techniken (in der Reihenfolge des Bildes 5–28) angewendet werden. Wenn der Spezifikation eine »herkömmliche« Programmierung folgt, dann reicht für das Funktionsmodell freier Text, der teilweise in Kommentarzeilen des entstehenden Source-Codes übernommen werden sollte.

CASE-Tools

CASE-Tools wurden vorgestellt als Tools, die hohe Anforderungen an den Ausbildungsstand der Projekt-Teams und die SPU-Organisation stellen. Einige CASE-Tool-Beispiele wurden namentlich genannt. Sie haben alle eine akzeptable (aber dennoch verbesserungsfähige) Datenmodellierungs-Komponente. Hinweise zur eigenständigen Beurteilung dieser Komponente bildeten den Abschluß des Kapitels.

Standortbestimmung

Das CASE-Kapitel war ein Knoten im roten Daten-Faden, der von Datenmodellen einzelner Anwendungssysteme zu unternehmensweit genutzten integrierten Datenbanken führen wird. Dieser Knoten war nötig, weil Datenmodellierung bald nur noch mit CASE-Tools betrieben wird und Datenmodellierer sich häufig mit sonstigen SE-Techniken auseinandersetzen oder zusammenraufen müssen.

Ausblick

Der Daten-Faden wird jetzt wieder aufgenommen. Die schon in Kapitel 4 angedeuteten Datenmodell-Integrationsprobleme sind Haupt-Thema des Kapitels 6. Es folgen in Kapitel 7 Hinweise zum Übergang von (integrierten) Datenmodellen zu Datenbanken und (in Kapitel 8) zur Organisation einer Funktion »Datenmanagement«.

6

Unternehmensweite Datenmodelle

- Ziele unternehmensweiter Datenmodellierung
- Voraussetzungen unternehmensweiter Datenmodellierung
- Wege zum unternehmensweiten Datenmodell
- Nähere Beschreibung der »Bottom-Up-Plus-Methode«
- Zusammenfassung, Standortbestimmung und Ausblick

In Kapitel 5.2.3 wurde ein Phasen-Modell empfohlen, das den Parallel-Lauf eines Projektes »Unternehmensweites-Datenmodell (UwDM)« zu Erstellung und Wartung »normaler« Anwendungssysteme vorsieht. Der Information Engineering Ansatz, zuerst ein Unternehmens-Informationsmodell (UIM) fertigzustellen und erst danach Projekte abzugrenzen und zu realisieren, wurde für Großunternehmen als unrealistisch bewertet. Mit dem empfohlenen Phasen-Modell ist zwar etwas über Zeitpunkt und Aufwands-Verlauf für Entwicklung und Aktualisierung eines UwDM's gesagt, nichts jedoch über die UwDM-Detaillierung und das Verfahren, das zum UwDM führen und es aktuell halten soll.

In den Kapiteln 4.1.5 und 4.2.5 wurden als Einführung in das Thema einige konkrete Datenmodell-Integrationsprobleme angesprochen. Es gibt aber dort nur wenige Hinweise auf das empfohlene Verfahren zur Bewältigung solcher Probleme. In den folgenden Unterkapiteln werden mehrere denkbare Wege zum UwDM diskutiert und bewertet. Dies geschieht vor dem Hintergrund zweier Unterkapitel über Ziele und Voraussetzungen unternehmensweiter Datenmodellierung.

6.1 Ziele unternehmensweiter Datenmodellierung

6.1.1 Unternehmens-Datenmodell (UDM)

Es gibt Baupläne, Stadtpläne, Regional-Karten, Deutschland-Karten, Europa-Karten, Welt-Karten oder auch den Globus. Von manchen Himmelskörpern oder auch Erdteilen existieren schon Gesamt-Karten, es fehlen aber noch die Details. Von anderen Himmelskörpern gibt es schon Detail-Aufnahmen, aber es fehlen noch Gesamt-Informationen z.B. über die Rückseite.

Kartographie der Erde

Historisch gab es zuerst richtige Detail-Karten, aber ein falsches Weltbild. Erst viel später wurde die Erde als Kugel erkannt, die um die Sonne kreist. Seit es die Grad-Einteilung dieser Kugel gibt, kann durch Angabe des Maßstabs, sowie eines Längen- und Breitengrades auf jeder Detail-Karte der Bezug zur Welt-Karte hergestellt werden. Seit es die Grad-Einteilung und verläßliche Meß-Verfahren gibt, die zum Teil Satelliten benutzen, ergänzt jede neue Vermessung das bekannte Wissen und es gibt nicht mehr eklatante Karten-Widersprüche wie noch zu Zeiten der Entdeckung Amerikas, das zunächst für Indien gehalten wurde.

»Goldgier, Abenteuerlust, kriegerischer Betätigungsdrang; ein von der spezifisch iberischen Reconquista-Situation geprägter Kreuzfahrergeist und die Entdeckerfreude des Zeitalters wirkten je auf ihre Weise als Antriebskräfte mit, als Kolumbus, Vasco da Gama und Magalhaes ihre Fahrten über unbekannte Ozeane wagten. Ihre Entdeckungen veränderten das bisherige Weltbild fundamental. Sie schufen auch die Ansatzpunkte für die Eroberung und Kolonisierung weiter Teile der Welt und begründeten die Vorherrschaft der weißen Zivilisation in der Neuzeit.« ([Zeeden], S.509)

Kartographie der Datenwelt

Verglichen mit der Kartographie der Erde stehen die meisten Unternehmen bzgl. ihrer Datenwelt noch auf der Stufe der Detail-Karten, die (falls es sie überhaupt gibt) ohne verläßlichen Bezug zum (diffusen) Gesamt-Daten-Weltbild entworfen werden. Legt man einige dieser Detail-Karten (z.B. Segment-Strukturen von hierarchischen Datenbanken) nebeneinander, so gibt es eine Fülle von zu klärenden Fragen, Ungereimtheiten und (eventuellen) Widersprüchen.

Wieso nennt ein Projekt den Händler KUNDE, das andere ihn HDL? Warum haben beide Projekte unterschiedlich aufgebaute Schlüssel? Ist LAGERORT und KUNDE für den Fall der Händler-Lager dasselbe? Wie wird der Händler-Lagerort vom innerbetrieblichen Produktions-Lagerort abgegrenzt? Wie wird verfahren, wenn der Händler mehrere Filialen, ein Zentrallager und pro Filiale ein Außenlager hat? Ist die REGION des Ersatzteil-Wesens die gleiche, wie die REGION des Fahrzeug-Vertriebs? Wie ist REGION gegen LAND abzugrenzen? Ist LAND bei der Zulassungsstatistik für Fremd-Fabrikate das gleiche LAND wie bei der Vertriebsstatistik der Eigen-Fabrikate? Wo sind die Fahrzeuge erfaßt, die an US-Militär-Angehörige in Deutschland verkauft, später jedoch mit in die USA genommen werden? Sind die von außen übernommenen Absatz-Zahlen der Fremd-Fabrikate überhaupt vergleichbar mit der Eigen-Fabrikat-Statistik? Warum weiß man so viel über Fremd-Fabrikate, aber fast nichts über Fremd-Ersatzteile?

Bisher konnten Unternehmen mit Daten-Lücken, isolierten und teilweise inkompatiblen Daten-Inseln leben. Inzwischen aber kann die Technik mit ihren Datenbanken und Netzwerken in Sekunden Daten aus aller Welt an den Terminals beliebiger Entscheidungsträger verfügbar machen. Einige Unternehmen nutzen bereits diese Möglichkeiten und treffen durch Kombination kompatibler Daten bessere und billigere Entscheidungen. Andere scheinen noch für ausreichend zu halten, daß EDV als Ersatz von Karteikästen die Tagesroutine unterstützt und vereinzelt sogar Entscheidungsträger einer durch IV-Systeme ansonsten kaum veränderten Unternehmens-Organisation.

Was sind die *Antriebskräfte* für die Erstellung eines UDM's?

Welche *Ziele* werden mit einem UDM verfolgt?

Motive für die UDM-Erstellung

»Goldgier« und das »Streben nach Vorherrschaft« des Unternehmens gegenüber der Konkurrenz sollten die Antriebskräfte für die Erstellung eines UDM's sein. Etwas moderater formuliert: »Streben nach Kostensenkung« und »Streben nach schneller Verfügbarkeit zutreffender Informationen« werden durch ein UDM konkretisiert und sichern das langfristige Überleben des Unternehmens.

Das UDM ist nach seiner Fertigstellung vergleichbar mit einer Deutschland-Karte. Den Bauherrn (das IV-Projekt) interessiert die Deutschland-Karte in der Regel wenig. Der Autobahn-Planer hingegen braucht neben der Deutschland-Karte eventuell eine Europa-Karte. Wenn die Detail-Planung beginnt, sogar zusätzlich Detail-Karten bis hin zum Bauplan eines Hauses oder einer bestehenden Brücke.

Gibt es in der IV Aufgabenstellungen, die denen der Autobahn-Planer vergleichbar sind?

Projekt-Beantragungs-Papiere (PBP)

Die meisten Unternehmen dürften Stellen haben, die für die Genehmigung (und Abgrenzung) von IV-Projekten zuständig sind. Mit welchen Unterlagen (Karten) arbeiten diese Stellen? Meistens wohl mit Unterlagen, die »Projekt-Vorlage«, »Projekt-Freigabe-Antrag«, »Projekt-Beantragungs-Papier« etc. heißen. Der Aufbau dieser Papiere kann unternehmensintern genormt sein.

Beispiel für die Gliederung eines Projekt-Beantragungs-Papiers (PBP's):

1. Kurzbeschreibung
2. Schnittstellen zu anderen Anwendungssystemen
3. Organisatorische Auswirkungen
4. Wirtschaftlichkeit
5. Risiken
6. Anlage mit ausführlicher Projekt-Beschreibung.

In der Regel wird von den »Projekt-Vätern« viel Aufwand in das Erstellen solcher PBP's investiert. Der Einsatz von DTP-Produkten nimmt zu. Es ist möglich oder sogar wahrscheinlich, daß ein Projekt X (z.B. »Ersatzteil-Mikrofilme«) trotz verbaler Aussagen über Schnittstellen als nahezu unabhängig von Anwendungssystem Y (z.B. »Stückliste«) erscheint, obwohl fast alle (zum Zeitpunkt der Beantragung noch nicht genau bekannten) X-Daten auch in Y erzeugt oder verwendet werden.

PBP-Vorschläge

Bezüglich der Projekt-Beantragungs-Papiere (PBP's) sollten deshalb (unter anderem) folgende Regelungen getroffen werden.

1. Die PBP's werden pro Unternehmensbereich in Zusammenarbeit mit einer Abteilung erstellt, die sämtliche Bereichs-Applikationen kennt.
2. Jedes PBP enthält ein Grob-Datenmodell als Ausschnitt des Bereichs-Grob-Datenmodells.
3. Das Bereichs-Grob-Datenmodell wird stets kompatibel zum UDM gehalten.

Wichtig an diesen Regelungen ist,

- daß schon an der Erstellung, nicht erst an der Genehmigung der PBP's Stellen beteiligt sind, die projektübergreifende Daten-Kenntnisse haben.
- daß schon in den PBP's sauber zwischen Daten- und Funktionsmodell unterschieden wird. Das PBP-Grob-Datenmodell sollte auf wenigen Seiten kommentiert und dadurch allgemein verständlich sein.

Die im Projekt-Vorfeld und projektübergreifend tätigen IV-Stellen sind vergleichbar mit den Autobahn-Planern, die verschieden detaillierte Karten brauchen und zum Teil selbst anfertigen.

Kauf-UDM

Man kann inzwischen erste UDM's für bestimmte Branchen kaufen (vgl. z.B. [Scheer]), und schon besitzt man ein UDM. Es wird umso besser zum Unternehmen des UDM-Käufers passen, je gröber das UDM ist.

Durch einen solchen UDM-Kauf ist noch keine spürbare Kostensenkung oder Nutzensteigerung der IV des Käufer-Unternehmens erreicht. Das gekaufte UDM enthält zwar Hinweise auf Zusammenhänge, die sonst vielleicht erst in Interviews hätten erfragt werden müssen oder übersehen worden wären. Auch kann im Akzeptanzfall die UDM-Darstellungsart übernommen werden, was zeitraubende Eigen-Experimente erspart. Aber diese Vorteile sind nur ein verschwindender Anteil des Nutzens eines eigenerstellten UDM's.

Fremd-UDM's sind von Interesse, wie *Prospekte* von Konkurrenz-Unternehmen von Interesse sind. Sie ersparen aber nicht das Erstellen eigener *Konstruktionspläne* und Produkte, sondern können allenfalls als nachahmenswerte (oder abschreckende) Vorlagen für Eigenentwicklungen dienen.

KSS-UDM

Aufwendiger als der Kauf eines fertigen UDM's ist das Erarbeiten eines UDM's (oder gar UIM's) im Rahmen einer zeitlich befristeten 'Information System Study (ISS)' oder deutsch 'Kommunikations-System-Studie (KSS)'. »Die ganze Angelegenheit bis hin zu einer unternehmensweiten Datenarchitektur läßt sich erfahrungsgemäß je nach Komplexität der Unternehmung und je nach gewünschtem Detaillierungsgrad in einem Zeitrahmen von ca. 6 bis 12 Monaten durchspielen. Man kann zu einer ISS/KSS stehen wie man will: fest steht, daß damit die Entscheidungsträger einer Unternehmung in ganz hervorragender Weise in den Werdegang unternehmensweiter Informationssysteme einzubinden sind.« ([Vetter 1], S.274)

Von Nutzen dürfte ein per ISS entstandenes UDM's »nur« für die strategische Anwendungssystem-Planung sein. Ob diese strategische Planung einen Nutzen für das Unternehmen hat, hängt davon ab, ob nach Ablauf von immerhin 20 Jahren IV die Einzel-Anwendungssysteme halbwegs »vernünftig« oder aber immer noch zufällig und chaotisch gegeneinander abgegrenzt sind.

Brauchbar ist ein ISS-UDM als Vorschlag für die Gestaltung der oberen beiden Ebenen der verdichtenden und vereinfachenden Präsentation eines unternehmensweiten Datenmodells (UwDM). Ob es hilfreich ist, ein grobes ISS-UDM bereits zu Beginn der unternehmensweiten Fein-Datenmodellierung zu erarbeiten, oder ob ein UDM eher begleitend zu einem Bottom-Up-Vorgehen entstehen sollte, wird in Kapitel 6.3 diskutiert.

UDM ohne UwDM

Ein UDM ohne UwDM ist vergleichbar mit einem vielversprechenden Prospekt, der auf Firmen-Produkte verweist, für die es keine (kompatiblen) Konstruktionszeichnungen und deshalb auch keine (produktübergreifend verwendbaren) Teile gibt. Der Prospekt stellt ein Produkt-Familie vergröbernd und beschönigend dar, die in Wirklichkeit mehr schlecht als recht »zusammengeschustert« ist und nur mit hohen Wartungs- und Betriebskosten eingesetzt werden kann.

6.1.2 Unternehmensweites Datenmodell (UwDM)

UDM und auch Bereichs-Datenmodelle sind hilfreiche Unterlagen bzw. Arbeitsergebnisse der *projektvorbereitenden* Phase. Während der Projekt-*Realisierung* benötigt das Projekt-Team aber Fein-Datenmodelle von

Schnittstellen-Anwendungssystemen. Die Kunst und Verpflichtung des Projektteams besteht darin, bestehende Fein-Datenmodelle zu prüfen, zu erweitern, Ausschnitte davon mitzubenutzen und »eigene« Relationen kompatibel hinzuzufügen.

UwDM

Definition

Das integrierte Fein-Datenmodell aller betrachteten Relationen von Anwendungssystem-Fein-Datenmodellen wird als unternehmensweites Datenmodell *(UwDM)* bezeichnet.

ANSI/X3/SPARC-Drei-Schema-Architektur

Das UwDM ist ein »konzeptuelles Schema« im Sinne der »ANSI/X3/SPARC-Drei-Schema-Architektur« (vgl. z.B. [Fleming, van Halle], S.19). Diese DBMS-Architektur-Normung verwendet neben dem Begriff »konzeptuelles Schema« die Begriffe »externes Schema« und »internes Schema«.

»Konzeptuelles Schema«
ist das integrierte Datenmodell mehrerer Teil-Datenmodelle.

»Externes Schema«
ist jede Datenmodell-Sicht auf das konzeptuelle Schema, also z.B. jedes Datenmodell eines Anwendungssystems.

»Internes Schema«
ist die Beschreibung der im DBMS implementierten (internen) Datenhaltung, z.B. relational, sequentiell oder hierarchisch.

Datenmodell-Integration

Die Integration von externen Schemata in ein konzeptuelles (gemeinsam gültiges) Schema ist nicht (immer) problemlos. In der IV-Praxis gibt es eine »babylonische Sprachverwirrung« und inkompatible IV-Systeme. Oft sind Schnittstellen-Projekte durchaus unterschiedlicher Auffassung über eine Relation. Selbst und gerade historisch gewachsene Relationen wie TEIL, PRODUKT, BESTELLUNG, BEHAELTER*TYP, LAGER*ART, TEILE*VERWENDUNG, KUNDE, WERK, UNTERNEHMEN, MASCHINE, KOSTENSTELLE, ARBEITSPLAN erweisen sich als problematisch und »im Fluß«, sobald man nicht nur grob hinschaut, sondern auf Attributs-Ebene mit Projekt-Teams diskutiert.

Deshalb werden in den Kapiteln 6.3 und 6.4 Verfahren zum Erarbeiten des UwDM beschrieben und diskutiert. Als ergänzende Literatur sei [[Fleming, van Halle], Chapter 10] empfohlen. Die beiden Autorinnen stufen das Erstellen eines integrierten (unternehmensweiten) Datenmodells wie folgt ein:

»Dies dürfte die schwierigste Aufgabe des gesamten logischen Datenmodellierungs-Prozesses sein, weil sie beides erfordert: analytische Fähigkeiten, um verschiedene und eventuell inkompatible Darstellungen des gleichen Sachverhaltes zu erkennen, und persönliche Ausstrahlung, die Einzelpersonen dazu bringt, miteinander zu kommunizieren, bis Übereinstimmung erzielt ist.« (vgl. [Fleming, van Halle], S.251)

Projektgrenzen sprengende Kommunikation über problematische Fein-Datenmodell-Details bringt nach fünfjähriger Berufserfahrung des Autors den Haupt-Nutzen der Datenmodellierung. Mit einem UDM kann man Besucher beeindrucken und eine Art IV-Städteplanung im Projekt-Vorfeld betreiben. Projekt-Teams aber fordert und fördert man erst auf Fein-Datenmodell-Detaillierungs-Ebene.

Nutzen von Projekt-Fein-Datenmodellen

Das Erarbeiten eines Projekt-Fein-Datenmodells

- bringt alle daran beteiligten Projekt-Mitarbeiter auf einen hohen Kenntnisstand über fachliche Zusammenhänge und Details
- reduziert Projekt-Besprechungszeiten um die Hälfte
- reduziert nach Fertigstellung drastisch die Einarbeitungszeiten neuer IV- und Fach-Projekt-Mitarbeiter
- erledigt ca. 70% des Datenbank-Designs
- beschleunigt und präzisiert Schnittstellengespräche.

Nutzen eine UwDM

Das entstehende oder erst recht das vorhandene UwDM bringt dem Unternehmen folgende Vorteile:

- Das Datenwissen vieler Spezialisten ist in einheitlicher Form und inhaltlich kompatibel zusammengefaßt.
- Die Daten aller Anwendungssysteme können besser aufeinander abgestimmt werden. Nur auf Basis dieser sogenannten »horizontalen« Daten-Integrität ist (ökonomisch) »vertikale« Daten-Komprimierung bis hin zu Konzern-Informationssystemen für die Vorstands-Ebene möglich.

- Die Datenbanken eines Unternehmens können projektübergreifend entworfen und genutzt werden.
- Relations-Klassen (analog Autobahn, Bundesstraße, Kreisstraße, Gemeindestraße) können festgelegt und mit unterschiedlichen Planungs- und Wartungs-Hoheiten kostensparend betreut werden.
- Mit fortschreitender UwDM-Fertigstellung kann bei gleichen IV-Kosten ein höherer IV-Nutzen oder aber der gleiche IV-Nutzen mit weniger IV-Kosten erreicht werden.

Das Erarbeiten und Pflegen eines UwDM verursacht Aufwand und ist nur unter bestimmten Mindest-Voraussetzungen möglich. Diese Voraussetzungen werden im folgenden Kapitel genannt.

6.2 Voraussetzungen unternehmensweiter Datenmodellierung

6.2.1 Organisatorische Voraussetzungen

Ein IV-Manager steht vor dem Problem, einerseits kontinuierlich für ein besseres Zusammenwirken der IV-Systeme sorgen zu wollen, andererseits jedoch permanent mit neuen Marktentwicklungen Schritt halten zu müssen.

Markt-Ereignisse der letzten Jahre: SNA, SAA, KI, CAD, CAM, CIM, ISDN, Unternehmensdatenmodell, objektorientiertes Programmieren, NF2 (Non First Normal Form), Information Center, TPX, DATEX-P, Workstation, UNIX, Re-Engineering, Ausgliedern der Informationsverarbeitung als Software-Haus, Übertragen der Wartung an eine Fremd-Firma, 4th GL, 5th GL, Entity-Relationship-Datenbanken, verteilte Datenbanken, verteilte Anwendungssysteme, Bildplatte, CASE, OS/2, Repository, Unternehmensinformationsmodell, Sprach-Eingabe, Roboter, usw. usw.

Diese Schlagworte sind bewußt chaotisch aufgelistet, wodurch das Schlagwort Unternehmensdatenmodell fast untergeht. Es ist auch nicht vom unternehmensweiten Datenmodell unterschieden, obwohl dazwischen (Aufwands- und Nutzen-) Welten liegen.

Risiken eines reagierenden IV-Managements

Wenn ein IV-Manager primär »Schritt hält«, dann besteht die Gefahr, daß dauernd spektakuläre Neuerungen in Pilotprojekten kurzatmig erprobt werden, statt unauffällige Langfristmaßnahmen zu ergreifen, die jahrelang nur Geld kosten und Ärger verursachen, ehe sich ihr Nutzen nachweisen läßt.

Das UwDM hat die Eigenschaft, aufwendig zu sein, lange nicht als fehlend erkannt zu werden und (auch später) nicht gekauft werden zu können. Wenn eine Firma beharrlich und mit z.B. 50 Leuten das Ziel UwDM verfolgt, dann wird sie in einigen Jahren eine kostengünstige, transparente und deshalb reaktionsschnelle IV haben, die die Markt-Chancen des Unternehmens verbessert. IV-Manager anderer Firmen werden sich dann fragen lassen müssen, wo das eigene UwDM ist und warum dessen Erstellung versäumt wurde.

Forderung an ein agierendes IV-Management

In einem Groß-Unternehmen sind genügend Leute vorhanden, die sich in irgendeiner Form (unter anderem auch) mit Daten(banken) befassen. Es gilt, diese unkoordiniert tätigen Leute anders zu organisieren: nicht mehr nur *projektorientiert*, sondern daneben *datenorientiert* und *projektübergreifend*.

Bei den folgenden Empfehlungen zur Datenmodell-Integration und -Verdichtung wird als Voraussetzung angenommen, daß es projektübergreifend tätige Organisationseinheiten gibt, die genügend Kapazität zur Bewältigung dieser Aufgaben haben.

6.2.2 SPU-Voraussetzungen

Datenmodellierungs-Anforderungen an eine SPU

Bei der Diskussion der Verfahrensvarianten wird vorausgesetzt, daß es genügend CASE-Arbeitsplätze gibt, an denen Projekt-Datenmodelle erstellt werden können. Diese Arbeitsplätze müssen direkt oder über Zwischen-Ebenen mit einem zentralen Data-Dictionary-System (zDDS) in Verbindung stehen. Die Datenmodellierer können dann sowohl Datenmodelle an das zDDS senden, als auch Teile des UwDM's (also der Datenmodelle anderer Projekte) verwenden.

SPU-Variante mit CASE-PC's

Es ist zur Realisierung dieser Voraussetzung nicht unbedingt der Kauf von z.B. 200 PC's mit CASE-Software erforderlich. Welche PC's soll man kaufen, welches Betriebssystem, welche CASE-Software, welche zDDS-Software? Sollen PC-Spezifikationen zentral integriert werden? Auch die Funktionsmodelle? Lohnt sich der Aufwand, wenn man nicht auch Programme generiert?

Wer (z.Zt.) allenfalls die Integration von Datenmodellen für machbar hält und sich davon einen größeren Nutzen verspricht als vom unternehmensweiten Experimentieren mit »CASE-Total-Lösungen«, der könnte folgende SPU-Konfiguration planen:

SPU-Variante mit Zentralrechner-Bildschirmen

Alle Projekte entwickeln ihre Datenmodelle an (dummen) Bildschirmen, die online mit einem zDDS verbunden sind. Dabei sind zDDS-Anwendungen gekennzeichnet durch

- Antwortzeiten unter 2 Sekunden und
- eine zuverlässig verfügbare Systemumgebung.

Nur einige Pilot-Projekte erproben integrierte CASE-Tools bis hin zur Programm-Generierung. Ziel ist der Aufbau von Methodenwissen bei Leuten, die später alle anderen Software-Entwickler schulen und beraten werden, wenn CASE-Tools ihre bisherigen »Kinderkrankheiten« überwunden haben und Entscheidungen über unternehmensweit zu nutzende *SPU*-Komponenten weniger Risiken bergen als bisher.

Auch solche Pilot-CASE-Tools sind mit dem zDDS zu verbinden, damit sie Datenmodelle senden und empfangen können.

6.3 Wege zum unternehmensweiten Datenmodell

6.3.1 Bottom Up zum UwDM

»Jäger- und Sammler-Methode«

Den bottom-up-Weg zum UwDM könnte man auch *»Jäger und Sammler-Methode«* nennen. Ein Anwendungssystem nach dem anderen wird modelliert. Die Relationen des jeweils nächsten Anwendungssystems enthalten Relations-Sichten auf schon bekannte Relationen und ergänzen solche bereits bekannten Relationen (im Verlauf der Zeit immer seltener) um Attribute. Neben den bereits bekannten Relationen ergeben sich bei fast jedem zusätzlich modellierten Anwendungssystem neue Relationen, die (im Verlauf der Zeit) immer häufiger nur von diesem einen und immer seltener von mehreren anderen Anwendungssystemen genutzt werden.

Bei der »Jäger und Sammler-Methode« stellt sich die Frage der günstigsten Reihenfolge der zu modellierenden Anwendungssysteme. Nach

Autor-Erfahrungen kann diese Reihenfolge von den Datenplanern nicht autonom festgelegt werden, sondern ist durch die Realisierung von Projekt-Umfängen vorgegeben.

Ein Modellierungsreihenfolgen-Kriterium könnte z.B. sein:

Jedes Anwendungssystem, das mit relationalen Datenbank-Systemen arbeiten will, muß modelliert werden.

Ein anderes Kriterium könnte lauten:

Jedes neu aufgesetzte Projekt muß Datenmodellierung in Zusammenarbeit mit hauptberuflichen Daten-Administratoren betreiben.

Vorteile der projektorientierten Modellierungs-Reihenfolge

- Datenmodellierung erscheint nicht als »Hobby« von Leuten, die (wie viele andere »Rationalisierer« auch) bei Projekt-Managern oder Abteilungsleitern anklopfen und um Interview-Termine bitten.
- Datenmodellierung wird genügend realitätsnah und detailliert betrieben, um auch von Projekt-Teams ernst genommen zu werden.
- Es entstehen keine Tabellen im (neuen) relationalen DBMS, die nicht zuvor modelliert wurden und durch die Modellierungs-Ergebnisse fachlich dokumentiert sind.
- Es besteht eine Chance, das Auseinander-Driften von Datenmodellen und (relationalen) Datenbanken zu vermeiden.

Nachteile des Bottom-Up-Weges zum UwDM

- Gerade beim Einstieg in neue (relationale) Datenbank-Techniken werden nicht gleich »lebenswichtige« Anwendungssysteme als Pilot-Projekte gewählt, sondern überschaubare »Rand-Projekte«, deren Erfolg und Termintreue nicht so wichtig sind, wie das Kennenlernen der neuen Programmier- und Abfrage-Techniken. Modelliert werden also überwiegend Relationen, die unternehmensweit ziemlich unbedeutend sind. Trifft man bei der Modellierung dennoch auf fast überall verwendete »Kern-Relationen«, so fehlen oft im Projekt-Team detaillierte Kenntnisse über deren Komplexität und es werden (unbewußt) vereinfachende Annahmen getroffen, die sich später als unzulässige Vergröberungen erweisen.
- Die Reihenfolge der Modellierung ist völlig zufällig. Statt erst einmal das Fundament des UwDM zu modellieren und darauf aufzubauen, weiß man nach einiger Zeit alles über einzelne Türgriffe, Kacheln

und Klingel-Schilder des Daten-Hauses, aber es besteht immer noch Unklarheit über Fundament-Relationen wie WERK, TEIL, KUNDE oder PRODUKT.

- Wegen der zufallsabhängigen Modellierungs-Reihenfolge müssen frühere Modellierungs-Ergebnisse immer wieder modifiziert und verfeinert werden. Der Vorteil, daß den Datenmodellen Datenbanken entsprechen, wird zum Nachteil. Es ist nämlich viel leichter, nur auf den Datenmodellierungs-Papieren etwas zu verändern und zu korrigieren, statt in Datenbanken, mit denen schon laufende Anwendungssysteme arbeiten. Insbesondere werden Projekt-Teams Änderungen an laufenden Datenbanken ablehnen, die »nur« aus der Sicht anderer Projekte wichtig wären, im eigenen Anwendungssystem jedoch von untergeordneter Bedeutung sind.

6.3.2 Top Down zum UwDM

»Strategen-Methode«

Um die Mängel der »Jäger und Sammler-Methode« zu vermeiden, wird im Rahmen des Information Engineering-Ansatzes ein top-down-Weg zum UwDM empfohlen. Dieser beginnt mit der Erstellung eines UDM's und ergänzt, bzw. verfeinert anschließend das bereits bekannte Datenwissen. Dadurch wird im Verlauf der Zeit aus dem UDM ein UwDM. Die top-down-Methode wird hier als »*Strategen-Methode*« bezeichnet.

Probleme des Top-Down-Weges zum UwDM

Geht man bei der Erst-Erstellung des UDM bis auf Attribut-Ebene oder beschränkt man sich auf Grob-Datenmodelle, vielleicht sogar mit auffällig vielen m:n-Beziehungstypen?

Woher weiß man, wann man die wichtigsten Relationen des UDM erfaßt hat und aufhören kann?

Soll das ursprüngliche UDM, das z.B. im Rahmen einer Information System Study (vgl. ISS, Kapitel 6.1.1) erarbeitet wurde, neben den später erarbeiteten Anwendungssystem-Datenmodellen erhalten bleiben?

Sind die einzelnen Anwendungssystem-Datenmodelle mit dem schon vorhandenen UDM irgendwie zu verknüpfen?

Soll das ursprüngliche UDM durch einzelne Anwendungssystem-Datenmodelle immer mehr verfeinert werden, so daß nach einigen Jahren ein UDM nur durch irgendeine Auswahl aus den Relationen des UwDM gewonnen werden kann?

Stellt ein zuvor erstelltes UDM sicher, daß zwischen den Fein-Datenmodellen später modellierter Anwendungssysteme keine (oder zumindest viel weniger) Inkompatibilitäten auftreten?

Der folgende Text enthält Antworten auf obige Fragen.

UDM und UwDM

Der Wert eines »in einem Guß« erstellten UDM's liegt gerade in seiner Grobheit und der dadurch erreichten Übersichtlichkeit. Wenn also ein UDM nicht als Nebenprodukt des Bottom-Up-Weges, sondern von einem UDM-Projekt-Team erstellt wird, dann sollte ein solches UDM im zDDS *separat* gespeichert werden. Änderungen und Erweiterungen sollten möglich sein. Mit Erweiterung ist aber nicht eine Erweiterung zum UwDM gemeint, sondern nur das Aufnehmen wichtiger Unternehmens-Relationen, die bei der Erst-Erstellung des UDM übersehen wurden.

UDM-Attribute

Das UDM sollte auf eine systematische Erfassung von Relations-Attributen verzichten, durchaus aber *wichtige* Attribute nennen. Auch in einem UDM sollten m:n-Beziehungstypen verboten sein, weil man sonst auch zulassen müßte, daß fachliche Attribute an diese Beziehungstypen gehängt werden können. Dies würde eine grundsätzliche Änderung des in Kapitel 4.4 vorgeschlagenen Meta-Datenmodells erforderlich machen. Bei Verzicht auf m:n-Beziehungstypen kann das vorgeschlagene Meta-Datenmodell auch das UDM aufnehmen, z.B. als Datenmodell der Applikation UDM.

UDM und Projekt-Datenmodelle

Vom Aufbau einer direkten (m:n) Verweis-Tabelle zwischen UDM-Relationen und Anwendungssystemen wird abgeraten. Anwendungssysteme in Großunternehmen sind nicht statisch definiert, sondern »leben«. Oft wird ein Projekt in zwei Unterprojekte aufgeteilt. Umgekehrt können Projekte oder auch Anwendungssysteme zusammengefaßt werden. Projekte können Anwendungssysteme anstreben, die mit gleichnamigen bisherigen Anwendungssystemen inhaltlich nur noch wenig gemeinsam haben. Deshalb wäre eine zum Zeitpunkt der UDM-Erstellung aufgebaute Verweistabelle schnell veraltet, wenn sie nicht gepflegt wird. Wer aber soll sie pflegen, wenn die zum UDM oder gar UIM führende ISS abgeschlossen ist?

Vorgeschlagen wird statt der *direkten* Verknüpfung von Applikationen mit UDM-Relationen ein *indirekter* Verknüpfungs-Weg, der in den folgenden Kapiteln näher beschrieben wird.

Datenarchitektur

Es schadet nicht, wenn ein UDM (eine »Datenarchitektur«, vgl. [Vetter 2], S. 27 ff.) erstellt ist, ehe mit der Fein-Modellierung (»Daten-Analyse«) von Anwendungssystemen begonnen wird. Es nützt aber auch für die Fein-Modellierung nicht allzu viel.

Bei einem fachlich guten Projekt-Team kommen auch ohne UDM alle projektübergreifenden Daten-Aspekte zur Sprache. Nur ein fachlich noch unsicheres Projekt-Team kann durch ein vorhandenes UDM Hinweise auf mögliche Schnittstellen gewinnen und wird dadurch nach Klärung dieser Schnittstellen besser modellieren. Hinweise auf Schnittstellen kann aber in aller Regel auch ein Abteilungsleiter oder eine IV-Systeme vorplanende Stelle geben. Welche Hilfe für das Projekt-Team, wenn dann diese Schnittstellen-Projekte Fein-Datenmodelle präsentieren!

Was nützt ein grobes UDM, von dem aus noch nicht auf Fein-Datenmodelle verwiesen werden kann? Es würde vielleicht zu geschickteren Namen für die eine oder andere Relation in Fein-Datenmodellen führen, nicht aber das für Projekt-Teams zentrale Problem von Attributs-Inkonsistenzen zwischen mehreren Fein-Datenmodellen entschärfen.

Ein UDM stellt wegen seiner Grobheit *nicht (!)* sicher, daß die später darauf aufbauenden Anwendungssystem-Feindatenmodelle widerspruchs- und konfliktfrei sind. Der Top-Down-Ansatz dürfte auf dem Weg zum UwDM allenfalls dazu beitragen, wichtige Unternehmens-Relationen frühzeitig zu erkennen. Dann aber muß bezüglich dieser Relationen Detail-Modellierung einsetzen und die zählt der Autor schon zu den Bottom-Up-Anstrengungen.

6.3.3 Vorgehensempfehlung: Bottom Up Plus

Die vorgeschlagene »Bottom-Up-Plus-Methode« als Weg zum UwDM ist durch folgende Merkmale gekennzeichnet:

Merkmale

1. Es kann *ohne* UDM mit der Fein-Datenmodellierung von Anwendungssystemen begonnen werden (deshalb »Bottom-Up«). Daran sind projektübergreifend tätige Datenmodellierer beteiligt (»Tagesgeschäft«).

2. Fein-Datenmodelle von Applikationen werden im zDDS gespeichert, jedoch *separat(!)* neben einem allmählich entstehenden und umfassender werdenden UwDM.

3. »*Plus-Kapazität*« projektübergreifend tätiger Datenmanagement-Stellen wird genutzt,

   - um Erkenntnisse aus den Datenmodellen einzelner Anwendungssysteme in das UwDM einfließen zu lassen, das ebenfalls im zDDS gehalten wird.
   - um mit dem UwDM nach und nach eine Art Kompaß aufzubauen, an dem sich zukünftige Datenmodelle oder Datenmodell-Änderungen orientieren können, auch und gerade, wenn es um Detail-Fragen geht.
   - um neben dem Tagesgeschäft Basis-Anwendungssysteme zu modellieren (z.B. Stückliste), deren Daten für sehr viele andere Applikationen von Bedeutung sind.
   - um die UwDM-Relationen so zu clustern, daß verdichtende Teil-Datenmodelle gebildet werden können. Eines dieser verdichtenden Datenmodelle ist das UDM, das einen Überblick über das im Laufe der Zeit immer vollständigere UwDM gibt.
   - um für die UwDM-Relationen Modellierungs-Zuständigkeiten festzulegen und zu dokumentieren.
   - um Datenkonferenzen zu moderieren, bei denen strittige Modellierungsfragen entschieden werden.
   - um Methoden- und Tool-Probleme unabhängig vom Tagesgeschäft klären zu können.

Bild 6–1 gibt einen Überblick über die verschiedenen Arten von Datenmodellen, die bei Anwendung der Bottom-Up-Plus-Methode in einem zentralen DDS zu speichern sind.

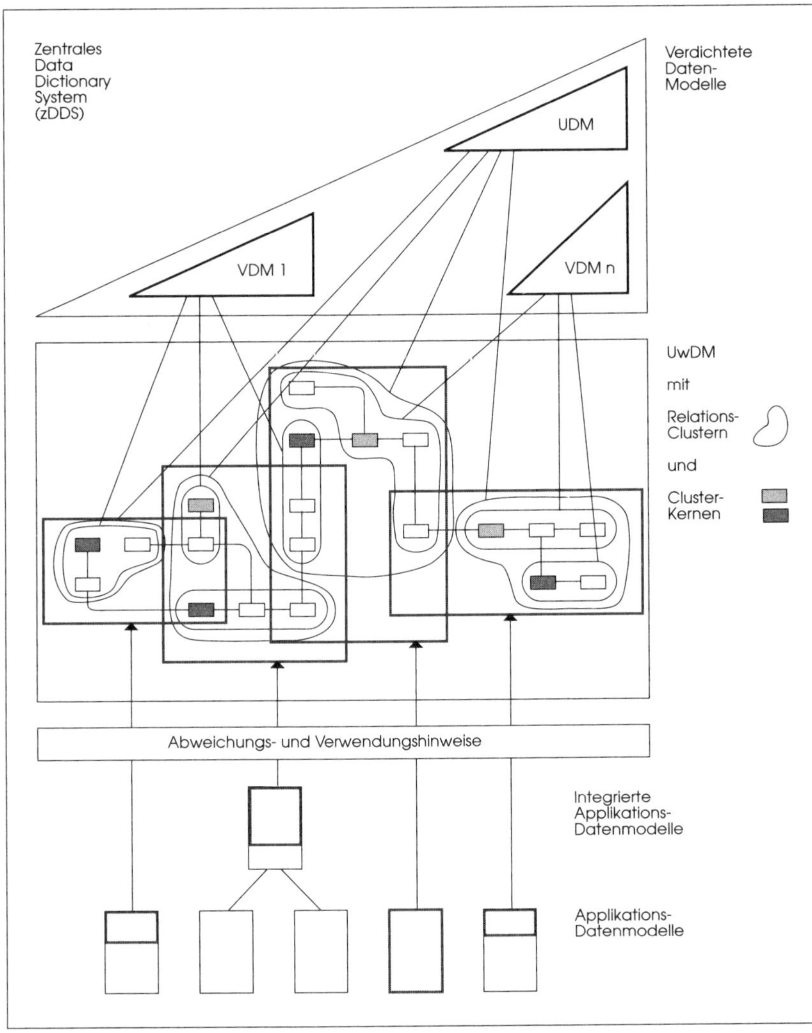

Bild 6–1 Überblick über verschiedene Arten von Datenmodellen im zentralen Data Dictionary System bei Anwendung der Bottom-Up-Plus-Methode

Bild 6–1 soll verdeutlichen,

- daß im zDDS Applikations-Datenmodelle *neben* dem UwDM gespeichert werden.
- daß es Abweichungs- und Verwendungshinweise zwischen UwDM und den Applikations-Datenmodellen gibt.

- daß Applikations-Datenmodelle ganz oder auch teilweise in das UwDM integriert werden.
- daß Applikations-Datenmodelle (z.B. von Teilprojekten) zu einem umfassenden Applikations-Datenmodell integriert werden können.
- daß im UwDM Relations-Cluster gebildet werden, die über eine Clusterkern-Relation (schraffiert) verfügen.
- daß Cluster zu Über-Clustern gehören können.
- daß Verdichtete Datenmodelle (VDM) gebildet werden können, die aus Relations-Clustern oder Über-Clustern bestehen können.
- daß eines dieser verdichteten Datenmodelle das UDM ist.

Zweck und Technik der Clusterung werden im folgenden Kapitel erläutert. Probleme und Verfahren der Integration von Applikations-Datenmodellen in das UwDM werden im Anschluß an die Clusterung besprochen.

Abweichungshinweise zwischen Applikations-Datenmodellen und dem UwDM

Das Vorsehen von Abweichungshinweisen zwischen Applikations-Datenmodellen und dem UwDM könnte als Vorbereitung der Kapitulation einer zentralen Daten-Administration angesehen werden: Weil man den Problemen der Datenmodell-Integration nicht gewachsen ist, begnügt man sich mit einem Dokumentieren von Inkompatibilitäten. Wem ist damit schon gedient? Die Inkompatibilitäten bleiben. Der Hauptzweck einer zentralen Datenmodellierungs-Stelle ist verfehlt.

Eine solche »*Alles oder Nichts-Sicht*« wird den Praxisproblemen nicht gerecht. Wenn schon nur die Hälfte der Inkompatibilitäten bereinigt wird, hat sich Datenmodell-Integration schon gelohnt. Wenn die andere Hälfte der Inkompatibilitäten erkannt und dokumentiert ist, dann ist damit das Fundament für deren (spätere) Beseitigung gelegt.

Auch [Fleming, van Halle] räumen ein, daß man (insbesondere nach der Implementierung von Applikationen) nicht alle (danach noch erkannten) Unstimmigkeiten zwischen Datenmodellen bereinigen kann. »Ihr Ziel sollte dann nicht die Bereinigung aller Unterschiede sein, sondern nur ein Verständnis und eine Dokumentation der Zusammenhänge (einschließlich, falls notwendig, der Inkonsistenzen) zwischen verschiedenen Designs.« (vgl. [Fleming, van Halle], S. 284)

Hinweis zu Top-Down/Bottom-Up-Diskussionen

Diskussionen über Top-Down- oder Bottom-Up-Vorgehen bei der Datenmodellierung werden erschwert, wenn dabei nicht zwischen dem UwDM und Applikations-Datenmodellen differenziert wird. Für das Erstellen von Applikations-Datenmodellen empfiehlt der Autor (in Übereinstimmung mit z.B. [Jones, Curtice], S. 68 und [Mistelbauer], S. 116) ein Top-Down-Vorgehen.

6.4 Nähere Beschreibung der »Bottom-Up-Plus-Methode«

6.4.1 Datenmodell-Verdichtung

Sowohl einzelne Applikations-Datenmodelle, als auch das UwDM sollten »verdichtet« darstellbar sein.

Ziele der Datenmodell-Verdichtung

- Oft liegt zunächst ein grober Datenmodell-Entwurf vor, der in übersichtlicher Form die wichtigsten Daten-Zusammenhänge (graphisch oder textuell) festhält. Im Verlauf der Projektarbeit wird dieser Entwurf immer weiter detailliert. Am Ende ist zwar die Datenwelt zutreffender und genauer, aber gleichzeitig unübersichtlicher dokumentiert. Verdichtete Datenmodelle sollen aus dem detaillierten Datenmodell herleitbar sein, um wieder »den Wald statt vieler Bäume« sichtbar machen zu können.
- Das immer größer werdende UwDM ist mit einer Oberfläche auszustatten, die das Auffinden bereits vorhandener Meta-Daten unterstützt. Dafür sind (neben Schlagwort-Verzeichnissen) verdichtete Datenmodelle geeignet.
- Das Clustern von Relationen ist keine mechanisierbare Tätigkeit, sondern bedingt das Betrachten bereits »fertiger« Datenmodelle unter einem veränderten Aspekt. Dabei können Erkenntnisse gewonnen werden, die zu einer Umstrukturierung des bereits als fertig betrachteten Datenmodells führen. Datenmodell-Verdichtung ist also eine Qualitätssicherungs-Maßnahme.
- Verdichtete Datenmodelle sind für die strategische Applikationsplanung besser geeignet, als umfassende Fein-Datenmodelle; ähnlich

wie Europa- oder Weltkarten für bestimmte Aufgaben besser geeignet sind, als Stadtpläne.

Methodik der Datenmodell-Verdichtung

Die Grundidee der hier vorgeschlagenen Datenmodell-Verdichtung besteht darin, Relationen zu »Clustern« zusammenfassen, von denen nur noch die Relationships zu anderen Clustern dargestellt werden, nicht aber cluster-interne Relationships. Man könnte zwar cluster-interne Relationships als rekursive Cluster-Relationships darstellen. Dann aber würde ein verdichtetes Datenmodell genausoviele Relationships enthalten wie die »Basis-Datenmodelle«. Dies würde die angestrebte bessere Übersicht vereiteln.

Obige Entscheidung, nur cluster-übergreifende Relationships in verdichteten Datenmodellen darzustellen, ist um weitere Entscheidungen zu ergänzen, ehe eine Methodik der Datenmodell-Verdichtung festgelegt ist. Einige methodische Festlegungen werden anschließend vorgeschlagen.

Clusterkern

Definition

Ein *Clusterkern* der ersten Verdichtungsstufe ist eine Relation, der eine oder mehrere Relationen durch ein (Regeln unterliegendes) Cluster-Verfahren zugeordnet wurden. Einem Clusterkern höherer Verdichtungsstufe sind Clusterkerne der nächst niedrigen Verdichtungsstufe zugeordnet.

Cluster

Definition

Ein *Cluster* wird durch den Namen der Clusterkern-Relation bezeichnet und ist die Menge aller Relationen, die diesem Clusterkern bei der Clusterung zugeordnet wurden.

Verdichtetes Datenmodell (VDM)

Definition

Ein *verdichtetes Datenmodell (VDM)* stellt nur Clusterkerne dar. Es enthält nur solche Relationships, die zwischen Relationen verschiedener Cluster bestehen. Ein VDM enthält nur Clusterkerne der gleichen Verdichtungsstufe.

Vorgeschlagene Cluster-Regeln

Keine Datenmodellgrenzen überschreitenden Cluster erlaubt

Regel 1

Es dürfen nicht Relationen *verschiedener* Datenmodelle geclustert werden. Im Meta-Datenmodell wurden Relationships zwischen Relationen verschiedener Datenmodelle (per Minuszeichen) verboten. Sollen Datenmodelle verschiedener Anwendungssysteme gemeinsam verdichtet werden, dann sind sie zuvor (z.B. in das UwDM) zu integrieren.

Vollständige disjunkte Clusterung gefordert

Regel 2

Jede Relation muß *genau einem* Clusterkern zugeordnet werden (vollständige und disjunkte Clusterung). Clusterkerne dürfen maximal einem übergeordneten Clusterkern (der nächst höheren Verdichtungsstufe) zugeordnet werden. Jeder Clusterkern gehört zur der untersten Verdichtungsstufe. Einige dieser Clusterkerne werden außerdem noch in höheren Verdichtungsstufen genannt. Die Relation MITARBEITER ist z.B. ein Clusterkern, der auch auf höchster Verdichtungsstufe noch vorkommen dürfte. Die Relation KURS*TEILNEHMER dürfte wohl ab irgendeiner Verdichtungsstufe einem Clusterkern zugeordnet werden und damit als hochstufiger Clusterkern entfallen.

Die bisherigen Festlegungen soll Bild 6–2 verdeutlichen. Bild 6–2 ist eine vorgeschlagene Erweiterung des Meta-Datenmodells, das in Kapitel 4.4 besprochen wurde.

Erläuterungen zu Bild 6–2

1*CLUSTERKERN

Ein 1*CLUSTERKERN ist ein Clusterkern der ersten Verdichtungsstufe Ein 1*VDM ist ein verdichtetes Datenmodell (VDM) der ersten Verdichtungsstufe.

Statt 1*VDM wäre auch die Bezeichnung »APPL*VDM« geeignet, denn hier werden Applikations-Datenmodelle verdichtet dargestellt. Verschiedene Applikations-Datenmodelle können durchaus die gleichen 1*CLUSTERKERNe verwenden. Umgekehrt kann z.B. der 1*CLUSTERKERN »MITARBEITER« z.B. durchaus in mehreren verdichteten Datenmodellen der ersten Verdichtungsstufe vorkommen.

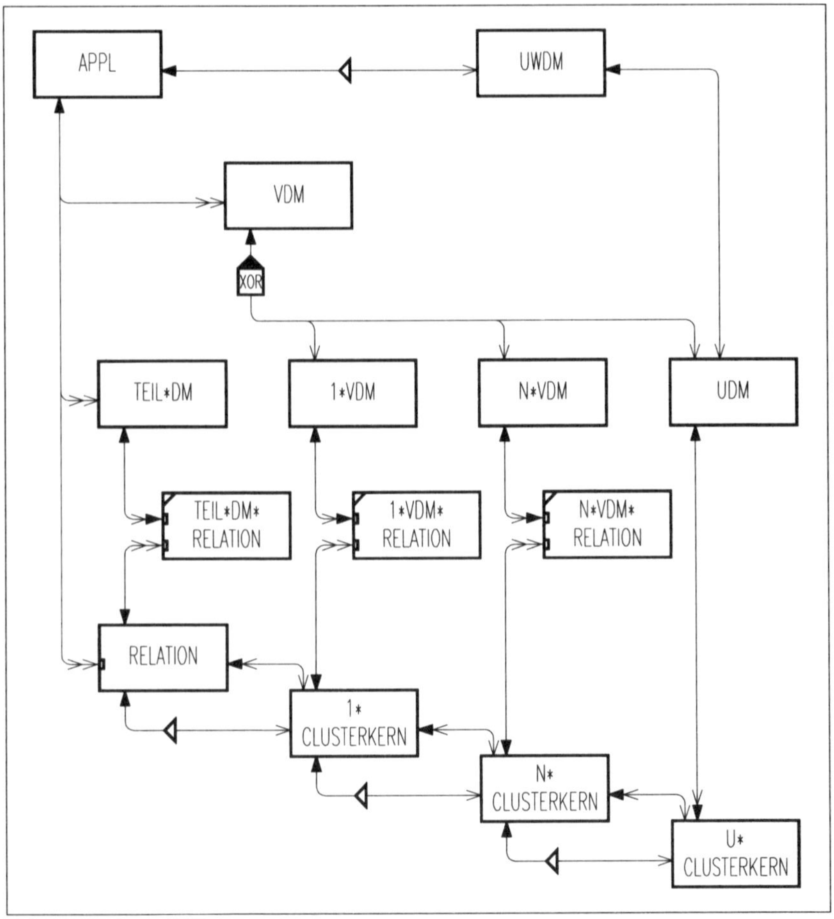

Bild 6–2 Erweiterung des Meta-Datenmodells um verdichtete Datenmodelle (VDM) und Clusterkern-Relationen

N*CLUSTERKERN

Statt N*CLUSTERKERN wären Bezeichnungen wie »RESSORT* CLUSTERKERN« oder »BEREICHS*CLUSTERKERN« sprechender. Gemeint ist, daß der betreffende Clusterkern auf der n-ten Verdichtungsstufe noch bedeutsam ist, also z.B. auf Bereichs-Ebene oder Ressort-Ebene.

UDM

Definition

Das *UDM (Unternehmens-Datenmodell)* ist ein verdichtetes Datenmodell (VDM), daß alle U*CLUSTERKERNe enthält. Dabei wird unter U*CLUSTERKERN eine Relation verstanden, die auch auf höchster Verdichtungsstufe noch bedeutsam erscheint.

Teil-Datenmodell

Verdichtete Datenmodelle sind von Teil-Datenmodellen (TEIL*DM) zu unterscheiden. Ein TEIL*DM trifft nur eine Auswahl aus den Relationen einer Applikation (die auch die »UwDM-Applikation« sein kann). Diese Auswahl erfolgt meistens aus funktionaler Sicht. Ein Teil-Datenmodell verwendet keine Clusterkern-Informationen, verdichtet also nicht.

Subject area

Der Begriff »subject area« wird in den beiden CASE-Tools IEW und IEF unterschiedlich verwendet. IEW meint mit subject area ein TEIL*DM, das z.B. ein Vorgang aus einem Applikations-Datenmodell benötigt. IEF bietet als subject area einen neuen ERM-Objekttyp (analog dem CLUSTERKERN des RRM) an, der die Verdichtung mehrerer Entitätstypen zu nur noch einem graphisch dargestellten Objekt erlaubt.

Regel 3

Die Zuordnung (Clusterung) von Relationen zu Clusterkernen der ersten Verdichtungsstufe soll nicht willkürlich erfolgen, sondern sich an Clusterungs-Regeln halten.

Beispiele für Cluster-Regeln

Regel 3a

Eine wichtige Regel dürfte sein, daß zwischen den Relationen eines Clusterkernes mindestens ein durchgängiger, cluster-interner Relationship-Pfad existieren sollte. Die Relationen KURS*TEILNEHMER und SEMVT (Seminarveranstaltungs-Teilnehmer) sollten z.B. nicht dem Clusterkern SEMVT zugeordnet werden, weil zwischen den beiden Relationen dann keine cluster-interne Relationship bestehen würde.

Regel 3b

Muß-Relationships ist bei der Clusterung der Vorrang gegenüber Kann-Relationships zu geben.

Regel 3c

Super- und Subrelationen sollten zum gleichen Clusterkern gehören.

[Teorey u.a.] beschreiben nicht nur Gruppierungs-Regeln, sondern bringen sie zusätzlich in eine *Rangordnung*, die Gruppierungs-Entscheidungen objektivieren sollen.

Clusterbezeichnung durch Relationsnamen

Regel 4

VDM-Cluster erhalten keine neuen VDM-Namen, sondern VDM-Cluster werden immer durch den Relations-Namen der Clusterkern-Relation bezeichnet. Es erscheint zunächst wünschenswert, neue Cluster-Bezeichnungen erfinden zu können, statt eine Clusterkern-Relation zu bestimmen und deren Namen als Cluster-Bezeichnung verwenden zu müssen. Allerdings handelt man sich dann das Problem einer weiteren Begriffswelt ein. Oft, aber eben nicht immer und deshalb zuverlässig, würden Cluster-Bezeichnungen identisch mit den Bezeichnungen der Clusterkern-Relation sein.

Vorgeschlagen wird der Zwang zur Auszeichnung jeweils einer der geclusterten Relationen als »Clusterkern-Relation«. Wenn der Relations-Name aus verdichteter Sicht unverständlich erscheint, dann sollte er geändert oder um die Relations-Langbezeichnung ergänzt werden, statt neue Begriffe parallel zu führen.

Keine Kardinalitäten in verdichteten Datenmodellen

Regel 5

Relationships verdichteter Datenmodelle sollen keine Kardinalitäten haben. Dies ist am leichtesten zu realisieren und erlaubt auf den ersten Blick eine Unterscheidung von verdichteten und nicht verdichteten Datenmodellen. Verdichtete Datenmodelle sollten darüberhinaus eine Hinweis auf die Verdichtungsstufe enthalten, ähnlich dem Maßstabhinweis auf einer Landkarte.

Ergänzug

Allenfalls auf der *ersten* Verdichtungsstufe wären Kardinalitäten noch mit vertretbarem Programmier- und CPU-Aufwand ermittelbar.

Bei einer direkten Relationship von einem Clusterkern zu einem anderen Clusterkern kann die Kardinalität dieser Relationship in das VDM übernommen werden.

Eine »indirekte Relationship« existiert zwischen Relationen verschiedener Cluster, startet und/oder endet aber nicht beim jeweiligen Clusterkern. In diesem Falle wären alle weiteren Relationship-Pfade bis hin zu den Clusterkernen zu ermitteln. Dabei wären die gefundenen Kardinalitäten aller Pfade nach dem Gesetz »Kann dominiert Muß, n dominiert 1« zu verdichten.

Zur Verdeutlichung dienen die Bilder 6–3 und 6–4. Bild 6–3 zeigt ein nicht verdichtetes Teil-Datenmodell und die Clusterung, die manuell vorgenommen wurde. Durch Verdichtung entsteht aus Bild 6–3 das VDM des Bildes 6–4 (auf der ersten Verdichtungsstufe). Die m:n-Relationships des verdichteten Datenmodells entstanden, weil sowohl auf dem (indirekten) Pfad zwischen KURS und PROJEKT, als auch auf dem (indirekten) Pfad zwischen KURS und MITARBEITER in beiden Pfad-Richtungen »0,n« vorgefunden wurde.

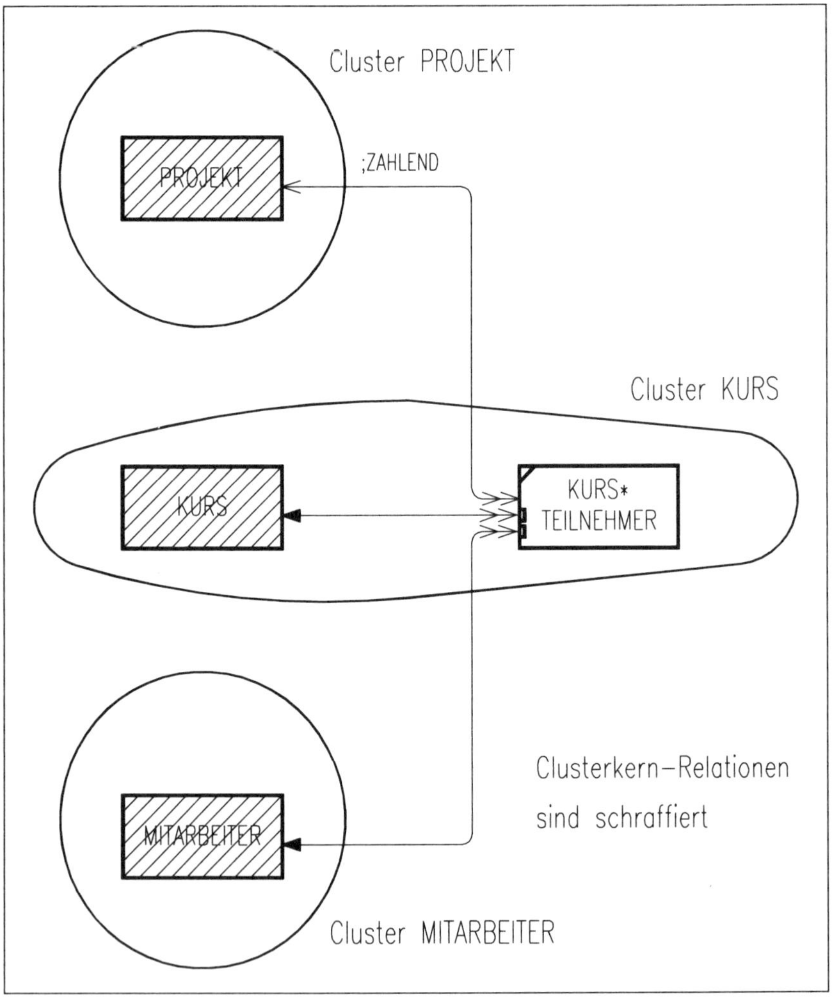

Bild 6–3 Teil-Datenmodell mit Clustern und Clusterkernen

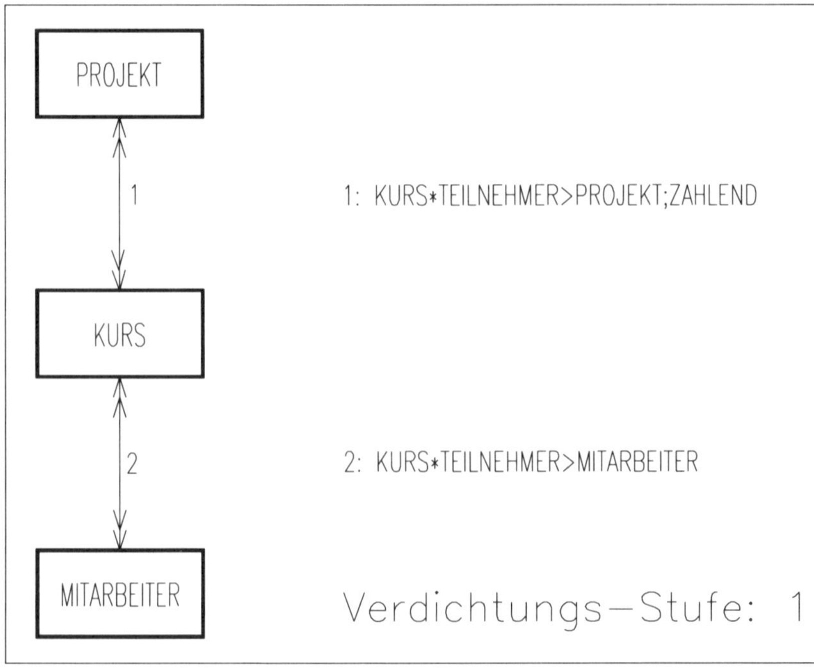

Bild 6–4 Verdichtetes Datenmodell zu Bild 6–3 (mit Kardinalitäten indirekter Relationships zwischen den Clusterkernen)

Bezeichnung von Relationships in verdichteten Datenmodellen

Regel 6

Wenn zwischen Clustern mehrere Relationships bestehen, dann sollten auch in verdichteten Datenmodellen mehrere Relationships gezeichnet werden. Diese Regelung erzeugt verdichtete Datenmodelle mit höherem Aussagewert.

Allerdings erzwingt sie ein Verfahren zur eindeutigen Bezeichnung von Relationships zwischen Clustern. Vorgeschlagen wird eine Bezeichnung wie in Bild 6–4. An den Cluster-Relationships stehen Kürzel (z.B. Nummern), die in der Legende des VDM um die Fein-Datenmodell-Notation der cluster-übergreifenden Relationships ergänzt werden. Clusterübergreifende Relationships sind durch RELATION;VON, RELATION;NACH und (ggf.) ROLLE zu notieren. Dabei müssen RELATION;VON oder ;NACH keine Clusterkerne des verdichteten Datenmodells sein.

Jedes verdichtete Datenmodell sollte um eine Liste ergänzt werden, die den relevanten Teil der Clusterung zeigt. Als Ergänzung zu Bild 6–4 wäre z.B. folgende Liste zu liefern:

Clusterungs-Liste

```
CLUSTERKERN (Stufe 1)
   RELATION (zugehörig)
______________________

PROJEKT
   PROJEKT
KURS
   KURS
   KURS*TEILNEHMER
MITARBEITER
   MITARBEITER
```

Beispiel einer Datenmodell-Verdichtung

Zur Erläuterung obiger Vorschläge werden nun die beiden Fein-Datenmodelle »KURSVERWALTUNG« (vgl. Bild 3–23) und »HOMAS« (vgl. Bild 4–5) verdichtet. Dabei wird angenommen, daß alle Relationen der beiden Datenmodelle im UwDM (integriert) enthalten sind.Als erstes wird die Clusterung gezeigt, auf der die beiden folgenden verdichteten Datenmodelle aufsetzen:

```
Clusterkern (Stufe 2)
   Clusterkern (Stufe 1)
      zugehörige Relationen
___________________________

KURS
   KURS
      KURS
      KURSTYP
      KURS
      KURS*TEILNEHMER
      BEURTEILUNG
   SEM
      SEM
      SACHGEBIET
      SEMV
      SEMVT
      SEM*FKT
      TEILNAHME*STATUS
      HOTEL
```

```
    TRAINER
        TRAINER
        INTERNER*TRAINER
        EXTERNER*TRAINER
        SEM*TRAIN
        SG*TRAINER
JAHR
    JAHR
        JAHR
MITARBEITER
    MITARBEITER
        MITARBEITER
        GESCHLECHT
HAENDLER
    HAENDLER
        HAENDLER
        REGION
        HOMA
        HOMAFKT
        HDL*SEM*FKT
        REG*SEM*FKT
        HDL*HOTEL

PROJEKT
    PROJEKT
        PROJEKT
```

Als empfohlenes verdichtetes Datenmodell der Verdichtungsstufe 1 ergibt sich Bild 6–5.

Als empfohlenes verdichtetes Datenmodell der Verdichtungsstufe 2 ergibt sich Bild 6–6. Hier sind die Clusterkerne KURS, SEM und TRAINER zum Clusterkern KURS der Verdichtungsstufe 2 geclustert (vgl. obige Cluster-Liste).

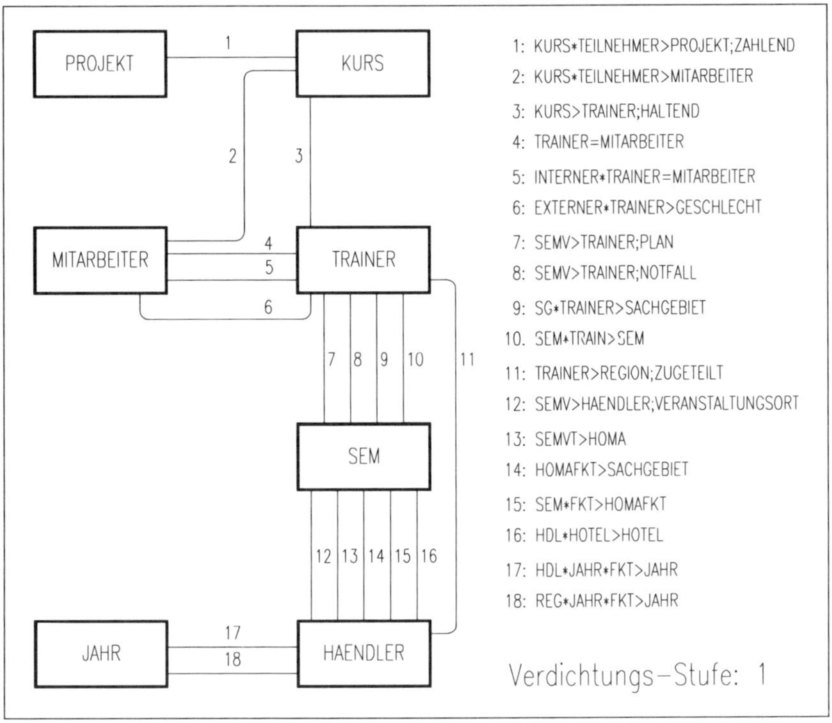

Bild 6–5 *Verdichtetes Datenmodell (VDM) der beiden Datenmodelle HOMAS und KURSVERWALTUNG (Verdichtungsstufe 1)*

Merkmale der vorgeschlagenen Datenmodell-Verdichtung

Die Bilder 6–5 und 6–6 zeigen,

- daß cluster-interne Relationships beim Verdichten entfallen. Sollte dies als Mangel empfunden werden, so kann ein Programm geschrieben werden, daß gerade die cluster-internen Relationen und Relationships eines Clusters auflistet und an ein CASE-Tool zwecks (ggf. manueller) graphischer Anordnung überträgt. Dadurch wären Dokumente erstellbar, die als Deckblatt ein verdichtetes Datenmodell enthalten, das auf folgenden Seiten um Cluster-Details ergänzt wird.
- daß auch in verdichteten Datenmodellen nur bekannte Relationen und bekannte Relationships vorkommen, also keine neue Begriffswelt entsteht.

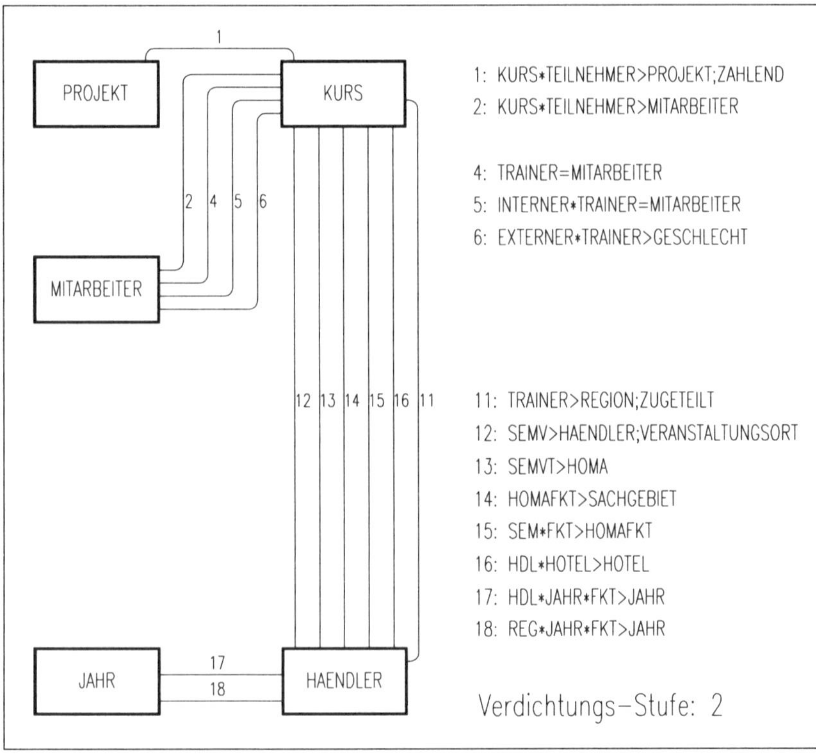

Bild 6–6 Verdichtetes Datenmodell (VDM) der beiden Datenmodelle HOMAS und KURSVERWALTUNG (Verdichtungsstufe 2)

- daß verdichtete Datenmodelle die Anzahl dargestellter Relationen (abhängig von der Verdichtungsstufe) reduzieren.
- daß alle clusterübergreifenden Relationships auf jeder Verdichtungsstufe sichtbar bleiben.

Gewichtung clusterübergreifender Relationships

Vorschlag

Deshalb wird vorgeschlagen, im Meta-Datenmodell das Attribut RELSHIP_VERDICHTUNGSSTUFE vorzusehen. Die Werte dieses Attributes können ausgenutzt werden, um auf hoher Verdichtungsebene dort unbedeutende Relationships zu unterdrücken, auch wenn sie cluster-übergreifend sind. (Vergleich: Auf Landkarten werden (unwichtige) Straßen ebenfalls nicht zwingend gezeichnet, nur weil sie Grenzen überschreiten. Allerdings sind auch dort grenzüberschreitende Straßen immer von besonderem Interesse.)

Bei einer VDM-Generierung sollte als Parameter angegeben werden können, welche RELSHIP_VERDICHTUNGSSTUFE als niedrigste noch berücksichtigt werden soll. Die getroffene Auswahl wäre in der VDM-Legende (als Relationship-Verdichtungsstufe) anzugeben.

Qualitätssicherungs-Aspekt der Datenmodell-Verdichtung

Beispiel

Wenn man bei der Integration der beiden Datenmodelle HOMAS und KURSVERWALTUNG noch nicht gemerkt hätte, daß TRAINER eine problematische Nutzung der gleichen Relation in verschiedenen Datenmodellen ist, dann wäre man wohl bei der Verdichtung darauf aufmerksam geworden. Dort ist das Nebeneinander der beiden Relationships INTERNER*TRAINER=MITARBEITER und TRAINER=MITARBEITER unverständlich.

6.4.2 Datenmodell-Integration

Prinzip der Datenmodell-Integration

Der prinzipielle Weg der Integration von Applikations-Fein-Datenmodellen in das UwDM sei durch ein Mini-Beispiel verdeutlicht.

Ausschnitt aus dem Applikations-Datenmodell KURSVERWALTUNG:

```
A KURSVERWALTUNG
V 01.02
...
...
R MITARBEITER
P _NR
  _NAME
  _GEBURTS_DATUM
  >GESCHLECHT
  _TRAINER_KENNZ
...
...
```

Ausschnitt aus dem Applikations-Datenmodell HOMAS:

```
A HOMAS
V 01.01
...
...
R MITARBEITER
P _NR
  _NAME
  >GESCHLECHT
  _TELEFON_DIENSTLICH
...
...
```

Ausschnitt der Relation MITARBEITER im UwDM, sobald dort die beiden Applikations-Fein-Datenmodelle integriert sind:

```
A UWDM
V 00.00
...
...
R MITARBEITER
P _NR
  _NAME
  _GEBURTS_DATUM
  >GESCHLECHT
  _TRAINER_KENNZ
  _TELEFON_DIENSTLICH
...
...
```

Die Relationen des UwDM enthalten die Obermenge aller Attribute und Relationships, die in integrierten Applikations-Feindatenmodellen enthalten sind. Applikations-Fein-Datenmodelle können deshalb als Sichten auf das UwDM bezeichnet werden.

In erster Näherung (Probleme werden in Kapitel 7.3 behandelt) sollte ein Unternehmen relationale Tabellen anlegen, die den UwDM-Relationen entsprechen und den einzelnen Anwendungssystemen Views auf diese Tables zuteilen, die den Applikations-Relationen entsprechen.

Keine Datenmodell-Integration ohne inhaltliche Klärung

Allerdings verläuft die Datenmodell-Integration in der Praxis bei vielen Relationen nicht ganz so einfach, wie im obigen MITARBEITER-Beispiel. Betrachten wir z.B. die Relation PROJEKT in den beiden Applikations-Datenmodellen KURSVERWALTUNG und FAHRVERSUCH:

```
A KURSVERWALTUNG
V 01.02
...
...
R PROJEKT
P _NR
  _KURZBEZEICHNUNG          <—
...
...

A FAHRVERSUCH
V 01.01
...
...
R PROJEKT
L ENTWICKLUNGS*PROJEKT
P _NR
  _KUERZEL                  <—
  _LEITER_NAME
  _LEITER_TELEFON
...
...
```

Das Datenmodell KURSVERWALTUNG sei schon in das UwDM integriert. Das Datenmodell FAHRVERSUCH soll jetzt zusätzlich integriert werden. Rein *formal* könnte ein UwDM-Datenadministrator dann verlangen, daß PROJEKT_KUERZEL in PROJEKT_KURZBEZEICHNUNG geändert wird. Viel wichtiger aber wäre die Klärung der Frage, ob das Anwendungssystem KURSVERWALTUNG mit der Relation PROJEKT auch (nur) die Entwicklungs-Projekte der MODERN AG gemeint hat, oder (zusätzlich) die IV-Projekte der MODERN AG. Mögliche Antworten und Reaktionen auf diese Frage wurden in Kapitel 4.1.5 geschildert.

Angenommen, der UwDM-Datenadministrator hat diese fachliche PROJEKT-Problematik nicht erkannt, sondern nur formal _KUERZEL in _KURZBEZEICHNUNG ändern lassen. Dann wird im UwDM die Relation PROJEKT um die beiden Attribute _LEITER_NAME, _LEITER_-TELEFON und die Langbezeichnung ENTWICKLUNGS*PROJEKT ergänzt. Wenn dann später das Projekt-Team KURSVERWALTUNG anruft und darauf hinweist, daß mit PROJEKT die IV-Projekte und nicht die Entwicklungs-Projekte gemeint gewesen wären, dann hat der UwDM-Datenadministrator sein erstes Integrations-Problem.

Das UwDM kann von APPL-DMn abweichen

Er müßte im UwDM die beiden Attribute _LEITER_NAME und _LEITER_TELEFON bei der Relation PROJEKT wieder entfernen und einer neuen »erfundenen« Relation E*PROJ zuordnen. PROJEKT sollte er zur Vermeidung weiterer Mißverständnisse in IV*PROJ umbenennen. Der hier interessierende Ausschnitt des UwDM sähe nach diesen Änderungen wie folgt aus:

```
A UWDM
V 00.00
...
R E*PROJ
L ENTWICKLUNGS*PROJEKT
P _NR
  _KURZBEZEICHNUNG
  _LEITER_NAME
  _LEITER_TELEFON
...
R IV*PROJ
L IV*PROJEKT
P _NR
  _KURZBEZEICHNUNG
```

Einträge in die UwDM/APPL-DM-Abweichungstabelle

In einer Abweichungstabelle sollte der UwDM-Datenadministrator folgende Abweichungshinweise (vgl. Bild 6–1) festhalten:

```
UwDM-Relation Applikation       Appl-Problem-Relation
E*PROJ        FAHRVERSUCH       PROJEKT
                                Relation in E*PROJ
                                umbenennen.
IV*PROJ       KURSVERWALTUNG    PROJEKT
                                Relation in IV*PROJ
                                umbenennen.
```

Wird später eines der beiden Applikations-Datenmodelle KURSVERWALTUNG oder FAHRVERSUCH geändert, dann sollten die gespeicherten Abweichungshinweise des Datenadministrators gleich mit bearbeitet werden. Nach erneuter Integration des geänderten Applikations-Datenmodells in das UwDM wären die entsprechenden Abweichungshinweise zu löschen.

Berufsbild UwDM-Datenadministrator

Die bisherigen Ausführungen zum Thema Datenmodell-Integration haben wohl deutlich gemacht, daß UwDM-Datenadministratoren nicht in jeder Hinsicht zu beneiden sind. Einerseits sammelt sich bei ihnen zwar die detaillierte Kenntnis über alle Unternehmensdaten und Zusammenhänge zwischen den Anwendungssystemen. Dies ist der strategisch wichtige und persönlich aufbauende Aspekt der Tätigkeit. Andererseits ist im Tagesgeschäft eine Flut »administrativer« Arbeiten zu erledigen, die die positiven Seiten des UwDM-Jobs leicht überdecken. Entscheidend ist das »Klima«, in dem die UwDM-Leute arbeiten. Nur, wenn es genügend Datenadministratoren gibt und diese vom Fach- und IV-Management unterstützt werden, besteht Aussicht auf Bewältigung des »Jahrhundert-Problems der Informatik« (vgl. [Vetter 1], S.5).

»Mach's jeden recht-Variante«

Die Abweichungs- und Verwendungshinweise sind gedacht, um Homonyme, Synonyme und sonstige projektübergreifende Relations-Probleme zu speichern. Das heißt aber nicht, daß die Datenadministration jedem Projekt erlauben sollte, seine Relationen *beliebig* zu benennen und zu strukturieren. Eine solche »Mach's jedem recht-Variante« würde zwar die Projekt-Datenmodellierung beschleunigen, aber dem Kern des Datenmodell-Integrations-Problems ausweichen.

Möglichst zu vermeidende Abweichungshinweise

UwDM-Relation	Applikation	Appl-Problem-Relation
E*PROJ	FAHRVERSUCH	PROJEKT Relation in E*PROJ umbenennen. (Synonym-Fall)
IV*PROJ	KURSVERWALTUNG	PROJEKT Relation in IV*PROJ umbenennen. (Synonym-Fall)

```
KOSTENSATZ     FAHRVERSUCH     KOSTENSATZ
                               Relation umbenennen,
                               z.B. in E*KOSA.
                               (Homonym-Fall)

TRAINER        HOMAS           TRAINER
                               Relation umbenennen,
                               z.B. in HOMA*TRAINER.
                               (Homonym-Fall)

MITARBEITER    HOMAS           MITARBEITER
                               Attribut _GESCHLECHT
                               in _GESCHLECHT_M_W
                               umbenennen.
```

Alle genannten (möglichst zu vermeidenden) Beispiel-Eintragungen beziehen sich »nur« auf die Meta-Ebene. Im Datenmodell der genannten Applikationen müßten Namen geändert werden, die Datenbanken könnten unverändert bleiben. Es gibt daneben leider oft auch Probleme, die nicht nur die Datenmodelle betreffen, sondern auch die darauf aufgebauten Datenbanken.

Integrations-Erkenntnisse, die die Änderung von Datenbanken erfordern

Beispiel

Im Datenmodell der Applikation ALT und im UwDM gebe es die Relation:

```
R TEILE*VERWENDUNG
P >TEIL            1234567  1234568  1112223  1234567  1112223
P _TYP_TEIL_SA     TYP1     1234567  SA1      TYP2     TYP2
  _MENGE           4        2        1        2        1
```

Die zugehörige Tabelle hält fest, welche Teile wie oft in welcher Verwendung vorkommen, z.B.in einem Fahrzeug-TYP, einem anderen (übergeordneten) TEIL oder einer Sonderausstattung (z.B. Schiebedach). Teil 1234567 wird z.B. in TYP 1 4mal verwendet, in TYP2 2mal.

Die Applikation NEU ist (zutreffend) der Ansicht, daß diese Relation schlecht modelliert und die Tabelle schlecht strukturiert ist. Die Relation soll in Applikation NEU (und im UWDM) in drei Relationen aufgeteilt werden:

```
R TEIL*TEIL
P >TEIL;UNTERGEORDNET
P >TEIL;UEBERGEORDNET
  _MENGE
```

```
R TEIL*TYP
P >TEIL
P >TYP
  _MENGE

R TEIL*SA
P >TEIL
P >SA
  _MENGE
```

Der Modellierer sollte dann als Abweichungshinweis festhalten, daß Applikation ALT seine Relation TEILE*VERWENDUNG in drei Relationen aufteilen soll. Bei ungeschickter Modellierung einer Abweichungstabelle UW*APPL müßte er z.B. eintragen:

UwDM-Relation	Applikation	Appl-Problem-Relation
TEIL*TEIL	ALT	TEILE*VERWENDUNG zerlegen unter anderem in TEIL*TEIL. (Keine Misch-Spalten!)
TYP*TEIL	ALT	TEILE*VERWENDUNG zerlegen unter anderem in TYP*TEIL. (Keine Misch-Spalten!)
SA*TEIL	ALT	TEILE*VERWENDUNG zerlegen unter anderem in SA*TEIL. (Keine Misch-Spalten!)

Modellierung von Abweichungs-Tabellen

Es stört, daß in der UW*APPL-Relation immer nur Paare von Relationen behandelt werden können und keine größeren Gruppierungen.

Es kann auch vorkommen, daß bzgl. einer Applikations-Relation *mehrere* Probleme aus Sicht des UwDM zu vermerken sind.

Beispiel

In der HOMAS-Relation MITARBEITER muß nicht nur _GESCHLECHT in GESCHLECHT_M_W umbenannt werden, sondern auch _TELEFON in TELEFON_DIENSTLICH.

Zu entscheiden sind folgende Punkte:

1. Sollen alle Probleme in einem einzigen Pauschal-Text-Feld genannt werden, oder sollte pro Problem ein eigener Eintrag erfolgen?

2. Soll nur die Problem-RELATION per select auffindbar sein, oder auch die problematischen RELATTRibute, REL*LEXATTRibute und RELSHIPs?

3. Sollen die Problem-Einträge an der UwDM-Relation verankert werden, oder (genauer) an RELATTR's, REL*LEXATTR's, RELSHIP's der Anker-UWDM-Relation?

Wenn man sich für Version 3 entscheiden würde, dann gäbe es möglicherweise eine Fülle von Verweis-Tabellen.

Beispiel

Das HOMAS-RELATTR MITARBEITER_TELEFON soll geändert werden analog zur UwDM-RELSHIP MITARBEITER>TELEFON;DIENSTLICH.

Beispiel

Ein HOMAS-RELATTR soll passend zu einem UwDM-REL*LEXATTR modelliert werden, u.s.w.

Nach obigen Beispielen zur Verdeutlichung von »PROBLEM-Problemen« wird jetzt genauer die Relation UW*APPL modelliert. Ziele sind dabei

- die Vermeidung von Schreib-Arbeit für Datenadministratoren
- die genauere Plazierungs-Möglichkeit von Problem-Einträgen
- die Möglichkeit, nicht nur über (Relations-)Paare Probleme festhalten zu können, sondern auch für größere Gruppierungen.

Vorgeschlagene Modellierung der Abweichungstabellen

Vorgeschlagen wird, UW*APPL*PROBLEM-Texte zunächst einmal durch eine vom CASE-Tool vergebene _LFD_NR zu identifizieren und anschließend mit (beliebig vielen) UWDM-Relationen und beliebigen APPLikationen, APPL-Relationen, APPL-Relations-Attributen und/-oder APPL-Relationships zu verknüpfen (vgl. Bild 6–7).

Zweck der Verknüpfung von UW*APPL*PROBLEM-Texten mit UwDM-RELATIONEN:

Wenn ein Datenadministrator eine UwDM-Relation verändert, dann sollte er alle mit dieser Relation verknüpften UW*APPL*PROBLEMe auf weitere Gültigkeit überprüfen.

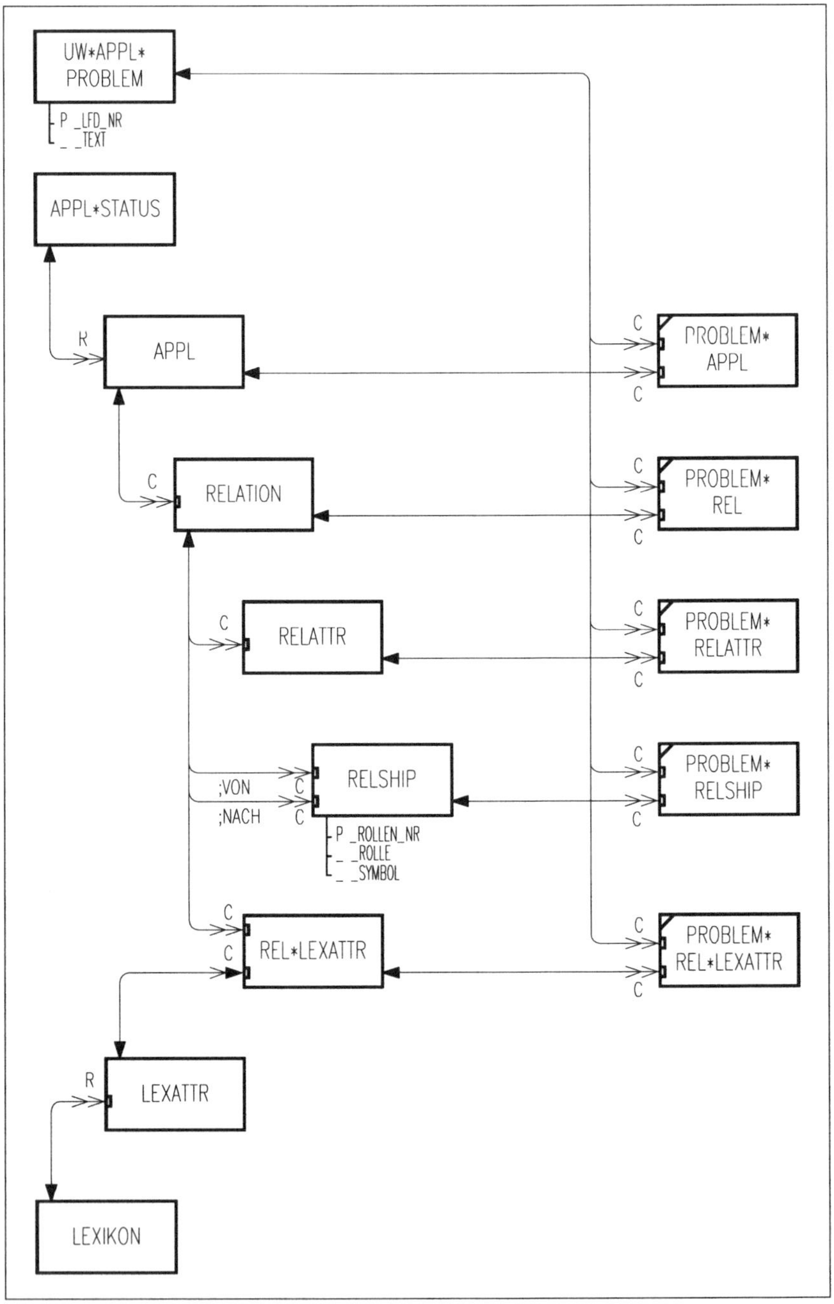

Bild 6–7 Ergänzung des Meta-Grob-Datenmodells zwecks Dokumentation von Integrations-Problemen

Zweck der Verknüpfungs-Möglichkeiten von UW*APPL*PROBLEM-Texten mit APPLikationen, APPL-RELATIONen, APPL-RELATTRen, APPL-RELSHIPs und/oder REL*LEXATTRen:

Wenn ein APPL-Datenmodell gegen das UwDM geprüft wird, kann per Prüfprogramm (unter Ausnutzung der zuvor von Datenadministratoren manuell angelegten Problem-Verknüpfungen) nicht nur auf APPL-RELATIONs-Ebene ein UW*APPL*PROBLEM_TEXT gedruckt werden, sondern »zeilengenau« zu einem problematischen Applikations-Attribut oder zu einer Applikations-Relationship. Allerdings sind auch UW*APPL*PROBLEM_TEXTe *pauschal* bezogen auf die *ganze* APPLikation möglich. Dieser Verknüpfungs-Freiraum wird für erforderlich gehalten, um in Abhängigkeit von Praxis-Erfahrungen mit den Abweichungshinweisen wahlweise pauschal oder aber punktgenau verknüpfen zu können.

Beim Übernehmen des Applikations-Fein-Datenmodells in das UwDM wären natürlich automatisch (referential integrity) alle PROBLEM*-Verknüpfungen und UW*APPL*PROBLEMe von Datenmodell-Komponenten zu löschen, die im neuen Applikations-Fein-Datenmodell gar nicht mehr vorkommen.

Wann und wie sollen Datenadministratoren Einträge in die Abweichungs-Tabellen machen?

Es sollte der Datenadministration freistehen, wann sie Eintragungen in die Problem-Tabellen macht. Wenn sich z.B. an einer Kern-Relation wie WERK oder TEIL etwas wichtiges im UwDM ändert, dann wäre es mühselig, für alle gleichnamigen Applikations-Relationen (also die Applikations-Views auf die UwDM-Relationen) Vermerke in die Problem-Tabellen eintragen zu müssen. Statt dessen könnte entweder ganz von Problem-Einträgen abgesehen werden, oder aber man könnte eine Pseudo-Applikation »ALLAPP« erfinden.

Beispiele für Problem-Einträge

UW*APPL*PROBLEM

_LFD_NR	_SYN	_TEXT
00001		ARBEITSPLAN und ZEITWIRTSCHAFT müssen sich vor nächster Modellierung abstimmen
00002		SACH_NR 10-stellig modellieren, statt 7-stellig!
00003		Primärschlüssel von WERK an UwDM anpassen!
00004	SYN	PROJEKT in E*PROJEKT umbenennen

```
00005    SYN   PROJEKT in IV*PROJ umbenennen
00006    SYN   KOSTENSATZ in E*KOSA umbenennen
00007    SYN   KOSA in KOSTENSATZ umbenennen
00008    SYN   _GESCHLECHT umbenennen in _GESCHLECHT_M_W
00009    ARS   _TELEFON als >TELEFON;DIENSTLICH modellieren
```

PROBLEM*APPL-Verknüpfung:

```
0001  ARBEITSPLAN
0001  ZEITWIRTSCHAFT
```

PROBLEM*REL-Verknüpfung:

```
00003 UWDM            WERK
00003 ALLAPP          WERK
00004 UWDM            E*PROJ
00004 FAHRVERSUCH     PROJEKT
00005 UWDM            IV*PROJ
00005 KURSVERWALTUNG  PROJEKT
00006 UWDM            E*KOSA
00006 FAHRVERSUCH     KOSTENSATZ
00007 UWDM            KOSTENSATZ
00007 KALKULATION     KOSA
00007 ARBEITSPLAN     KOSA
```

PROBLEM*RELATTR-Verknüpfung:

```
00002 UWDM            TEIL            _SACH_NR
00002 ALLAPP          TEIL            _SACH_NR
00008 UWDM            MITARBEITER     _GESCHLECHT_M_W
00008 HOMAS           MITARBEITER     _GESCHLECHT
00009 HOMAS           MITARBEITER     _TELEFON
```

PROBLEM*RELSHIP-Verknüpfung:

```
00009 UWDM            MITARBEITER     >TELEFON      ;DIENSTLICH
```

Neben dem Ausdrucken obiger UW*APPL*POBLEM-TEXTe sollte ein Prüfprogramm z.B. folgende Informationen ausgeben:

```
UwDM-Relation XYZ würde bei Integration des geprüften Applika-
tions-Datenmodells folgende neue Attribute und Relationships
erhalten:

_DATUM_LETZTE_BEARBEITUNG
>ABTLG;PLANEND
>ABTLG;GENEHMIGEND
```

```
Applikations-Datenmodell verwendet Relation XYZ (z.B. KOSTEN-
STELLE) mit einem anderen Primärschlüssel als im UwDM.

UwDM-Primärschlüssel:
R KOSTENSTELLE
P >UNTERNEHMEN
P _NR

APPLDM-Primärschlüssel:
R KOSTENSTELLE
P _NR
```

Über solchen Detail-Vorschlägen darf die Grund-Aussage dieses Kapitels nicht verlorengehen:

Problem-Einträge als Notbehelf, der keine Plus-Kapazität ersetzen kann

Ziel der Datenadministration muß sein, daß in der UW*APPL*PROBLEM-Tabelle möglichst *wenig* Einträge stehen. Deshalb wird von einer »Mach's jedem recht-Methode« abgeraten, die jedes Projekt nahezu beliebig modellieren läßt und hinterher durch »Buchhalter-Einträge« in den Abweichungs-Tabellen versucht, Zusammenhänge und Inkonsistenzen zwischen verschiedenen Applikations-Modellen festzuhalten.

»Datenadministratoren« sollten so gut wie möglich das Datenchaos bekämpfen und nicht dokumentieren! Deshalb sollte man sie auch »Daten*planer*« nennen; ein Begriff, der nicht nur den dienenden, sondern auch den Weisungs-Charakter der Funktion beinhaltet.

»Plus-Modellierungs-Kapazität«, die wichtige Unternehmens-Relationen auf Attributs-Ebene vor oder während der Projekt-Datenmodellierung klären kann, vermindert die Anzahl der Problem-Einträge und damit Inkonsistenzen zwischen Projekt-Daten(banken).

6.4.3 Häufige Integrations-Probleme

So sehr im vorigen Kapitel vor einer »mach's jedem recht-Methode« gewarnt wurde, so sehr muß umgekehrt vor einer »sei pingelig-Methode« gewarnt werden. Man kann nämlich durch Datenmodellierung bei allzu strenger Auslegung von (zum Teil selbst erfundenen) Datenmodellierungs-Regeln eine Flut von Relationen oder »ärgerlichen Primärschlüsseln« erzeugen, die Sachverhalte eher komplizieren, statt transparenter zu machen. Datenmodellierer sollten z.B. das Prinzip verfolgen, Relationen verschiedener Applikationen nur dann gleich zu benennen, wenn zumindest ihre Primärschlüssel gleich sind. Aber von diesem (richtigen) Prinzip sollten Ausnahmen zulässig sein.

Vier häufige Integrations-Probleme werden exemplarisch behandelt, um das empfohlene Verfahren der Datenmodell-Integration näher zu beschreiben.

Projekt-Prämissen räumlicher Art

Es wurde schon im vorigen Kapitel folgende Meldung eines Prüf-Programmes gedruckt, welches auf Abweichungen eines zu integrierenden Applikations-Datenmodells vom UwDM hinweist:

```
Applikations-Datenmodell ARBEITSPLAN (AP) verwendet Relation
KOSTENSTELLE mit einem anderen Primärschlüssel als im UwDM.
```

Abweichungs-Beispiel

```
UwDM-Primärschlüssel:

R KOSTENSTELLE
P >UNTERNEHMEN
P _NR
```

```
APPLDM-Primärschlüssel:
R KOSTENSTELLE
P _NR
```

Nachfragen des Datenplaners beim AP-Projekt-Team ergibt, daß die Applikation nur im Haupt-Unternehmen (MODERN AG), nicht aber in Tochter-Unternehmen, z.B. der MODERN-BANK oder der MODERN-SUEDAMERIKA eingesetzt werden soll. Dort gibt es auch Kostenstellen mit vierstelliger Kostenstellen-Nummer, die jedoch eine ganz andere Kostenstelle identifiziert als die gleiche Nummer in der AG.

In die UwDM-Relation KOSTENSTELLE war >UNTERNEHMEN als Primärschlüssel-Bestandteil aufgenommen worden, weil konzernweit diese Differenzierung wichtig ist, da es sonst die Kostenstelle 1234 mehrfach in unterschiedlicher Bedeutung geben würde. Aus Konzern-Sicht und aus Sicht z.B. des Anwendungssystems KONZERN-BILANZ ist also >UNTERNEHMEN im Primärschlüssel von KOSTENSTELLE richtig.

Muß deshalb auch von der Applikation ARBEITSPLAN der Primärschlüssel der Relation KOSTENSTELLE um >UNTERNEHMEN ergänzt werden?

Soll der Datenplaner eventuell statt dessen eine Umbenennung der AP-Relation KOSTENSTELLE in AG*KOSTENSTELLE empfehlen?

AG*KOSTENSTELLE wäre keine neue Relation, sondern der Name für eine (vielleicht von vielen Projekten verwendete) View auf die UwDM-Relation KOSTENSTELLE. Die Projekte sollen zwar Views auf die Relationen des UwDM modellieren, aber gemäß »Bottom Up Plus-Methode« nicht beliebige Namen für diese Vies vergeben, sondern genau die Namen der UwDM-Relationen verwenden, von denen Teilmengen benutzt werden. Also soll auch das Projekt AP seine View auf die UwDM-Relation KOSTENSTELLE ebenfalls KOSTENSTELLE nennen.

Methodisch sauber, aber vielleicht »pingelig«, wäre die Übernahme von >UNTERNEHMEN in den Primärschlüssel der AP-Relation KOSTENSTELLE. Als RRF_MINUS_ERLAEUTERUNG könnte vermerkt sein: Unternehmen muß immer AG sein. Diesen Hinweis könnte die Datenbank-Administration im SQL-create-view-statement verwenden, das die Projekt-View auf eine konzernweit gültige Tabelle KOSTENSTELLE definiert.

In allen AP-Relationen, die >KOSTENSTELLE als Relationship aufweisen, müßte das Projekt-Team im Feinst-Datenmodell dann RRF_MINUS_ZEICHEN setzen. Das Projekt würde dies wohl als unnütze Fleißarbeit empfinden, die ihm die Datenplaner mit ihrer Konzern-Sicht »eingebrockt« haben.

Deshalb wird Datenplanern empfohlen, im oben geschilderten Fall eine AP-Relation KOSTENSTELLE auch ohne den Primärschlüssel-Bestandteil >UNTERNEHMEN zuzulassen. In den Tabellen UW*APPL*PROBLEM und PROBLEM*REL sollten die Datenplaner festhalten:

```
04444 KOSTENSTELLE ohne >UNTERNEHMEN, weil Applikation nur
innerhalb der AG eingesetzt wird.
```

PROBLEM*REL-Verknüpfung:

```
04444 UWDM            KOSTENSTELLE
04444 ARBEITSPLAN     KOSTENSTELLE
```

Projekt-Prämissen zeitlicher Art

Bei den allermeisten Unternehmen, die schon Datenmodellierung betreiben, wird die Applikations- oder auch UwDM-Relation MITARBEITER eine Relationship zur Relation ABTEILUNG aufweisen. Also z.B. in Fein-Datenmodell-Notation:

```
R MITARBEITER
P _NR
  _NAME
  >ABTEILUNG
```

Um die Leser zu besänftigen, die sofort bemängeln, daß eine solche Relationship semantsich unklar ist, sei präzisiert:

```
R MITARBEITER
P _NR
  _NAME
  >ABTEILUNG;AKTUELL*ZUGEHOERIG
```

Abweichungs-Beispiel

Durch diese Ergänzung ist nicht das Grund-Problem behoben, auf das hingewiesen werden soll. Es wird nämlich neben der Relation MITARBEITER irgendwann eine UwDM- und Applikations-Relation MITARB*HIST geben.

```
R MITARB*HIST
P >MITARBEITER
P _AENDERUNGS_DATUM
  >ABTEILUNG;ZUGEHOERIG
  >AENDERUNGS*GRUND
```

Die Relation MITARB*HIST hält fest, welcher MITARBEITER von wann bis wann zu welcher ABTEILUNG gehört hat. Die Relationship >AENDERUNGS*GRUND ist der Hinweis auf eine Applikations-Domäne (Code-Tabelle). Sie sollte aus UwDM-Sicht zur Vermeidung von Homonymen anders benannt werden, z.B. ABT*AEND*GRUND.

Tabelle AENDERUNGS*GRUND (besser: ABT*AEND*GRUND):

```
_CODE  _BEDEUTUNG
01      auf eigenen Wunsch
02      allgemeine Umorganisation
03      Versetzung wegen betrieblicher Erfordernisse
04      nur temporär für max. 6 Monate
..      u.s.w.
```

Ist die Abteilung, zu der der Mitarbeiter aktuell gehört, dann in beiden Tabellen (MITARBEITER und MITARB*HIST) einzutragen?

Darf die >ABTEILUNG;AKTUELL*ZUGEHOERIG nur bei MITARBEITER vermerkt sein?

Muß die Relationship >ABTEILUNG;AKTUELL*ZUGEHOERIG aus der Relation MITARBEITER entfernt werden?

Wieder haben wir es mit einer Projekt-View auf das UwDM zu tun. Das Projekt (nehmen wir ruhig wieder ARBEITSPLAN) interessiert sich nicht für die Abteilungs-Historie des MITARBEITERs, sondern will nur festhalten, für welche ABTEILUNG der MITARBEITER aktuell(!) gerade arbeitet.

Im Datenmodell wird dies klar zum Ausdruck gebracht durch MITARBEITER>ABTEILUNG;AKTUELL*ZUGEHOERIG. Ob in einer relationalen MITARBEITER-Tabelle deshalb eine Column ABTLG_AKTUELL vorgesehen werden sollte, ist eine Frage des *physischen* Datenbank-Designs.

Empfehlung

Wenn das Projekt an einer History nicht interessiert ist, dann soll es auch keine History-UwDM-Relationen in sein Datenmodell aufnehmen, obwohl es physisch vielleicht mit einer View auf eine History-Tabelle arbeiten wird.

In den Tabellen UW*APPL*PROBLEM, PROBLEM*REL und PROBLEM*RELSHIP sollte vom Datenplaner vermerkt werden:

```
05555 Beachte beim physischen Design die Relation MITARB*HIST
```

```
PROBLEM*REL-Verknüpfung:
05555 UWDM        MITARB*HIST
```

```
PROBLEM*RELSHIP-Verknüpfung:
05555 ALLAPP      MITARBEITER      >ABTEILUNG      ;AKTUELL*ZUGEHOERIG
```

Beispiel

Bei Ablehnung obiger Empfehlung stellt sich sonst z.B. bzgl. der Relation ABTEILUNG sofort die Frage, ob

```
R ABTEILUNG
P _KUERZEL
  _BEZEICHNUNG
  >MITARBEITER;LEITER*AKTUELL
  >MITARBEITER;STELLVERTR*LEITER*AKTUELL
```

nicht falsch modelliert ist und (unter Berücksichtigung von Umorganisationen und zeitlichen Änderungen) statt dessen von allen Projekten wie folgt modelliert werden müßte:

```
R ABTEILUNG
P _GUELT_DATUM
P _KUERZEL
  _BEZEICHNUNG
```

```
R ABTLG*LEITER
P >ABTEILUNG
P _ERNENNUNGS_DATUM
  >MITARBEITER
```

```
R STELLV*ABTLG*LEITER
P >ABTEILUNG
P _ERNENNUNGS_DATUM
  >MITARBEITER
```

(ABTLG*LEITER wäre übrigens keine Sub-Relation von MITARBEITER, da kein 1,1:0,1-Beziehungstyp besteht, sondern ein 1,1:0,n-Beziehungstyp.)

Projekt-Umgang mit »sprechenden Schlüsseln«

Allgemeine Probleme

»Sprechende Schlüssel« sind ein Dorn im Auge vieler Datenmodellierer. Sie (die sprechenden Schlüssel...) neigen zum Platzen und sind deshalb gefährlich. Sie stammen aus einer Zeit, wo noch jedes Byte und jeder Platten-Zugriff wichtiger waren als die Lebensdauer eines Verschlüsselungs-Systems und aller sich darauf verlassenden Anwendungssysteme. Diese Zeit sollte inzwischen in allen Unternehmen vorbei sein.

Integrationsproblem

Manchmal entstehen auch heute noch sprechende Schlüssel in neuen Anwendungssystemen. Oft liegt es daran, daß System-Analytiker oder Performance-Wächter nicht wissen oder nicht glauben wollen, daß man aus relationalen Tabellen auch ohne Verwendung des Primärschlüssels selektieren kann. Beliebige Such-Schlüssel sind ad hoc definierbar und können bei häufiger Verwendung als INDEX für eine Tabelle angelegt werden. Das kostet zwar Rechnerzeit, aber die wird immer billiger. Es bringt Abfrage-Flexibilität und stabile Verschlüsselungssysteme. Beides wird immer wichtiger.

Nach diesem »Credo« zu sprechenden Schlüsseln (vgl. auch [Shlaer, Mellor], Chapter 4.7.3) jetzt das Datenmodell-Integrations-Problem, das solche Schlüssel mit sich bringen:

UwDM-Relation:

Abweichungs-Beispiel

```
R TEIL
P >TEILE*GRUPPE        (4 stellig)
P _LFD_NR              (6 stellig)
  _BENENNUNG
```

Applikations-Relation des Anwendungssystems ARBEITSPLAN:

```
R TEIL
P _SACHNUMMER          (10 stellig)
  _BENENNUNG
```

Nachfragen des Datenplaners ergibt, daß sich die 10stellige TEIL_SACHNUMMER aus den beiden Bestandteilen Teilegruppe und laufende Nummer zusammensetzt. Aber niemand im Projekt ARBEITSPLAN oder von den späteren Anwendern der Applikation ARBEITSPLAN interessiert sich angeblich für TEILE*GRUPPEn. Eine TEIL_LFD_NR ist (zumindest im Projekt-Sprachgebrauch) völlig unbekannt. Man möchte im ARBEITSPLAN-Datenmodell gerne den Bestseller-Begriff TEIL_SACHNUMMER beibehalten, zumal ein Platzen der bisherigen Schlüssel-Systematik abzusehen ist, da in der TEILE* GRUPPE »ELECTRONIC« allmählich die LFD_NRn ausgehen...

Wie soll sich der Datenplaner verhalten?

Soll er alle Datenmodelle (einschließlich des UwDM) ändern, die mit TEILE*GRUPPE arbeiten?

Soll er dem Projekt ARBEITSPLAN die TEILE*GRUPPE aufzwingen?

Empfohlen (vgl. aber daneben Kapitel 7.2.3, strukturierte Datentypen) wird der weniger »pingelige« Weg, Einträge in die PROBLEM-Tabellen zu machen :

```
00006 SACH_NR laut Projekt ARBEITSPLAN ab 11/90 ohne innere
      Strukturierung, also keine >TEILE*GRUPPE mehr als
      Primärschlüssel-Komponente vorsehen.
```

PROBLEM*RELATTR-Verknüpfung:

```
00006 ALLAPP       TEIL             _SACH_NR
```

Strenge 3NF-Auslegung

Vor einer zu strengen 3NF-Auslegung wurde schon in Kapitel 4.2.3 gewarnt. Dort wurde diskutiert, ob die Modellierung

```
R SEMV
L SEMINAR-VERANSTALTUNG
P >SEM
P _LFD
  _BEGINN_DATUM
  >HAENDLER;VERANSTALTUNGSORT
  >HOTEL;VERANSTALTUNGSORT
```

gegen 3NF verstoße, wenn eine SEMV immer nur entweder bei einem HAENDLER oder aber in einem HOTEL veranstaltet werden darf.

Als »pingelige Modellierung« würde der Autor ein Verfahren bezeichnen, welches *aus Prinzip* in XOR-Fällen Relationen um Sub-Relationen ergänzt.

```
R SEMV
L SEMINAR-VERANSTALTUNG
P >SEM
P _LFD
  _BEGINN_DATUM

R SEMV*HOTEL
L SEMINARVERANSTALTUNGEN, DIE IN EINEM HOTEL STATTFINDET
P =SEMV
  >HOTEL;VERANSTALTUNGSORT

R SEMV*HDL
L SEMINARVERANSTALTUNGEN, DIE BEI EINEM HAENDLER STATTFINDET
P =SEMV
  >HAENDLER;VERANSTALTUNGSORT
```

Bilden von Subrelationen

Empfehlung

Erst, wenn ganze Attribut- und Relationship-Gruppen je nach Vorliegen des einen oder anderen Falles gefüllt sein müssen oder nicht, wird das Bilden von Sub-Relationen empfohlen.

Abweichungs-Beispiel

Zum Integrations-Problem wird diese »laxe« 3NF-Auslegung, wenn ein Projekt nur wenige XOR-Attribute verwendet und deshalb die Relation nicht splittet, ein anderes Projekt jedoch ganze XOR-Attribut-Gruppen verarbeitet und deshalb splitten möchte.

Wie ist dann zu verfahren?

Der Datenplaner sollte das Neu-Projekt splitten lassen und in den Problem-Tabellen für das nicht splittende Alt-Projekt (z.B. HOMAS) folgende Einträge machen:

```
00033 bei nächster Gelegenheit Datenmodell um die Sub-Relationen
      SEMV*HOTEL und SEMV*HDL ergänzen. Die XOR-Relships
      >HAENDLER;VERANSTALTUNGSORT und >HOTEL;VERANSTALTUNGSORT
       aus SEMV entfernen.
```

PROBLEM*REL-Verknüpfung:

```
00033 UWDM        SEMV*HOTEL
00033 UWDM        SEMV*HDL
```

PROBLEM*RELSHIP-Verknüpfung:

```
00033 HOMAS       SEMV        HAENDLER     ;VERANSTALTUNGSORT
00033 HOMAS       SEMV        HOTEL        ;VERANSTALTUNGSORT
```

Ob (später oder sofort) auch am physischen Design der HOMAS-Alt-Tabellen daraufhin etwas zu ändern wäre, muß mit dem HOMAS-Team und den Datenbank-Administratoren besprochen werden. Die Einträge in den Problem-Tabellen sollen unabhängig davon verhindern, daß bei erneuter Übernahme des irgendwie geänderten HOMAS-Datenmodells in das UwDM dort (!) plötzlich wieder die Relationships SEMV>HAENDLER;VERANSTALTUNGSORT oder SEMV>HOTEL;VERANSTALTUNGSORT »auferstehen«, weil ein anderer Datenplaner das HOMAS-Datenmodell abnimmt oder sich bei der Abnahme niemand mehr an die beiden von dem anderen Projekt-Team gebildeten Sub-Relationen SEMV*HOTEL oder SEMV*HDL erinnert.

Arbeitsaufwand bei UwDM-Änderungen

Solange das UwDM stabil ist, löst eine zusätzliche Eintragung in eine der Problem-Tabellen keine sofortigen weiteren Datenmodellierungs-Tätigkeiten aus. Anders verhält es sich bei Änderungen des UwDM. Wenn hier eine Relation XYZ geändert wird, sind alle mit der geänderten UWDM-Relation verknüpften Einträge in den Problem-Tabellen zu überprüfen. Es kann ja sein, daß dortige Applikations-Problemvermerke durch die UwDM-Änderung überholt oder falsch formuliert sind. Je mehr Applikations-Datenmodelle im UwDM integriert sind und je mehr Einträge es in den Problem-Tabellen gibt, desto mehr Arbeit haben bei UwDM-Änderungen die Datenadministratoren, die diesmal bewußt »Administrator« und nicht Datenplaner genannt werden.

Maskenfelder als »Relations-Attribute«

Die Integration von Datenmodellen wird erschwert, wenn der Inhalt von Datenmodellen unterschiedlich definiert wird. Beispielsweise könnte es Datenmodelle geben, die als »Relations-Attribute« Maskenfelder enthalten.

Verwendung von Attributsbeschreibungen des Fein-Datenmodells in Help-Systemen

In erster Näherung entspricht jedem Masken-Feld eine Zeile des Feinst-Datenmodells und umgekehrt. Also liegt die Idee nahe, Relations-, Attributs- und Relationship-Beschreibungen des Datenmodells für Help-Systeme von Online-Anwendungen zu verwenden.

Eine solche Idee ist aus Sicht der Datenmodellierung einerseits begrüssenswert, denn die Analytiker geben sich mit der Beschreibung möglicherweise mehr Mühe, wenn sie hinterher vom Anwendungssystem angezeigt wird, als wenn sie »nur« Bestandteil einer Dokumentation ist. Andererseits bringt die Verwendung von Datenmodell-Beschreibungen in Help-Systemen Probleme mit sich.

Untersucht sei z.B. das Masken-Bild 6–8.

```
KURSTYP: Datenmodellierung                          NR: 4711
KURS:    30.04.90
TRAINER: Wiborny                                    NR: 0815
angemeldete Teilnehmer:  24
CODE   TEILNEHMER-    NAME                          ANMELDE_
       MITARB_NR                                    DATUM
- - - - - - - - - - - - - - - - - - - - - - - - - - - - - -
 -     12345          HUBER, WILLI                  01.02.90
 -     22222          MAIER, OSKAR                  05.02.90
 -     33333          SCHOEN, GABRIELE              06.02.90
 -     44444          GRAF, HERIBERT                06.02.90
 -     55555          KAISER, FRANZ                 07.02.90
- - - - - - - - - - - - - - - - - - - - - - - - - - - - - -

- - - - - - - - - - - - - - - - - - - - - - - - - - - - - -
 N = neue Anmeldung
 S = stornieren
 D = Details
```

Bild 6–8 Teilnehmer-Maske

Angezeigt werden in der Teilnehmer-Maske (Bild 6–8) folgende Bestandteile des Feinst-Datenmodells KURSVERWALTUNG (vgl. Kapitel 3.4.4):

```
KURSTYP_BEZEICHNUNG                        KURS>KURSTYP_NR
KURS_BEGINN_DATUM
KURS>TRAINER;HALTEND_NAME (? 1)            KURS>TRAINER;HALTEND_NR

KURS_TEILNEHMER_ANZAHL (? 2)

BEARB_     KURS*TEILNEHMER    KURS*TEILNEHMER     KURS*TEILNEHMER
CODE       >MITARBEITER_NR    >MITARBEITER_NAME   _ANMELDE_DATUM
(? 3)                                (? 4)
```

Es gibt bei der Zuordnung von RRF-Zeilen zu Masken-Feldern schon bei der einfachen Teilnehmer-Maske vier Probleme:

(? 1)

Wenn ein Analytiker hier überhaupt eine Beschreibung für erforderlich hält, dann ja wohl ungefähr: »Dies ist der Name des Trainers, der zum Halten des Kurses vorgesehen ist, aber sich noch ändern kann.«

Das ist der Text, der fast wörtlich bei KURS>TRAINER;HALTEND;NR notiert sein wird. Aber für KURS>TRAINER;HALTEND_NAME gibt es gar keine Zeile im Feinst-Datenmodell.

Genau müßte es eigentlich heißen: »Wenn der TRAINER ein EXTERNER*TRAINER ist, steht hier EXTERNER*TRAINER_NAME, im Falle INTERNER*TRAINER steht hier der MITARBEITER_NAME zu INTERNER*TRAINER=MITARBEITER_NR.« Dies ist eher eine Anweisung für den Programmierer als ein Help-Text für den Anwender.

Sollte man also eine Zeile KURS>TRAINER;HALTEND_NAME in das Fein-Datenmodell der Applikation KURSVERWALTUNG einfügen und diese vielleicht als reine Masken-Zeile kennzeichnen?

Sollte man während der Betriebszeit der Applikation immer bei Drücken der HELP-Taste online auf ein DDS zugreifen, um aus den dortigen Meta-Daten die gesuchten Help-Texte anzuzeigen?

Empfehlung bzgl. der Gestaltung von Help-Systemen

Es sollte ein HELP-Anwendungssystem spezifiziert und realisiert werden, das tatsächlich online auf ein (z)DDS zugreift. Allerdings muß dieses HELP-System *eigene* Tabellen haben, in denen maskenspezifische Felder beschrieben werden können. Die Masken-Felder können *zusätzlich* mit einem Attribut oder einer Relationship des Datenmodells im (z)DDS verknüpft werden. Manchmal mag der Datenmodell-Beschreibungstext als alleiniger Help-Text ausreichen, manchmal wird nur der HELP-System-Help-Text angezeigt, manchmal eine Kombination aus beiden Informationsquellen.

Eine genauere Spezifizierung des Zusammenwirkens von (z)DDS und Help-System würde den hier zu beachtenden Datenmodellierungs-Rahmen sprengen. Von einer Zeile KURS>TRAINER;HALTEND_NAME oder gar KURS_BEARBEITUNGS_CODE im Fein-Datenmodell wird jedenfalls abgeraten. Statt dessen wären Einträge in einer Help-Tabelle vorzusehen.

(?2), (?3), (?4)

Nach obiger Empfehlung ist klar, wie die drei restlichen unklaren Help-Fälle behandelt werden sollten. Es sind keine zusätzlichen Zeilen im Datenmodell einzutragen, sondern in den Help-System-Tabellen sind Einträge zur Beschreibung des Inhaltes der Masken-Felder anzulegen! (Ausnahme evtl. Fall 2, hier wäre ein Relations-Attribut mit DERIVAT_KENNZEICHEN JA im Datenmodell denkbar.)

Anekdote

Das Relations-Attribut ABTEILUNG_KUERZEL war im Hinblick auf ein Help-System in einem Datenmodell wie folgt beschrieben:

»Das Abteilungs-Kürzel wird bei der Anmeldung eines Kurs-Teilnehmers eingetragen, wenn der anmeldende Abteilungsleiter noch nicht entschieden hat, welcher seiner Mitarbeiter am Kurs teilnehmen soll.«

Gegen diese Beschreibung ist nichts einzuwenden. Aber sie betrifft nicht das Attribut ABTEILUNG_KUERZEL, sondern die Relationship KURS* TEILNEHMER>MITARBEITER. Hier(!) hätte stehen müssen, daß normalerweise eine MITARBEITER_NR, manchmal aber eben auch ein ABTEILUNG_KUERZEL erfaßt wird. Dies hätte auch das Anlegen eines referential-integrity-constraints zwischen KURS*TEILNEHMER und MITARBEITER verhindert... Man wäre rechtzeitig auf eine XOR-Relationship aufmerksam geworden.

Die Beschreibung wurde übrigens nicht von der qualitätssichernden (überlasteten) Datenadministration moniert, sondern von einem anderen Projekt, das in sein entstehendes Datenmodell die UwDM- Relation ABTEILUNG aus dem zDDS als Vorbelegung übernommen hatte.

Modellierung von Belegen und Schnittstellen-Telegrammen

Masken sind aus Sicht der Datenmodellierung nur ein spezielles Verarbeitungs-Objekt des Funktions-Modells einer Anwendung. Weitere Verarbeitungs-Objekte sind Papier-Belege, z.B. Bestell-Formular, Lieferschein, etc. Eine dritte häufige Art von Verarbeitungs-Objekten sind Telegramme; d.h. Satzarten, die zwischen Schnittstellen-Systemen ausgetauscht werden.

Für die Beschreibung von Verarbeitungs-Objekten aller Art sollte verallgemeinernd das gelten, was schon über Masken gesagt wurde: Keine neuen Zeilen (wie »Seite« oder »Quersumme« oder »laufende Telegramm-Nr« in das Fein-Datenmodell aufnehmen! Statt dessen Funktionsmodellierungs-Systeme verwenden, die neben den Begriffen des Datenmodells weitere zulassen und diese mit Datenmodell-Zeilen verknüpfen können.

Business-Views

Verarbeitungs-Objekte des Funktionsmodells werden gelegentlich auch als Business-Views bezeichnet.

Beispiel

Im UwDM seien die folgenden Relationen enthalten:

```
R MITARBEITER
P _NR
  _EINTRITTS_DATUM
  _NAME
  _ADRESSE;ERSTWOHNSITZ

R ANGESTELLTER
P =MITARBEITER
  >BEURTEILUNG
  >GEHALTS*GRUPPE

R VERKAEUFER
P =ANGESTELLTER
  _PROVISIONS_SATZ
  >REGION
```

Es soll nun ein Projekt-Datenmodell in das UwDM integriert werden, daß folgende »Relation« VERKAEUFER enthält:

```
R VERKAEUFER
P _NR
  _NAME
  >GEHALTS*GRUPPE
  _PROVISIONS_SATZ
  >REGION
```

Diese »Relation« ist vom Datenmanagement als »business view« einzuordnen. Obige Business-View bringt dem Projekt Vorteile. Es kann in seiner Spezifikation VERKAEUFER_NR statt VERKAEUFER=ANGESTELLTER=MITARBEITER_NR verwenden und von der VERKAEUFER>GEHALTS*GRUPPE statt von der VERKAEUFER=ANGESTELLTER>GEHALTS*GRUPPE reden.

Diese Projekt-Vorteile sind aber kein Grund, eine VERKAEUFER_NR als Primärschlüssel einer Relation VERKAEUFER in das UwDM einzuführen oder eine VERKAEUFER>GEHALTS*GRUPPE als UwDM-Relationship.

Business-Views und Relationen sind deutlich auseinanderzuhalten. Business-Views sind keine Relationen und gehören nicht in das UwDM, sondern in das Funktionsmodell. Nähere Ausführungen über den Nutzen von Business-Views und deren Verknüpfung zum Datenmodell findet der Leser in Appendix G von [Barker 1].

6.5 Zusammenfassung, Standortbestimmung und Ausblick

Zusammenfassung

Als Ziele unternehmensweiter Datenmodellierung wurden das Unternehmens-Datenmodell (UDM) und das unternehmensweite Datenmodell (UwDM) genannt.

Kauf-UDM

Ein UDM kann man inzwischen für einige Branchen kaufen. Ein gekauftes UDM kann Hinweise auf Zusammenhänge geben, die sonst mühsam hätten erarbeitet werden müssen. Auch kann die Darstellungsart als Vorbild (oder abschreckendes Beispiel) dienen. Ein gekauftes UDM dürfte allenfalls dann die eigene IV abbilden, wenn es sehr grob gehalten ist. Dann aber ist nach seinem Nutzen für die zukünftige Gestaltung der Unternehmens-IV zu fragen.

KSS-UDM

Der nächst aufwendige Weg zu einem UDM ist der im Rahmen einer mehrmonatigen Kommunikations-System-Studie (KSS). Ein solches KSS-UDM dürfte brauchbar für strategische IV-Systemplanung sein. Falls allerdings IV-Systeme bereits einigermaßen vernünftig gegeneinander abgegrenzt sind, aber dennoch eine unkoordinierte Datenhaltung mit vielen Schnittstellen-Problemen betreiben, dann wird daran ein KSS-UDM wenig ändern. Ein KSS-UDM leistet (wegen seiner Grobheit) keinen wichtigen Beitrag zur Vermeidung von Inkonsistenzen zwischen Applikations-Fein-Datenmodellen und darauf fußenden Datenbanken.

Der aufwendigste Weg zum UDM ist der über die vorausgehende Erstellung eines UwDM. Das UwDM wird die Schnittstellen-Probleme zwischen Anwendungssystemen vermindern, nicht das UDM.

Bottom-Up-Plus-Weg zum UwDM

Als Weg zum UwDM wurde die »Bottom-Up-Plus-Methode« empfohlen. Diese Methode vermeidet diskutierte Nachteile eines Bottom-Up-Weges, weil »Plus-Kapazität« des Datenmanagement verfügbar ist,

- um neben dem Tagesgeschäft Basis-Anwendungssysteme zu modellieren (z.B. Stückliste), deren Daten für sehr viele andere Applikationen von Bedeutung sind.

- um die UwDM-Relationen so zu clustern, daß verdichtete Teil-Datenmodelle gebildet werden können. Eines dieser verdichteten Datenmodelle ist das UDM, das einen Überblick über das im Laufe der Zeit immer vollständigere UwDM gibt.
- um für die UwDM-Relationen Modellierungs-Zuständigkeiten festzulegen und zu dokumentieren.
- um Datenkonferenzen zu moderieren, bei denen strittige Modellierungsfragen entschieden werden.
- um Methoden- und Tool-Probleme unabhängig vom Tagesgeschäft klären zu können.

Datenmodell-Arten in einem Data Dictionary System

Bild 6–1 vermittelt einen Überblick über verschiedene Arten von Datenmodellen, die bei Anwendung der Bottom-Up-Plus-Methode in einem zentralen Data Dictionary System (zDDS) zu speichern sind.

Bild 6–1 soll verdeutlichen,

- daß im zDDS Applikations-Datenmodelle neben dem UwDM gespeichert werden.
- daß es Abweichungs- und Verwendungshinweise zwischen UwDM und den Applikations-Datenmodellen gibt.
- daß Applikations-Datenmodelle ganz oder auch teilweise in das UwDM integriert werden.
- daß UwDM-Relationen geclustert werden können.
- daß verdichtete Datenmodelle aus Relations-Clustern bestehen.
- daß eines dieser verdichteten Datenmodelle das UDM ist.

Verdichtete Datenmodelle

Verdichtete Datenmodelle wählen aus Clustern einer Verdichtungsstufe aus. Die Clusterung wurde in Kapitel 6.4.1 näher beschrieben. Haupt-Effekt verdichteter Datenmodelle ist, daß nur noch Clusterkern-Relationen und keine cluster-internen Relationships dargestellt werden. Dadurch entsteht mehr Übersichtlichkeit über große Datengebiete als durch Fein-Datenmodelle. Fein-Datenmodelle können über die Verdichtung zusätzlich auf Richtigkeit und Vollständigkeit überprüft werden.

Beispiele verdichteter Datenmodelle sind (neben dem UDM) Ressort-Datenmodelle oder Bereichs-Datenmodelle. Bild 6–5 zeigt ein verdichtetes Datenmodell der beiden Applikations-Datenmodelle KURSVERWALTUNG (Bild 3-23) und HOMAS (Bild 4-5). Bild 6–6 verdichtet Bild 6–5 auf einer höheren Verdichtungsstufe.

Datenmodell-Integration

Von der Datenmodell-Verdichtung ist die Datenmodell-Integration zu unterscheiden. Fein-Datenmodelle integrieren bedeutet, sie zu Sichten auf ein gemeinsam gültiges Datenmodell (z.B. das UwDM) zu machen. Nicht immer ist die Integration problemlos. Beispiele häufiger Integrationsprobleme wurden beschrieben.

Zur Handhabung anders schwer beherrschbarer Integrationsprobleme wurden PROBLEM-Tabellen empfohlen, die Abweichungshinweise zwischen Applikations-Datenmodellen und dem UwDM speichern. Die Problem-Tabellen sollten nicht als Kapitulation eines zentralen Datenmanagement vor den Fein-Datenmodell-Integrationsproblemen betrachtet werden.

Problem-Tabellen zur Abweichungs-Dokumentation

Die Problem-Tabellen wurden zum Abfedern und Entkoppeln des UwDM gegenüber den Projekt-Datenmodellen empfohlen. Die Tabellen erlauben eine ständige Ausrichtung des »Daten-Kompasses« UwDM nach neuesten Daten-Erkenntnissen, ohne immer sofort (unrealistisch) alle Projekt-Datenmodelle oder gar Datenbanken ändern zu müssen.

Wenn »Abweichungs-Projekte« später ohnehin Änderungen an ihren Datenmodellen und Datenbanken vornehmen, dann sollen sie die Abweichungshinweise der Daten-Administratoren in den Problem-Tabellen beachten und dortige Änderungs-Vorschläge erledigen.

Standortbestimmung

Der Leser sollte jetzt eine Vorstellung über die Tätigkeit von Datenadministratoren (Datenplanern) haben. Sie helfen den Projekt-Teams bei der Datenmodellierung, integrieren als Qualitätssicherungs-Maßnahme Applikations-Datenmodelle in das UwDM und clustern UwDM-Relationen so, daß verdichtete Datenmodelle unterschiedlicher Verdichtungsstufen gebildet werden können.

Ausblick

Datenmodell-Integration strebt nach projekt-übergreifender Klärung und Vereinheitlichung von betriebswirtschaftlichen und technischen Daten. Die dabei gewonnenen Erkenntnisse und Ergebnisse sind auch Voraussetzung für eine anwendungssystem-übergreifende Datenbank-Nutzung. Ob eine solche gemeinsame Datenbank-Nutzung anzustreben ist und – wenn ja – wie sie herbeigeführt werden kann, wird im folgenden Kapitel behandelt.

7

Datenmodellierung und Datenbanken

- Vom konzeptionellen zum physischen DB-Design
- Grenzprobleme des konzeptionellen und physischen DB-Designs
- Probleme des distributiven DB-Designs
- Zusammenfassung, Standortbestimmung und Ausblick

Konzeptionelles, logisches und physisches DB-Design

Datenmodellierung wird auch als »konzeptionelles Datenbank-Design« bezeichnet. »Bei einer konzeptionellen Arbeitsweise werden hardware- und softwarespezifische Überlegungen zurückgestellt, bis eine logisch einwandfreie Lösung vorliegt.« [[Vetter 1], S.9]

Es ist z.B. für die Erstellung eines Datenmodells unbedeutend, ob eine spätere Umsetzung in DB2- oder ORACLE-Datenbanken erfolgen soll. Selbst, wenn ein hierarchisches Datenbank-System, z.B. IMS verwendet werden soll, hat dies auf das (konzeptionelle) Grob- und Fein-Datenmodell keinen Einfluß. Das Feinst-Datenmodell muß dann allerdings erst durch »logisches Datenbank-Design« in ein hierarchisches Feinst-Datenmodell umgesetzt werden, ehe das DBMS-spezifische »physische Datenbank-Design« erfolgen kann.

Wie die Datenmodellierung kann auch das physische Datenbank-Design projekt-intern oder projekt-übergreifend betrieben werden. Schon bei projekt-interner Betrachtung gibt es bzgl. der Datenmodellierung und der Beherrschung der DBMS-Physik Probleme, die Spezialwissen und Erfahrung erfordern. Diese Probleme potenzieren sich bei projekt-übergreifender Zielsetzung.

Kapitel-Inhalt

Im vorliegenden Buch werden keine DBMS-Produkte beschrieben und verglichen. Es kann deshalb auch nicht umfassend erörtert werden, wie Datenmodell-Relationen in RDBMS-Tabellen umzusetzen sind (Literatur-Hinweise: [Heydt], [Vossen, Witt] für DB2; [Rolland], [Wilke] für ORACLE, [Fleming, van Halle] für DB2 und Teradata DBC/1012). Eine Beschreibung der Methodik des Umsetzens von Datenmodell-Relationen in hierarchische IMS-Datenbanken fehlt völlig (Literatur-Hinweis: [Vetter 1], Kapitel 8.3). Wichtig ist dabei das Verständnis »logischer Verknüpfungen« (vgl. z.B. [Martin], S.196 ff.).

Dieses Kapitel beschränkt sich, was das projekt-interne DB-Design angeht, auf einige spezielle Fragen aus dem Grenzgebiet zwischen konzeptionellem und physischem DB-Design. Ansonsten werden Probleme behandelt, die bei projekt-übergreifender Zielsetzung des DB-Designs im Zusammenwirken mit projekt-übergreifender Datenmodellierung auftreten.

7.1 Vom konzeptionellen zum physischen DB-Design

7.1.1 Datenbank-Entwurfs-Prozeß

[[Vossen], S.155] gliedert den DB-Entwurfs-Prozeß in 7 Schritte:

1. Anforderungs-Analyse und -Spezifikation
2. Konzeptioneller Entwurf
3. Logischer Entwurf
4. Implementierungs-Entwurf
5. Physischer Entwurf
6. Verteilungs-Entwurf
7. Prototyping

Eine strenge Trennung zwischen Schritt 2 und 3 sowie zwischen den Schritten 4, 5 und 6 wird von Vossen nicht gefordert, scheint auch in der Praxis schwierig. Wichtiger ist Vossens Hinweis, daß in Phase 2 sowohl der konzeptionelle Entwurf von Einzel-Datenmodellen erfolgen muß als auch die Integration dieser Sichten zu einem Gesamt-Datenmodell (»Schema Merging«). Diese Aufgabe wird in vielen DB-Design-Empfehlungen nicht genannt. Ihre Probleme sind aber in der Datenadministrator-Praxis größer als die der Datenmodellierung einzelner Anwendungssysteme.

Von Date vorgeschlagenes Verfahren des DB-Designs

Auch Date gehört zu denen, die bei der Schilderung des DB-Designs überwiegend eine *Projekt-Sicht* haben und Probleme der unternehmensweiten Datenmodellierung nur am Rande behandeln. Mit dieser Einschränkung ist das prinzipielle Verfahren des Entwurfes relationaler Datenbanken von Date (in [Date 1], Appendix B, S.277 ff.) kurz und treffend beschrieben. Date verwendet dabei folgende Begriffe:

Date-Begriffe

<u>Kernels</u>:
sind selbständig existenzfähige Entities, z.B. KURSTYP oder MITARBEITER.

In der Begriffswelt des vorliegenden Buches sind Kernels selbständig existenzfähige Relationen, deren Primärschlüssel keine Fremd-Schlüssel enthält.

<u>Associations</u>:
sind m:n Beziehungstypen zwischen zwei oder mehr Entitätstypen. Assoziationen sind also von der Existenz anderer Entitäten abhängig. Beispiel: KURS*TEILNEHMER.

An dieser Stelle sei angemerkt, daß auch Date von einer strikten Trennung zwischen Entities und Relationships nichts hält »;in other words, all relationships are entities, but some entities are not relationships.« (vgl. [Date 2], S.428)

Associations entsprechen im Relationen-Relationship-Modell vollständig abhängige Relationen (schräger Strich links oben im RRD-Relations-Rechteck), die m:n-Beziehungstypen repräsentieren. Ihr Primärschlüssel besteht vollständig aus Fremdschlüsseln.

Characteristics:
sind Entities, deren Zweck darin besteht, andere Entities um Informationen zu ergänzen. Beispiel: KURS (ergänzt KURSTYP um Informationen, wann der KURSTYP gehalten wird, etc.).

Im RRM sind Characteristics Relationen, deren Primärschlüssel teilweise aus Fremdschlüsseln besteht.

Designations:
sind n:1-Beziehungstypen zwischen zwei Entitätstypen, also z.B. KURS>TRAINER;HALTEND.

Date-Check-Liste

Date's Design-Vorgehens-Vorschlag besteht aus einer Check-Liste, die hier (sinngemäß, vgl. [Date 1], S.282 ff.) wiedergegeben wird:

1. Mache aus jeder Kernel-Entity eine Datenbank-Tabelle. Lege den Primärschlüssel fest.
2. Stelle jede Association-Entity als eine Tabelle dar. Benutze Fremd-Schlüssel, um die assoziierten Entities zu identifizieren. Lege die RI-Constraints bzgl. der Fremdschlüssel fest. Lege den Primärschlüssel der Association-Table fest: wahrscheinlich eine Kombination aller Fremdschlüssel der assoziierten Entities.
3. Erzeuge zu jeder Characteristic-Entity eine Tabelle mit einem Fremdschlüssel, der Primärschlüssel der durch die Characteristic näher beschriebenen Entity ist. Lege die RI-Constraints bzgl. dieses Fremdschlüssels fest. Lege den Primärschlüssel der Characteristic-Table fest: wahrscheinlich die Kombination des obigen Fremdschlüssels mit einem Attribut, das »Einmaligkeit« innerhalb der durch die Association-Entity näher beschriebenen Entity sicherstellt.
4. Stelle jede Designation, die nicht unter Punkt 3 schon abgehandelt ist, durch einen Fremdschlüssel (den Primärschlüssel der designierten Entity) dar. Lege die RI-Bedingungen fest.

5. Stelle jedes Attribut als Tabellenspalte der Tabelle dar, die zu der Entity gehört, die durch das Attribut am treffendsten beschrieben wird.

6. Beachte folgende Rezepte:

   Primärschlüssel-Komponenten sollten immer als NOT NULL spezifiziert sein. Primärschlüssel sollten durch einen UNIQUE INDEX vom DBMS auf einmaliges Vorkommen in der Tabelle überwacht werden.

   Bei Fremdschlüsseln ist NULL/NOT NULL von Fall zu Fall zu prüfen. Sorgen Sie dafür, daß RI-Bedingungen von allen beachtet werden. Es sollte z.B. nur maximal ein Programm geben, das den betreffenden Fremdschlüssel einfügen, ändern oder löschen darf (vgl. [Date 1], S.285 f).

7. Prüfe, ob die Normalform-Kriterien eingehalten wurden.

8. Durchlaufe diese Check-Liste so lange, bis das Design fertig ist.

Einordnung von Date's Empfehlungen

Die Date-DB-Design-Empfehlungen können als vergröbernde Zusammenfassung und zusätzliche Erläuterung der in Kapitel 3 und 4 detailliert beschriebenen Datenmodellierungsmethode (RRM) eingeordnet werden. Lediglich die beiden Aussagen, daß NULLS in Primärschlüssel-Komponenten vermieden werden sollten und daß es pro Fremdschlüssel maximal ein Insert-, Update-, Delete-Programm geben sollte, erweitern den bisherigen Inhalt des vorliegenden Buches.

Date empfiehlt übrigens als Notation für Datenmodelle eine Pseudo-DDL. Zumindest hält er eine Pseudo-DDL neben anderen möglichen Notations-Formen (also z.B. der in diesem Buch vorgeschlagenen Notations-Kette RRD->RRN->RRF->SQL) für einen »strong candidate« ([Date 1], S.283). Date's Pseudo-DDL unterscheidet sich nur gering von einer syntaktisch richtigen SQL-Notation. Schon in Kapitel 3.2.4 wurde SQL eher als *Ergebnis(!)* der Datenmodellierung, statt als Hilfsmittel eingeordnet. Weil SQL Relationships zwischen Relationen als Zusatz-Angaben (ri-constraints) notiert, ist das Ändern im erst entstehenden Fein-Datenmodell aufwendiger als bei Anwendung der vorgeschlagenen Fein-Datenmodell-Notation (RRN).

7.1.2 Physisches DB-Design

Date empfiehlt nicht, die Tabellen relationaler DBMS anders zu implementieren als die zuvor modellierten Relationen des Feinst-Datenmodelles.

Im Gegensatz dazu formuliert z.B. [Wilke]:

Denormalisierung

»Als erster Schritt für einen Datenbankentwurf ist die Normalisierung der beste Ausgangspunkt. Strenge Normalisierung bedingt jedoch viele Einzeltabellen. Daraus resultieren lange Antwortzeiten, also eine verschlechterte Performance. Bei den meisten Anwendungen allerdings ist gute Performance ein wichtiges Kriterium. Deshalb weicht man aus praktischen Gründen fast immer von der strikten Normalisierung ab. Datenverdopplung (gleiche Felder erscheinen in verschiedenen Tabellen) wird zum Beispiel eingeführt, wenn der Informationsbedarf Abfragen erfordert, die Verknüpfungen aus mehreren Tabellen benötigen.« ([Wilke], S.95).

Wilke nennt selbst die Probleme der Denormalisierung und zeigt (in [Wilke], Kapitel 7) viele andere Möglichkeiten, die Performance eines ORACLE-Anwendungssystems zu verbessern. Er wird zitiert, weil er das formuliert, was wohl viele als »physisches DB-Design« verstehen und für erforderlich halten.

Es liegt nahe, bei Nachschalten eines so verstandenen »physischen DB-Designs« die vorausgehende konzeptionelle Datenmodellierung nicht so ernst zu nehmen. Wozu erst übergenau modellieren und normalisieren, wenn im Rahmen des »physischen Designs« ohnehin »denormalisiert« werden muß, um »joins« zu vermeiden?

Physisches DB-Design darf nicht mit Denormalisierung gleichgesetzt werden

Einige Anmerkungen zu einem solchen Verständnis des »physischen DB-Designs«:

1. Der Autor hat auch schon einmal aus Performance-Gründen denormalisiert. Dies war erforderlich, als mit einem »relationalen« PC-Datenbanksystem auf einem 64k-CP/M-PC ohne Festplatte Floppy-Disk-Datenbanken statistisch ausgewertet werden mußten. Dort dauerten joins endlos und es gab keinen anderen Weg.

2. Nicht immer liegt es am Datenbank-Design, wenn Abfragen lange dauern. Der Autor hat mehrfach erfahren, daß CPU-Zeiten von SQL-Abfragen ohne Änderungen des Tabellen-Designs auf 1/10 oder sogar 1/100 reduziert wurden. Teilweise wurden die SQL-Abfragen umformuliert (man kann z.B. geschickt und ungeschickt joinen). Teilweise wurde ein zusätzlicher Tabellen-Index definiert oder die Sortierfolge des Index verändert. Auch die (überfällige) Reorganisation, d.h. das Entladen und (physisch wieder sauber sortierte) Laden einer Tabelle, kann »Wunder« bewirken. Bei der Definition der Datenbank-Objekte (z.B. tablespace, indexspace) gibt es viele Parameter, deren geschickte Auswahl (z.B. CLOSE NO, LOCKSIZE ANY) größere Auswirkungen auf die Antwortzeiten hat, als das Denormalisieren von Tabellen.

3. Beim einzelnen Online Update sind die Antwortzeiten weit mehr vom allgemeinen Systemverhalten abhängig, als vom Zugriff auf die eine oder andere zusätzliche Tabelle. Wenn dabei wirklich eine Riesen-Tabelle (z.B. MITARBEITER) seriell durchsucht werden muß, nur um zu einer MITARBEITER_NR z.B. in Tabelle KURS* TEILNEHMER den Namen zu finden, dann sollte dort ein Index benutzt oder nachträglich definiert werden, statt z.B. in der KURS* TEILNEHMER-Tabelle die Mitarbeiter-Namen (doppelt) zu führen.

4. Bei online- oder batch- Massen-Abfragen (z.B. Listen) ist die Zeit vorbei, wo der Anwender vorher schon möglichst genau festlegen mußte, wann er wie nach welcher Daten-Kombination fragen wird. Solche Fragen sollte man nur stellen, um das Datenmodell aus Sicht des Funktionsmodells (einmal mehr) auf logische Funktions-Fähigkeit zu prüfen, aber nicht, um Tabellen im Hinblick auf die fragliche Liste »physisch optimierend« zu verändern.

   Wenn Tabellen im Hinblick auf 20 Listen jeweils denormalisierend »physisch optimiert« wurden, dann mögen zwar hinterher vielleicht diese Listen schneller erzeugt werden. Das wird aber auch öfter nötig sein, weil Update-Programme in der unübersichtlichen Datenwelt Fehler machen, die hinterher nur noch mit Hilfe der (deshalb) gedruckten Listen zu entdecken und (manuell) zu bereinigen sind...

5. Denormalisierung im professionellen Umfeld sollte grundsätzlich nur akzeptiert (und immer dokumentiert) werden, wenn sie das Datenmodell selbst wesentlich vereinfacht. Ein Beispiel dafür ist die erwähnte Denormalisierung im Meta-Datenmodell (Kapitel 4.4.4, Nachteile der Version 02). Dort ging es beim Denormalisieren nicht

um Anwtortzeiten bei einer von vielen denkbaren Fragestellungen, sondern um mehr Transparenz im (Meta-) Datenmodell und die Verringerung der Wahrscheinlichkeit von Update-Fehlern durch Vermeiden einer Vielzahl von Zusatz-Tabellen. Wenn überhaupt denormalisiert werden muß, dann wohl nur zur Vermeidung von joins zwischen Tabellen, die Millionen von Zeilen speichern.

Reichen zum Implementieren einer physischen Datenbank also die Informationen aus, die ein logisches Datenmodell, z.B. das in diesem Buch beschriebene Feinst-Datenmodell, bereitstellt? Könnte man daraus funktionsfähige create-statements generieren?

Nein.

Warum man aus dem Feinst-Datenmodell nur einen Teil der physischen DB-Beschreibung generieren kann

Erstens fehlt das »*Mengengerüst*«.

Zweitens spielt die *DBMS-spezifische Parameter-Auswahl* eine große Rolle für die Performance.

Drittens sollte die Möglichkeit der *Definition von Indizes* (zusätzlich zum Primärschlüssel) genutzt werden. Diese Sekundärschlüssel haben großen Einfluß auf die Performance und können teilweise nur aus dem Funktionsmodell, nicht aus dem Datenmodell hergeleitet werden.

<u>Das Mengengerüst</u>
könnte leicht in das RRM-Meta-Datenmodell einbezogen werden, indem man bei der dortigen Relation RELATION z.B. ein Attribut RELATION_TUPEL_ANZAHL oder besser verständlich RELATION_ZEILEN_ANZAHL einführt.

<u>DBMS-spezifische Parameter-Auswahl</u>
soll hier nicht umfassend erörtert, wohl aber durch ein Beispiel verdeutlicht werden. Die folgende Liste zeigt einen Ausschnitt aus einer DB2-Datenbank-Definition.

DB2-Datenbank-Definition

Beispiel

```
(1)   CREATE STOGROUP GTZV0300
             VOLUMES (DB2300)
             VCAT DBT;
```

```
(2)   CREATE STOGROUP GTZV0301
             VOLUMES (DB2301)
             VCAT DBT;

(3)   CREATE DATABASE DTZV0  STOGROUP GTZV0300  BUFFERPOOL BP0;

(4)   CREATE TABLESPACE STKV001  IN DTZV0
             USING STOGROUP GTZV0300
             PRIQTY 200   SECQTY 20   ERASE NO
             FREEPAGE 10   PCTFREE 10
             BUFFERPOOL BP0   LOCKSIZE ANY
             CLOSE NO;

(5)   CREATE TABLESPACE STKV002  IN DTZV0
             USING STOGROUP GTZV0300
             PRIQTY 400   SECQTY 40   ERASE NO
             FREEPAGE 10   PCTFREE 10
             BUFFERPOOL BP0   LOCKSIZE ANY
             CLOSE NO;

(6)   CREATE TABLE TKV001
             (KTYP          SMALLINT    NOT NULL,
              KTYP_BEZ      CHAR(30)    NOT NULL,
             PRIMARY KEY (KTYP))
             IN DTZV0.STKV001;

(7)   CREATE UNIQUE INDEX XKV001 ON TKV001
             (KTYP)
             USING STOGROUP GTZV0301
             PRIQTY 10    SECQTY 4     ERASE NO
             FREEPAGE 10     PCTFREE 10
             SUBPAGES  4     BUFFERPOOL BP0
             CLOSE NO;

(8)   CREATE VIEW VKV001
             AS SELECT
             KTYP, KTYP_BEZ
             FROM TKV001;

(9)   CREATE SYNONYM  KURSTYP  FOR  TKV001;
```

```
(10)  CREATE TABLE TKV002
             (KTYP          SMALLINT     NOT NULL,
              K_BEG_DAT     DATE         NOT NULL,
              TRAINER       SMALLINT             ,
              URT           SMALLINT             ,
             PRIMARY KEY (KTYP, K_BEG_DAT)
             FOREIGN KEY (KTYP)
              REFERENCES TKV001
              ON DELETE CASCADE)
             IN DTZVO.STKV002;

(11)  CREATE UNIQUE INDEX XKV002 ON TKV002
             (KTYP,K_BEG_DAT)
             USING STOGROUP GTZV0301
             PRIQTY 20    SECQTY 4      ERASE NO
             FREEPAGE 10     PCTFREE 10
             SUBPAGES  4     BUFFERPOOL BP0
             CLOSE NO;

(12)  CREATE VIEW VKV002
             AS SELECT *
             FROM TKV002;

(13)  CREATE SYNONYM  KURS  FOR  TKV002;
```

Erläuterung obiger SQL-Anweisungen (vgl. Bild 7–1):

Anweisungen (1) und (2)
fassen Datenträger (Platten) unter einem Namen zusammen, auf denen unsere DB2-Objekte physisch angelegt werden sollen. Aus Performance-Gründen hat man zwei verschiedene Platten definiert, damit der Zugriff auf Daten und Indizes nicht den gleichen I/O-Kanal belastet.

Anweisung (3)
definiert eine Database. Der Begriff Database ist in DB2 ein organisatorischer Begriff, der nicht mit dem Database-Begriff des IMS-DBMS gleichgesetzt werden darf. Der DB2-Begriff Database bietet die Möglichkeit, Tablespaces und Indexspaces logisch zusammenzufassen. Database ist die Einheit für DB2-Commands (z.B. START, STOP) und -Berechtigungen der Datenbank-Administratoren. Die Tablespaces und Indizes einer DB2-Database können (wie in obiger Liste) verschiedenen Storagegroups zugeordnet werden.

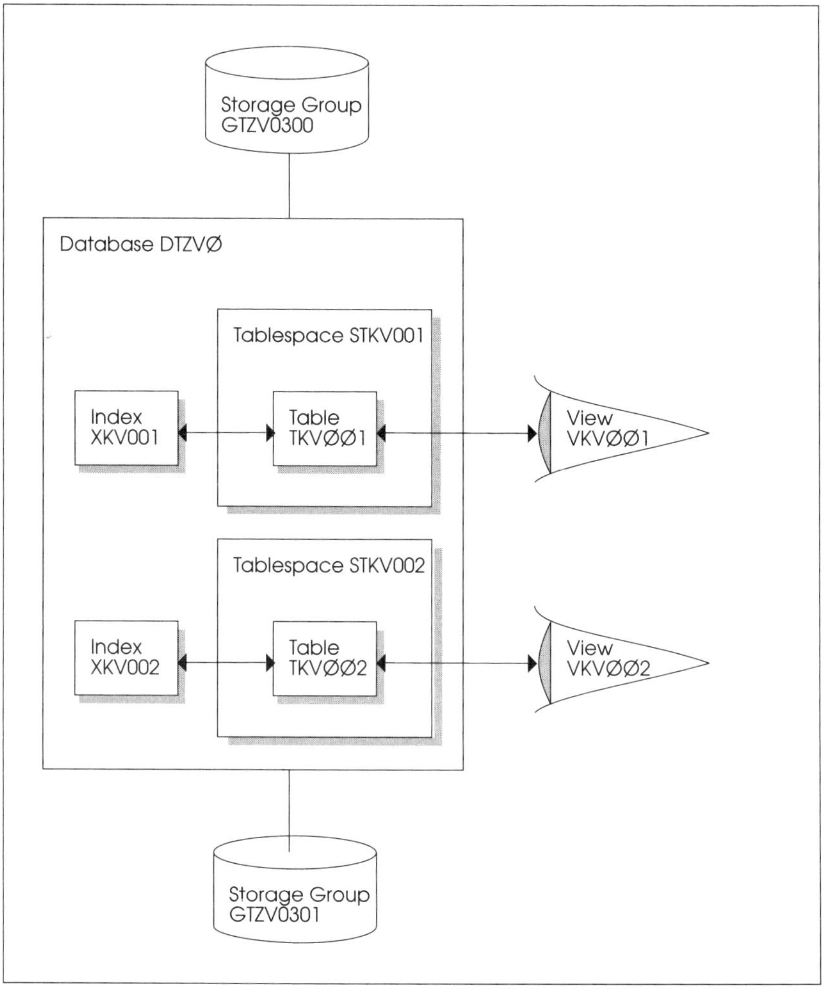

Bild 7–1 Durch die aufgelisteten SQL-Anweisungen angelegte DB2-Objekte

Anweisungen (4) und (5)
definieren Tablespaces. Dies sind Dateien (VSAM-ESDS-Cluster), in denen DB2-Tabellen gespeichert werden. Bei der Definition der Tablespaces legt man die Zuordnung zu Storagegroup und Database fest. Zusätzliche Angaben bzgl. der Dateigröße sind möglich. Außerdem spielen einige Parameter (z.B. CLOSE, LOCKSIZE) bzgl. der Antwortzeiten eine große Rolle.

<u>Anweisungen (6) und (10)</u>
definieren Tables, also die physische Abbildung der konzeptionell modellierten Relationen des Datenmodells im DBMS. Die beiden Tabellen sind so definiert, wie sie in Kapitel 3 modelliert wurden, z.B. sind TRAINER und URT keine Mußfelder, was in Bild 3–23 schon festgelegt wurde. Bild 3–23 zeigt auch schon den CASCADE-Hinweis. Sollte ein KURSTYP gelöscht werden, so sind auch die für ihn existierenden KURSe zu löschen.

<u>Anweisungen (7) und (11)</u>
nutzen mit ihrer UNIQUE-INDEX-Anweisung die einzige Möglichkeit, durch das DBMS sicherstellen zu lassen, daß Primary-Key-Ausprägungen sich in der betreffenden Tabelle nicht wiederholen können.

Weitere Index-Definition könnten erfolgen, um Zugriffe auf die Tabellen zu optimieren. Ein Index kann z.B. zum Speichern der Daten in einer bestimmten Reihenfolge verwendet werden (CLUSTER-Parameter). Auch Indizes sind eigenständige Dateien (VSAM-ESDS-Cluster).

<u>Anweisungen (8) und (12)</u>
definieren VIEWS, also mehr oder weniger eingeschränkte Sichten auf Tabellen. Für eine Tabelle können verschiedene Views definiert werden, die jeweils andere Untermengen der Tabelle zugänglich machen. Die beiden Beispiel-Views schränken die Sicht auf die Tabellen nicht ein. Sie werden definiert, um z.B. bei späteren Tabellen-Erweiterungen bestehende Programme nicht ändern zu müssen.

<u>Anweisungen (9) und (13)</u>
haben den Zweck, bestehende Tabellen (oder Views) mit benutzereigenen Namen ansprechen zu können.

Schlußbetrachtung

Unter Verwendung der Feinst-Datenmodell-Informationen wären generierbar

- die CREATE TABLE-Statements mit Ausnahme des Zusatzes IN DATABASE.TABLESPACE
- die CREATE UNIQUE INDEX-Statements mit Ausnahme der STOGROUP-Angabe und der Parameter PRIQTY, FREEPAGE, etc.
- die Statements zur Bekanntgabe der RI-Bedingungen
- die CREATE VIEW-Statements

- die CREATE SYNONYM-Statements, falls der Relations-Name als Synonym verwendet werden soll.

Alle sonstigen Festlegungen müßten im Rahmen des »physischen DB-Designs« erfolgen, das nach dem Verständnis des Autors nicht die modellierte logische Tabellen-Struktur verändert, sondern ergänzt (z.B. um STOGROUP- und TABLESPACE-Angaben) und dadurch in die jeweilige physische Umgebung einfügt.

7.1.3 Distributives DB-Design

Distributives Datenbank-Design ist, aufbauend auf dem logischen Datenbank-Design, als weitere Voraussetzung des physischen Datenbank-Designs erforderlich, wenn Datenbanken von mehreren Anwendungssystemen gemeinsam genutzt werden sollen und/oder räumlich verteilt sind.

Distributives DB-Design trifft Entscheidungen, ob Tabellen mitbenutzt oder (vielleicht auf einem anderen Rechner oder in einem anderen DBMS) neu angelegt werden sollen. Möglicherweise spielen dabei Datenschutz- und Netzwerk-Gesichtspunkte eine Rolle. Distributives DB-Design definiert z.B. neben den Tables auch Views des betreffenden Anwendungssystems auf schon bestehende Tables, deren Column-Anzahl sich durch das weitere Anwendungssystem vergrößern kann.

Mit Problemen des so definierten distributiven Datenbank-Designs befaßt sich Kapitel 7.3. Vorher werden in Kapitel 7.2 einige Spezial-Probleme auf der Grenze zwischen konzeptionellem und physischem Design behandelt.

7.2 Grenzprobleme des konzeptionellen und physischen DB-Designs

Es sind nach ca. 30 modellierten Anwendungssystemen immer wieder die gleichen Probleme, die bei der Datenmodellierung oder auch beim Umsetzten des fertigen Datenmodells in physische Tabellen auftreten. Einige dieser Probleme werden hier diskutiert.

7.2.1 Künstliche Primärschlüssel

Fachgebiets-Kenner (also z.B. Einkäufer, Fertigungsplaner oder Kostenrechner) unterstellen während der Modellierung oft (meistens unausgesprochen), man könne auf Relationen nur über deren Primärschlüssel zugreifen. Sie verwechseln längere Zeit Primär-, Fremd- und Alternativ-Schlüssel. Sie kennen Sekundär-, d.h. reine Such-Schlüssel, überhaupt nicht. Sobald ein künstlicher neuer Primärschlüssel im Datenmodell auftaucht, vermuten sie, dieser müsse *manuell* gepflegt und eventuell sogar auswendig gelernt werden, um auf die spätere Tabelle zugreifen zu können.

Künstliche Primärschlüssel können vom späteren Anwendungssystem *intern* verwaltet werden, ohne überhaupt jemals an der Bildschirm-Oberfläche zu erscheinen. Ein Beispiel ist die RELATION_NR im Meta-Datenmodell des Kapitels 4.4. Sie wird im RRM-Funktionsmodell des Kapitels 5.4.4 zwar auf Masken angezeigt, könnte aber dort auch fehlen. Der Anwender arbeitet, wenn er will, nur mit RELATION_NAME als Input. Findet das System einen solchen Namen, dann kann es automatisch die RELATION_NR (wie z.B. auch die RELATION_LANG_-BEZEICHNUNG) anzeigen, ohne dem Anwender die Kenntnis der RELATION_NR abzuverlangen. Findet das System den RELATION_NAMEn nicht, dann vergibt es die nächste freie RELATION_NR und speichert zu dieser Primärschlüssel-Komponente (APPL_NR und APPL_VERSION sind die restlichen Komponenten) den eingetippten RELATION_NAMEn.

Mit den Spalten-Werten der Spalte RELATION_NAME wird (vermutlich) beim physischen Design per CREATE INDEX ein Such-Schlüssel für die Tabelle RELATION aufgebaut. Die Tabelle hat dann eben einen Primär-Schlüssel RELATION_NR und einen Sekundär-Schlüssel RELATION_NAME. Dieser Such-Schlüssel beschleunigt (unter Umständen) die System-Suche nach Tabellen-Reihen mit dem angegebenen RELATION_NAMEn.

Der spätere Anwender kann davon ausgehen, daß er über jedes beliebige Attribut einer Relation nach Relations-Tupeln (also Tabellen-Zeilen) suchen kann. Ob für bestimmte häufige Suchvorgänge beschleunigende physische Sekundär-Schlüssel angelegt werden, braucht ihn nicht zu interessieren. Diese Entscheidung sollte er Programmierern und Datenbank-Administratoren überlassen.

7.2.2 Domänen

Im Umgang mit Domänen haben nicht nur Fachgebietskenner (also z.B. Einkäufer oder Produktionsplaner) Probleme, sondern auch Datenmodellierer (einschließlich des Autors) und physische Designer.

Domäne im ERM

Domänen-Definition (aus Kapitel 3.3.1):

Domäne ist eine durch den Domänentyp bezeichnete Menge von Werten, die als Entitäts-Attributswerte für die Entitäten einer Entitätsmenge

oder als

Beziehungs-Attributswerte für die Beziehungen einer Beziehungsmenge zulässig sind.

An anderer Stelle (Kapitel 3.2.1) hieß es :

Domäne im RM

Das kartesische Produkt M_1 x M_2 x ... M_n ist die Menge aller bildbaren verschiedenen n-Tupel $<m_1,m_2,...,m_n>$, wobei n>0 und mi Element von M_i sein muß, nicht aber M_i ungleich M_j verlangt wird. M_i nennt man auch Domäne (Menge erlaubter Werte, Wertevorrat) der Tupel-Komponente m_i.

Beide Definitionen meinen mit Domäne also einen Wertevorrat von erlaubten Werten. Im ERM sind es erlaubte Werte für Entitäts- oder Beziehungs-Attribute, aus Sicht des RM erlaubte Werte für Tabellen-Spalten-Einträge.

Domäne als »Menge erlaubter Werte« trifft wohl das allgemeine Verständnis dieses Begriffes. Die Differenzierung von Domänen in »Allerwelts-Domänen« und »Applikations-Domänen« ist schon nicht mehr allgemein üblich, sondern eines von mehreren speziellen Merkmalen des RRM.

Zur Erinnerung

»Allerwelts-Domänen« (public domains)
wurden in Kapitel 3.4.2 durch Beispiele wie DATUM, INTEGER, DECIMAL, CHAR abgegrenzt von Applikations-Domänen.

»Applikations-Domänen« (Code-Tabellen)
wurden als Relationen definiert, für die eine (endliche) Liste von zulässigen Werten und deren Bedeutung angegeben werden muß.

Beispiele waren BEURTEILUNG (1,2,3,4,5,6) oder GESCHLECHT (m,w).

Domänen-Design-Probleme

Im folgenden Text wird ergänzend erörtert, warum »Applikations-Domänen« im RRM eingeführt wurden und wie mit ihnen beim physischen Design verfahren werden sollte.

Der Leser achte bei folgendem Auszug aus dem HOMAS-Fein-Datenmodell (Kapitel 4.2.2) auf HOMAFKT !

```
A HOMAS
V 01.01
...

R HOMAFKT
L HOMA-FUNKTION, Z.B. LAGERIST, GESCHAEFTSFUEHRER
P _CODE
  _BEZEICHNUNG
  >SACHGEBIET

R HOMA
L HANDELSORGANISATIONS-MITARBEITER
P _NR
  _NAME
  >GESCHLECHT
  _GEBURTS_DATUM
  >HOMAFKT
  >HAENDLER

R SEM*FKT
L EIGNUNG EINES HOMA-SEMINARS FUER HOMA-FUNKTIONEN
P >SEM
P >HOMAFKT
  _EIGNUNGS_PROZENT

R HDL*JAHR*FKT
L HOMAS-DATEN PRO HAENDLER, JAHR UND HOMA-FUNKTION
P >HAENDLER
P >JAHR
P >HOMAFKT
  _HOMA_GESAMT
  _SEMV_ANZAHL
  _SEMVT_ANZAHL
  _REKLAMATIONEN
```

Den zugehörigen Grob-Datenmodell-Ausschnitt zeigt Bild 7–2.

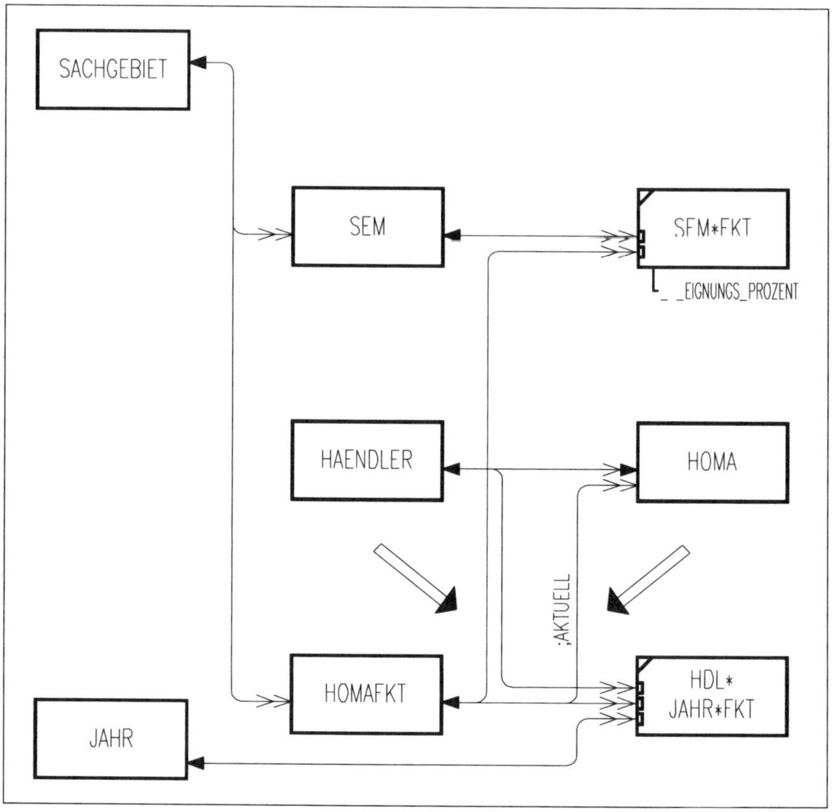

Bild 7–2 Ausschnitt aus dem HOMAS-Grob-Datenmodell

HOMAFKT ist *keine(!)* Applikations-Domäne, denn die Relation besteht nicht nur aus _CODE und _BEZEICHNUNG, sondern hat auch noch eine Relationship >SACHGEBIET.

Sollte im physischen DB-Design völlig anders verfahren werden, wenn die ansonsten gleiche Applikations-Domäne plötzlich ein einziges Attribut oder eine einzige Relationship zusätzlich erhält und damit im RRM zu einer »normalen« Relation wird?

Wie überhaupt sollen Applikations-Domänen physisch behandelt werden? Sind sie eigene Tabellen wert?

Diskussion konzeptioneller Aspekte

Ursprünglich war HOMAFKT eine Applikations-Domäne. Daß man ihr die Relationship >SACHGEBIET zuordnen kann und sogar muß, wurde erst beim dritten Modellierungs-Durchgang bemerkt. Es kommt oft vor, daß ursprünglich als Applikations-Domäne vermutete Relationen durch nachträglich erkannte zusätzliche Attribute oder Relationships zu »normalen« Relationen werden.

Angenommen, man hätte in der ersten Modellierungs-Runde auf die Applikations-Domäne HOMAFKT verzichtet und _HOMAFKT als Attribut modelliert. Dann hätte das HOMAS-Fein-Datenmodell wie folgt ausgesehen:

Fein-Daten-modell-Probleme

```
A HOMAS
V 01.02
...
R HOMA
L HANDELSORGANISATIONS-MITARBEITER
P _NR
  _NAME
  >GESCHLECHT
  _GEBURTS_DATUM
  _HOMAFKT                    <——
  >HAENDLER

R SEM*FKT
L EIGNUNG EINES HOMA-SEMINARS FUER HOMA-FUNKTIONEN
P >SEM
P _HOMAFKT                    <——
  _EIGNUNGS_PROZENT

R HDL*JAHR*FKT
L HOMAS-DATEN PRO HAENDLER, JAHR UND HOMA-FUNKTION
P >HAENDLER
P >JAHR
P _HOMAFKT                    <——
  _HOMA_GESAMT
  _SEMV_ANZAHL
  _SEMVT_ANZAHL
  _REKLAMATIONEN
```

Ein Glück, daß im RRM die Einrichtung von LEXIKA vorgesehen ist. In ein VERTRIEBS-LEXIKON hätte das LEXATTR _HOMAFKT eingetragen werden können.

Es gibt folgende HOMA-Funktionen:

```
01  LAGERIST
02  KFZ-ELEKTRIKER
03  VERKAEUFER
04  BUCHHALTER
05  GESCHAEFTSFUEHRER
..  ... u.s.w. ...
```

Das so beschriebene LEXATTR _HOMAFKT hätte im Fein-Datenmodell als REL*LEXATTR den Relationen HOMA, SEMFKT und HDL*JAHR*FKT zugeordnet werden können.

Grob-Daten-modell-Probleme

Wie aber hätte man den Grob-Datenmodell-Ausschnitt zeichnen müssen?

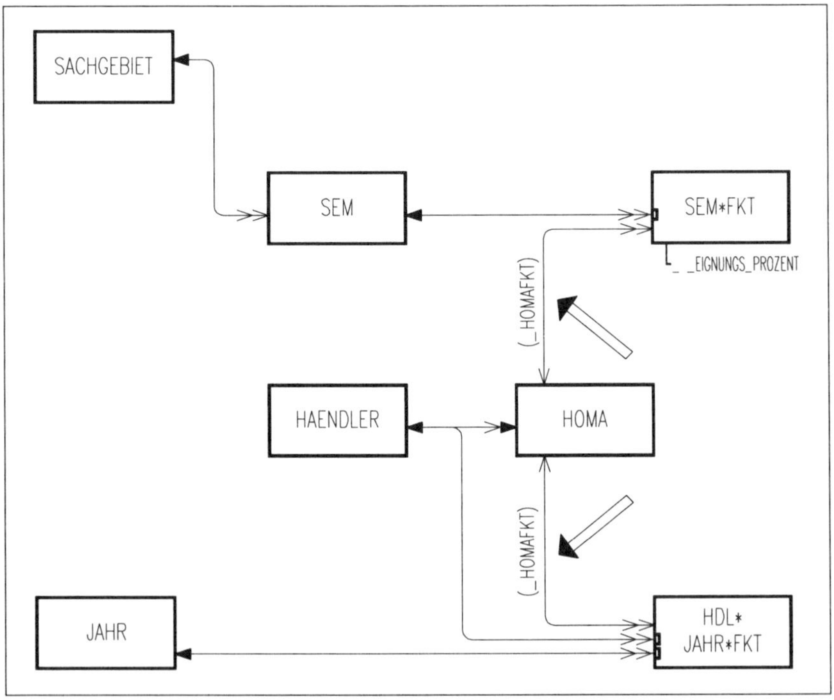

Bild 7–3 ERD-Variante ohne die Relation HOMAFKT (vgl. Bild 7–2)

Bild 7–3 zeigt einen Versuch. Dort wird von SEM*FKT und HDL* JAHR*FKT versuchsweise auf HOMA gezeigt und in Klammern (nicht zu verwechseln mit Relationship-Rollen) das HOMA-Attribut _HOMAFKT notiert, damit der RRD-Leser weiß, daß er es nicht mit einer normalen Relationship zu tun hat, sondern mit einem Attributs-Verweis.

Diesem mißverständlichen ERD in Bild 7–3, das deshalb auch nicht RRD genannt wurde, würde der Autor die ERD-Variante des Bildes 7–4 vorziehen. Dort wird für (wichtige) Lexikon-Attribute auf die Chen'sche Kreis-Notation zurückgegriffen.

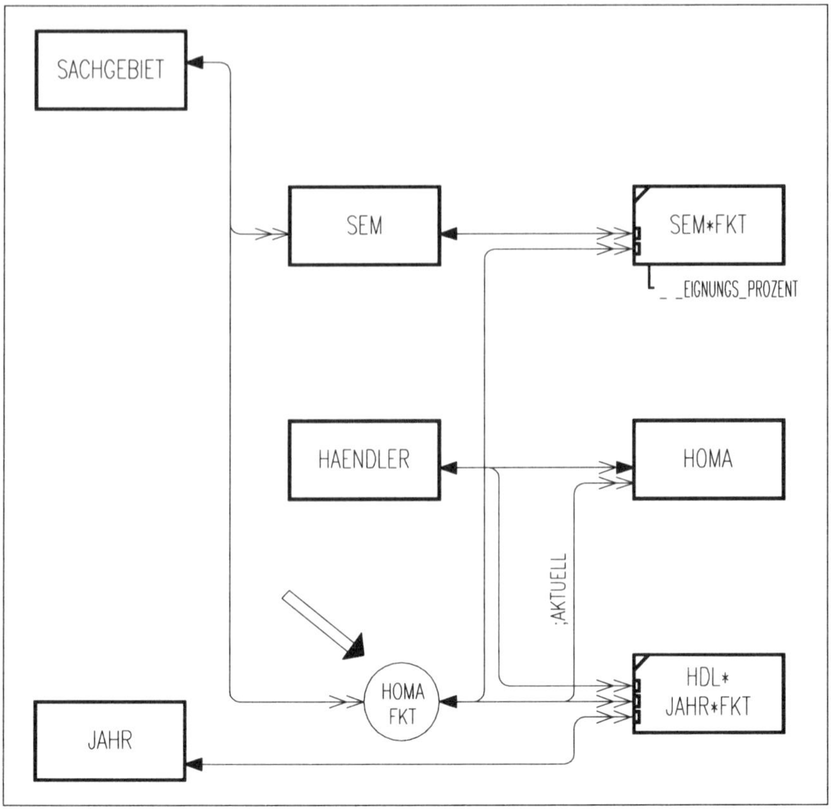

Bild 7–4 ERD-Variante mit Kreis-Notation von Lexikon-Attributen

Empfehlungen

Applikations-Domänen werden oft durch weitere Attribute oder Relationships zu »normalen« Relationen. Wenn man sie gleich als Relationen modelliert, bleiben einem in diesem Fall aufwendige Datenmodell-Änderungen erspart. Man braucht nur das RELATION_DOMAENEN_KENNZEICHEN von Ja auf Nein zu ändern.

Lexikon-Attribute sollen nur Mehrfach-Beschreibungen ersparen. Es sind nicht (wie die Applikations-Domänen) Verschlüsselungen, also Code-Tabellen. Es ist sogar fraglich, ob nicht LEXATTR_DATENTYP und LEXATTR_FORMAT besser als REL*LEXATTR_DATENTYP und REL* LEXATTR_FORMAT modelliert werden sollten. So kann die Lexikon-Definition von _DECKUNGSBEITRAG zwar fachlich für FZG* MODELL_DECKUNGSBEITRAG, GEBIET*JAHR*MODELL_DECKUNGSBEITRAG und GEBIET*JAHR_DECKUNGSBEITRAG zutreffend sein, jedoch reicht z.B. für FZG*MODELL_DECKUNGSBEITRAG eine kleinere Stellen-Anzahl als für GEBIET*JAHR_DECKUNGSBEITRAG.

Im RRD sollten Lexikon-Attribute *nicht(!)* besonders (z.B. durch Kreise) hervorgehoben werden, da sie nur der Vermeidung von Schreibarbeit dienen und nicht dem Festhalten von Modellierungs-Erkenntnissen, die etwa den Wert »normaler« Relations-Attribute irgendwie übertreffen würden.

Diskussion physischer Aspekte

Als Prinzip wurde in Kapitel 7.1.2 empfohlen, jede Relation des Feinst-Datenmodells physisch in eine relationale Tabelle umzusetzen.

Gilt dies auch für Applikations-Domänen?

Angenommen, die Relationship >SACHGEBIET der Relation HOMAFKT würde fehlen.

Sollte dann eine Tabelle mit 2 Spalten und z.B. 25 Reihen angelegt werden, die dem jeweiligen HOMAFKT_CODE die vereinbarte HOMAFKT_BEZEICHNUNG zuordnet?

Wäre die Antwort bei 100 Reihen eine andere als bei 5 Reihen?

Wäre die Antwort mit Relationship HOMAFKT>SACHGEBIET eine andere als ohne?

Die Meinungen der »Physiker«, die der Autor befragt hat, sind unterschiedlich. Sie ändern sich auch in Abhängigkeit von der Reihen-Anzahl und der eventuell zusätzlichen Relationship.

Umsetzung von Applikations-Domänen in physische Tabellen

Nach Ansicht des Autors sollte man alle die Applikations-Domänen in physische Verschlüsselungstabellen umsetzen, deren Verschlüsselungs-Bedeutung nicht allgemein bekannt ist.

Vorteile

- Keine Mehrfach-Prüfung von Eingaben in vielen Masken und/oder Programmen. Das DBMS kann über referentielle Integritätsbedingungen die Zulässigkeit von Eingaben prüfen.
- Keine Mehrfach-Speicherung der Verschlüsselungen an unternehmensweit nahezu unauffindbaren Stellen mit unterschiedlichen Aktualitätsständen.
- Auch »spontanen Anwender-Reports« sind die Verschlüsselungstabellen zugänglich und können zur Aufbereitung von Listen benutzt werden.

Nachteil

Nachteil war zumindest bezogen auf frühere DBMS-Releases die »unnötige« Performance-Belastung des DBMS durch viele kleine Tabellen, die von vielen »Physiskern« noch skeptischer betrachtet wurden als die durch »übertriebene« Normalisierung entstandene ohnehin schon »zu« große Tabellen-Anzahl. Einer der Hintergedanken: pro Tabelle muß eine Pflege-Transaktion programmiert werden....

Domain-Support durch den DBMS-Catalog

Kompromiß

Kompromiß wäre eine geschickte Verwaltung der Applikations-Domänen durch den Catalog des jeweiligen DBMS-Produktes. Date empfiehlt den DBMS-Anbietern einen solchen system-domain-support und zählt eine Reihe von damit verbundenen Vorteilen (in [Date 2], S.51) auf.

Solange der DBMS-Catalog keinen Domänen-Service anbietet, sollten zumindest für solche Applikations-Domänen Tabellen angelegt werden, bei denen neben den zulässigen Ausprägungen auch deren Bedeutung gespeichert werden muß. BEURTEILUNG und GESCHLECHT sind also Grenzfälle, deren Speicherung entfallen kann, denn GESCHLECHT »M« wird man wohl kaum durch die Bedeutung »MAENNLICH« ergänzen müssen und BEURTEILUNG »3« wohl kaum um die Bedeutung »befriedigend«.

Tabellen ohne zugehörige Pflege-Transaktion

Das Anlegen und Verwalten der vielen »kleinen Tabellen« erfordert nicht das Schreiben von Pflege-Transaktionen, wenn man ein Standard-Produkt wie z.B. [TABSYS] verwendet, das übrigens auch gleich Zugriffsschutz und Historien-Führung gewährleistet.

7.2.3 Strukturierte Datentypen

Date definiert in seiner Abhandlung »What Is a Domain?« ([Date 2], S. 27 ff.) die Domäne als »user defined data type«. Er weist darauf hin, daß solche benutzer-definierten Datentypen ruhig auch in sich strukturiert sein dürfen.

Beispiel

Bekanntestes Beispiel eines strukturierten Datentyps (STD) ist DATUM, bestehend aus JAHR, MONAT und TAG.

Die gemäß RRM definierte »Applikations-Domäne« ist also nur eine Teilmenge der »user defined data types«.

In das RRM-Meta-Datenmodell sind die Begriffe

```
PUBLIC*DOMAIN (Allerwelts-Domäne, vom DBMS unterstützter Basis-
                               Datentyp),
USER*DOMAIN   (vom Benutzer definierter Datentyp).
APPL*DOMAIN   (Applikations-Domäne) und
STRUC*DOMAIN  (Strukturierter Datentyp (STD))
```

zum besseren Verständnis in Bild 7–5 eingeordnet.

Bild 7–5 erfordert keine Änderungen am Aufbau des Fein- oder Feinst-Datenmodells des Kapitels 4.4. (Nur das Attribut RELATION_DOMAENEN_KENNZEICHEN sollte man umbenennen in RELATION_DOMAIN_STRUC_HINWEIS.) Da Applikations-Domänen und strukturierte Datentypen als Relationen dargestellt werden können, sind sie im RRM-Meta-Datenmodell des Kapitels 4.4 bereits enthalten, wurden jedoch dort nicht graphisch hervorgehoben.

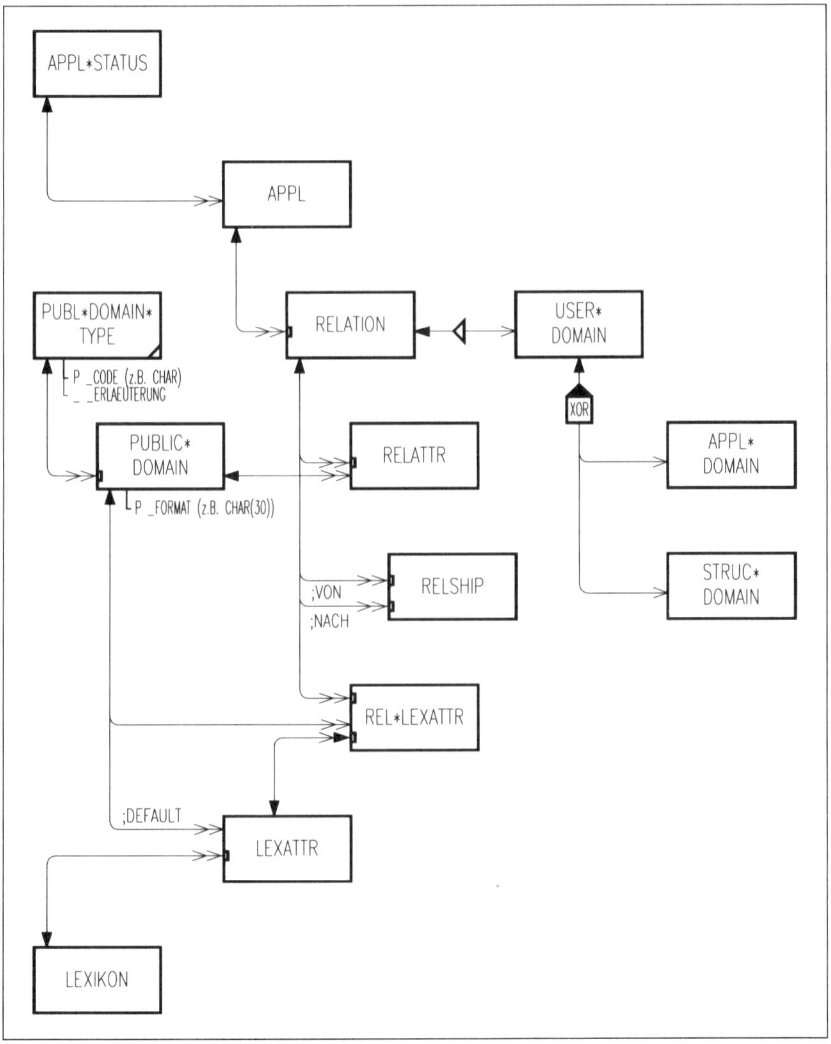

Bild 7–5 Einordnung von DOMAIN-Begriffen in das RRM-Meta-Datenmodell

Definieren strukturierter Datentypen im Fein-Datenmodell

RRN-Syntax

Im Fein-Datenmodell
gilt als Syntax zur Notation STRUKTURIERTER*DATENTYPen:

```
S NAME
  _ANREDE
  _VORNAME
  _NACHNAME
  _GEB_NAME

S ADRESSE
  :ORT
  _STRASSE
  _HAUS_NR

S ORT
  _PLZ
  _NAME
  _POSTAMT

S SACH*NR
  >TEILE*GRUPPE
  _LFD_NR

S FAHRGESTELL*NR
  >INT*HERSTELLER
  >JAHR*CODE
  >MODELL
  _LFD_NR
```

Der wichtige Unterschied zwischen strukturierten Datentypen (STD) und Relationen ist nicht das S statt des R. Wichtiger ist, daß STD's nicht als Tabelle gespeichert werden sollen.

STD's dienen nicht wie Lexikon-Attribute, die als REL*LEXATTR mit unterschiedlicher Stellenzahl verwendet werden dürfen, der Schreibersparnis. STD's sind »Domänen-Wächter«. Sie sollen sicherstellen, daß auch und gerade im strukturierten Fall ein user-defined-data-type wie FAHRGESTELL*NR in allen Applikationen und Applikations-Tabellen gleich definiert wird.

INT*HERSTELLER und JAHR*CODE sind übrigens Applikations-Domänen, während MODELL eine »normale« Relation ist. INT*HERSTELLER ordnet einem international vereinbarten Kürzel (z.B. WBA) die gängige Hersteller-Bezeichnung zu (z.B. BMW). JAHR*CODE ist die Tabelle, die z.B. festhält, daß Buchstabe M das Jahr 1990 verschlüsselt.

Verwenden strukturierter Datentypen im Fein-Datenmodell

Verwendungen von STD's werden in der RRN durch Doppelpunkte gekennzeichnet:

```
R MITARBEITER
P _NR
  :NAME
  :ADRESSE;ERSTWOHNSITZ
  :ADRESSE;ZWEITWOHNSITZ
  _GEBURTS_DATUM

R FAHRZEUG
P :FAHRGESTELL*NR
  _ERST_ZULASSUNGS_DATUM

R RECHNUNG
P _NR
  >BESTELLUNG
  >FAHRZEUG
  _BETRAG

R TEIL
P :SACH*NR
```

STD's werden im RRM-Meta-Datenmodell als Relationen gespeichert, STD-Verwendungen als RELSHIP's. Das RELSHIP_SYMBOL ist diesmal nicht > oder =, sondern ein Doppelpunkt.

STD's als Lösung eines Integrationsproblems

STD's lösen eines der in Kapitel 6.4.3 genannten häufigen Integrationsprobleme. Da jedes Projekt sowohl mit den über- als auch den untergeordneten STD-Komponenten arbeitet, gibt es diesbezüglich keine unterschiedlichen Projekt-Auswahl-Entscheidungen mehr.

Vorher prallten im UwDM

```
R TEIL
P >TEILE*GRUPPE
P _LFD_NR
  _BENENNUNG
```

und

```
R TEIL
P _SACH_NR
  _BENENNUNG
```

aufeinander und der Datenadministrator konnte nur eine der beiden Varianten in das UwDM übernehmen.

Jetzt notieren beide Projekte

```
R TEIL
P :SACH*NR
  _BENENNUNG
```

und über die STD-Definition werden die Struktur-Bestandteile der :SACH*NR definiert.

In der Relation RECHNUNG hätte statt >FAHRZEUG nicht :FAHRGESTELL*NR notiert werden dürfen. Dann wären zwar über das Feinst-Datenmodell die gleichen Tabellen-Spalten entstanden, aber der Beziehungstyp zwischen RECHNUNG und FAHRZEUG wäre nicht bekanntgegeben worden und damit auch keine Vereinbarungen zur referentiellen Integrität.

Strukturierte Datentypen im Feinst-Datenmodell

Im Feinst-Datenmodell
(hier wieder in der RRF-Variante *ohne* Wiederholung der Relations-Namen notiert) werden STD's z.B. wie folgt aufgelöst:

```
R MITARBEITER
P _NR
P :NAME_ANREDE
  :NAME_VORNAME
  :NAME_NACHNAME
  :NAME_GEB_NAME
  :ADRESSE;ERSTWOHNSITZ:ORT_PLZ
  :ADRESSE;ERSTWOHNSITZ:ORT_NAME
  :ADRESSE;ERSTWOHNSITZ:ORT_POSTAMT
  :ADRESSE;ERSTWOHNSITZ_STRASSE
  :ADRESSE;ERSTWOHNSITZ_HAUS_NR
  :ADRESSE;ZWEITWOHNSITZ:ORT_PLZ
  :ADRESSE;ZWEITWOHNSITZ:ORT_NAME
  :ADRESSE;ZWEITWOHNSITZ:ORT_POSTAMT
  :ADRESSE;ZWEITWOHNSITZ_STRASSE
```

```
  :ADRESSE;ZWEITWOHNSITZ_HAUS_NR
  _GEBURTS_DATUM

R TEIL
P :SACH*NR>TEILE*GRUPPE_NR
P :SACH*NR_LFD_NR
  _BENENNUNG

R RECHNUNG
P _NR
  >BESTELLUNG_NR
  >FAHRZEUG:FAHRGESTELL*NR>INT*HERSTELLER_CODE
  >FAHRZEUG:FAHRGESTELL*NR>JAHR*CODE_BUCHSTABE
  >FAHRZEUG:FAHRGESTELL*NR>MODELL_SCHLUESSEL
  >FAHRZEUG:FAHRGESTELL*NR_LFD_NR
  _BETRAG_NETTO
```

Strukturierte Datentypen im Grob-Datenmodell

Im Grob-Datenmodell sieht man APPLIKATIONS*DOMAENE als Rechteck mit schrägem Strich rechts unten. Strukturierte Datentypen (STD's) sind an den Doppelpunkten statt des Unterstriches bei RRD-Notiz wichtiger Relations-Attribute erkennbar.

Strukturierte Datentypen beim physischen Design

Beim physischen Design sollten nicht die Oberbegriffe strukturierter Datentypen zu columns gemacht werden, sondern nur deren »atomic«-Bestandteile.

Es gibt zwar die technische Möglichkeit, in DB2 mit SUBSTR z.B. aus ADRESSE den Erstwohnsitz-ORT herauszufiltern. Aber erstens trübt diese Technik die Verständlichkeit der SQL-Anweisungen und zweitens ist die Anweisung systemaufwendig.

Vermutlich wird der Catalog zukünftiger DBMS-Releases »composite columns« unterstützen (vgl. [Codd 2], RC-5, S.280).

7.2.4 Jahr und Tag

Was sind JAHR und TAG ?

»Normale« Relationen ?
Applikations-Domänen ?
Lexikon-Attribute ?
Strukturierte Datentypen ?

Es gibt in der Relation HDL*JAHR*FKT eine Relationship >JAHR (als Bestandteil des Primär-Schlüssels). Die Relation JAHR ist auch im Grob-Datenmodell gezeichnet, fehlt aber im Fein-Datenmodell (auch in Kapitel 4.2.2). Muß JAHR im Fein-Datenmodell als Relation auftauchen? Muß JAHR als Tabelle im DBMS angelegt werden?

Empfehlungen

Im UwDM
sollten JAHR, wie auch TAG oder MONAT als Relationen angelegt werden. Ein Ausschnitt aus einem Muster-UwDM könnte z.B. folgende Relations-Definitionen enthalten:

```
R JAHR
P _GREG_4_STELLIG
  _MITARB_ANZAHL_GESAMT
  _PKW_ABSATZ_GESAMT

R MONAT
P >JAHR
P _01_BIS_12
  _ARBEITSTAGE
  _PKW_ABSATZ_GESAMT

R TAG
P >MONAT
P _01_BIS_31
  _KW
  >JAHR;KW
  _FEIERTAG_KENNZEICHEN

R WERKSKALENDER
P >WERK
P _TAG
  >TAG
  _SCHICHT_ANZAHL
  _ARBEITSSTUNDEN;GEPLANT
  _ARBEITSSTUNDEN;IST
```

In den Projekt-Fein-Datenmodellen
sollten die verwendeten Relations-Sichten auf obigen UwDM-Ausschnitt ebenfalls (vorbelegt) enthalten sein.

Als physische Tabellen
sollten obige Relationen ebenfalls angelegt werden.

7.2.5 1:1-Beziehungstypen

1:1-Beziehungstypen lösen beim physischen DB-Design, aber auch schon während des konzeptionellen Designs viele Fragen aus.

Beispiel

Im Mini-Beispiel KURSVERWALTUNG wurde z.B. die Sub-Relation INTERNER*TRAINER modelliert und über zwei 1,1:0,1 Sub-Relationship-Typen mit den Super-Relationen MITARBEITER bzw. TRAINER verbunden.

Soll jetzt beim physischen Design wirklich ein CREATE TABLE INTERNER*TRAINER erfolgen, nur um die INTERNER*TRAINER=MITARBEITER_NR dort als Attribut speichern zu können?

Sub-Relationen als physische Tabellen

Es hängt davon ab, wieviele Attribute nur für INTERNER*TRAINER zutreffend sind, bei MITARBEITER oder TRAINER aber NULL bleiben würden. Wenn es wirklich bei dem einen Attribut INTERNER*TRAINER=MITARBEITER_NR bleiben würde, dann würde der Autor weder eine Sub-Relation modellieren noch in der Folge eine relationale Tabelle physisch anlegen.

Statt dessen ergäbe sich als Grob-Datenmodell-Ausschnitt Bild 7–6, das mit Bild 3-23 verglichen werden sollte.

In Bild 7–6 ist vom Modellierer (erkennbar an dem C für CASCADE) schon entschieden worden, ob >TRAINER als Relationship in der Relation MITARBEITER vermerkt werden soll, oder >MITARBEITER ;INTERNER*TRAINER als Relationship in der Relation TRAINER. Der Modellierer hat sich für letzteres entschieden, weil es viel weniger TRAINER gibt als MITARBEITER. Lieber verschenkt er bei den (externen) TRAINERn einige Bytes, als bei Tausenden von MITARBEITERn, die nicht TRAINER sind.

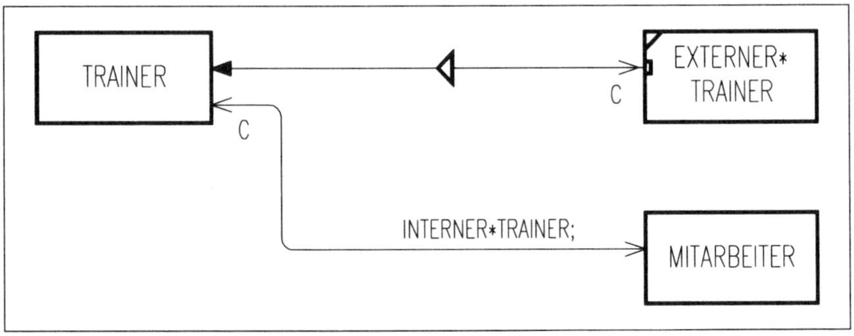

Bild 7–6 0,1:0,1-Beziehungstyp statt einer Sub-Relation und zwei 1,1:0,1-Subrelationship-Typen (vgl. Bild 3-23)

Festlegen der referentiellen Integritätsbedingungen durch Datenmodellierer

Auch hat der Modellierer schon entschieden, daß in der Relation TRAINER cascadierend gelöscht werden soll, wenn ein dort als Trainer geführter MITARBEITER in der MITARBEITER-Relation gelöscht wird und nicht etwa umgekehrt. Dies ist eine rein fachliche Entscheidung, während die vorige eine rein physisch begründete Entscheidung war.

Bild 7–6 wurde in Kapitel 3 nicht als Muster-Lösung angeboten, weil unter rein konzeptionellen Gesichtspunkten Bild 3-23 und das darauf fußende Fein-Datenmodell klarer den tatsächlichen Sachverhalt beschreibt als das Grob-Datenmodell in Bild 7–6. Die XOR-Bedingung konnte z.B. in Bild 7–6 nicht festgehalten werden.

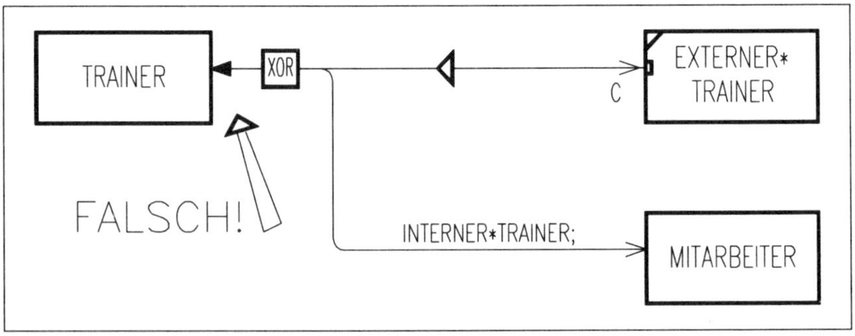

Bild 7–7 Unzulässiges RRD mit falsch vereinigten Relationship-Linien

Bild 7–7 wäre ein *unzulässiges* RRD, weil nur Pfeil-Linien mit gleichen Pfeilspitzen vereinigt werden dürfen. In Bild 7–7 ist aber zu TRAINER hin ein Muß-Pfeil gewählt worden, obwohl (von MITARBEITER her gesehen) mit gleichem Recht ein Kann-Pfeil hätte gezeichnet werden können.

Zusammenwirken von Datenmodellierung und physischem DB-Design

Beim physischen Design können sich Abweichungen vom Datenmodell ergeben. Wenn der Aufbau relationaler Tabellen (aus guten Gründen) nicht dem ursprünglichen Datenmodell entspricht, wird eine rückwirkende Anpassung des Datenmodells (wie z.B. in Bild 7–6 gegenüber Bild 3-23) empfohlen.

7.3 Probleme des distributiven DB-Designs

DA-Ziele

Ziel einer zentralen Datenadministration (DA), die man besser Datenplanung nennen würde, ist die unternehmensweite Konsolidierung von Datenmodellen.

DBA-Ziele

Ziel einer zentralen Datenbank-Administration (DBA) ist eine ökonomische Nutzung jeweils verfügbarer oder anzuschaffender physischer DBMS-Ressourcen unter Beachtung von Datenschutz-Anforderungen.

Die beiden Ziele konkurrieren nicht, sondern das Erreichen der DBA-Ziele wird durch Vorarbeit der Datenadministratoren gefördert.

Extrem-Ergebnisse

Ein extremes DBA-Ergebnis distributiven DB-Designs wäre ein Unternehmen mit einem einzigen großen DBMS, dessen Tabellen den Relationen des UwDM entsprächen.

Ein anderes Extrem wäre eine Verteilung der physischen Datenbestände auf soviele DBMS, daß keines mehr von besonders herausragender Bedeutung gegenüber den anderen DBMS wäre.

Chancen und Risiken der beiden Extreme sowie die Bedeutung von Datenmodellen für das distributive DB-Design werden in den folgenden Kapiteln beschrieben.

7.3.1 Chancen und Risiken gemeinsam genutzter Datenbanken

Geprüft seien zunächst die Eigenschaften eines zentralistischen DB-Designs, das anstrebt, alle Unternehmensdaten in einem einzigen DBMS redundanzfrei zu speichern.

Noch kein zentralistisches DB-Design, wenn alle Anwendungen dasselbe DBMS nutzen

Wenn alle Anwendungssysteme dasselbe DBMS verwenden, ist nicht automatisch für Redundanzfreiheit und Daten-Kompatibilität gesorgt. Es sollte dann auch nicht von gemeinsam genutzten Datenbanken die Rede sein. Eher ist es so, daß jede Anwendung unter den anderen DBMS-Anwendungen leidet, weil auch diese CPU-Zeit beanspruchen, ohne dadurch einen direkten Nutzen für die übrigen Anwendungssysteme herbeizuführen. In genau dieser Situation entsteht die Sehnsucht nach einem eigenen Anwendungssystem-Rechner mit einem eigenen DBMS, damit die Tages-Performance endlich besser wird.

Ob man nachts mit Hilfe von Batch-Jobs Daten mit anderen Anwendungssystemen des gleichen Rechners austauscht und mühsam in die eigene (inkompatible) Datenwelt übernimmt, oder ob ein Netz zwei Rechner verbindet, die nachts ihre Daten austauschen, ist kein großer Unterschied. Also liegt es nahe, die sinkenden Hardware-Preise zu nutzen und durch Dezentralisierung die Tages-Online-Performance zu steigern.

Bei zentralistischem DB-Design Nutzung gleicher Tabellen durch viele Anwender

Zentralistisches DB-Design führt auch zu dem Ergebnis, daß alle Anwendungssysteme dasselbe DBMS benutzen. Aber zusätzlich arbeiten sie online in denselben gemeinsam genutzten Tabellen. Ein Update auf die Relationship MITARBEITER>ABTEILUNG;AKTUELL schlägt sofort auf alle Anwendungssysteme durch. Keines wird ab der nächsten Sekunde irrtümlich noch die Abteilung anzeigen oder ausdrucken, in der der Mitarbeiter früher tätig war.

Eigenschaften gemeinsam genutzter Tabellen

Auf den ersten Blick scheint die sofortige Auswirkung von Updates auf alle anderen Systeme ein anzustrebender Vorteil zu sein. Es muß aber auch z.B. folgende Situation gesehen werden:

Problem

Ein Techniker möchte einen Arbeitsplan für die Eigen-Fertigung eines Teils anlegen. In einer Arbeitsfolge dieses Arbeitsplanes will er eine Maschine verwenden, die noch nicht geliefert ist, aber deren Bestellung läuft. In die Maschinen-Datei wird die Maschine erst eingetragen, wenn als Primärschlüssel die Inventar-Nummer bekannt ist. Die Inventar-Nummer wird aber erst bei Lieferung vergeben. Es ist eine referentielle Integritätsbedingung zwischen den Tabellen Arbeitsfolge und Maschine definiert. Also kann in die Arbeitsfolgen-Tabelle keine Maschine eingetragen werden, die in der Maschinen-Tabelle (noch) nicht existiert.

Die organisatorische Regelung im Verbund mit dem beschriebenen Datenbank-Design hindert den Fertigungsplaner an rechtzeitiger Eingabe von Plandaten, die für die Kostenstellenplanung und die Vorkalkulation erforderlich sind. Man müßte als Abhilfemaßnahme z.B. die Inventar-Nummer schon bei Bestellung der Maschine vergeben. Ein anderer Ausweg wäre, eine Maschinen-Nummer als Primärschlüssel vorzusehen und die Inventarnummer erst später (bei Lieferung der Maschine) als Attribut zuzuordnen. Denkbar wäre auch ein Verzicht auf die referentielle Integritätsbedingung.

Ergebnis

Gemeinsam genutzte Tabellen, die zudem noch über viele referentielle Integritätsbedingungen verflochten sind, bewirken *permanent spürbare* und *sehr detaillierte* fachliche Abhängigkeiten zwischen verschiedenen Abteilungen.

Diese Abhängigkeiten existieren zwar auch ohne gemeinsam genutzte Tabellen. Aber sie sind zeitlich und teilweise auch inhaltlich »dehnbar«. Auch, wenn irgendwo mal jemand krank ist oder sich noch nicht endgültig entschieden hat, können andere weiterarbeiten, obwohl sich vielleicht später herausstellt, daß diese »Weiterarbeit auf Verdacht« ein Fehler war.

Die Grenze zwischen »sinnvoller Aktivitäten-Entkopplung« und »Schlamperei« ist fließend. Eine völlig starre und mechanistische Tabellen-Kopplung zwischen indirekt fast allen Tabellen ist aber wohl nicht empfehlenswert. Parallelarbeit -auch unter Eingehen von Risiken-muß möglich bleiben, weil ein Betrieb sonst zu träge wird, obwohl man ihn doch eigentlich beschleunigen wollte.

Folgerungen

Strebt man nach gemeinsam genutzten Tabellen, dann ist ein Status-Konzept erforderlich. Es muß stets zwischen Arbeits-Beständen und definitiv freigegebenen Daten unterschieden werden. Die Zugriffs-Berechtigungen auf Arbeits-Bestände sind anders als auf freigegebene Daten. Die Unterscheidung von Arbeits-Beständen und freigegebenen Daten kann physisch durch Übertragen in andere Dateien mit anderen Zugriffsberechtigungen erfolgen. Denkbar ist aber auch eine Status-Spalte in der jeweiligen Tabelle und Zugriffsschutz-Views, die je nach Ausprägung dieser Spalte andere Zugriffe ermöglichen.

Im folgenden Kapitel wird geprüft, ob Status-Konzepte und Regelungen der Zugriffsberechtigung mit zur Datenmodellierung gehören, oder Aufgaben des distributiven DB-Designs sind.

7.3.2 Zugriffsschutz-, Status- und History-Probleme

Modellierung von Zugriffs-Rechten

Bei Erstellen vieler Datenmodelle tritt (meistens gegen Ende der Modellierung) die Frage auf, ob im Datenmodell auch für den Zugriffsschutz erforderliche Tabellen und Spalten enthalten sein können, dürfen oder müssen. Oft vermischt sich diese Frage noch mit History- oder Status-Problemen.

Im Konzern-Informations-System (KIS) muß z.B. verhindert werden, daß jeder beliebige KIS-Anwender Zugriff auf Daten der Langfristplanung hat, oder sich die Entwicklung des Deckungsbeitrages der letzten fünf Jahre auflisten lassen kann.

Erster Versuch

Naheliegend ist das Modellieren von Tabellen, die festhalten, welcher Anwender auf welche Planungsarten (IST, JAHRESPLANUNG, LANGFRISTPLANUNG), Tabellen und Tabellen-Spalten wie zugreifen darf (READ, UPDATE).

Erster Fein-Datenmodell-Versuch:

```
R KIS*SCHUTZ
L ZUGRIFFSBERECHTIGUNGEN VON KIS-ANWENDERN
P >MITARBEITER;KIS*ANWENDER
P >TABELLE
P _VARIANTE
P >SPALTE
  _READ_UPDATE
```

Diese Relation wirft Fach- und Modellierungs-Probleme auf:

Fach-Probleme

Wie gibt man in der obigen Relation bekannt, daß Mitarbeiter x von der Tabelle LP*KALK (vgl. Kapitel 4.3.3) nur die _WERKS_ABGABE_-PREISe der BAUREIHE y lesen darf? Man könnte zwar in die Tabelle KIS*SCHUTZ eintragen, daß x den _WERKS_ABGABE_PREIS lesen darf. Aber eine Einschränkung auf Baureihe y kann nicht bekanntgegeben werden. Man müßte also nicht nur Spalten-Namen führen, sondern auch Spalten-Ausprägungen als Einschränkung vorsehen können.

Wie bringt man dauerhaft zum Ausdruck, daß Mitarbeiter x nur die jeweils freigegebene Planungs-Variante lesen darf? Muß man da bei jeder neuen Varianten-Freigabe hunderte Tabellen-Sätze in der Tabelle KIS*SCHUTZ ändern und z.B. _VARIANTE 003 durch 004 ersetzen? Viel sinnvoller als die Varianten-Nummer wäre das Festlegen eines Status, den jemand sehen oder updaten darf. Status müßte ein Attribut von Variante sein. VARIANTE sollte eine eigene Relation mit folgenden Attributen werden:

```
R VARIANTE
P _NR
  >STATUS
  >ABTEILUNG;ERSTELLER
```

Überall, wo im KIS-Feindatenmodell _VARIANTE steht, sollte man >VARIANTE notieren. STATUS wäre eine Applikations-Domäne mit den Ausprägungen:

```
H = HISTORIE
A = AKTUELL
P = PLANUNG
G = GEHEIM
```

Modellierungs-Problem

In der Relation KIS*SCHUTZ sind die Relationships >TABELLE und >SPALTE notiert. Aber diese Relationships zeigen ins Leere. Es gibt im KIS-Datenmodell keine Relation TABELLE oder SPALTE.

Zweiter Versuch

Die folgende »Problemlösung« sollte nur überflogen werden. Sie wird im Endeffekt nicht vorgeschlagen, soll aber auch nicht unerwähnt bleiben. Die »Lösung« würde eine völlige Umkrempelung des KIS-Datenmodells (und aller sonstigen bisher vorgestellten Datenmodelle) bedeuten.

Man modelliert eine Relation TABELLE.

```
R TABELLE
P _NR
  _NAME
```

Außerdem gibt es eine Relation TABELLEN*SPALTE. Sie hält fest, welche Spalten eine Tabelle hat.

```
R TABELLEN*SPALTE
P >TABELLE
P _NR
  _BEZEICHNUNG
```

Alle Fein-Datenmodell reduzieren sich dann dramatisch, denn außer diesen beiden Relationen braucht man nur noch die Relation TABELLEN*WERT.

```
R TABELLEN*WERT
L TABELLEN*WERT EINER ZEILEN-SPALTE
P >TABELLEN*SPALTE
P _ZEILE_NR
  _WERT
```

Die Relation TABELLEN*WERT könnte alle Daten von KIS (und auch gleich die aller anderen Anwendungssysteme...) aufnehmen. Alle z.B. in diesem Buch vorgestellten Datenmodelle könnten entfallen, denn sie sind nur Spezialfälle der hier entwickelten allgemeingültigen Datenmodellierung. Diese Modellierung ist aber so allgemeingültig, daß sie für den Spezialfall nichts mehr aussagt.

Die Relation KIS*SCHUTZ wäre wie folgt zu ändern:

```
R ZUGRIFFS*BEDINGUNG
L BEDINGUNG FUER EINEN READ_UPDATE_ZUGRIFF
P _NR
  _READ_UPDATE

R BEDINGUNG*KOMP
L ZUGRIFFS*BEDINGUNGS*KOMPONENTE
P >ZUGRIFFS*BEDINGUNG
P _LFD_NR
  >TABELLEN*SPALTE
  _OPERATOR
  _ERLAUBTER_WERT
  _LOGIK_OPERATOR

R ZUGRIFFS*SCHUTZ
L ZUGRIFFS*BERECHTIGUNGEN EINES MITARBEITERS
P >MITARBEITER;ANWENDER
P >ZUGRIFFS*BEDINGUNG
```

Mit obigen drei Relationen wäre das Zugriffsschutz-Problem nicht nur für KIS, sondern gleich für alle Anwendungssysteme »gelöst«.

»Lehren« aus den beiden Versuchen

1. Die Einbeziehung von Zugriffsschutz-Relationen kann Datenmodelle erheblich verändern.

2. Oben vorgeführte »universelle Datenmodellierung unter Einbeziehung des Zugriffsschutzes« ist als »Holzweg« eines Datenmodellierers einzustufen. Wenn eine Datenmodellierung nur noch aussagt, daß (aber nicht wie) man die Daten des Anwendungssystems in Tabellenspalten speichern kann, dann ist sie so allgemeingültig, daß sie im Spezialfall wertlos ist.

3. Programme wären fast unschreibbar und für Leser fast unverständlich. Das Ersetzen von Spalten-Namen wie LAGERBESTAND durch Nummern würde vermutlich dazu führen, daß Fachbereiche wieder auf Programmierer angewiesen wären, wenn sie »ad hoc Reports« wünschen.

Lösungsvorschlag für das Zugriffsschutz-Problem

Datenmodelle von Anwendungssystemen brauchen Zugriffsschutz-Gesichtspunkte *nicht(!)* zu berücksichtigen. (Relationale) DBMS bieten genügend Hilfen für den Zugriffsschutz. Vor allem die View-Technik und die Data Control Language (DCL) mit ihren GRANT- und REVOKE-Befehlen unterstützen Zugriffsschutz-Bemühungen. DB2 z.B. bietet fast beliebig differenzierbare Zugriffsbeschränkungs-Möglichkeiten, die auch die Ausprägungen von Spaltenwerten berücksichtigen, wenn dies erforderlich ist.

Beispiel

Beispiel für Zugriffsschutz-Maßnahmen mit Hilfe von Views und DCL-statements:

```
(1)   CREATE VIEW V_LPKALK_WAP_5
          AS SELECT WERKS_ABGABE_PREIS
             FROM LPKALK
             WHERE BAUREIHE = '5'
          WITH CHECK OPTION;

(2)    GRANT SELECT, UPDATE
             ON V_LPKALK_WAP_5
             TO USER_4;

(3)   CREATE VIEW V_LPKALK_01
             AS SELECT *
             FROM LPKALK;

(4)    GRANT ALL PRIVILEGES
             ON V_LPKALK_01
             TO USER_9
             WITH GRANT OPTION;

(5)   REVOKE SELECT, UPDATE
             ON V_LPKALK_WAP_5
             FROM USER_4;
```

Erläuterungen

Anweisung (1)

definiert eine Sicht auf die Tabelle LPKALK (vgl. Relation LP*KALK des Kapitels 4.3.3). Diese Sicht läßt nur noch die Spalte WERKS_-ABGABE_PREIS erkennen und von dieser Spalte nur solche Zeilen, deren Primärschlüssel-Komponente BAUREIHE den Wert 5 hat.

Der Zusatz WITH CHECK OPTION, daß es jeden UPDATE- oder INSERT-Versuch gegen die Definition der View prüfen soll. Wenn z.B. USER_4 versucht, folgende Veränderung der View vorzunehmen:

```
UPDATE V_LPKALK_WAP_5
       SET BAUREIHE = '4';
```

dann wird dieser Versuch vom DBMS abgewiesen. Ohne den Zusatz WITH CHECK OPTION wäre der Versuch erfolgreich und USER_4 dürfte in Zukunft Baureihe 4 statt Baureihe 5 lesen und ändern.

Anweisung (2)
erlaubt dem Anwender USER_4 lesenden (SELECT) und ändernden (UPDATE) Zugriff auf die View, die in (1) definiert wurde.

Statement (1) und (2) zusammen bewirken also eine Lösung des 1. Fachproblems, das weiter oben als Zugriffsschutz-Problem genannt wurde.

Anweisung (3)
ist ein etwas merkwürdiger Befehl. Er definiert eine Sicht, die ohne Einschränkung alle Zeilen und Spalten der Tabelle LPKALK sichtbar werden läßt. Wozu dies? Wer mit einer solchen Sicht arbeitet, kann doch auch gleich mit der Tabelle arbeiten.

Das ist richtig. Aber dennoch ist Statement (3) sinnvoll. Bei projektübergreifender Nutzung von Tabellen muß immer damit gerechnet werden, das neue Tabellenspalten hinzukommen, auf die bisherige Anwendungssysteme nicht zugreifen dürfen. Läßt man ein Anwendungssystem von vorneherein nicht direkt mit den tables, sondern nur indirekt über views arbeiten, dann kann man später Spalten hinzufügen, ohne irgendwelche Berechtigungs- oder gar Programm-Änderungen bei alten Anwendungssystemen vornehmen zu müssen.

Anweisung (4)
erlaubt dem Anwender USER_9 jede Art von Zugriff (ALL PRIVILEGES, also SELECT, UPDATE, DELETE und INSERT) auf die in (3) definierte Tabellen-Sicht. Der Zusatz WITH GRANT OPTION besagt, daß USER_9 alle oder einige dieser Privilegien an andere Anwender weitergeben darf. Es bietet sich also für eine Datenbank-Administration an, einem Anwender, z.B. dem Projektleiter, views und grants gemäß (3) und (4) zuzuteilen. Der Projektleiter selbst kann und muß dann mit Hilfe seiner GRANT OPTION dafür sorgen, daß seine Anwender sachgemäß eingeschränkte Zugriffsrechte auf Anwendungssystem-Views bekommen. Unternehmen müssen organisatorisch sicherstellen, daß »Grant-Ketten« nicht wuchern.

Anweisung (5)
widerruft (REVOKE) Anweisung (2). Die DBA's überlassen es z.B. dem USER_9, für USER_4 zutreffende Views und Grants zu definieren. Sie haben dem USER_9 (Projektleiter) mit (1), (2) und (5) erklärt, wie er vorgehen soll.

Ergänzt sei zum Thema Zugriffsschutz, daß es Anwender-Unternehmen und DBMS-Anbieter gibt, die an Anwendungssystemen für die Verwaltung von Zugriffsschutz-Informationen arbeiten. Es sei darauf verzichtet, ein Grob- oder gar Fein-Datenmodell eines solchen Verwaltungssystems vorzustellen.

Zugriffsschutz-Fragen sollten in Zusammenarbeit von Fach-Abteilung und Datenbank-Administration während des distributiven Designs geklärt werden. Die Datenmodellierung von Anwendungssystemen wird durch Zugriffsschutz-Probleme nicht beeinflußt.

Anders ist dies bzgl. gesetzlicher Vorschriften, die das Speichern bestimmter Daten unter bestimmten (z.B. zeitlichen) Bedingungen verbieten. Ein Beispiel dazu beschreibt [Wiborny].

Status- und History-Probleme

Beide Probleme hängen miteinander zusammen.

Beispiel

Als Beispiel seien Arbeitspläne betrachtet. Sie halten fest, welche Arbeitsfolgen an welchen Maschinen der Reihe nach ausgeführt werden müssen, um ein Teil zu produzieren.

Ein Arbeitsplan P1.0 wird angelegt. Irgendwann wird er zur Fertigung freigegeben. Danach wird er geändert, um bei Arbeitsfolge F3 statt Maschine M5 die neue Maschine M9 nutzen zu können. Diese Änderung ist erst nur ein Entwurf, der für Kapazitäts-Rechnungen dient. Zeigen diese aber keine M9-Engpässe, dann wird der geänderte Arbeitsplan P1.1 freigegeben. P1.0 muß gespeichert bleiben, weil die Istkosten-Rechnung für die vergangenen Monate noch den Kostensatz der Maschine M5 und erst ab Freigabezeitpunkt von M9 den M9-Kostensatz verwenden soll.

Generell wird empfohlen, jedes Projekt zu befragen, bei welchen Relationen Status- und Historien-Informationen erforderlich sind. Pauschale Antworten, wie »Das lösen wir über Band-Speicherung und Zurückladen vom Band.« sollten hinterfragt werden.

Ein Arbeitsplan-Fein-Datenmodell könnte wie folgt aussehen:

Variante 1

```
R ARBEITSPLAN
P >HAUSTEIL
P >WERK
P _VERSIONS_NR
  >MITARBEITER;PLANEND
  _AENDERUNGS_GRUND
  >AP*STATUS
  _GUELTIG_VON_DAT
  _GUELTIG_BIS_DAT

R ARBEITSFOLGE
P >ARBEITSPLAN
P _NR
  _BESCHREIBENDER_TEXT
  >ARBEITSPLATZ
  >MASCHINE
  _MASCH_MINUTEN
  _MASCH_BEDIEN_ZEIT
```

Bei der Modellierung war zu entscheiden, ob Version und Status der Relation ARBEITSPLAN, der Relation ARBEITSFOLGE oder am besten *beiden* Relationen zugeordnet werden sollten. Dies ist nach Ansicht des Autors (anders als bei Zugriffsschutz-Problemen) eine Fragestellung, die vom konzeptionellen DB-Design beantwortet werden muß.

Ein Arbeitsplan hat in der Regel mehr als eine Arbeitsfolge, im Durchschnitt z.B. fünf. In obiger Modellierung müssen alle fünf Arbeitsfolgen neu abgespeichert werden, wenn sich z.B. bei Arbeitsfolge 3 die Maschine ändert. Als ARBEITSPLAN_AENDERUNGS_GRUND würde z.B. eingetragen »In AFO 3 Maschine M5 auf M9 geändert.«

Der Vorteil dieser Modellierung ist ihre Überschaubarkeit. Man weiß auf einen Blick, von wann bis wann ein ARBEITSPLAN gültig war oder sein soll und ob er freigegeben ist oder nicht (AP*STATUS).

Variante 2

```
R ARBEITSPLAN
P >HAUSTEIL
P >WERK
  >MITARBEITER;PLANEND

R ARBEITSFOLGE
P >ARBEITSPLAN
P _NR
P _VERSION
  _AENDERUNGS_GRUND
  >AF*STATUS
  _GUELTIG_VON_DAT
  _GUELTIG_BIS_DAT
  _BESCHREIBENDER_TEXT
  >ARBEITSPLATZ
  >MASCHINE
  _MASCH_MINUTEN
  _MASCH_BEDIEN_ZEIT
```

Bei einer Arbeitsfolgen-Änderung muß nur die geänderte Arbeitsfolge (AFO) neu gespeichert werden und nicht der ganze Arbeitsplan.

Es ist mehr Programmieraufwand nötig, um z.B. anzuzeigen, ob ein Arbeitsplan gültig ist oder nicht. Ist er ungültig, wenn z.B. AFO 5, Version 04 nur bis 10.10.89 gültig war und es keine zum Abfragezeitpunkt 7.5.90 gültige AFO-Version zu AFO 5 gibt? Oder sollte AFO 5 ersatzlos gestrichen werden?

Auch die Arbeitsplan-Pflege ist erschwert. Wenn z.B. ein Serien-Teil ausläuft und die Ersatzteilfertigung dieses Teils in einem ganz anderen Werk erfolgt, dann muß jede AFO einzeln auf ungültig gesetzt werden. Oder reicht eine (s.o.) ?

Variante 3

```
R ARBEITSPLAN
P >HAUSTEIL
P >WERK
  >MITARBEITER;PLANEND
  >AP*STATUS
  _GUELTIG_VON_DAT
  _GUELTIG_BIS_DAT
```

```
R ARBEITSFOLGE
P >ARBEITSPLAN
P _NR
P _VERSION
  _AENDERUNGS_GRUND
  >AF*STATUS
  _GUELTIG_VON_DAT
  _GUELTIG_BIS_DAT
  _BESCHREIBENDER_TEXT
  >ARBEITSPLATZ
  >MASCHINE
  _MASCH_MINUTEN
  _MASCH_BEDIEN_ZEIT
```

Diese Variante wird empfohlen. Allerdings müssen Programme die Einhaltung folgender Regeln überwachen:

Es darf zu jeder ARBEITSFOLGE_NR maximal eine ARBEITSFOLGE-_VERSION mit dem AF*STATUS »gültig« geben.

Der ARBEITSPLAN>AP*STATUS wird automatisch auf »ungültig« gesetzt, sobald bei einer gültigen AFO-Version das GUELTIG_BIS_-DATUM erreicht ist.

Resümee

Status- und History-Probleme haben Einfluß auf die Datenmodellierung, Zugriffsschutz-Probleme nicht. Bei einem distributiven DB-Design, das nach projektübergreifender Nutzung zentral gespeicherter Tabellen strebt, müssen Status- und Versions-Probleme gründlicher modelliert werden als unter der Annahme, daß jedes Anwendungssystem nur seine »privaten« Daten hat und von Zeit zu Zeit programmgesteuert einige dieser Daten an Schnittstellen-Projekte weitergibt, die damit machen sollen, was sie wollen.

Ist dies nicht Grund genug, beim distributiven DB-Design verteilte Datenhaltung anzustreben? Jeder erhält nur die für ihn bestimmten, gegebenenfalls gefilterten Daten. Viele Status-, History- und Zugriffsschutz-Probleme sind dadurch gelöst oder zumindest entschärft.

7.3.3 Chancen und Risiken verteilter Datenbanken

»Verteilte Datenbanken«

»Verteilte Datenbanken« sind im neueren Sprachgebrauch nicht mehrere, voneinander unabhängige, räumlich verteilte Datenbank-Management-Systeme (DBMS). »Verteilte Datenbanken« im neueren Begriffs-Verständnis sind miteinander verbunden und der Anwender hat über Netze alle Datenbanken, die er benötigt, im Zugriff.

[[Zehnder], S.243] definiert:

»Ein Datenbanksystem heißt verteilt (distributed database system, DDBS), wenn die zugehörige Datenbasis koordiniert auf mehrere Computersysteme (Netzknoten) aufteilbar ist.«

Es gibt unterschiedliche Realisierungsstände und (Entwicklungs-) Philosophien verteilter Datenbanksysteme. Sie werden hier nicht beschrieben oder gar diskutiert, sondern es sollen Literatur-Hinweise genügen (z.B. auf [Codd 2], Chapter 24, [Date 2], Chapter 10, [Elmasri, Navathe], Chapter 21 und [Zehnder], Kapitel 9).

Interessant ist aus Datenmodellierungs-Sicht nur das gemeinsame Ziel verteilter Datenbank-Technik:

Physisch verteilte Datenbasen sollen jedermann (über Netze und natürlich zugriffsgeschützt) zugänglich sein, ohne daß Update-Anomalien z.B. durch unterbrochene Transaktionen oder konkurrierende Zugriffe zu befürchten sind. Die Technik bietet dem distributiven DB-Design also bald verteilte Datenbanken, die sich dem Anwender gegenüber so verhalten, als hätte er es nur mit einer einzigen Datenbank zu tun.

Es wird für die Distributions-Designer eine Menge technischer Probleme, Kniffe und Parameter geben. Sie sind als Hilfsmittel (bzw. vorläufige Hindernisse) einzuordnen auf dem Weg zu einer physisch verteilten, aber dennoch redundanzarmen und inhaltlich integrierten Unternehmens-Datenhaltung.

Ergebnis

Wenn »verteilte Datenbanken« im modernen Wortsinn erst einmal verfügbar sind, dann kann und muß das konzeptionelle Tabellen-Design genauso arbeiten, als gäbe es nur ein zentrales, allen zugängliches DBMS. Der Unterschied ist, daß man Tabellen und vielleicht sogar Tabellen-Inhalte beim distributiven DB-Design auf mehrere Knoten verteilen wird, um dadurch die in Quadrant 2 des Bildes 7–8 genannten Vorteile gegenüber Quadrant 1 zu erzielen.

	Alle Anwedungssysteme benutzen dasselbe DBMS	Es werden viele (verteilte) DBMS benutzt
Daten sind inhaltlich kompatibel	(1) + Dokumentation von Relationen und Tabellen im Repository + geringe Redundanz, keine Transport- und Abgleichprobleme – Antwortzeiten problematisch – Benutzeroberfläche nicht optimal	(2) + Data Dictionaries dokumentieren Relationen und (verteilte) Tabellen + »verteilte DBMS« werden beherrscht + Antwortzeiten besser + Benutzerkomfort größer – Transport- und Abgleichprobleme größer
Daten sind nicht kompatibel, kein Repository mit zutreffender aktueller Daten-Dokumentation	(3) – problematische Antwortzeiten – viele Programme zum Datenaustausch – chaotische Datenhaltung mit Tendenz zur Dezentralisierung – Anwender muß gleiche Fakten mehrfach bekanntgeben – Anwender findet widersrüchliche »Fakten« in konkurrierenden Systemen	(4) + bessere Antwortzeiten – wie links – wie links, mit Tendenz zur Zentralisierung – wie links – Anwender findet viele Fakten überhaupt nicht mehr, andere mehrfach und widersprüchlich – höhere IV-Kosten

Bild 7–8 Mögliche Merkmale einer Unternehmens-Datenwelt

Viele Datenbanken

Dies trifft den heute in vielen Unternehmen (noch oder zunehmend) herrschenden Zustand. Man hat dort ein oder zwei große DBMS, deren Zustand durch Quadrant 3 von Bild 7–8 charakterisiert ist (erinnert sei an Kapitel 7.3.1). Daneben etablieren sich von Jahr zu Jahr mehr dezentrale DBMS, die teilweise ohne Anbindung an Zentralrechner, sondern statt dessen in einem Netzwerk-Verbund mit anderen dezentralen Rechnern betrieben werden. Insgesamt ist der Zustand einer solchen Unternehmens-Datenhaltung als chaotisch zu bezeichnen und wird etwas detaillierter in Quadrant 4 des Bildes 7–8 beschrieben.

Distributives Design vieler, inhaltlich aber unstimmiger Datenbanken wird sich auf eine *technische Unterstützung* einzelner Anwendungssysteme beschränken. Durch eine steigende Anzahl dezentraler, inhaltlich unkoordinierter Datenbanken wird der Zustand einer Unternehmens-Datenwelt verschlechtert. Die IV-Kosten steigen. Der Anwender-Nutzen wird örtlich erhöht, sinkt aber unternehmensweit.

Ergebnis

Basis für ein *erfolgreiches* distributives Design ist ein unternehmensweites Datenmodell (UwDM). In einem Repository müssen die UwDM-Relationen des konzeptionellen DB-Designs mit Tabellen von (verteilten) Datenbanken verknüpft werden. Ohne den dadurch geschaffenen Überblick wird es kein relevant kostensparendes distributives Design geben.

7.3.4 Chancen und Risiken einer Repository-Nutzung

Repository

»Repository« wird hier wegen der Kürze der Bezeichnung als Synonym für »zentrales Data Dictionary System« verwendet. Es hätte genauso gut auch die Bezeichnung »zentrale Enzyklopädie« gewählt werden können. Der Begriff »Repository« ist also hier hersteller-neutral gemeint, obwohl er Bestandteil einer IBM-Produktbezeichnung ist. Detail-Informationen über Aufbau und Verwendung von Data Dictionaries findet der Leser z.B. in [Brathwaite].

Bild 7–9 zeigt grob den Inhalt eines ideal gefüllten Repositories.

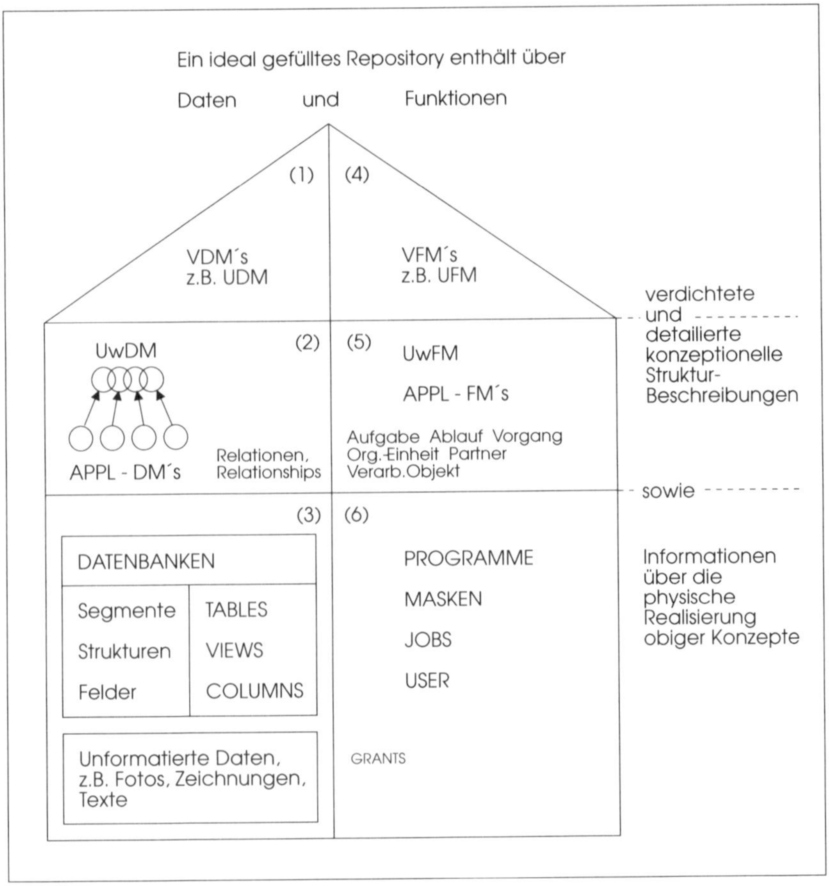

Bild 7–9 Inhalt eines ideal gefüllten Repositories

Erläuterung von Bild 7–9

(1) Im VDM-Dreieck sind Relationen des UwDM zu verdichteten Datenmodellen (VDM), z.B. Bereichs-Datenmodellen oder dem Unternehmens-Datenmodell (UDM) zusmmengefaßt. Die jeweilige Verdichtung eignet sich, um ausgehend von z.B. 30 groben (aber deshalb übersichtlichen) Daten-Informationen auf eine dem VDM zugeordnete große Anzahl von z.B. 500 UwDM-Relationen zielsicher und komfortabel zugreifen zu können.

(2) In diesem Repository-Quadranten sind Ergebnisse des konzeptionellen DB-Designs vieler oder gar aller Anwendungssysteme als Applikations-Datenmodelle (APPL-DM's) aktuell dokumentiert und (von Datenadministratoren) zum unternehmensweiten Datenmodell (UwDM) integriert.

(3) Dieser Repository-Quadrant enthält Informationen über alle physischen Datenbestände des Unternehmens. Für das Beispiel von DB2-Tabellen entspricht der Inhalt des Quadranten einem Teil des DB2-Catalog-Inhaltes. Ergebnisse des distributiven DB-Designs sind durch eine Verknüpfung von Relationen des Quadranten (2) mit Tabellen-, Segment- oder Datei-Informationen des Quadranten (3) dokumentiert. Nur so bleibt auch bei Datenverteilung der Daten-Überblick erhalten.

(4) Dieses Dreieck symbolisiert verdichtete Funktionsmodelle (VFM's), z.B. das Unternehmens-Funktionsmodell (UFM). Der Begriff »Funktion« ist dabei als Oberbegriff für Aufgabe und Ablauf gemeint.

(5) Dieser Repository-Quadrant enthält alle detaillierten Anwendungssystem-Funktionsmodelle (APPL-FM's) und deren Integration zu einem unternehmensweiten Funktionsmodell (UwFM). Um diese Integration müßte sich die Ablauf- und Struktur-Organisation kümmern.

(6) Idealerweise sind DV-technische Objekte, z.B. Masken, Programme und Jobs aus den APPL-FM's generiert und somit durch diese fachlich dokumentiert. Auch Informationen über Anwender (USER) und deren Zugriffsberechtigungen (z.B.GRANTS) sind im Repository gespeichert.

Repository-Chancen

»Dictionary-Systeme sind aus dem Zentrum zukunftsgerichteter Software-Produktions-Umgebungen (SPU) nicht mehr wegzudenken. Sie stellen das denkbar mächtigste Instrument dar,
- das heute dem Software-Ingenieur bei Neuerstellung/Pflege/ Weiterentwicklung operativer Anwendungen hilft,
- das in naher Zukunft Fachabteilung und DV bei der gemeinsamen Neukonzipierung integrierter Informationssysteme den Weg weist und
- das langfristig zum strategischen Planungs- und Entscheidungsinstrument des unternehmensweit operierenden Informations-Managements wird.« ([Heuer 2], S. 118)

Ein nach und nach vollständig und aktuell gefülltes Repository ist Dreh- und Angelpunkt einer modernen Informationsverarbeitung.

Ein Repository soll
- Transparenz in Fachkonzept und Realisierung der Anwendungssysteme eines Unternehmens bringen durch ingenieurmäßiges Strukturieren von Informationen über
  - Datendefinitionen,
  - (verteilte) Datenbestände,

- Funktionen,
- Masken,
- Programme,
- Zugriffsberechtigungen und
- Projektmanagement-Ergebnisse.

- Medium sein für
  - das zentrale Speichern dezentraler CASE-Tool-Ergebnisse
  - die fachliche Integration solcher Ergebnisse
  - die Übergabe von CASE-Tool-Ergebnissen an andere CASE-Tools

- Kosten senken durch
  - Generatoren, die auf Repository-Inhalten aufsetzen
  - Erkennen gemeinsam nutzbarer Daten und Funktionen
  - Vermeiden inkompatibler Datendefinitionen
  - Vermeiden einer unkontrollierten Datenexplosion
  - durch Überblick über die zu wartenden Ist-Systeme.

Ein Repository ist die »Stückliste der Informationsverarbeitung«. Das durch ein Repository unterstützte SE-Bemühen um Durchgängigkeit vom Konzept zum dokumentierten Programm entspricht den CIM-Bestrebungen in Konstruktion und Fertigung (CIM = Computer Integrated Manufacturing).

Repository-Risiken

Die Repository-Idee ist nicht neu. Sie ist so alt wie die Software-Engineering-Ideen. Hat Software-Engineering (SE) sich inzwischen auf breiter Front durchgesetzt? Haben sich Data Dictionary Systeme (DDS), die immerhin seit mehr als 10 Jahren angeboten werden, inzwischen durchgesetzt? Gibt es nicht im Gegenteil viele Firmen, die frustrierende Erfahrungen mit SE und DDS gesammelt haben und »neuen« allumfassenden Repository-Ansätzen eher skeptisch gegenüber stehen?

Aufbau, Betrieb und organisatorische Einbindung einer Software-Produktions-Umgebung (SPU), deren Herzstück ein Repository ist, muß als Groß-Projekt einer Unternehmens-IV gesehen werden. Eine SPU hat verschiedene Anwender-Gruppen und Tool-Schnittstellen. Ein Repository versucht, eine IV-Welt zu dokumentieren, an deren Veränderung und Verbesserung täglich z.B. 600 Leute arbeiten und während deren Erstellung und Wartung z.B. 50 verschiedene Tool-Typen zum Einsatz kommen.

Die Inhalte eines Repository sind dann relativ wertlos oder sogar irreführend, wenn sie

- nur gesammelt, nicht aber qualitätsgesichert und integriert werden
- nicht zuverlässig aktualisiert werden
- nur unbedeutende Fragmente der Unternehmensdaten dokumentieren
- aus einer zwar detaillierten, aber unübersichtlichen und unzugänglichen Flut von Informationen über Informationssysteme bestehen.

Sehr leicht wird eine »selbst gestrickte« SPU mit ihrem Repository zu einem Anwendungssystem, das genau wie alle anderen Anwendungssysteme

- ständig gewartet werden muß
- nicht im Repository dokumentiert ist
- unklar abgegrenzte oder inkompatible Daten enthält
- seine Anwender-Oberfläche oft verändert
- Mehrfach-Eingabe und -Pflege gleicher Daten erfordert
- Zuliefer- und Nutzer-Systemen dauernde Schnittstellen-Änderungen zumutet.

Bedingungen, die ein Repository erfüllen muß

Ein Repository wird das distributive DB-Design nur dann unterstützen, wenn

- eine funktionierende Methode der Verknüpfung von konzeptionellen Relationen mit physischen Tabellen angewendet wird
- keine (relevanten)Datenbank-Änderungen auf »Nebengleisen« am Repository vorbei möglich sind
- keine Mehrfach-Eingaben abverlangt werden
- keine permanenten Schnittstellen-Probleme zu sonstigen SPU-Komponenten auftreten.

7.3.5 Repository-Dokumentation von (verteilten) Datenbanken

In diesem Kapitel wird eine Methode vorgeschlagen, nach der (verteilte) Datenbanken fachlich dokumentiert werden sollen.

Es gibt mehrere denkbare methodische Ansätze. Sie werden kurz diskutiert und bewertet.

Soll man Datenbank-Felder mit Datenmodellen im Repository verknüpfen?

Hierarchische Datenbanken haben Segmente, über die sogenannte Strukturen definiert werden. Wenn diese Strukturen mit sprechenden Namen arbeiten, sind sie nahezu »*selbsterklärend*«, anderenfalls enthalten sie in der Regel Kommentare, die Feld-Abkürzungen erläutern und teilweise sogar um erlaubte Werte ergänzen.

Tabellen und Views können mit sprechenden Column-Namen angelegt oder aber mit den DBMS-Kommentar-Services um Tabellen- oder Spalten-Kommentare ergänzt werden.

Was soll eine Repository-Dokumentation von Segmenten oder Tabellen darüberhinaus bringen?

Frei wählbare Feldnamen oder Kommentare bleiben in der Regel weit hinter dem Informationsgehalt einer RRF-Zeile des Feinst-Datenmodells zurück. Ob z.B. ein Feld ein Fremdschlüssel ist und durch welche Relationship er in das Segment oder die Tabelle gelangte, bleibt oft unklar. Welcher Relation die Tabelle oder das Segment entspricht, ist ebenfalls meistens nicht festgehalten. Diese Mängel könnte man theoretisch abstellen, indem die Daten(bank)-Administration vorschreibt, daß Segmente oder Tabellen, Felder oder Spalten durch RRF-Begriffe zu benennen oder zu kommentieren sind. Ein solches Vorhaben stößt (unter anderem) auf folgende Hindernisse:

- Bestehende Ist-Tabellen oder -Segmente sollten ohne Namens- oder Kommentar-Änderungen durch Datenmodell-Relationen dokumentierbar sein.
- Gekaufte Software sollte durch Datenmodelle dokumentierbar sein.
- Bei Änderungen des Datenmodells können nicht immer zeitgleich Tabellen oder Segmente geändert werden.

Ergebnis

Kommentare oder gar Feldnamen namensgleich mit RRF-Zeilen zu machen, stößt zumindest in den drei oben genannten Fällen auf Probleme. Ein genauer Bezug zum Datenmodell ist aber Voraussetzung eines kostensparenden, distributiven Designs. Datenbanken ohne genaue Datenmodell-Dokumentation können nur erschwert von anderen Applikationen mitbenutzt werden. Deshalb sollte man Datenbanken im Repository mit dem UwDM verknüpfen.

Auch dezentrale Datenbank-Felder mit dem UwDM im Repository verknüpfen?

Sind *alle* Datenbestände detailliert im Repository zu dokumentieren oder ist bei dezentralen Beständen vom Repository auf Detail-Dokumentationen dezentraler DDS zu verweisen?

Die Vorteile dezentraler Datenspeicherung (vgl. Bild 7–8, Quadrant 2) sind auch bei der Datenhaltung von Meta-Daten (= Daten über Daten) anzustreben. Warum sollte man ein Repository mit allen View- und Column-Detail-Informationen belasten, die
- im dezentralen DBMS-Catalog ohnehin aktuell gehalten werden?
- fast ausschließlich dezentral benötigt werden?

Ergebnis

Vorgeschlagen wird, das UwDM komplett über alle Anwendungssysteme im Repository zu halten. Verknüpfungen des UwDM mit Detail-Informationen über Tabellen, Views und Columns sollten nur im jeweiligen (evtl. dezentralen) DBMS-DDS gespeichert und gepflegt werden. Verweis-Informationen vom UwDM auf diese Detail-Informationen sind im Repository als Hilfe für das distributive Design vorzusehen.

Produktiv- und Test-Status unterscheiden?

Soll man nur den Produktiv-Status dokumentieren oder auch den Test-Status?

Vorschlag

Da distributives Design überwiegend im Vorfeld der Produktiv-Übernahme tätig ist, sollten auch Entwicklungs- und Test-Status von Datenmodellen und Tabellen dokumentiert und verknüpft werden. Bei Übernahme von Tabellen und Views in die Produktion sollten auch die zugehörigen Meta-Daten automatisch in den Produktionsstatus übernommen werden.

Art der Verknüpfung von Datenmodellen mit Datenbanken

Wie soll die Verknüpfung von Tabellen und/oder Views mit Applikations-Datenmodellen und/oder dem UwDM erfolgen?

Vorschlag

Vorgeschlagen wird ein Verfahren, dessen Beschreibung sich auf Bild 7–10 bezieht.

Bild 7–10 ergänzt die schon aus Bild 4-13 bekannten Relationen des Meta-Datenmodells um die Relationen KNOTEN, DBMS, TABLE, ABVIEW und ABVIEW*COLUMN.

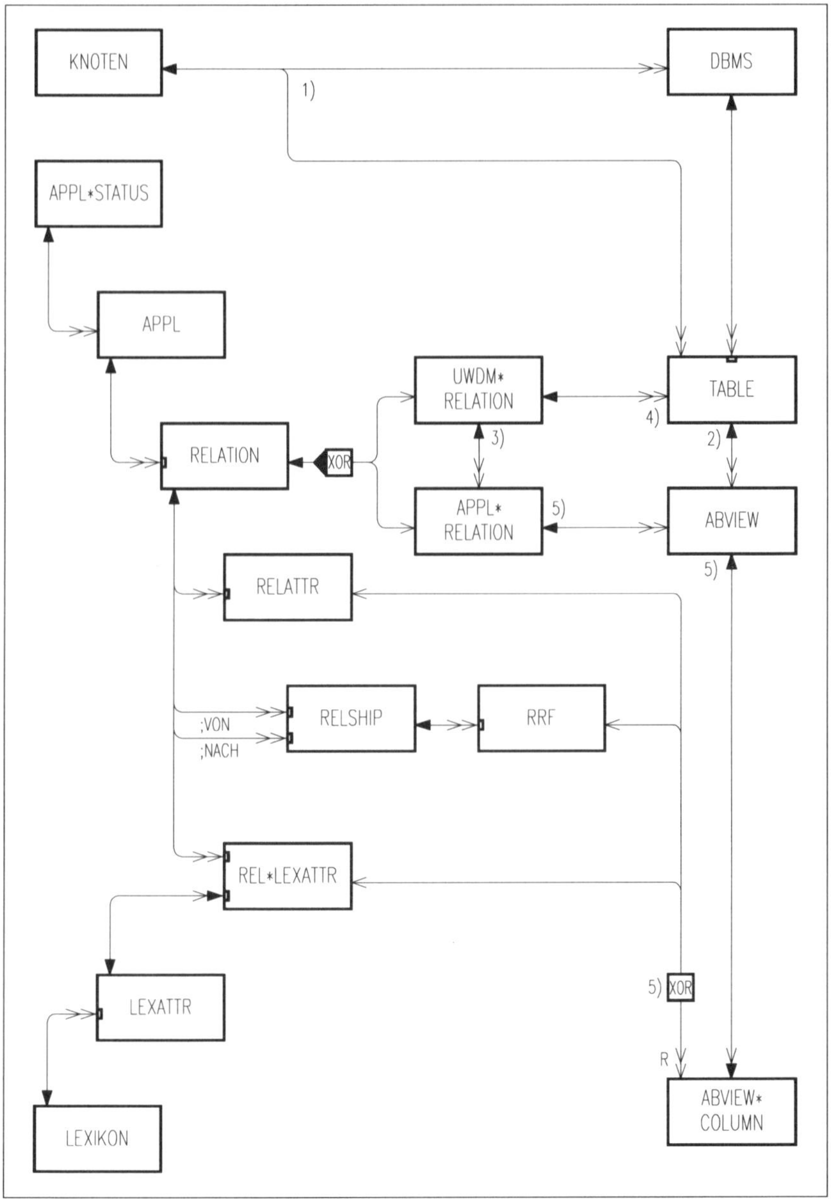

Bild 7–10 Einbeziehung distributiver Informationen in das Meta-Datenmodell

Erläuterung von Bild 7–10

KNOTEN meint einen unternehmensweit eindeutig bezeichneten Rechner.

DBMS ist eine Relation, die Daten über alle unternehmensweit eindeutig bezeichneten Datenbankmanagementsysteme enthält.

TABLE ist eine Relation mit Informationen über Tabellen relationaler DBMS.

Verknüpfung 1)

KNOTEN sind in Bild 7–10 im Hinblick auf verteilte DBMS zur Sicherheit dem DBMS und den (verteilten) TABLES zugeordnet.

ABVIEW ist eine Abkürzung für APPLIKATIONS-BASIS-VIEW. Schon in Kapitel 7.3.2 wurde empfohlen, Anwendungssysteme nicht direkt auf Tabellen zugreifen zu lassen, sondern immer nur über Views. Die Datenbank-Administration vergibt die APPLIKATIONS-BASIS-VIEW. Sie legt fest, welche TABLE-Columns und ggf. Column-Ausprägungen eine Applikation maximal verwenden darf. Aufbauend auf der ABVIEW kann die Fachabteilung oder der Projektleiter weitere Views definieren, die für bestimmte Benutzer oder Benutzergruppen Zugriffsrechte weiter einschränken.

Verknüpfung 2)

Der Zusammenhang zwischen ABVIEW und TABLE sollte durch Namenskonventionen systematisch erkennbar gemacht werden. Beispiel: TABLE_NAME = T_0017, ABVIEW_NAME = V_0017_001.

Die Entscheidung, welche TABLE einer ABVIEW zugeordnet wird, ist das Haupt-Ergebnis des distributiven Designs.

Nachdem die Datenbank-Administratoren in Absprache mit dem Projekt-Team diese distributive Entscheidung getroffen haben, kann ein Verknüpfungsprogramm die über 5) mit ABVIEW*COLUMNs verknüpften RRF-Zeilen als Kommentare in die zum ABVIEW gehörenden TABLE-Columns kopieren. (Wenn zwei ABVIEWs auf der gleichen TABLE definiert sind, muß durch die Datenadministratoren sichergestellt sein, daß die neueren RRF-Zeilen der zweiten ABVIEW dem UwDM genauso oder besser besser entsprechen wie die älteren mit der ersten ABVIEW per 5) verknüpften RRF-Zeilen.)

Die Relation RELATION ist im Meta-Datenmodell des Bildes 7–10 zum besseren Verständnis in zwei Sub-Relationen untergliedert. Repository-RELATIONEN können sein UWDM*RELATIONen oder APPLikations*RELATIONen. Alle UwDM-Relationen sind im Repository vollständig enthalten. Die APPL*RELATIONen sind im Repository, aber außerdem in CASE-Tool-Enzyklopädien oder dezentralen Data Dictionary Systemen (DDS) gespeichert.

Verknüpfung 3)

Der Zusammenhang zwischen APPL*RELATIONen und UWDM*RELATIONen ist über gleiche Relationsnamen und/oder die Problem-Tabellen hergestellt (vgl. Kapitel 6.4.2).

Verknüpfung 4)

Die Verknüpfung von TABLEs mit UWDM*RELATIONen legt die Datenbank-Administration beim distributiven DB-Design manuell im Repository an. Im Falle nur dezentral gespeicherter Tabellen ist diese Verknüpfung die einzige Repository-Brücke vom UwDM zu der physischen Datenwelt. Im Falle von Tabellen, die zum zentralen DBMS gehören und deshalb vielleicht komplett im Repository dokumentiert werden, kann Verknüpfung 4) entfallen, da die Verknüpfungen 5) detaillierte Informationen schaffen, die 4) einschließen.

In der Regel sollte es nur maximal eine TABLE pro UWDM-Relation geben. Ausnahmen entstehen durch kontrollierte Redundanz im Rahmen eines optimierenden distributiven Designs.

Verknüpfung 5)

Alle drei Verknüpfungen können bei Übernahme der um Column-Angaben erweiterten RRF-Notation in ein DDS oder das Repository dort per Übernahmeprogramm angelegt werden.

Wenn ein DBA beim distributiven DB-Design wissen will, welche TABLEs einer UWDM*RELATION x bisher entsprechen, dann ist der Suchpfad folgender:

Suche alle dezentralen Tables über Repository-Verknüpfung 4).

Suche außerdem alle Applikations-Relationen zur UWDM-Relation, die mit ABVIEWs über 5) verknüpft sind. In der Regel wird es maximal eine ABVIEW pro APPL*RELATION geben. Ausnahmen mögen bei zukünftiger Nutzung verteilter Datenbanken auftreten. Da die ABVIEW sich auf genau eine TABLE bezieht, werden über die ABVIEWS auch die Tabellen des zentralen DBMS gefunden.

Will der DBA sogar auf Column-Ebene genau wissen, wo z.B. welches RELATTR bisher physisch gespeichert ist, dann sucht er zum RELATTR die ABVIEW*COLUMNs und kann von dort über ABVIEW die gesuchten TABLEs ausfindig machen.

Im Falle der Datenspeicherung in dezentralen DBMS sind Informationen über Verknüpfungen 5) nur in *dezentralen* DDS zu finden, nicht außerdem noch im Repository. Dort gibt es nur den groben Verknüpfungs-Hinweis 4), über den der DBA erfährt, auf welches dezentrale DDS er zugreifen muß, um detaillierte Angaben über Verknüpfung 5) zu finden.

Dokumentation hierarchischer Datenbanken?

Vorschlag

Das Dokumentieren von Segmenten und Segment-Strukturen hierarchischer Datenbanken sollte analog zur Datenmodell-Dokumentation relationaler Tabellen erfolgen. Erstens bilden hierarchische Datenbanken derzeit in den meisten Unternehmen noch das Rückgrat der operativen Informationsverarbeitung. Zweitens werden immer mehr Daten aus hierarchischen DBMS in relationale DBMS extrahiert. Extraktions-Beziehungen zwischen Segmenten und Tabellen sollten ebenfalls im Repository oder dezentralen DDS dokumentiert werden, da wohl nur so das technische und inhaltliche Zusammenwirken von operationaler und dispositiv strategischer Informationsverarbeitung transparent bleibt.

Schlußbetrachtung

Daß es kompliziert ist, Datenbanken aktuell mit Datenmodell-Relationen zu verknüpfen, wurde wohl deutlich.

Es gibt die Auffassung, wenn man sich der Problematik der Verknüpfung entziehe, könne man Datenmodellierung auch gleich sein lassen. Denn dann würden Datenbanken wie eh und je realisiert und Datenmodelle wären nur schöne, aber wertlose Zeichnungen oder Dokumente an der Wand oder in der Schublade.

Diese Auffasung teilt der Autor *nicht(!)*. Datenmodelle sind ein wertvolles Hilfsmittel zur Klärung *fachlicher(!)* Zusammenhänge. Die Vorgaben von Spezifikations-Teams werden besser kompatibel sein. Dies wird indirekt (auch ohne Verknüpfung) zu kompatibleren Datenbanken führen, denn kein Programmierer wird die Datenbanken ohne besonderen Grund anders strukturieren, als sie ihm von (bzgl. Datenmodellierung geschulten) Spezifikations-Teams vorgeschlagen wurden.

Eine fehlende Verknüpfung verhindert nur das Dokumentieren und Steuern der Daten-Redundanz, also ein ökonomisches, statt nur technisch unterstützendes distributives Design.

Kann oder soll Datenmodellierung also unabhängig vom physischen und distributiven DB-Design betrieben werden? Wie ist die Zusammenarbeit von Datenadministratoren und Datenbank-Administratoren zu organisieren? Diese und andere organisatorische Fragen werden in Kapitel 8 behandelt.

7.4 Zusammenfassung, Standortbestimmung und Ausblick

Zusammenfassung

Konzeptionelles, physisches, distributives DB-Design

»Datenmodellierung« ist ein Synonym für »konzeptionelles Datenbank-Design«. RRM-Feinst-Datenmodelle können ohne strukturelle Veränderung in Tabellen relationaler DBMS umgesetzt werden. »Physisches Datenbank-Design« ergänzt das Feinst-Datenmodell um DBMS-spezifische, technische Informationen und Indizes, die häufige Zugriffe beschleunigen. »Distributives Datenbank-Design« trifft Entscheidungen über die Verteilung von Datenbeständen, über gewollte Daten-Redundanz oder auch gemeinsam zu nutzende Tabellen. Datenmodellierung wird von der »Datenadministration (DA)« betrieben, physisches und distributives Design ist Aufgabe der »Datenbank-Administration (DBA)«.

Domänen und strukturierte Datentypen

Als Grenzgebiet des konzeptionellen und des physischen DB-Designs wurden unter anderem »Domänen« vertiefend behandelt. Empfehlung war, Domänen als Tabellen zu speichern, solange der DBMS-Catalog noch keine Domänen-Services anbietet. »Strukturierte Datentypen« (STRUC*DOMAIN, vgl. Bild 7–5) wurden neben den schon bekannten Applikations-Domänen als weiterer Domänentyp in das RRM-Meta-Datenmodell eingeführt. Fein- und Feinst-Datenmodell-Notation strukturierter Datentypen wurde in Kapitel 7.2.3 vereinbart.

1:1-Beziehungstypen sind kritisch zu prüfende Datenmodellierungs-Ergebnisse. Oft zeigt sich bei Betrachtung der durch sie modellierten Tabellen, daß andere Datenstrukturierungen vorzuziehen sind. In solchen Fällen sollten nicht nur die relationalen Tabellen, sondern auch das Datenmodell geändert werden.

Distributives DB-Design

Distributives Design kann zentraler oder dezentraler Datenhaltung den Vorzug geben. Beide Varianten haben Vor- und Nachteile, die in Bild 7–8 zusammengestellt sind. Ohne durch Datenmodell-Integration kompatible Daten bringt die Nutzung vieler (verteilter) DBMS eher Nachteile als Vorteile gegenüber zentraler Datenhaltung. Ohne Tabellen-Verknüpfung mit Datenmodellen ist distributives Design nur technisch unterstützend für Projekte tätig, kann jedoch nicht unternehmensweit die Datenhaltung optimieren.

Zugriffsschutz, History

Datenmodellierung braucht Fragen des Zugriffsschutzes nicht zu berücksichtigen. Anders ist dies bei Status- und History-Problemen. Insbesondere bei unternehmensweit zugänglichen (verteilten) Tabellen müssen Status- und History-Fragen sauber modelliert sein. Zugriffsschutz kann über Views und die Data Control Language (DCL) geregelt werden. Eine wichtige Rolle spielen dabei von der DBA vergebene Applikations-Basis-Views (ABVIEWs, vgl. Bild 7–10). Mit Bezug auf Bild 7–10 wurde ein Datenbank-Dokumentations-Verfahren im Repository und in dezentralen Data-Dictionary-Systemen vorgeschlagen.

Datenbank-Dokumentation im Repository

Die Datenbank-Dokumentation ist nur eine von vielen Aufgaben eines Repository. Den Inhalt eines ideal gefüllten Repository verdeutlicht Bild 7–9. Ein Repository kann das DB-Design nur unterstützen, wenn Datenmodell-Integration und Datenmodell-Verknüpfung mit physischen Tabellen zuverlässig und ohne dauernde Methoden- oder Schnittstellen-Änderungen funktionieren. Organisatorisch muß sichergestellt sein, daß es keine Datenbank-Nebengleise am Repository vorbei gibt.

Standortbestimmung

Der Leser kennt jetzt eine Fülle von Vorschlägen für

- die Projekt-Datenmodellierung
- das Zusammenspiel von Daten- und Funktionsmodell
- die Datenmodell-Verdichtung
- die Datenmodell-Integration
- das Zusammenwirken von konzeptionellem mit physischem und distributivem Datenbank-Design.

Ausblick

Bisher immer nur gestreift wurden organisatorische Fragen. Sie stehen im Mittelpunkt des folgenden Kapitels.

8

Datenmanagement

- Datenmanagement als Teil der IV-Infrastruktur
- Datenmanagement-Organisation
- Schlußbetrachtung

»*Service und Qualitätssicherung rund um die Daten*« könnte das Motto einer Organisationseinheit Datenmanagement sein.

Service
wird erbracht durch Beratung und Arbeitsübernahme bei Datenmodellierung, distributivem und physischem Datenbank-Design. Er umfaßt nach Produktiv-Einsatz eines Anwendungssystems auch die laufende Beobachtung der Datenbanken und Tuning-Maßnahmen.

Qualitätssicherung
erfolgt durch Datenmodell-Integration in das unternehmensweite Datenmodell (UwDM), durch Prüfen von Projekt-Vorschlägen für die Daten-Distribution und von DBMS-spezifischen physischen Angaben.

Bevor organisatorische Fragen eines so verstandenen Datenmanagements diskutiert werden, wird der Beitrag des Datenmanagements zu einer ökonomischen IV-Infrastruktur verdeutlicht. Datenmanagement unterstützt das Bereitstellen genormter Unternehmensdaten, ähnlich wie z.B. das Netzwerk-Management für das Bereitstellen genormter Netze im Unternehmen sorgt.

8.1 Datenmanagement als Teil der IV-Infrastruktur

8.1.1 Vergleich zweier IV-Infrastrukturen

Ablauf-Organisation ist schon erforderlich, wenn eine Person eine komplexe Aufgabe in Angriff nimmt. Aufbau-Organisation kommt hinzu, wenn viele Personen auf ein Ziel hin arbeiten sollen. Hierarchische Organisation ist die dominierende Aufbau-Organisationsform. Ergänzt werden Organigramme gelegentlich um gestrichelt gezeichnete Matrix-Beziehungen quer zur vertikalen Hierarchie-Struktur.

Dadurch wird ansatzweise festgehalten, daß Zusammenarbeit und Weisungsbefugnisse nicht nur *vertikal* innerhalb eines Hierarchie-Astes geregelt sein müssen, sondern auch *horizontal* oder *diagonal* zwischen verschiedenen Ästen gleicher oder verschiedener Baum-Ebenen. Eine solche Zielsetzung wird prinzipiell durch Informationssysteme unterstützt. Jedoch nur dann, wenn IV-Systeme nicht so gestaltet werden, daß sie zur Funktionsstruktur eines Hierarchie-Astes passen, sondern »organisations-neutral«.

Es ist dem IV-System egal, ob eine Abteilung des Vertriebs oder eine Abteilung der Logistik einen Auftragsstatus auf »akzeptiert« setzt. IV-technisch kann durch die Änderung des Auftragsstatus jede beliebige

Abteilung »getriggert« werden, ganz gleich, zu welchem Hierarchie-Ast sie gehört. Eine Information sollte in modernen IV-Systemen jedem Zugriffsberechtigten sofort nach ihrer Entstehung zugänglich sein. Umgekehrt ermöglicht die IV-Technik heute prinzipiell jedem Unternehmens-Mitarbeiter, auf alle Informationen zuzugreifen, die er für seine Arbeit braucht.

Die IV-Praxis sieht jedoch in vielen Firmen noch anders aus:

- Systeme werden organisations-orientiert statt organisations-neutral entworfen.
- System-Informationen werden durch eine Papierflut und herkömmliche »Berichtswege« begleitet und belastet.
- Systeme werden mit »eigener« Datenbasis betrieben, die mehr oder weniger kompatibel zu anderen Datenbeständen und Aktualitätsständen ist.
- Systeme werden in unterschiedlichen und zusammenhangslosen Entwicklungsumgebungen geplant und realisiert. Deshalb gibt es keine verbindenden oder verbindlichen Meta-Informationen.
- Systeme sind nicht überschneidungsfrei gegeneinander abgegrenzt.

Chaotische IV-Infrastruktur

Beispiel

Bild 8–1 soll den heute vielfach charakteristischen Stand der IV-Systemlandschaft verdeutlichen. Dargestellt sind zwei PC-Systeme, ein CAD-Arbeitsplatz und ein Zentralrechner-Bildschirm. Alle genannten Rechner arbeiten mit einer eigenen Datenbasis und sind teilweise miteinander vernetzt. Die Vernetzung wird allerdings nur zum Datentransport genutzt, nicht zum Online-Durchgriff auf andere Systeme.

In der scheinbar modernen IV-Infrastruktur des Bildes 8–1 kann sich z.B. folgende Informationsverarbeitung abspielen:

Der Qualitätssicherer Krause wird von seinem Chef beauftragt, eine Stellungnahme zu einem Kotflügel-Qualitätsproblem zu erarbeiten. Krause erfaßt auf seinem PC die monatlichen Ausschußzahlen für den fraglichen Kotflügel. Er übernimmt diese Ausschuß-Daten aus dem zentralen Qualitäts-Info-System QUINFO mit Hilfe einer Liste. Das auf dem PC zu den Ausschuß-Zahlen erzeugte Balken-Diagramm wird Krause in seinen per DTP erzeugten Bericht einfügen.

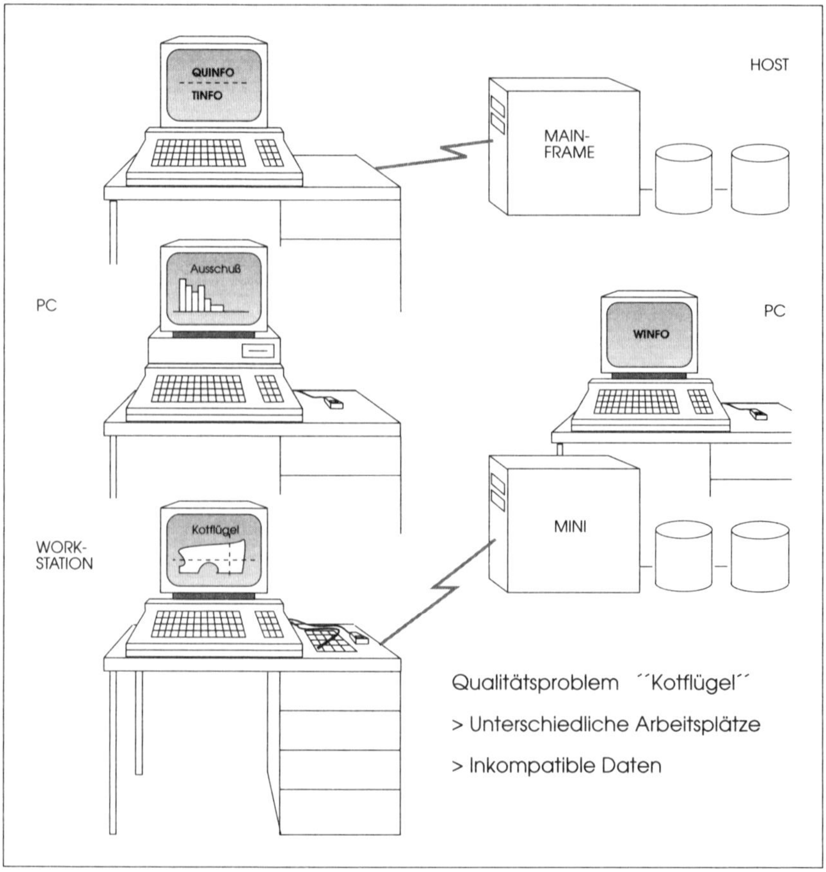

Bild 8–1 Hardware- und Daten-Chaos

Krause wird telefonisch vom zuständigen Preßwerk-Meister auf einen zu kleinen Werkzeug-Krümmungs-Radius als Ausschuß-Ursache hingewiesen. Krause möchte wissen, welche Radius-Maße denn eigentlich auf der Zeichnung angegeben sind. Die Zeichnung kann nicht einfach am Bildschirm angeschaut werden, sondern ist auf dem Postweg anzufordern. Nach 4 Tagen geht per Hauspost eine Kopie der Zeichnung ein. Sie trägt dem Stempel-Vermerk »Nur zur Ansicht, kein Änderungsdienst«.

Krause stellt fest, daß ein auf der Zeichnung angegebenes Radius-Maß geändert werden muß und möchte dies dem zuständigen Konstrukteur mitteilen. Der Konstrukteur muß vom Krause an einem Zentralrechner-Bildschirm über das Teile-Informationssystem TINFO ausfindig gemacht werden.

Nach mehreren vergeblichen Versuchen erreicht Krause den Konstrukteur telefonisch und schildert das Problem. Der Konstrukteur schaut in seinen CAD-Schirm und verkündet, er habe das Maß schon geändert. Er habe die Zeichnungs-Änderung noch nicht an das zentrale Zeichnungs-Archiv geschickt, weil er sie vorher um einen Detail-Ausschnitt ergänzen möchte. Er habe aber, was viel wichtiger sei, schon dem Werkzeug-Planer Maier schriftlich mitgeteilt, daß das Preß-Werkzeug 12345 entsprechend überarbeitet werden müsse. Krause solle aber zur Sicherheit noch die Ausschuß-Zahlen an Maier schicken, damit dieser die Sache mit höherer Priorität betreibe.

Krause ruft Herrn Maier an. Der weiß von nichts. »Seit der Umorganisation gehen öfters noch Briefe an das alte Postzeichen. Leider gibt es da auch einen Maier und der ist gerade in Urlaub.«

Herr Maier schaut in sein PC-System WINFO (Werkzeug-Info-System). »Dumm, daß Sie erst jetzt anrufen. Werkzeug 12345 ist gerade zum Nach-Justieren beim Lieferanten. Aber vielleicht haben die noch nicht angefangen und können vor dem Justieren erst noch den Radius ändern. Ich rufe da gleich mal an. Aber von der Konstruktion brauche ich eine Zeichnung, die ich an den Lieferanten schicke, denn auf Zuruf ändern die nichts mehr...«

Integrierte IV-Infrastruktur

Beispiel

Bild 8–2 zeigt eine andere IV-Infrastruktur. Krause hat einen Graphik-Bildschirm, der zur Workstation K5 gehört. Knoten K1 beschafft mit Hilfe von Steuerungs-Informationen des Repository-Knotens K4 Daten von den Daten-Servern K2 (betriebswirtschaftliche Daten) und K3 (Graphik-Daten). Diese Daten werden in Windows des K5-Schirms angezeigt.

Gleicher Vorgang (Qualitätsproblem Kotflügel) in der IV-Infrastruktur des Bildes 8–2:

Krause läßt sich in Window 1 die QUINFO-Ausschuß-Zahlen als Balken-Diagramm aufbereiten. Er schaut sich in Window 2 die Kotflügel-Zeichnung an und stellt fest, daß das fragliche Radius-Maß dort vor 1 Woche korrigiert wurde. Er ruft in Window 3 das WINFO-System auf und stellt fest, daß Werkzeug 12345 an den Lieferanten x geschickt wurde. Wartungs-Auftrag: Radius ändern und Werkzeug justieren.

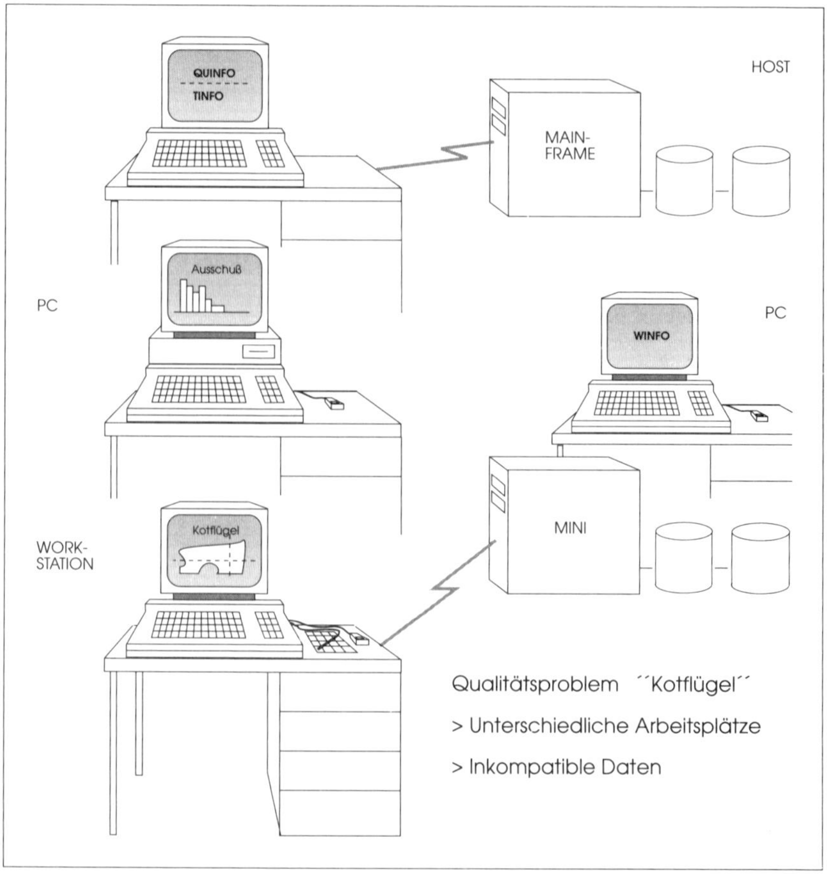

Bild 8–2 Hardware- und Daten-Architektur

Krause gibt den Hinweis auf die bereits veranlaßte Werkzeug-Änderung im QUINFO-Window ein und schickt seinem Chef per POST-Kommunikations-Window einen Dreizeiler.

Dauer des Vorgangs:
10 Minuten.

Dauer des analogen Vorgangs in der chaotischen IV-Umgebung:
7 Arbeitstage.

Kosten der Informations-Verzögerung:
18 000 DM für erneutes Werkzeug-Justieren nach Radius-Änderung.

8.1.2 Infrastruktur und Normung

Das Qualitätssicherungs-Beispiel ist frei erfunden und möglicherweise technisch unsinnig. Dennoch dürfte es geeignet sein, Vorteile einer integrierten gegenüber einer chaotischen IV-Infrastruktur zu veranschaulichen.

Bestandteile einer integrierten IV-Infrastruktur

Bild 8–3 zeigt weniger hardware-orientiert als Bild 8–2 die Bestandteile einer integrierten IV-Infrastruktur.

Erläuterungen von Bild 8–3

Genormte Bedienер-Oberflächen
werden von verschiedenen Anwendergruppen auf unterschiedlich ausgebauten Workstations (PC's) oder auch (noch) »dummen« Bildschirmen benutzt. Zur Normung der Bediener-Oberfläche gehört auch das Springen in andere Anwendungssysteme unter »Mitnahme« von zuvor eingegebenen oder ausgewählten Maskenfeld-Inhalten (Daten).

Genormte Netzwerke
verbinden alle Anwender miteinander. Genormte Netze sind die »Straßen« jeder IV-Infrastruktur. (Normen für die verschiedenen Netzwerk-Ebenen stellt z.B. [Schnupp], S. 158 zusammen). Eine Integration von heute noch isolierten »Diensten« bahnt sich an. (Vgl. dazu z.B. [Haase]).

Bürokommunikation
(electronic mailing) wird Hauspost-Verweilzeiten abkürzen und zur Erledigung von terminierten Aufgaben mahnen. »Sprachspeicher« werden Telefonate während der Abwesenheit entgegennehmen. Konferenz-Schaltungen sind möglich.

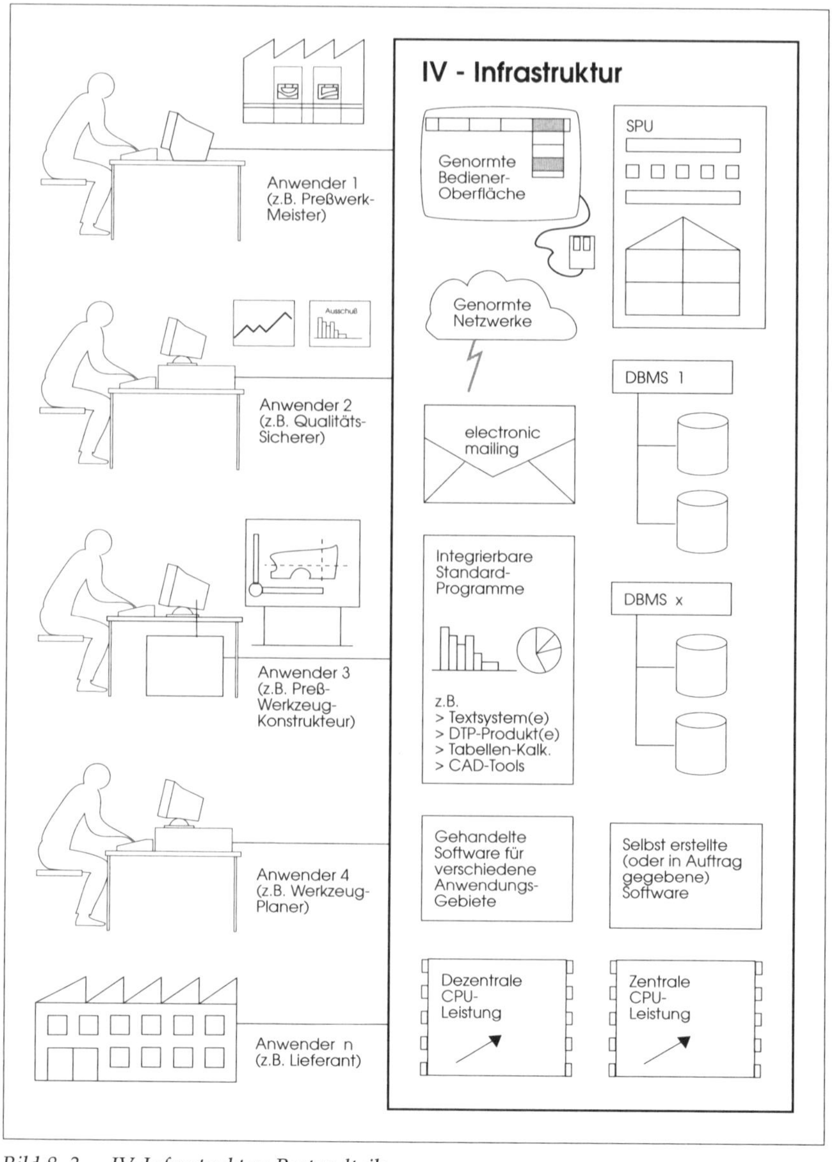

Bild 8–3 IV-Infrastruktur-Bestandteile

Integrierbare Standard-Programme
sind z.B. Desk Top Publishing (DTP) Systeme. In Verbindung mit Büro-Kommunikationssystemen ermöglichen sie Dokument-Aufbereitung und »Versand«. DTP-Produkte können Texte, Fotos, technische Zeichnungen, Geschäfts-Graphiken und Tabellen (mit teilweise automatisch

berechneten Werten) mischen. Alle DTP-Dokument-Bausteine sind mit Standard-Programmen, z.B. Text-Systemen, erstellbar. Während ursprünglich z.B. die Ergebnisse von Textprogrammen oder Tabellenkalkulationen nicht mit Geschäftsgraphiken gemischt werden konnten, ist von Jahr zu Jahr eine zunehmende technische Integrierbarkeit der Standard-Programme und ihrer Ergebnis-Objekte festzustellen.

Auch CAD-Systeme werden zunehmend nicht mehr nur als isolierte Zeichenhilfe verstanden, sondern eine Integration der Zeichnungs-Oberfläche mit Datenbanksystemen, die ergänzende technische Daten speichern, ist angestrebt und teilweise bereits realisiert. Dies sei durch einige Zitate zweier CAD-Autoren belegt:

»Eine Hauptaufgabe der CAD-Systeme ist es, die vielen, an einem Arbeitsplatz anfallenden, verschiedenartigen Daten über neue, in die Konstruktion einbezogene oder veränderte Produkte zu verwalten. Für diesen Zweck wurden in den letzten Jahren spezielle arbeitsplatzorientierte Datenverwaltungssysteme entwickelt, die noch eine Reihe von Schwachstellen besitzen. Deshalb werden – wie im kommerziellen Bereich – auch für interaktive CAD-Anwendungen ähnlich universelle Lösungen für die Datenverwaltung dringend benötigt.« ([Fischer], S.3)

»Solange einem Benutzer schlüsselfertiger Systeme alle Anforderungen erfüllt werden, spielt es keine Rolle, wie die Datenverwaltung vom Hersteller gelöst wurde. Einige – auch große – Hersteller haben jedoch erkannt, daß sie nicht jedem ihrer Kunden eine schlüsselfertige Lösung anbieten können. Deshalb werden, wenn auch zögernd, die internen Schnittstellen der eigenen Datenverwaltung offengelegt, damit der Kunde fehlende Programme zur weiteren Verwertung der bereits gespeicherten Produktmodelle einfügen kann.« ([Fischer], S. 3 f.)

»Bei jedem Projekt, für das Sie Zeichnungen erstellen, werden die in der Zeichnung versteckten Informationen auch für viele andere Tätigkeiten benötigt. Einige Beispiele sollen Ihnen dies verdeutlichen. Aus einem Gebäudegrundriß ermittelt man u.a. die Fläche der einzelnen Räume. Aus einer Zusammenbauzeichnung bekommt man die Information, welche Bauteile in welcher Anzahl verwendet werden. Aus der Zeichnung eines Rohrleitungssystems erhält man z.B. Daten über die Länge aller Rohre mit gleichem Durchmesser. Aus einem Stadtplan oder einer Karte kann man Hausnummern oder auch Daten über die Bevölkerungsdichte erhalten. Durch eine intelligente Benutzung dieser 'anderen Hälfte' Ihres CAD-Systems ersparen Sie sich die Doppelerfassung vieler Daten und sorgen dafür, daß die Datens stets auf dem aktuellen Stand sind.« ([Jones, Martin], S. 4 f.)

»Benutzt man CAD nur als elektronisches Zeichenbrett, so erreicht man Produktivitätssteigerungen um einen Faktor 2 bis 3 gegenüber der konventionellen Zeichenarbeit. Die effektive Benutzung der geometrischen und der nicht-geometrischen Informationen außerhalb der reinen Zeichentätigkeit erhöht diese Werte wesentlich.« ([Jones, Martin], S.6)

Im CAD-Bereich bahnt sich also eine technische Integration von Zeichnungen und formatierten Daten an. Ganz generell vermutet [[Vossen], Kapitel 30], daß die »fünfte Generation« von DBMS Text-, Graphik- und Bildverarbeitung integrieren wird. Diese technische Entwicklung kann von anwendenden Unternehmen nur dann umfassend und ökonomisch genutzt werden, wenn z.B. auch CAD-Datenbank-Daten oder Informationen über Bilder in unternehmensweite Datenmodelle (z.B. die dortigen Stücklisten- oder Fremdprodukt-Relationen) integriert werden.

Kaufsoftware für verschiedene Anwendungsgebiete
bietet sich zunehmend als Alternative zur Eigen-Entwicklung an. Beispiele sind Programm-Pakete für Lagerhaltung, Material-Disposition, Projekt-Management, Netzwerk-Überwachung, Lineare Optimierung, technische Berechnungen, Statistik-Pakete, u.s.w. Der Unterschied zu den Standard-Programmen besteht in der geringeren Anzahl potentieller Anwender.

Selbst erstellte (oder in Auftrag gegebene) Software
muß im Unterschied zu gekaufter Software spezifiziert werden. Dies sollte mit Hilfe von SPU-Komponenten geschehen.

Software Produktionsumgebung (SPU)
nennt man die Summe von (teilweise dezentralen) SPU-Komponenten, die die Entwicklung, Integration und Wartung selbst erstellter Software erleichtern. Die Datenbestände der (verteilten) Datenbank-Management-Systeme (DBMS) sind im Repository dokumentiert und mit dem unternehmensweiten Datenmodell verknüpft. Auch die Datenbestände von gekaufter Software sollten im Repository aktuell dokumentiert sein, damit Eigen-Entwicklungen kompatibel zur gekauften Software sind und bleiben.

Datenbank-Management-Systeme (DBMS)
speichern (verteilt) die Daten von gekauften und eigenerstellten Anwendungssystemen. Sie ermöglichen zunehmend eine ad hoc Abfrage durch (z.B. SQL-geschulte) Anwender. Informationen über Art, Zuammenhang und Verteilung der gespeicherten Unternehmensdaten sind aktuell in Data-Dictionaries der SPU enthalten. Ein zentrales Data-Dictionary-System (Repository) ist Hilfsmittel des Datenmanagement für die Normung der Unternehmensdaten.

Dezentrale und zentrale CPU-Leistung
wird immer billiger und ermöglicht immer komplexere Datenverarbeitung. Hierarchische Hardware-Strukturen weichen vernetzten dezentralen Knoten oder werden zumindest durch diese ergänzt.

Wesen und Nutzen der Normung

Integration der einzelnen Infrastruktur-Blöcke ist das vom anwendenden Unternehmen zu lösende Problem, nicht etwa nur die *Finanzierung*. Einen großen Teil der Integrationsprobleme lösen die Hard- und Software-Anbieter durch ständig verstärkte Normungs-Bemühungen und den Normen entsprechende Produkte. Bild 8–4 zeigt am Beispiel einiger Normungs-Gegenstände den Zusammenhang zwischen Normung und darauf aufbauenden Produkten, die von Anwendungssystemen kompatibel genutzt werden können.

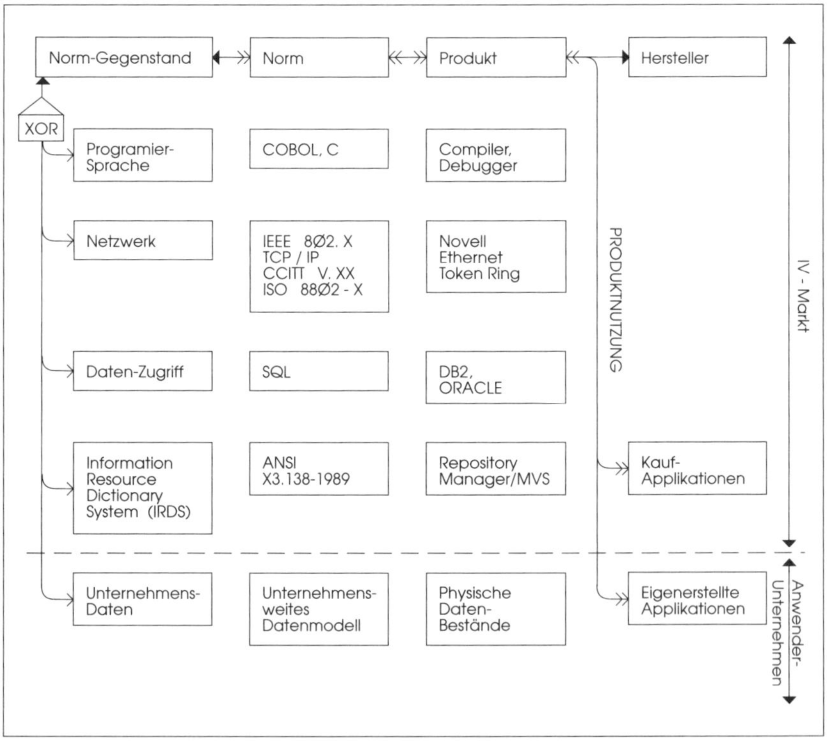

Bild 8–4 Norm-Gegenstände, Normen und zur Norm passende Produkte

Genormt werden primär Gegenstände, an denen allgemeines Interesse besteht oder die auf ein Zusammenwirken mit anderen Gegenständen angewiesen sind. Erst auf der Basis von akzeptierten Normen ist Arbeitsteilung möglich und werden Gestaltungs-Freiräume bezahlbar. Strom, Schrauben, Tür- und Fenster-Beschläge, Rohre, Zündkerzen, Reifen, u.s.w. sind Produkte, deren Produktion sich schon lange an Normen orientiert und dadurch Massenverwendbarkeit erreicht.

Dictionary-Systeme als Normungsgegenstand

Information-Resource-Dictionary-Systems (IRDS) wurden erst in letzter Zeit als wichtiger Normungsgegenstand für DDS-Anbieter, Software-Produzenten und Anwender-Unternehmen erkannt. Entsprechend lückenhaft und unsicher sind noch die Normungs-Ansätze. Entsprechend inkompatibel und wenig verbreitet sind zur Zeit noch die angebotenen Dictionary- und darauf fußenden SPU-Produkte.

»Der Mangel an Daten-Standards macht es schwierig oder unmöglich, Informationen aus dem zentralen Repository in andere SPU-Komponenten (workbenches) zu übertragen. Dies bedeutet, daß SPU-Anwender voraussichtlich veraltete CASE-Workbenches über viele Jahre weiterbetreiben müssen, um Anwendungssysteme warten zu können, die mit Hilfe solcher Workbenches entwickelt wurden.« (vgl. [Sommerville], S. 365)

Die Anbieter von SPU-Komponenten haben das Problem erkannt und inzwischen mit einer Normung von Meta-Informationsmodellen begonnen. Sie wollen nicht nur kurzfristige Marketing-Erfolge erzielen, sondern einen dauerhaften Markt etablieren.

Unternehmensdaten als Normungsgegenstand

Wichtig ist die Einbeziehung der Unternehmensdaten in das Normungs-Bild 8–4. Erstens wird es keine kompatible IV-Infrastruktur ohne genormte Unternehmensdaten geben. Zweitens wird man kompatible Unternehmensdaten nicht auf dem Markt kaufen können, sondern muß als Unternehmen selbst *interne* Daten-Normungs-Anstrengungen erbringen.

8.1.3 Anzustrebende IV-Infrastruktur

Bild 8–5 ist (als Ergänzung der Bilder 8–2 und 8–3) eine weitere Darstellung der anzustrebenden IV-Infrastruktur eines Unternehmens. Die linke Hälfte des Bildes stellt die SPU dar. Die rechte Hälfte symbolisiert die Ziel-Umgebung, für die Software erstellt wird. Die SPU kann komplett zum Unternehmen gehören, aber auch komplett oder teilweise in

Software-Häuser ausgelagert sein. An der Übernahme neuer oder geänderter Software aus der SPU in die Produktiv-Umgebung sollten die Qualitätssicherung und ein Software-Versions-Management-System (SVMS) beteiligt sein.

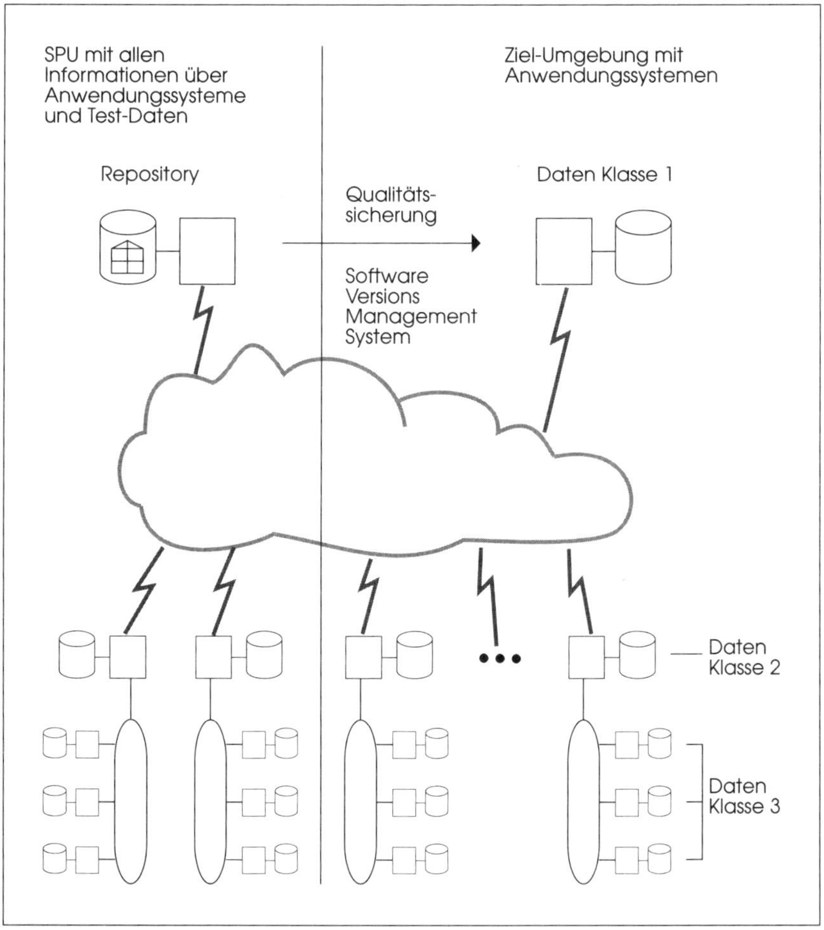

Bild 8–5 Anzustrebende IV-Infrastruktur

Daten, Test-Daten, Meta-Daten

Die Daten der SPU bestehen aus Test-Daten und Daten über Informationssysteme, also z.B. Daten über Daten (Meta-Daten). Auch, wenn Teile der SPU ausgelagert sind, sollten die gekauften Anwendungssysteme im Repository dokumentiert sein. Nur so wird eine gute Integration der fremderstellten Software in die IV-Infrastruktur erreicht. Die Daten der rechten Bild-Hälfte sind Nutz-Daten, die durch das distributive DB-Design ökonomisch auf mehrere Knoten verteilt sein können.

Datenklassen

Linke und rechte Hälfte des Bildes sind in drei Ebenen unterteilt. Es gibt Informationen (und Meta-Informationen) von lokaler, regionaler und globaler Bedeutsamkeit. Die Begriffe Abteilungs-, Ressort- und Unternehmens-Bedeutung wurden nicht verwendet, weil dies doch wieder nahegelegt hätte, die Datenhaltung nach der (derzeit gerade gültigen) Unternehmens-Organisation auszurichten, statt nach organisationsneutralen Daten-Zusammenhängen.

Beispiel

Ein Unternehmen habe ca. 100 Anwendungssysteme und 3000 Relationen (mit den ihnen physisch entsprechenden Tabellen bzw. Segmenten). Ein durchschnittliches Anwendungssystem arbeitet dann mit ca. 40 Relationen. Dies ist kein Rechenfehler, denn viele Anwendungssysteme haben ja Sichten auf die gleichen Relationen.

Lokale Bedeutung haben Relationen, die von nur einem Anwendungssystem verwendet werden.

Regionale Bedeutung haben Relationen, die von 2-10 Anwendungssystemen verwendet werden.

Globale Bedeutung haben Relationen, die von mehr als 10 Anwendungssystemen benutzt werden.

Es liegt nahe, Relationen und Daten von globaler Bedeutung beim Datenmanagement anders zu behandeln, als nur lokal bedeutsame Daten.

Datenmanagement verschiedener Datenklassen

Lokale Relationen (Klasse3) werden vom Datenmanagement zur Kenntnis genommen und bereiten keine nennenswerten Integrationsprobleme. Nur das Homonym- Synonym-Problem ist zu beachten. Die Datenhaltung sollte dezentral erfolgen.

Regionale Relationen (Klasse 2) müssen von den Datenmodell-Integratoren des Datenmanagements konsistent gehalten werden. Die Speicherung erfolgt überwiegend dezentral.

Globale Relationen (Klasse 1) dürfen nur im Rahmen von »Datenkonferenzen« geändert werden, an denen Datenmodell-Integratoren und Vertreter der Projekt-Teams teilnehmen, die Basis-Anwendungssysteme inhaltlich und IV-technisch kennen. Globale Relationen werden zentral gespeichert und verändert. Im Rahmen des distributiven Designs sind verteilte Datenbanken einzusetzen und/oder Datenverteil-Programme zu schreiben, die dezentrale Anwender mit dem jeweils benötigten Aktualitätsstand versorgen.

Keine sinnvolle Dezentralisierung von IV-Systemen ohne Stärkung zentraler IV-Infrastruktur-Stellen

Dem Stau auf der Straße entgeht man nicht, indem man sich ein eigenes Auto kauft. Einer chaotischen IV-Infrastruktur entgeht man nicht, indem man »eigene« Anwendungssysteme schreibt. Man macht die Gesamt-IV-Struktur dadurch nur noch chaotischer, falls es keine Regeln für Zusammenwirken und Dokumentation einzelner Anwendungssysteme gibt.

Dezentralisierung von Anwendungssystemen ist nur dann ein Ausweg aus dem Anwendungsstau und der Unzufriedenheit von Anwendern, wenn die entstehenden Systeme an eine IV-Infrastruktur angebunden sind, die *zentral* geplant, realisiert und betreut wird (vgl. Bild 8–6).

[[Finkelstein], vgl. S.3] beschreibt als Effekt von CASE-Tools: »Manager und ihr Personal auf allen Ebenen der Organisation werden in der Lage sein, eigene Anwendungssysteme zu implementieren, wobei sie ihre Abhängigkeit von den IV-Abteilungen dramatisch reduzieren, allerdings weiterhin sicherstellen müssen, daß die IV-Abteilungen eine zentrale Kontrolle behalten, wodurch Applikationen und ihre Daten auch von anderen im Unternehmen genutzt werden können.«

Paradoxes Umfrageergebnis

[Pfeiffer] beschreibt Aufbau und Ergebnisse einer Befragung von 176 Unternehmen aller Branchen und Größenordnungen über deren Informationstechnologie und Informationsmanagement. Zwei Ergebnisse sollen die bisherigen Ausführungen zur IV-Infrastruktur ergänzen:

»Vergleicht man zentrale und dezentrale Technologien hinsichtlich ihrer gegenwärtigen und zukünftigen Bedeutung, läßt sich folgende Aussage treffen: Gegenwärtig werden zentral orientierte Technologien bevorzugt, zukünftig gewinnen dezentrale Technologien sowohl absolut als auch bei einem Vergleich mit zentralen Technologien an Bedeutung.« ([Pfeiffer], S.261)

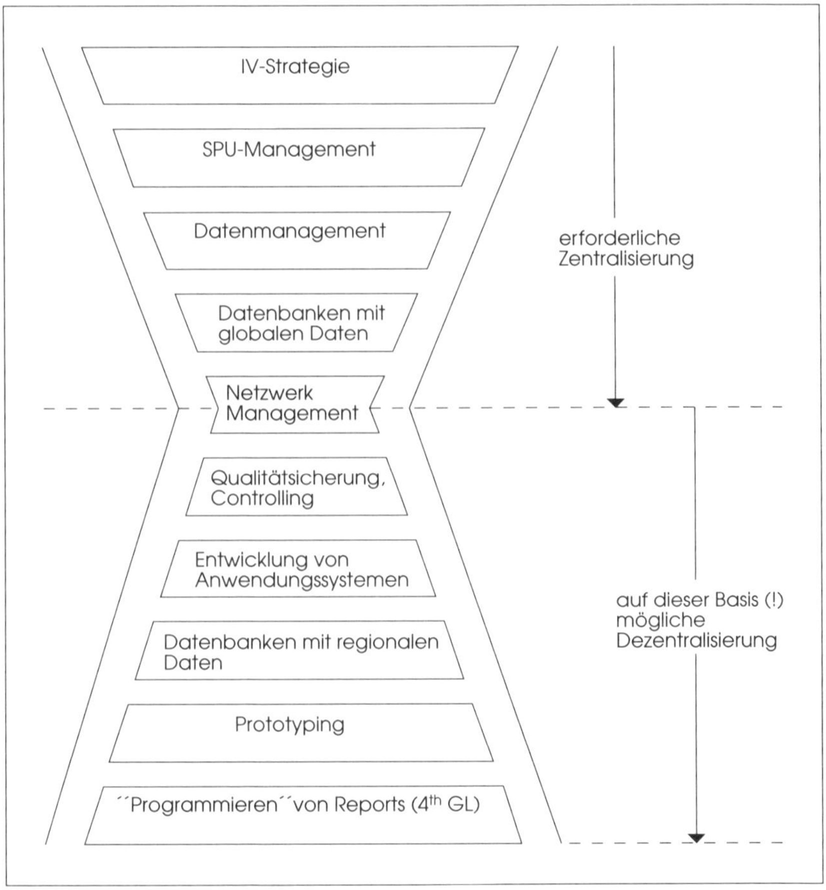

Bild 8–6 IV-Dezentralisierung auf der Basis einer zentral betreuten IV-Infrastruktur

Die gleiche Umfrage liefert aber auch das Ergebnis: »Bei einer Einteilung nach Zielreichweiten ergab sich eine gegenwärtig starke Bedeutung von arbeitsplatz- und abteilungsbezogenen Zielen und eine zukünftig starke Bedeutung von bereichs- und unternehmensbezogenen Zielen.« ([Pfeiffer], S. 263)

Ob allen Antwortenden bewußt war, daß die dezentrale Technik nicht automatisch das Erreichen unternehmensbezogener Ziele fördert, sondern ihrem Wesen nach eher dazu verleitet, lokale Ziele zu unterstützen? Erst durch Integration der dezentralen Technik in eine zentral beherrschte IV-Infrastruktur sind beide im Fragebogen ermittelten Tendenzen vereinbar.

8.2 Datenmanagement-Organisation

8.2.1 Zu organisierende Personengruppen

Folgende Personengruppen werden zunächst näher beschrieben und anschließend in einigen Varianten organisiert:

- Rechenzentrums-Personal
  plant und installiert Hardware, Betriebssysteme und Netzwerke, übernimmt das Operating wichtiger Knoten und Netze.

- SPU-Personal
  plant, beschafft, integriert und betreut die SPU-Komponenten, macht Vorgaben für die Anwendungsentwicklung und erprobt zuvor die Umsetzbarkeit dieser Vorgaben durch Mitarbeit in Pilot-Projekten.

- Organisations-Personal
  nimmt Projekt-Abgrenzungen vor, integriert Funktionsmodelle, hilft bei Spezialfragen der Funktionsmodellierung und stellt SPU-Anforderungen bzgl. der Funktionsmodellierung.

- Fachgebiets-Personal
  hat genaue Sachkenntnis über durch IV-Systeme zu unterstützende Unternehmens-Funktionen, macht organisatorische Vorschläge, macht Vorschläge für den Leistungsumfang von IV-Systemen, führt fertiggestelle Systeme oder Änderungen in den Betrieb ein, schult die End-Anwender im System-Handling.

- CASE-Personal
  kennt die SPU und kann darin alle Standard-Probleme der Anwendungssystem-Entwicklung unter Beachtung der SPU-Vorgaben lösen. CASE-Personal kann programmieren, in C, PL/1 oder auch Pseudo-Code eines CASE-Tools. Daneben hat das CASE-Personal Kenntnisse über die Technik der Funktions- und Datenmodellierung.

- Projekt-Teams
  spezifizieren, realisieren und warten Anwendungssysteme. Sie setzen sich aus Fachgebiets- und CASE-Personal zusammen.

- DA-Personal,
  integriert Datenmodelle in das UwDM, hilft bei Spezialfragen der Datenmodellierung und stellt SPU-Anforderungen bzgl. der Datenmodellierung.

- DBA-Personal
  betreibt physisches und distributives DB-Design, überwacht produktive Datenbanken, geht DBMS-Performance-Problemen nach, berät bei technischen Problemen im DB-Umfeld, z.B. bei Daten-Extraktions-Problemen.
- QS-Personal
  sichert die Qualität von Anwendungs-Software, beurteilt als neutrale Stelle die SPU-Qualität, ist DV-technisch ausgebildet, betreibt job rotation mit DA-, DBA-, CASE-, SPU- und Rechenzentrums-Personal, überprüft gemeinsam mit Fachgebiets-Kennern die technische Umsetzung von Datenschutz- oder sonstigen kritischen Fach-Vorgaben.
- Controlling-Personal
  verfolgt die Wirtschaftlichkeit von SPU- oder Anwendungssystem-Projekten.

8.2.2 Für und Wider zweier Gruppierungen

Je nach Größe des Unternehmens müssen einige der genannten Personengruppen zu (Haupt-) Abteilungen zusammengefaßt werden. In jedem Fall ist eine Einordnung der mehr oder weniger zusammengefaßten Abteilungen in die Gesamt-Organisation des Unternehmens vorzunehmen.

Gruppierungs-Prinzip 1

Es gibt Org-Einheiten, die eine kompatible IV-Infrastruktur anbieten, sowie bei technischen Problemen helfen (Gruppe 1a, 1b).

Es gibt Org-Einheiten, die die angebotene Infrastruktur nutzen, um damit und darin Anwendungssysteme zu realisieren (Gruppe 1c).

Es gibt Org-Einheiten, die (grob im Vorfeld und detailliert während der Realisierung) Anwendungssysteme inhaltlich und finanziell koordinieren (Gruppe 1d).

Ergebnis

```
Gruppe 1a
Rechenzentrums-Personal

Gruppe 1b
SPU-Personal
DBA-Personal
QS-Personal
```

```
Gruppe 1c
Projekt-Teams, bestehend aus
- Fachgebiets-Personal und
- CASE-Personal

Gruppe 1d
Organisations-Personal
DA-Personal
Controlling-Personal
```

Diskussion

Diese Gruppierung gefährdet organisatorisch die Datenmanagement-Idee. Daten-Administration und Datenbank-Administration sind verschiedenen Abteilungen zugeordnet. Der in der Literatur zunehmend empfohlene »datenorientierte Ansatz« der IV-System-Entwicklung ist organisatorisch nicht verankert. Ein Projekt-Team muß vermutlich Daten-Strukturen sowohl den DA's der Gruppe 1d, als auch den DBA's der Gruppe 1b erläutern.

Vorteilhaft ist auf der anderen Seite das Zusammenfließen aller inhaltlichen (und finanziellen) Informationen über Informationssysteme bei Gruppe 1d. Wenn diese Gruppe stark genug und intern gut organisiert ist, steuert sie die Prioritäten der IV-Projekte und sichert die inhaltliche Kompatibilität der Anwendungssysteme nicht nur bzgl. der Daten, sondern auch bzgl. der Funktionalität.

Das Wissen der Gruppen 1b und 1d ist verschieden. In Gruppe 1b sitzen IV-Spezialisten, z.B. DBMS-Kenner und CASE-Methodiker, die die im Unternehmen eingesetzten CASE-Komponenten genau kennen. In Gruppe 1d sitzen Unternehmens-Kenner, die Funktionen und Daten der Anwendungssysteme kennen.

Gruppierungs-Prinzip 2:

Ähnlich dem Gruppierungs-Prinzip 1, jedoch mit dem Zusatz: Daten und Datenbanken sind anwendungssystem-übergreifend zu strukturieren und zu betreuen.

Ergebnis

```
Gruppe 2a
Rechenzentrums-Personal

Gruppe 2b
SPU-Personal
DA-Personal
DBA-Personal
QS-Personal
```

```
Gruppe 2c
Projekt-Teams, bestehend aus
- Fachgebiets-Personal und
- CASE-Personal

Gruppe 2d
Organisations-Personal (ohne Daten-Integrationsaufgaben)
Controlling-Personal
```

Diskussion

Es gibt eine zunehmende Anzahl von Unternehmen, die Datenadministratoren und Datenbankadministratoren in einer Organisationseinheit Datenmanagement zusammenfassen (vgl. z.B. [Zitny], S.46 f.). Dadurch soll der projektübergreifende datenorientierte Systementwicklungs-Ansatz unterstützt werden. Wenn DA- und DBA-Personal in einer (Haupt-) Abteilung zusammengefaßt sind, ist die Chance größer, die Datenwelt des Unternehmens nicht nur konzeptionell, sondern auch physisch zu optimieren. DA- und DBA-Aufgaben sind inhaltlich so unterschiedlich (vgl. [Martin], Kapitel 23), daß sie nicht von den gleichen Personen wahrgenommen werden müssen (und können). Gerade deshalb ist eine enge organisatorische Verbindung der beiden Personengruppen anzustreben, wenn man die Datenmanagement-Idee fördern will.

Gruppierungsprinzip 2 wird deshalb empfohlen. Der im Vergleich zur Datenmanagement-Ansatz umfassendere Information-Engineering-Ansatz würde wohl besser durch Gruppierungsprinzip 1 gefördert, ist aber (noch) Fernziel.

Organisations-Abteilungen und strategische Projekt-Planung sollten eng mit den Datenadministratoren zusammenarbeiten. Solange keine Funktionsmodelle integriert werden, erscheint jedoch eine organisatorische Trennung der beiden (Haupt-)Abteilungen vertretbar. Vermutlich sind die DA's so in die Projekt-Arbeit eingebunden, daß es UwDM-DA's (als »Plus-Kapazität«) geben muß, mit deren Hilfe sie Daten-Integrationsprobleme behandeln und projektübergreifende Datenfragen schneller klären können. UwDM-DA's, die ohnehin UwDM-Relationen clustern und verdichten, wären ideale Ansprechpartner für die strategische Projekt-Planung.

Wichtiger als die IV-interne Organisation ist die Organisation des Zusammenwirkens der IV-Infrastruktur-Abteilungen mit den Projekt-Teams. Dazu wird im folgenden Kapitel ein Vorschlag gemacht

8.2.3 Organisations-Vorschlag

Bild 8–7 stellt das anzustrebende Zusammenwirken von Organisationseinheiten eines Unternehmens dar.

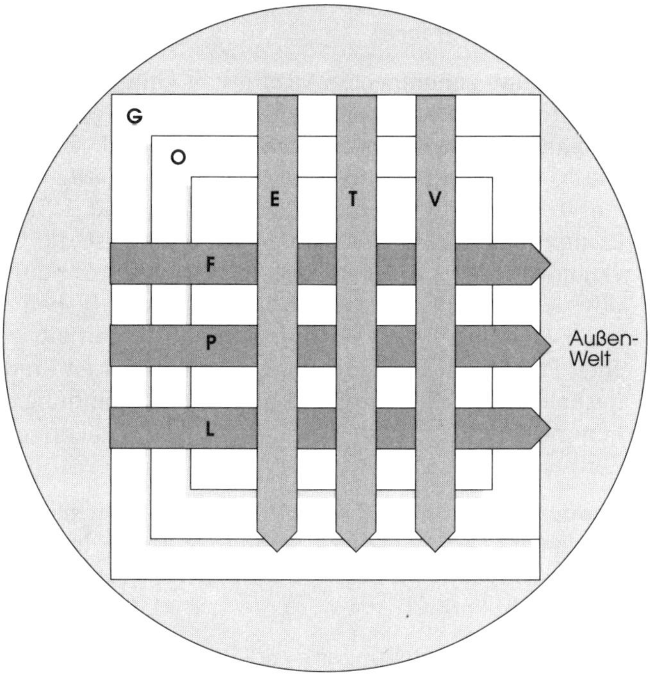

G = Geschäftsführung
O = Organisation und Informationsverarbeitung
E = Entwicklung neuer Produkte
T = Produktions-Technik
V = Vertrieb
F = Finanzen
P = Personal
L = Logistik

Bild 8–7 Zusammenwirken von Organisationseinheiten eines Unternehmens

Die Geschäftsführung (G) hat den Gesamt-Überblick über das Unternehmen und entscheidet über die Unternehmens-Ziele.

Die Organisation (O) ist für die Aufbau- und Ablauforganistation, aber auch für das Bereitstellen der IV-Infrastruktur verantwortlich.

E (Produkt-Entwicklung), T (Produktions-Technik) und V (Vertrieb) sind die klassischen Linien-Funktionen des Unternehmens.

F (Finanzen), P (Personal) und L (Logistik) sind Service-Funktionen für E, T und V.

O stellt das Bindeglied zwischen allen genannten Ressorts dar. Nur über eine stimmige Organisation und IV-Infrastruktur können die Ressorts ökonomisch miteinander, mit der Geschäftsführung und der Außenwelt kooperieren.

Ein zugehöriges Organigramm zeigt Bild 8–8.

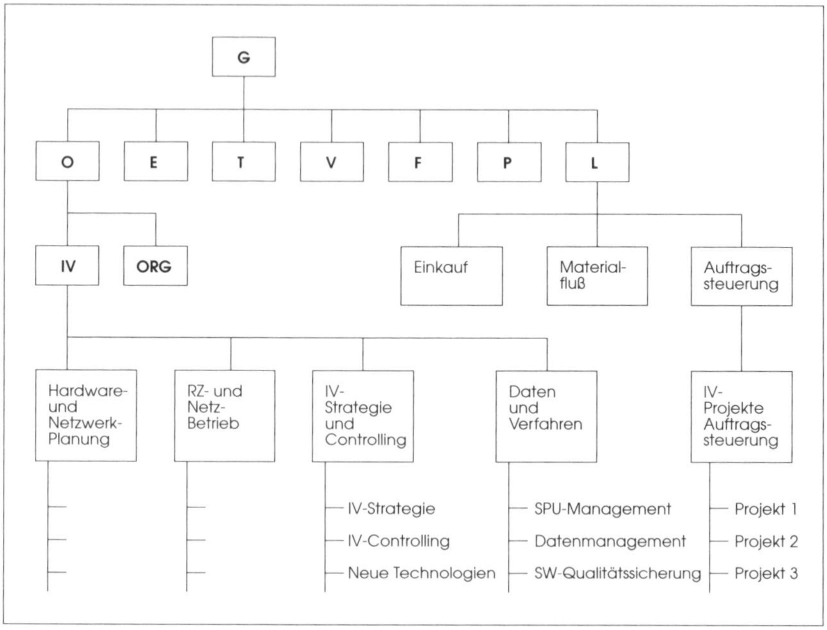

Bild 8–8 Organigramm zu Bild 8–7

Bild 8–8 schlägt vor, daß die Projekt-Teams organisatorisch nicht zum IV-Bereich, sondern zu den Fachbereichen gehören. Das CASE-Personal arbeitet dadurch ständig an inhaltlich zusammenhängenden Projekten und erwirbt so im Laufe der Zeit gute Fachgebiets-Kenntnisse neben dem CASE-Know-how. Dies ist wünschenswert, weil die Grenzen zwischen Fach- und IV-Know-how bei Anwendung moderner CASE-Tools immer fließender werden.

Projekt-Teams sind aber zu einer Zusammenarbeit mit IV-Abteilungen und Org-Abteilungen verpflichtet. Diese Verpflichtung wird in der Praxis umso mehr Relevanz haben, je mehr die Projekte von dieser Zusammenarbeit profitieren. IV-Stellen müssen konstruktiv an der Projektarbeit mitwirken und dürfen sich nicht auf Kritik an Projekt-Lösungsansätzen beschränken.

Projektbegleitende Qualitätssicherung und Datenmodell-Integration

Es sollte z.B. *nicht* angestrebt werden, daß Projekt-Teams ihre Datenmodelle möglichst selbständig enwickeln und erst nach Fertigstellung den DA's und DBA's des Datenmanagement zwecks Prüfung auf den Tisch legen. Zumindest die Datenadministratoren würden dann inhaltlich überfordert und es wäre eher ein Zufall, wenn sie Inkompatibilitäten zu anderen Datenmodellen fänden (die sie auch nicht so genau kennen).

Die inhaltliche Integration der Datenmodelle sollte *parallel* zu deren Erstellung betrieben werden und nicht erst danach. Der in die Projektarbeit integrierte Datenplaner kann Phasen der Detaillierung, Beschreibung oder Informationsbeschaffung nutzen, um mit seinen Datenplanungs-Kollegen projektübergreifende Probleme aufzuspüren und rechtzeitig zu klären.

Analoge Aussagen gelten für die Software-Qualitätssicherung. Auch sie sollte nicht nach Fertigstellung eines Anwendungssystems als »Abnahme« erfolgen, sondern schon und gerade bei den ersten zu erstellenden Programmen einsetzen.

8.3 Schlußbetrachtung

SE-Akzeptanzprobleme

Datenmanagement-Ideen müssen in die Tat umgesetzt werden, damit sie die Unternehmens-IV verändern. Vielleicht hat Datenmangement wegen seiner Beschränkung auf das »*Data-Engineering*« eine bessere Chance, sich im Unternehmen durchzusetzten, als der umfassendere Ansatz des Software-Engineerings. »Obwohl nur wenige Leute die Software-Enginerering-Philosophie ablehnen, wurde sie nicht so umfassend übernommen, wie man sich dies wünschen würde.« (vgl. [Pressman], Preface, S.XII)

[Pressman] schrieb ein ganzes Buch (»Making Software Engineering Happen«), um zu erklären, was man tun muß, damit es nicht bei der Software-Engineering-Philosohie bleibt, sondern in der IV-Praxis etwas verändert wird.

Keine Akzeptanzprobleme der Datenmodellierung

Datenmodellierung hat keine Akzeptanzprobleme. Man kann davon ausgehen, daß schon in naher Zukunft jedes Projekt-Team ein Datenmodell für »sein« Anwendungssystem erstellen wird. Es fehlt auch in den Projekt-Teams nicht an Bereitschaft, mit einem zentralen Datenmangement zusammenzuarbeiten. Es besteht durchaus Interesse an »fremden« Datenmodellen und sogar an der Nutzung »fremder« Datenbanken. Sobald allerdings Integrationsprobleme auftreten, die sich nicht kurzfristig lösen lassen, ist den Projekten die termingerechte Erfüllung der eigenen Aufgaben wichtiger, als ihr Beitrag zur langfristigen Daten-Bereinigung.

Kapazitätsprobleme der Datenmodell-Integration

Ein projektübergreifend tätiges Datenmanagent muß deshalb personell so ausgestattet werden, daß gerade im Falle von Integrationsproblemen genügend Kapazität verfügbar ist, um unklare Sachverhalte unternehmensweit zu klären und ggf. sogar bestehende Datenbanken zu verändern. Anderenfalls ist das »*Deponieren*« unverstandener und inkompatibler Datenmodelle in einem zentralen Data-Dictionary strategisch bedeutungslos.

Ein spürbarer Datenmanagement-Effekt ist nur erzielbar, wenn das IV-Management und das Management der Fach-Ressorts alles (einschließlich des Abgebens von Planstellen an das Datenmanagement) tut, um das Zusammenwirken von Projekt-Teams mit dem Datenmanagement zu fördern. Dabei muß geklärt sein, daß nicht immer nur das Datenmanagement auf Projekt-Wünsche zu reagieren hat. Umgekehrt können auch vom Datenmanagement Anforderungen an Projekt-Teams oder Wartungs-Mannschaften gestellt werden, wenn die Umstrukturierung bestehender Datenbanken erforderlich erscheint.

Angestrebter Datenmanagement-Effekt

Ergänzend zu den Kapiteln 1, 2 und 8.1 sei als Abschluß des Buches der angestrebte Datenmangement-Effekt graphisch verdeutlicht.

Bild 8–9 zeigt als dicke Gerade den über die Zeit steigenden Informationsbedarf eines Unternehmens. Die untere Gerade stellt dem Informationsbedarf die tatsächlich mit Hilfe von IV-Systemen bereitgestellte Information gegenüber. Trotz jährlicher Steigerung der Informations-Bereitstellung wird die Differenz (Schere) aus Bedarf und Bereitstellung ständig größer.

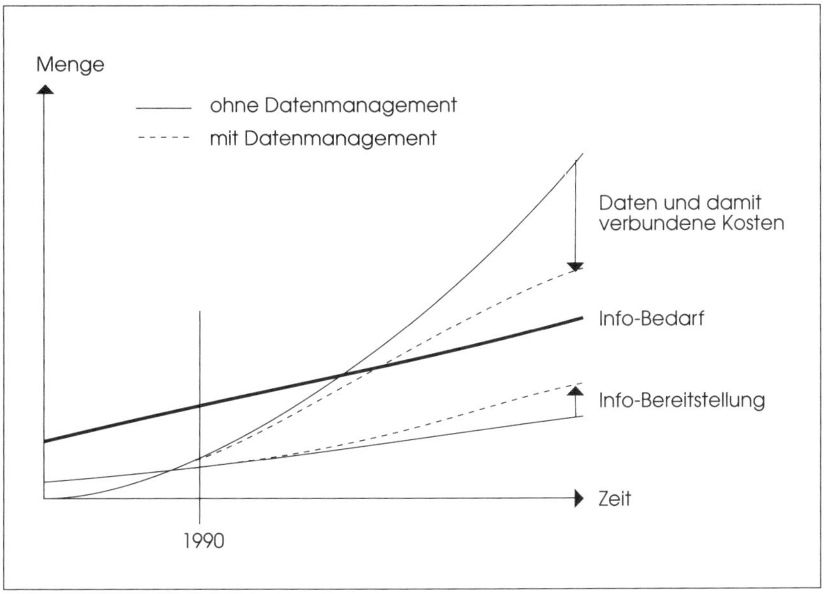

Bild 8–9 Weniger Daten, mehr verfügbare Informationen als angestrebter Datenmanagement-Effekt

Dies ist ärgerlich, denn die Menge der gespeicherten Daten (obere Kurve) nimmt über die Zeit exponentiell zu. Es gibt zwar immer mehr Daten in irgendwelchen IV-Systemen. Aber der Informations-Gewinn wächst nicht proportional zur Datenmenge (vgl. Quadrant 4 von Bild 7–8).

Vernetzung kann die Informationsbereitstellung erhöhen (unterer Pfeil), aber nur dann, wenn die bereitgestellten Daten zueinander *kompatibel* sind. Genau dafür sorgt das Datenmanagement. Es reduziert außerdem (oberer Pfeil) die Redundanz von Daten und damit verbundene Kosten, denn redundante Daten müssen redundant gepflegt oder per Programm synchronisiert und transportiert werden.

Der in Bild 8–9 dargestellte Datenmanagement-Effekt ist bei unkoordinierter Wahrnehmung von Datenklärungs-Aufgaben nicht erreichbar, wie das bisherige projektorientierte Vorgehen mit seiner Daten-Explosion beweist.

Abkürzungsverzeichnis

ABVIEW	Applikations-Basis-View
AD	Aktions-Diagramm
AE	Aktionseinheit
APPL	Applikation
APPL-DM	Applikations-Datenmodell
BIV	Benutzer Informationsverarbeitung
CAD	Computer Aided Design
CASE	Computer Aided Software Engineering
	Computer Aided *Systems* Engineering
CASP	Computer Aided Strategic Planning
CFD	Kontrollfluß-Diagramm
DA	Datenadministrator, Datenadministration
DB	Datenbank
DBA	Datenbank-Administrator, Datenbank-Administration
DBMS	Datenbank-Management-System
DCL	Data Control Language
DFD	Datenfluß-Diagramm
DND	Daten Navigations Diagramm
ERM	Entity-Relationship-Modell
HOST	Zentralrechner
iCASE	Integrated CASE
IE	Information Engineering
ISS	Information System Study
IV	Informationsverarbeitung
IV-System	Informationsverarbeitungssystem
KSS	Kommunikationssystem-Studie
PBP	Projekt-Beantragungspapier
PDM	Projekt-Datenmodell
PFM	Projekt-Funktionsmodell
PROJ	Projekt mit dem Ziel, eine Applikation zu erstellen
RI	Referentielle Integrität
RM	Relationen-Modell
RRD	Relationen-Relationship-Diagramm
RRF	Relationen-Relationship-Fremdschlüssel-Auflösung

RRM	Relationen-Relationship-Modell
RRN	Relationen-Relationship-Notation
SE	Software Engineering
SER-Modell	Strukturiertes Entity-Relationship-Modell
SPU	Software-Produktions-Umgebung
SQL	Structured Query Language
STD	Strukturierter Datentyp
SVMS	Software-Versions-Management-System
UDM	Unternehmens-Datenmodell
UFM	Unternehmens-Funktionsmodell
UIM	Unternehmens-Informationsmodell
UwDM	unternehmensweites Datenmodell
UwFM	unternehmensweites Funktionsmodell
VDM	verdichtetes Datenmodell
VFM	verdichtetes Funktionsmodell
ZDDS	Zentrales Data Dictionary System
ZRZ	Zentrales Rechenzentrum

Quellenverzeichnis

[Achatzi]

H.G. Achatzi:
Datendesign im Rahmen der Information Engineering Workbench

in [Müller-Ettrich], S. 190 ff.

[AutoCAD]

ist das weitverbreitete (PC-) CAD-Produkt von Autodesk, Inc.

[Balzert]

Helmut Balzert (Hrsg.):
CASE – Systeme und Werkzeuge

Mannheim: B.I., 1989

[Balzert 1]

Helmut Balzert:
Ein Überblick über die Methoden- und Werkzeuglandschaft

in [Balzert]

[Barker 1]

Richard Barker:
CASE*METHOD – Entity Relationship Modelling

Wokingham: Addison-Wesly, 1989

[Barker 2]

Richard Baker:
CASE*METHOD – Tasks and Deliverables

Wokingham: Addison-Wesley, 1990

[Bellin, Suchman]

David Bellin, Susan Suchmann:
The Structured Systems Development Manual

Englewood Cliffs: Prentice Hall, 1990

[Böhnlein u.a.]

P.G. Böhnlein, S. Nittel, K.R. Dittrich:
Semantische Datenmodelle

in [HMD 152]

[Brathwaite]

Ken S. Brathwaite:
Analysis, Design and Implementation of Data Dictioaries

New York: Mc Graw-Hill, 1988

[CASE *]

CASE* Designer
CASE* Dictionary
CASE* Generator sind CASE-Produkte von ORACLE.

CASE* Method ist eine ORACLE-Schriftenreihe, die CASE-Methodenwissen vermittelt, auf das die CASE-Produkte von ORACLE abgestimmt sind.

[CASE/4/0]

Das relationale Data Dictionary von CASE/4/0

Broschüre der micro TOOL GmbH
Gustav-Meyer-Allee 25
1000 Berlin 65

[Chen]

P.P. Chen:

The Entity-Relationship Model –
Toward a Unified View of Data,

ACM TODS, Vol.1, No.1, 1976, p.9-36

[Codd 1]

E.F. Codd:
Further Normalization of the Data Base Relational Model

in [Rustin]

[Codd 2]

E.F. Codd:
The Relational Model for Database Management -Version 2-

Reading: Addison-Wesly, 1990

[DAFID]

DAFID ist eine Abkürzung des Anbieters [msg] für
»Daten Funktionen Informations Dictionary«.

DAFID erlaubt dem Anwender, beliebige Dictionary-Tabellen anzulegen und bietet eine Standard-Bediener-Oberfläche, um diese Tabellen zu füllen und Tabellenzeilen miteinander zu verknüpfen.

Für die Datenmodell-Tabellen (vgl. Meta-Datenmodell, Kapitel 4.4 und angekündigtes IBM-Repository-Informationsmodell) sollen (bald) Standard-Tabellen vorgeschlagen werden, die per RRM-Oberfläche (vgl. Kapitel 5.4.4) gefüllt und verknüpft werden können.

[DATAMANAGER]

ist das Dictionary-System von
»Manager Software Products« (MSP)

Informationen erhältlich bei MSP GmbH
Landsberger Straße 439
8000 München 60

[Date 1]

C.J. Date:
A Guide to DB2

Reading: Addison-Wesly, 1985

[Date 2]

C.J. Date:
Relational Database Writings

Reading: Addison-Wesley, 1990

[De Marco]

T. De Marco:
Structured Analysis and System Specification

New York: Yourdon, 1978

[Elmasri, Navathe]

Ramez Elmasri, Shamkant B. Navathe:
Fundamentals of Database Systems

Redwood City: Benjamin/Cummings, 1989

[EXCELERATOR]

Case-Tool von Index Technology Corporation
101 Main Street
Cambridge, MA 02 142

[Finkelstein]

Clive Finkelstein:
An Introduction to Information Engineering
– Form Strategic Planning to Information Systems –

Sydney: Addison-Wesley, 1989

[Fischer]

W.E. Fischer:
Datenbanksystem für CAD-Arbeitsplätze

Berlin: Springer, 1983

[Fisher]

Alan S. Fisher:
CASE – Using Software Development Tools

New York: Wiley, 1988

[Fleming, van Halle]

Candace C. Fleming, Barbara van Halle:
Handbook of Relational Database Design

Reading: Addison-Wesly, 1989

[Gane, Sarson]

C. Gane, T. Sarson:
Structured Systems Analysis: Tools and Techniques

New York: IST, 1977

[GRANEDA]

ist ein Produkt von Netronic Software, Aachen, das für Projektplanung mittels Netzplantechnik entwickelt wurde. MBB läßt durch GRANEDA graphische Datenmodelle als Vorgangsknotennetz generieren.

[Gutzwiller, Österle]

Thomas Gutzwiller, Hubert Österle:
Anleitung zu einer praxisorientierten Software-Entwicklungsumgebung

Band 2: Entwicklungssysteme und 4.-Generation-Sprachen

Hallbergmoos: AIT, 1988

[Haase]

Volkmar Haase:
Die Technik der neuen Medien

Mannheim, B.I., 1983

[Hatley, Pirbhai]

D.J. Hatley, I.A. Pirbhai:
Strategies for Real-Time System Specification

New York: Dorset House Publishing, 1987

[Heuer 1]

Klaus Heuer:
Projektorientierte Datenmodellierung mit der
Information Engineering Workbench (IEW)

in [HMD152], S. 128 ff.

[Heuer 2]

Klaus Heuer:
Die Rolle von Dictionary-Systemen
in Software-Produktionsumgebungen

in [Österle], S. 117 ff.

[Heydt]

Robert Heydt, Diane Heydt:
DB2 Database Design and Administration, Version 2

New York: Wiley, 1989

[HMD 135]

Handbuch der modernen Datenverarbeitung –
Hrsg: H. Heilmann u. a.

Heft 135, Mai 1987, 24. Jahrgang, behandelt das Schwerpunktthema »Wartung und Pflege von Anwendungssystemen«.

Wiesbaden: Forkel

[HMD 152]

Das HMD – bisher "Handbuch der modernen Datenverarbeitung" – führt ab Heft 150 den Untertitel "Theorie und Praxis der Wirtschaftsinformatik".
Hrsg: H. Heilmann u.a.

Heft 152, März 1990, 27. Jahrgang, behandelt das Schwerpunktthema »Datenmodellierung«.

Wiesbaden: Forkel

[IEF]

Information Engineering Facility

Unterlagen erhältlich z. B. über
James Martin Associates (JMA)
Kajen 12 Rheinstraße 29
2000 Hamburg 11 6200 Wiesbaden

[IEF-Overview]

IEF – Technology Overview
(Broschüre, die über [IEF]-Anbieter bezogen weden kann)

Texas Instruments: 1989

[IEW]

Information Engineering Workbench

Unterlagen erhältlich z.B. über Gesellschaft für Unternehmens- und
Softwareberatung mbH &Co KG
Jägerstraße 14
7000 Stuttgart 1

[IEWBUS]

IEWBUS-TOOLBUS Interface für IEW

ist ein SW-Produkt der Reischmann Informatik GmbH
Nördliche Auffahrtsallee 64
8000 München 19

[input 61]

»input 61«
Aktuelle Nachrichten für Partner der IBM

IBM, 1989

[Jones, Curtice]

Paul E. Jones Jr., Robert M. Curtice:
Logical Data Base Design
(Second Edition)

Wellesley: QED, 1988

[Jones, Martin]

Frederik H. Jones, Lloyd Martin:
AutoCAD 2.6 organisiert –
Techniken professioneller CAD-Datenbankverwaltung

München: te-wi, 1988

[Kernighan]

B.W. Kernighan, P.L. Plauger:
Programmierwerkzeuge

Berlin: Springer, 1980

[Kimm u.a.]

R. Kimm, W. Koch, W. Simonsmeier, F. Tontsch:
Einführung in Software Engineering

Berlin: de Gruyter, 1979

[Leinweber]

Gerhard Leinweber:
Die 4.-Generation-Sprache NATURAL der Software AG

in [Gutzwiller, Österle], S. 243 ff.

[Lockemann, Radermacher]

P.C. Lockemann, K. Radermacher:
Konzepte, Methoden und Modelle zur Datenmodellierung

in [HMD 152]

[Martin]

James Martin:
Einführung in die Datenbanktechnik

München: Hanser, 1981

[Martin, McClure]

James Martin, Carma McClure:
Structured Techniques: The Basis for CASE

(previously published under the title:
Structured Techniques for Computing)

Englewood Cliffs: Prentice Hall, 1988

[Marty]

Rudolf Marty:
Objektorientierte Software-Entwicklung

in [Österle]

[Mistelbauer]

Heinz Mistelbauer:
Datenstrukturanalyse in der Systementwicklung

in [Müller-Ettrich]

[msg]

msg Software GmbH
Gerner Str. 7
8000 München 19
Telefon: (089) 15 40 66
Telefax: (089) 15 10 09

[Müller-Ettrich]

Gunter Müller-Ettrich (Hrsg.):
Effektives Datendesign

Köln: R.Müller, 1989

[Münzenberger 1]

Heinz Münzenberger:
Eine pragmatische Vorgehensweise zur Datenmodellierung

in [Müller-Ettrich]

[Münzenberger 2]

Heinz Münzenberger:
Einsatz eines maschinellen Hilfsmittels zur Datenmodellierung

in [Müller-Ettrich]

[Mullin]

Mark Mullin:
Object Oriented Program Design

Reading: Addison-Wesley, 1989

[Nagl]

W. D. Nagl:
Einführung in CASE*

ORACLE, 1989

[Nawrot]

Bernd Nawrot:
CASE – die verteilte, relationale Software-Entwicklungsumgebung von microTOOL

in [Balzert]

[Österle]

Hubert Österle (Hrsg.):
Anleitung zu einer praxisorientierten
Software-Entwicklungsumgebung

Band 1: Erfolgsfaktoren werkzeugunterstützter Software-Entwicklung

Hallbergmoos: AIT, 1988

[Pfeiffer]

Peter Pfeiffer:
Technologische Grundlage, Strategie und Organisation
des Informationsmanagements

Berlin: de Gruyter, 1990

[Pressman]

Roger S. Pressman:
Making Software Engineering Happen –
A Guide for Instituting the Technology

Englewood Cliffs: Prentice Hall, 1988

[Rolland]

F.D. Rolland:
Relational Database Management with ORACLE

Wokingham: Addison-Wesley, 1989

[Rustin]

R. Rustin (ed.):
Courant Computer Science Symposium 6, 1971

Englewood Cliffs (NJ): Prentice Hall, 1972

[Scheer]

August-Wilhelm Scheer:
Wirtschaftsinformatik
(zweite, verbesserte Auflage)

Berlin: Springer, 1988

[Schnupp]

Peter Schnupp:
Rechnernetze – Entwurf und Realisierung

Berlin: de Gruyter, 1982

[Scholl, Schek]

M.H. Scholl, H.-J. Schek:
Evolution von Datenmodellen

in [HMD 152], S. 103 ff.

[Shlaer, Mellor]

Sally Shlaer, Stephen J. Mellor:
Object Oriented Systems Analysis

Englewood Cliffs: Prentice Hall, 1988

[Sinz 1]

Elmar J. Sinz:
Datenmodellierung betrieblicher Probleme
und ihre Unterstützung durch ein wissensbasiertes Entwicklungssystem

Habilitationsschrift, vorgelegt an der Universität Regensburg,
April 1987

[Sinz 2]

Elmar J. Sinz:
Konzeptionelle Datenmodellierung im
Strukturierten Entity-Relationship-Modell
(SER-Modell)

in [Müller-Ettrich]

[Sommerville]

Ian Sommerville:
Software Engineering
(Third Edition)

Wokingham: Addison-Wesley, 1989

[TABSYS]

TABSYS ist eine Abkürzung des Anbieters [msg]
für »Tabellenverwaltungssystem«.

[Teorey u.a.]

Toby J. Teorey, Guangping Wei, Deborah L. Bolton, John A. Keonig:
ER Model Clustering as an Aid for User Communication and Documentation in Database Design

Communications of the ACM,
August 1989, Volume 32, Number 8, p.975-987

[Vetter 1]

Max Vetter:
Aufbau betrieblicher Informationssysteme
mittels konzeptioneller Datenmodellierung
(4., neubearbeitete und erweiterte Auflage)

Stuttgart: Teubner, 1987

[Vetter 2]

Max Vetter:
Das Jahrhundertproblem der Informatik

in [Müller-Ettrich]

[Vinek u.a.]

G. Vinek, P.F. Rennert, A Min Tjoa:
Datenmodellierung: Theorie und Praxis des Datenbankentwurfs

Würzburg: Physica, 1982

[Vossen]

Gottfried Vossen:
Datenmodelle, Datenbanksprachen und Datenbank-Management-Systeme

Bonn: Addison-Wesley, 1987

[Vossen, Witt]

Gottfried Vossen, Kurt Ulrich Witt:
Das DB2-Handbuch

Bonn: Addison-Wesley, 1990

[Wälti]

Max Wälti:
IDEAL: Das Anwendungsentwicklungssystem der ADR

in [Gutzwiller, Österle], S. 261 ff.

[Ward]

Paul T. Ward:
Systementwicklung mit System

(Original-Titel: Systems Development Without Pain-
A User's Guide to Modelling Organizational Patterns, 1984)

Attenkirchen: Wolfram's Fachverlag, 1989

[Ward, Mellor]

Paul T. Ward, Stephen J. Mellor:
Structured Development for Real Time Systems

Englewood Cliffs: Prentice Hall, 1985

[Wiborny]

Werner Wiborny:
Datenmodell »Betriebliches Vorschlagswesen« der BMW AG

in [HMD 152]

[Wilke]

Hans D. Wilke:
ORACLE – Datenbank-Management Professionell

Bonn: Addison-Wesley, 1989

[Wirth]

Niklaus Wirth:
Algorithmen und Datenstrukturen

Stuttgart: Teubner, 1983

[Yourdon]

E. Yourdon, L. Constantine:
Structured Design

New York: Yourdon, 1978

[Zeeden]

Ernst Walter Zeeden:
Dritter Teil: Frühe Neuzeit

von

Reinhard Elze, Konrad Repgen (Hrsg.):
Studienbuch Geschichte

Stuttgart: Klett, 1974

[Zehnder]

Carl August Zehnder:
Informationssysteme und Datenbanken
(5. durchgesehene Auflage)

Stuttgart, Teubner: 1989

[Zitny]

Udo Zitny:
Entwicklung der Datenstruktur und Unterstützung der Wartung und Pflege von Anwendungssystemen

in [HMD 135]

Index

[Achatzi] 280
[AutoCAD] 270
[Balzert 1] 238, 239, 241, 277
[Balzert] 204, 272, 280
[Barker 1] 83, 175, 344
[Barker 2] 240
[Bellin, Suchman] 252
[Böhnlein u.a.] 37
[Brathwaite] 394
[Case *] 276
[Chen] 56
[Codd 1] 42
[Codd 2] 81, 82, 375, 392
[DAFID] 35, 85
[DATAMANAGER] 280
[Date 1] 350
[Date 2] 369, 392
[De Marco] 227
[Elmasri, Navathe] 38, 54, 392
[Excelerator] 275
[Finkelstein] 37, 157, 205
[Fischer] 416
[Fisher] 208, 240, 246, 275, 280
[Fleming, van Halle] 108, 296, 307, 349
[Gane, Sarson] 227
[GRANEDA] 270
[Gutzwiller, Österle] 272
[Haase] 414
[Hatley, Pirbhai] 204, 208, 228, 230, 238, 240
[Heuer 1] 280
[Heuer 2] 396
[Heydt] 349
[IEF-Overview] 279
[IEF] 226, 278
[IEW] 275
[IEWBUS] 280
[input 61] 276
[Jones, Curtice] 83, 308
[Jones, Martin] 416
[Kernighan] 207
[Kimm u.a.] 203, 208
[Leinweber] 223
[Lockemann, Radermacher] 38
[Martin, McClure] 204, 217, 226, 229, 231 ff., 235, 241 ff.
[Martin] 349
[Marty] 248
[Mistelbauer] 10, 81, 252, 270, 308
[Mullin] 248
[Münzenberger 1] 9, 252
[Münzenberger 2] 37
[Nagl] 277
[Nawrot] 277
[Pfeiffer] 422
[Pressman] 208
[Rolland] 349
[Scheer] 36, 54, 294
[Schupp] 414
[Scholl, Schek] 284
[Shlaer, Mellor] 109, 336
[Sinz 1] 77
[Sinz 2] 77, 83
[Sommerville] 203
[TABSYS] 370
[Teorey u.a.] 312
[Vetter 1] 10, 46, 58, 295, 324, 349
[Vetter 2] 304
[Vinek u.a.] 38
[Vossen, Witt] 50, 349
[Vossen] 37, 39, 350
[Wälti] 223
[Ward, Mellor] 238
[Ward] 204, 240, 241
[Wiborny] 85, 109, 388
[Wilke] 349, 353
[Wirth] 207
[Yourdon] 227, 237, 241 f.
[Zeeden] 292
[Zehnder] 39, 42, 57, 64, 77, 82, 392
[Zitny] 427

* 93
: 373
; 88
= 95
> 92

A
Abstrakte Datentypen 247
ABVIEW 402, 403, 406
Abweichungshinweise 323, 324
AE 246
Aktions-Einheit 246
Allerwelts-Domäne 87, 362
APPL-DM 395
Applikations-Datenmodell 306
Applikations-Domäne 87, 362, 368
Attribut
– lokales 53
– globales 53

B
Batch-Jobs 380
Baum-Diagramme 216
Belege 342
Benutzer-Informations-Verarbeitung 224
Beziehung 57, 59
Beziehungs-Attribut 62
Beziehungs-Attributswert 62
Beziehungs-Beziehung 63
Beziehungsmenge 59
Beziehungstyp 59, 92
– 1:1-Beziehungstyp 377
– m:n-Beziehungstyp 74
– Richtungen 74, 188, 268
– XOR 89, 156
BIV 224
Bottom Up Plus 304
Bottom Up zum UwDM 300
Business-Views 343

C
C-DUR-Matrix 214
CASE 201, 204, 206
CASE-Tool 35, 175, 204, 252, 271, 282, 397, 402
CASE-Tool-Beispiele 275
– [IEF] 226, 278
– [IEW] 280
– AD/Cycle 275
– CASE*Designer 276
– CASE*Dictionary 276
– CASE*Generator 276
– Case/4/0 277
CASP 206
Catalog 369, 396
Cluster 309
Cluster-Regeln 310 ff.
Clusterkern 309, 316
Column-Namen 139
Composite columns 375
Computer Aided Strategic Planning 206
Concatenation 283
CREATE DATABASE 356
CREATE STOGROUP 355
CREATE SYNONYM 356
CREATE TABLE 356
CREATE TABLESPACE 356
CREATE UNIQUE INDEX 356
CREATE VIEW 356, 386
Cross System Product (CSP) 276

D
DA 323, 324, 339, 379
Data Control Language 49, 386
Data Definition Language 49
Data Dictionary System 394, 305, 397, 394, 402
Data Manipulation Language 49
Data-Dictionary 205
Daten-Administration 307
Datenabstraktion 247
Datenadministration 331
Datenadministrator 323, 324, 339, 379
Datenarchitektur 304
DML 49
Datenbank-Administrator 339, 379, 403
Datenbank-Dokumentation 406
Datenbank-Entwurfs-Prozeß 350
Datenbanken 3, 347
Datenklassen 421
Datenmanagement 145
Datenmodell 35, 174
– Integration 320, 346
– Integrationsprobleme 145
– Verdichtung 308, 346
Datenmodellierung 3, 249, 406
– Haupt-Effekt 3
– Nutzen 297
Datenmodellierungs-Variante 35
DB2 349, 355
DBA 339, 379, 403
DBMS 54, 380
DCL 49, 386
DDBS 392

DDL 49
DDS 394, 305, 397, 394, 402
Denormalisierung 353
Derivate Daten 158
DevelopMate 276
Dezentralisierung 422
DFD 228
Distributed Database System 392
Distributives DB-Design 360
DML 49
Domäne 40, 61, 362

E
Edited data model 231
Entität 57, 58, 64
Entitäts-Attribut 60
Entitäts-Attributswert 61
Entitäts-Typ 58
Entitätsmenge 58
Entity 57, 58, 64
Entity Relationship Diagramm 66
Entity type 58
Entity-Relationship-Modell 36, 56
Enzyklopädie 394
ERD 66
ERM 36, 56
– Gestaltungsfreiräume 71
Erweitertes Relationenmodell 39
Externes Schema 296

F
Fein-Datenmodell 83, 90
Feinst-Datenmodell 83, 97
Funktionale Abhängigkeit 42
Funktionale Abstraktion 246
Funktionsmodell 4, 136, 251, 254, 294, 396
Funktionsmodellierung 6, 249

G
GRANT ALL PRIVILEGES 386
GRANT SELECT 386
Graphik-Oberfläche 162
Grob-Datenmodell 83, 85

H
Help-System 340, 341
HIPO-Programm-Übersicht 217
History 335, 382, 388, 391, 406
Homonym 325, 334

I
ICASE 206
Indirekte Relationship 313
Information System Study 295
Information-Engineering 206, 212
Integrated CASE 206
Integrations-Problem 328
Internes Schema 296
Inverted L form 231
IRDS 276
ISS 295, 302

J
Join 159, 236, 353

K
Kann-Attribute 80
Kann-Beziehungstypen 80
Kann-Kann-Beziehungstyp 77
Kardinalität eines Beziehungstyps 66
Kartesisches Produkt 40
Kommunikationssystem-Studie 214, 295
Konzeptionelles Datenbank-Design 349
Konzeptuelles Schema 38, 296
KSS 214, 295

L
Lexikon 131, 162, 170, 365, 368
Logische Datenmodellierungs-Variante 36
Logisches Datenbank-Design 349
Logisches Schema 38
LOWER CASE 206

M
m:n-Beziehungstyp 74
Masken 342
Maskenfelder 339
Menge 39
Meta-Daten 400
Meta-Datenmodell 174, 175, 282
Meta-Information 30
Minus-Kennzeichen 166, 197
Modelle 36
Modul-Konzept 247
Modul-Qualitätssicherung 253

N
Namensvergabe für Relations-Attribute 102
Normalform-Kriterium 102

Normalformen im RRM 102
Normalformen von Relationen 42, 44 ff., 102
- 1NF 44, 204, 284
- 2NF 45 ff.1NF, 204
- 3NF 156, 192, 337
- 4NF 46
- 5NF 46
- NF2 284
- Non First Normal Form 284
Notations-Varianten 108
Null-Werte 51, 80

O
Objekte 248
Objektorientierte Programmierung 249
Objektorientierter Entwurf 248
ORACLE 349

P
PBP 293
PDM 252
PFM 252
Phasen-Aufwände 208
Phasen-Modelle 208
Physisches Datenbank-Design 349, 353
Primärschlüsselvergabe 285
Problem-Tabelle 339, 346
Programmgenerierung 206
Programmiersprachen 226
Projekt-Aufwände 4
Projekt-Beantragungs-Papier 293
Projekt-Fein-Datenmodell 252
Projekt-Funktionsmodell 252
Projekt-Integrations-Aufwand 7
Prozeßmodell 136
Pseudo-DDL 83, 352
Pseudocode 223

Q
Qualitätssicherung 430
Query Management Facility (QMF) 276

R
Referentielle Integrität 48, 89, 381
Rekursive Beziehung 73
Rekursive Relation 52
Relation 40
Relationale Tabellen 321
Relationen-Modell 39, 56, 82
Relationen-Relationship-Diagramm 83, 85
Relationen-Relationship-Fremdschlüsselauflösung 83, 97
Relationen-Relationship-Modell 35, 82
Relationen-Relationship-Notation 83, 90
Relationen-Schema 41
Relations-Attribut 41
Relations-Cluster 307
Relationship 57, 59, 92
Relationship type 59
Relationsship-Richtungen im RRM 268
Repository 252, 394, 406
Repository-Dokumentation von Datenbanken 398
Repository Manager/MVS 276
REVOKE SELECT 386
Richtungen einer Relationship 268
RM 39, 56
RM-constraints 54
Rolle 58, 88, 93, 109
RRD 83
RRF 83, 97
RRF_MINUS_ZEICHEN 333
RRM 35, 39, 56, 82
RRM-Tool 35, 85, 143, 199, 254
RRN 83, 90

S
Schlüssel 43, 44, 51
- Alternativschlüssel 44
- Fremdschlüssel 51
- Künstlicher Primärschlüssel 361
- Primärschlüssel 43
- Schlüsselkandidat 43
- Sekundärschlüssel 44
- Sprechender Schlüssel 336
Screen-Engineering 246
SE 5, 203, 397
SE-Empfehlungen 243
SE-Methoden 237
- HOS-Methode 242
- Jackson Design Methode 242
- SA 237
- SA/RT 238
- SADT 241
- SD 241
- Warnier-Orr Design Methode 242
SE-Techniken 216 ff.
- Aktions-Diagramme 224
- Daten Navigations Diagramme 233
- Datenfluß-Diagramme 227
- Datenflußplan 220

- Entscheidungstabellen 226
- Entity-Relationship-Diagramme 231
- Fein-Datenmodelle 231
- Flußdiagramme 220
- Jackson Diagramme 226
- Kontrollfluß-Diagramme 230
- Masken-Simulation 245
- Nassi-Shneiderman Diagramme 221
- Programmablaufplan 221
- Struktogramme 218
- Warnier-Orr-Diagramm 217

Semantische Datenmodellierungs-Variante 37
Semikolon-Bedeutung 88
SER-Grundprinzip 78
SER-Modell 77
Software-Engineering 5, 203, 397
Software-Produktions-Umgebung 8, 175, 208, 252, 271, 299, 396 f.
SPU 8, 175, 208, 252, 271, 273, 299, 396 f.
SPU-Komponenten 275
SPU-Konfiguration 300
SQL 49
Status-Konzept 382
STD 370
Structured Query Language 49
Strukturierter Datentyp 370
Subject area 312
Subrelationship-Dreieck 89
Symbolik des Grob-Datenmodells 111, 112
Synonym 324
Syntax des Fein-Datenmodells 113
System-Dokumentationen 29

T

Tabellen-Generierung 283, 285
Table-Namen 139
Teil-Datenmodell 312
Top Down zum UwDM 302
Trigger 54

U

UDM 291, 295, 302, 312, 345
UFM 249, 396
UIM 213, 214, 251, 291, 303
Unternehmens-Datenmodell 291, 295, 302, 312, 345
Unternehmens-Funktionsmodell 249, 396
Unternehmens-Informationsmodell 213, 214, 251, 291, 303
Unternehmens-IV-Aufwand 210
Unternehmensweites Datenmodell 215, 251, 291, 295 f., 299, 306, 323, 335, 339, 345, 394 f., 403
Unternehmensweites Funktionsmodell 251
UPPER CASE 206
UwDM 215, 251, 291, 295 f., 299, 306, 323, 335, 339, 345, 394 f., 403
UwFM 251

V

VDM 307, 309, 317, 395
Verdichtete Datenmodelle 307, 309, 317, 395
Verdichtete Funktionsmodelle 396
Verdichtungsstufe 317
Vergabe von Primärschlüsseln 285
Verteilte Datenbanken 391
VFM 396
View 253, 286, 321, 333, 335

W

Wartungsaufwand 208
Wirtschaftlichkeit eines Informationssystems 26 ff.

X

XOR-Quadrat 89
XOR-Relationships 156

Z

Zugriffsschutz 382, 385, 386, 391, 406